難問解決

小規模宅地特例 Q&A 360

税理士 高橋安志

ぎょうせい

推薦のことば

「相続税のことなら安心資産税会計の高橋先生にお願いすれば良い」と、よく聞かされます。

私が先生の事務所をお訪ねしてから分かったことですが、とにかく「どこにそんな時間があるのだろうか？」と思ってしまう程勉強熱心なのであります。そして、その成果をデータベースで保存し、その数は、はかり知れないものとなっています。高橋先生の口癖は、「税金は、法令等の解釈によるものであり、決して課税逃れをするものではない」ということであります。「なるほど」とうならざるを得ないことでした。

平成29年の６月に、平成30年１月１日以後の相続取得等から適用される財産評価基本通達のパブリックコメントが出されたときに、広大地の評価方法が削除され、新たに「地積規模の大きな宅地の評価」ができるという改正案を前向きに検討され、地区区分が、普通商業・併用住宅地区及び普通住宅地区に限定されることから、路線価道路に接している整形土地については、「これまで広大地の評価をしていた土地は、相当高額な評価額になるものもある」と主張され、そのことを第一次相続を依頼された相続人を呼んで、真剣に説明しておられました。

「相続税は、オールＯＲナッシングの世界が多いので、できれば関与したくない」という税理士が多い中、相続税のみならず、全ての税法の法令の解釈から通達にいたるまでの考え方には、高橋先生に感銘を受けた１人であります。

高橋先生は、これまで長い間にわたり、相続税に関する数少ない高度専門家として、著名な方ですが、今回出版された『Ｑ＆Ａ　最新実例ですべてが分かる小規模宅地特例の活用』は、旺盛な勉強に加え、これまでの豊富な知識と経験に裏付けされた内容のものとなっており、税務の専門家のみならず、一般の皆様にもご理解いただけるものと思います。

この新著作本が、税務の専門家の諸先生方のバイブルとして、また、研修会のテキスト等として広範囲に活用され、相続税の適正な申告と納税の一助となることを願い、私の推薦のことばといたします。

令和４年８月吉日

税理士　**庄司　範秋**

（元福岡国税不服審判所長、国税庁資産評価企画官）

※庄司先生のご体調等に配慮し、令和４年８月当時の「推薦のことば」を再録しました。

はしがき

本書を最初に世に出したのが平成７年９月でしたが、早いものでそれから29年が経過しました。その後11度の改訂版を発刊しました（合計12冊）。

今回13冊目は、**より実務に配慮して、2022（令和４）年４月以降の相続開始を念頭に作成しています**ので、原則として過去の改正項目は最小限にしています。

また、専門家向けに「条文の読み方」と「広義の定義規定」「全体像」に重点を置き、かつ一般の読者向けにも従来以上に「図表」と「事例」を多くし、より理解しやすい内容にしました。

巻末の法令・通達も一部解説文と図解を取り入れました。

また実務で混乱している問題を甲説・乙説と表現し解説しました。

2016（平成28）年に創設された「相続後空き家譲渡特例」と、2020（令和２）年に創設された「配偶者居住権」の小規模宅地等特例との関係も解説しています。

「相続後空き家譲渡特例」と「配偶者居住権」の詳細は、本書の姉妹編として『Ｑ＆Ａ　空き家譲渡特例のすべて』と『Ｑ＆Ａ　実例から学ぶ　配偶者居住権のすべて』（４刷）を読んでください（ぎょうせい刊）。

本書には、Ｑ＆Ａ形式を含めケース等を合わせると、360問ほど収録してあります。

難問事例は国税当局も回答を留保しているものもありますが、実務としては頻繁に発生しそうなものを収録してみました。

また、途中に実務上関係する事柄を**コラム形式**で解説しています。

なお、実務の適用に当たっては「慎重の上にも慎重を期す」とともに特例の適用に際しては、最終的に必ず巻末にある「**法令・通達編**」を参照してください。

本書は**税理士法人安心資産税会計**の税理士の大塚政仁・平田康治、安田智博の三氏の協力によることを申し添えるとともに、本書刊行の機会を与えていただいた㈱ぎょうせいの方々に心から謝意を表します。

なお文中、意見にわたる部分は筆者の個人的見解であることをご了承願います。

私事ではありますが筆者の人生の恩師、伊沢甲子麿先生が平成28年5月に91歳で他界しました。ご冥福をお祈り申し上げます。

2025年1月吉日

税理士法人　安心資産税会計

会長　税理士　**高橋　安志**

凡　例

1　引用した主な法令等は、それぞれ次の略語を用いました。

民法 ……………………………………………………… 民・民法
国税通則法 …………………………………………………… 通法
相続税法 ……………………………………………………… 相法
相続税法施行令 ……………………………………………… 相令
相続税法施行規則 …………………………………………… 相規
相続税法基本通達 ………………………………………… 相基通
財産評価基本通達 ………………………………………… 評基通
所得税基本通達 …………………………………………… 所基通
租税特別措置法 ……………………………………………… 措法
租税特別措置法施行令 ……………………………………… 措令
租税特別措置法施行規則 …………………………………… 措規
租税特別措置法通達 ………………………………………… 措通

措法69の4・措令40の2・措規23の2・措通69の4
………………………………… 単に、法・令・規・通、と簡略

措法69の4のみ⬇

文　中		（　）の中など
正式条文等	省略条文等	最省略条文等
租税特別措置法第69条の4	措法69の4	法
租税特別措置法第69条の4第3項二号イ	措法69の4③二イ	法③二イ
租税特別措置法施行令第40条の2	措令40の2	令
租税特別措置法施行令第40条の2第5項	措令40の2⑤	令⑤
租税特別措置法施行規則第23条の2	措規23の2	規
租税特別措置法施行規則第23条の2第1項	措規23の2①	規①
租税特別措置法通達69の4	措通69の4	通
租税特別措置法通達69の4-1の2	措通69の4-1の2	通-1の2

郵政民営化法 …………………………………………… 郵民法
郵政民営化法施行令 …………………………………… 郵民施
日本郵便株式会社法 …………………………………… 郵株法

2 引用の方法は、例えば、次のとおりです。

租税特別措置法第69条の4第2項一号イ⇨措法69の4②一イ

3 2018年からは原則西暦表示に統一し、ケースにより（　）で元号を使用

平成30年＝2018・平成31&令和元年＝2019・令和2年＝2020・令和3年＝2021…

4 本書は2025年1月1日現在の法令・通達・情報によっています。

5 数字等の使用方法（大小の順番）は次によります。

大分類⇨⑴　⑵　⑶　⑷　⑸…　原則として見出しを付ける。

中分類⇨❶　❷　❸　❹　❺…

小分類⇨1　2　3　4　5…　❶❷の細分類又は並記する場合

細分類⇨ア　イ　ウ　エ　オ…　並記する場合の小さいもの

（注）①②③…は条文中の第1項等の際に使用する。⇨措法69の4②

6 甲説・乙説

本文で甲説、乙説と紹介している箇所が数カ所ありますが、業界で著名な、小規模宅地等の特例に関した書籍を出版している方・業界誌に寄稿している方・講演している方でも見解が異なるほど、小規模宅地等の特例は条文規定が複雑で有り、実務で混乱しています。国税庁が答えを留保しているものもあります。

納税額に膨大な差が生じますので、良く検討し自己責任で選択をお願いします。

①　甲説は著者とは異なる見解

（通常　特例適用不可）申告後乙説変更不可

②　乙説は著者及び著者と同じ見解

（通常　特例適用可能）

7 （○事例）と○事例の違い

事例数を示すのに（　）のある・なしで次のように区別しています。

（　）ありはその章などにおけるQの数を示し、Qに付随する（　）なしの場合はそのQの中で取り上げられた事例数を示します。

目　次

第2章　特例の適用要件の共通項目　55

第４章　二世帯住宅等の特集編　263

第５章　老人ホーム等入所等の特集編（35事例）　287

第6章　配偶者居住権と小規模宅地等（18事例）　303

第9章　添付書類等編　393

第10章　（巻末）法令・通達編　401

第1章

制度の概要

第1節　定義関係

本書で使用している用語（定義又は略称規定）

税法のみならず法令等は「定義規定」及び「略称規定（広義の定義規定）」の理解が最重要ですから、Q&Aを見る場合、辞書代わりに見ることを薦めます。

定義又は略称規定	具体的な内容　（根拠法令等）
個人	（法①）自然人をいう。人格のない社団等は含まない。 ※コラム2の補足図解（上級編）参照　Q1-4参照
被相続人等	被相続人又は当該被相続人と生計を一にしていた当該被相続人の親族（法①）
法定相続人	民法第5編第2章に規定する相続人（相続放棄者含む）
親族	（法①③）6親等内の血族・配偶者・3親等内の姻族（民725）　※極めて重要　コラム2参照
遺贈	死因贈与※契約を含む（措法69の2）　Q1-3参照 ※贈与者の死亡により効力を生ずる贈与（民554）
相続税の申告書	期限内・期限後・修正申告書（措法2③、法⑦）
申告期限	1相法27、29、31②の規定による申告書の提出期限 2相法27　1継続要件時（法③）2分割要件時（法④）
土地の上に存する権利	（法①）措法の条文上は定義していないが、財産評価基本通達9項で定義等をしているので参照 代表的なものは借地権です。コラム15参照 ※配偶者居住権に基づく敷地利用権も含まれます。 （『改正税法のすべて　令和元年版』539頁）
宅地	建物の敷地及びその維持若しくは効用を果すために必要な土地（不動産登記事務取扱手続準則68三）
宅地等	土地又は土地の上に存する権利（法①）　コラム15参照 ※小規模宅地等の対象は建物又は構築物のある宅地等であり、地目でいえば宅地と雑種地等が該当します。
特例対象宅地等	特定事業用宅地等、特定居住用宅地等、特定同族会社事業用宅地等及び貸付事業用宅地等をいう（法①）。
選択特例対象宅地等	特例の適用を受けると選択したもの（法①）
小規模宅地等	限度面積要件を満たす選択特例対象宅地等（法①）
建物（下記家屋を含む全部概念）	温室その他の建物で、その敷地が耕作の用に供されるもの以外の建物（規①一）（法①③二イ）

定義又は略称規定	具体的な内容　（根拠法令等）
家屋（部分概念的）	建物より狭い概念で、独立して住居その他の用途に供することができるもの（法③二ロ）
構築物	暗渠その他の構築物で、その敷地が耕作の用又は耕作若しくは養畜のための採草若しくは家畜の放牧の用に供されるもの以外の構築物（規①二）（法①）
建物等	上記の建物又は構築物（通−**1の2**）
無償	無償、又は相当の対価に至らない程度の対価（この範囲は曖昧であるが、原則としては通常の必要費（固定資産税等）以下は含まれる。）　民法593～600の使用貸借と類似語と考えられる（通−4）
事業　右記の2種類あり	・一般事業（下記を除く）（法③一、③三） ・貸付事業　（法③四、令⑦）
事業に準ずるもの	事業と称するに至らない不動産の貸付けその他これに類する行為で相当の対価を得て継続的に行うもの 「準事業」（法①、令①⑦⑲）
貸付事業	被相続人等の、不動産貸付業・駐車場業、自転車駐車場業及び準事業（法③四、令⑦） ※単に「貸付」の場合☞賃貸借＆使用貸借契約を含む
特定貸付事業	貸付事業のうち準事業以外（法③四、令⑲㉑、通−24の4）
特定事業用宅地等	（法③一号のイ・ロ）　「A1」と表現の場合あり
特定同族会社事業用宅地等	（法③三号）　「A2」
特定事業用等宅地等	（法②一、三イ）　「A1」と「A2」の総称＝「A」
特定居住用宅地等	（法③二号の柱書・イ・ロ・ハ）　「B」
貸付事業用宅地等	（法③四号のイ・ロ）　「C」
家なき子 （法令等なし）俗称 家あり子➡	・直接間接に家屋を非所有の一定親族（法③二ロ⑴） ・上記家屋所有の一定の親族（同上⑴の括弧書き） ➡（相続開始の直前に…供されていた家屋を除く。） 詳細はQ3-3-11～Q3-3-14参照
被相続人と同居 （法令等なし）	措通69の4-21の逐条解説「被相続人と同一家屋に起居」していた親族➡**同居**と解される。とあります。
被相続人と別居（法令等なし）3種類あります。	❶区分登記ない一棟の建物の別家屋居住**【拡大同居】** ❷区分登記ある一棟の建物の別家屋居住【別居】 ❸物理的に別の建物に居住　【完全別居】 ※❶は法③二イ・ロ、令④⑬、通−21
空き家・空家	紙面の関係などで両方を使用していますが、同一内容。

法令・通達等には規定がないが、本書理解のために筆者が便宜的に命名した俗称「**書類審査**」・「**入学試験**」・「**卒業試験**」・「**拡大同居**」・「**家なき子**」があります。

※配偶者居住権に関する定義等はQ6-2で解説しています。

※「土地又は土地の上に存する権利」の略称規定は通常は「土地等」と考えられるが、創設当時（昭和50年）は財産評価基本通達で「**小規模宅地**」と規定しており、文字通り「**宅地**」に適用していたが、昭和58年の改正時に「株式等の評価は通達で（5F国税庁）」、「小規模宅地等の特例は措置法で（2F主税局）」ということになり、その際に対象外とされていた「駐車場の敷地＝雑種地」も納税者から不満の声があったため、該当するように変更され、名称も「**宅地**」から「**宅地等**」に変更されたのです。

＊構築物の敷地は雑種地であるが、当然に小規模宅地等の特例は適用可能です。

Q&A等の説明時における登場人物の定型ルール

何ら説明がない場合は下記の人間関係とご理解ください。

甲＝被相続人（通常は夫）　　乙＝甲の配偶者（通常は妻）

A＝長男（甲と生計一）　　B＝二男（甲と生計別）

Q1-1 相続税における小規模宅地等の特例の正式名称

相続税における小規模宅地等の特例の正式名称を教えてください。

A　小規模宅地等の特例は、正式には措置法69条の4に規定し「**小規模宅地等についての相続税の課税価格の計算の特例**」という条文見出しであり、相続税法上の財産評価（時価）をした後の、租税特別措置法での課税価格の特例（政策的に減額）であります。Q&Aは、連続番号を付けましたので同じ番号はありません。

Q1-2 相続税における小規模宅地等の特例の概要

相続税における小規模宅地等の特例の概要を教えてください。

A 小規模宅地等の特例とは、被相続人「死亡した者」の親族が相続又は遺贈（死因贈与を含みます。以下「相続等」といいます。）により取得した財産のうちに、次の(1)に該当する宅地等（土地又は土地の上に存する権利を含みます。以下「特例対象宅地等」といいます。）がある場合には、被相続人から相続等により財産を取得した者のすべての特例対象宅地等のうち、その親族がこの特例の適用を受けるものとして選択したもの（以下「選択特例対象宅地等」といいます。）については、限度面積までの部分（以下「小規模宅地等」といいます。）に限り、小規模宅地等の特例を適用しないで評価した価額から、次に掲げる区分に応じ、その価額にそれぞれ(4)に掲げる割合を乗じて計算した金額を減額した金額をもって、その者の相続税の課税価格に算入する制度です。

「宅地等」「特例対象宅地等」「選択特例対象宅地等」「小規模宅地等」の関係

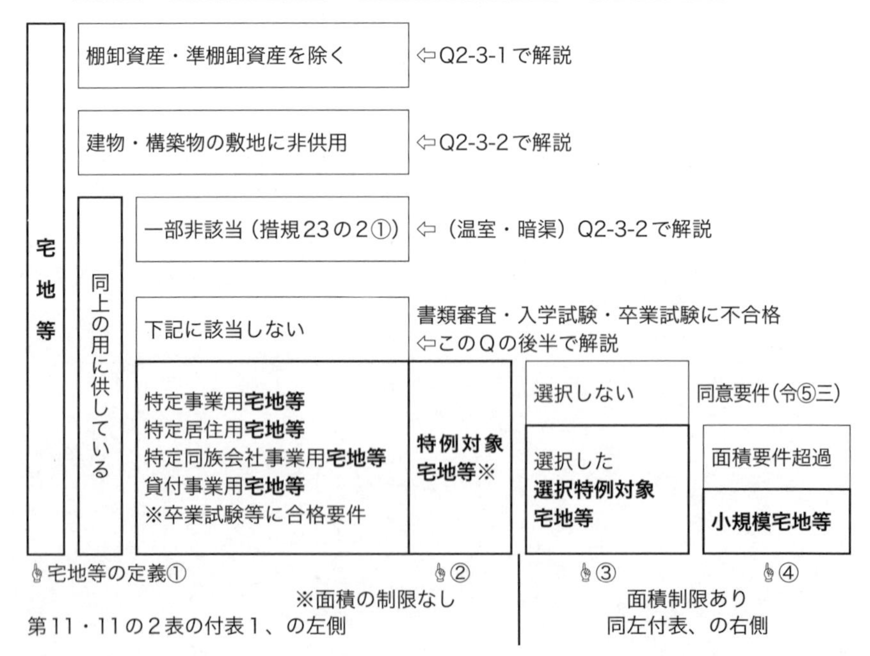

特例対象宅地等に該当し、かつ原則として申告期限までの分割要件もあります。

※特例対象宅地等の定義は平成22年3月31日までは下記(3)書類審査の段階、平成22年4月1日からは原則、卒業試験合格時の段階に変更されました。

複数名取得者がいる場合の同意要件に関して影響を与える重大な改正です。

(1) 特例の対象となる宅地等

親族⇨**コラム1 親族**を参照してください。

1　1　特定事業用宅地等である小規模宅地等（「A1」と表現）
（一定の郵便局舎敷地を含みます。）(郵民法180①)（「a2」と表現）
2　特定居住用宅地等である小規模宅地等（「B」と表現）
3　特定同族会社事業用宅地等である小規模宅地等（「A2」と表現）

2　貸付事業用宅地等である小規模宅地等（「C」と表現）

被相続人等に対する審査　❶1次審査（**書類審査**）と、

取得者に対する審査　❷2次審査（**入学試験**）と❸3次審査（**卒業試験**）があり、原則としてすべての審査等を合格すると小規模宅地等の特例を適用できます。

特例対象宅地等を複数が取得した場合は、その者全員の同意要件もあります。

<table>
<tr><td colspan="6">❶被相続人等の事業用又は居住用の宅地等（土地又は土地の上に存する権利をいう）</td></tr>
<tr><td colspan="5">❶建物又は構築物の敷地の用に供されている一定のもの</td><td>対象外宅地等</td></tr>
<tr><td colspan="3">❷❸A＝特定事業用等宅地等（400㎡）</td><td rowspan="3">❷❸B＝
特定居住用
宅地等
(330㎡)</td><td rowspan="3">❷❸C＝
貸付事業用
宅地等
(200㎡)</td><td rowspan="3">Dと表現
建物又は構築物の敷地の用に供されていても該当する場合あり</td></tr>
<tr><td colspan="2">A1＝特定事業用宅地等</td><td rowspan="2">A2＝
特定同族会社事業用宅地等</td></tr>
<tr><td>a1＝
特定事業用
宅地等</td><td>a2＝
郵便局舎
宅地等</td></tr>
</table>

(2) 小規模宅地等の特例の考え方

相続税法という法律で、相続が開始したら純遺産額が一定金額（600

万円×法定相続人数＋3000万円）超の場合に原則として相続税が課税されます。

そして相続税法第22条では、「…相続、遺贈…により取得した財産の価額は、当該財産の取得の時における時価により、当該財産の価額から控除すべき債務の金額は、その時の現況による。」と規定し、相続開始時の時価で課税することになっています。詳細はQ1-2を参照してください。

しかし事業用（一般の事業・貸付事業等）の宅地等や居住用の宅地等を時価で評価し相続税を課税した場合、相続税を支払うために宅地等を売却しなければならない場合も想定され、納税者の生活が困窮することもありますから、特例として原則、相続税の申告期限までに納税者が特例適用を選択し、申告した場合には一定面積まで一定割合を減額できるという制度です。

申告書を税務署に提出した後に小規模宅地等の特例を適用したり、選択変更は原則としてできませんので慎重に選択してください（Q2-7-1～2-7-8参照)。

⑶　**特例判定の3の手順**（理解のため便宜上下記の俗称を今後使用します。）

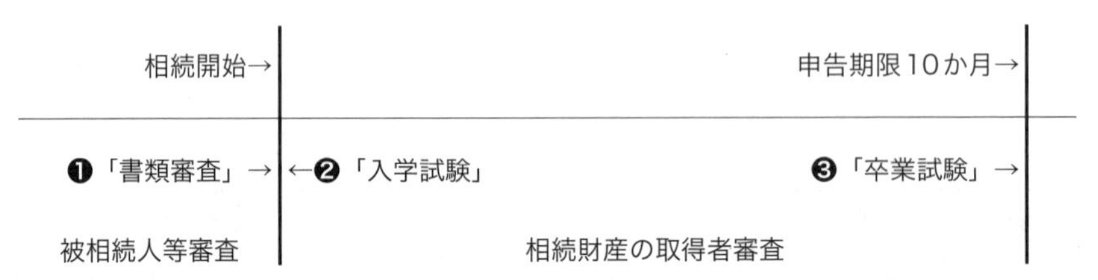

以上の3つの審査等を全て合格した場合だけ「小規模宅地等の特例」適用ができます（配偶者が取得した「特定居住用宅地等」には、卒業試験がありません)。

合格者が複数ある場合は、それら全員の適用限度面積の同意要件があります。

「書類審査」の段階で該当しない場合は当然に「入学試験」も「卒業試験」も受けることはできません。つまり「小規模宅地等の特例」の適用ができません。

筆者の俗称	書類審査➡入学試験➡卒業試験 …更に分割要件と適用可能宅地等取得者全員の同意要件必要
❶第１次**書類審査**	**相続開始直前要件**⇨被相続人又は生計を一の親族（被相続人等という）が生前に宅地等を事業用・居住用に使用していたかの審査
❷第２次**入学試験**	**相続開始直後要件**⇨誰が相続又は遺贈で取得したか（被相続人の親族『民法725』に限定）
❸第３次**卒業試験**	**相続税申告期限時点要件**⇨原則として、申告期限まで事業・居住若しくは保有継続要件を充足したか

前記⑶（措法69の4第１項と３項の定義関係）の詳細表

措法69の4① **（書類審査）** 相続開始**直前要件→** 被相続人等（生計一親族含む）の審査	**措法69の4③**（取得者審査）・分割④&同意（令⑤三）要件もあり **（入学試験）** ←相続開始時点 【4種類の小規模宅地等の特例を定義】 ※一部相続開始**直前要件あり**	**（卒業試験）** 申告期限時点継続→ 原則２つの要件
2019.4大幅改正→ ❶事業用を定義 令①に定義を委任	**A1　特定事業用宅地等**　（一号イ・ロ） （郵便局舎用地含む）（郵民法180）	事業&保有継続 →５年証明要
	A2　特定同族会社事業用宅地等　（三号） ※同族会社の判定は**直前要件のみ**	法人の事業&取得者保有継続 ※賃料無関係
2018.4大幅改正→	**C　貸付事業用宅地等**　（四号イ・ロ）	事業&保有継続
❷居住用を定義 ・老人ホーム等は令②③に定義委任 ・完全分離型二世帯住宅等は令④に定義を委任（被相続人の居住の用に供されていた一棟の建物（区分登記なし）の場合、親族の居住用部分を含む） **2018.4大幅改正→**	**B　特定居住用宅地等**　（二号）	
	柱書（配偶者）	要件なし
	イ　同居・（拡大同居・令⑬）→直前要件 ※**同一家屋**に居住【同居】 ※一棟建物（区分登記無）の別の独立部分に居住【別居】「俗称**拡大同居**」	居住&保有継続
	ハ　※（実務上は非同居の）生計一親族	居住&保有継続
	ロ　**「家なき子」**　通−21 ※**同一家屋基準「同居」**	保有継続

⑷　小規模宅地等の減額割合

❶　「A」・「B」…………………………………………………………80%

❷　「C」……………………………………………………………………50%

上記の関係を図示すると次のとおりです。

〈小規模宅地等の特例適用前の相続税評価額〉（全地積500㎡と仮定）

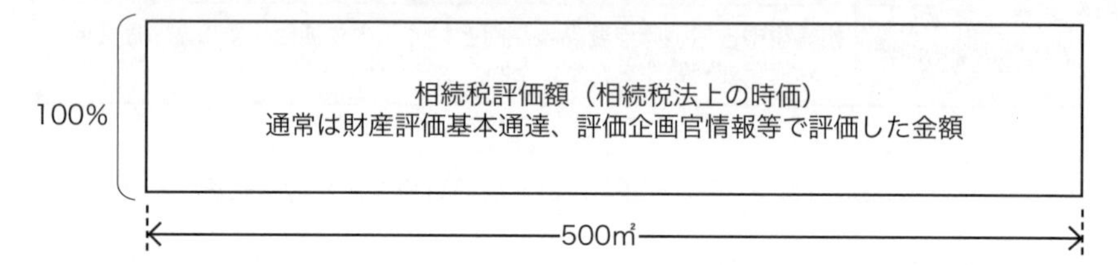

〈小規模宅地等の特例適用後の相続税評価額〉**（A特定事業用等宅地等の場合）**

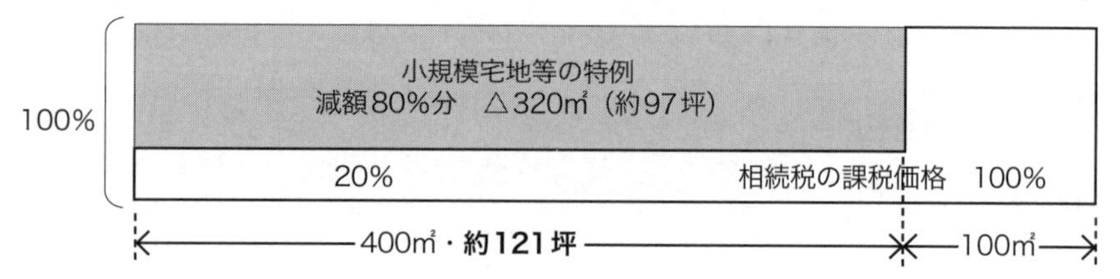

〈小規模宅地等の特例適用後の相続税評価額〉**（B特定居住用宅地等の場合）**

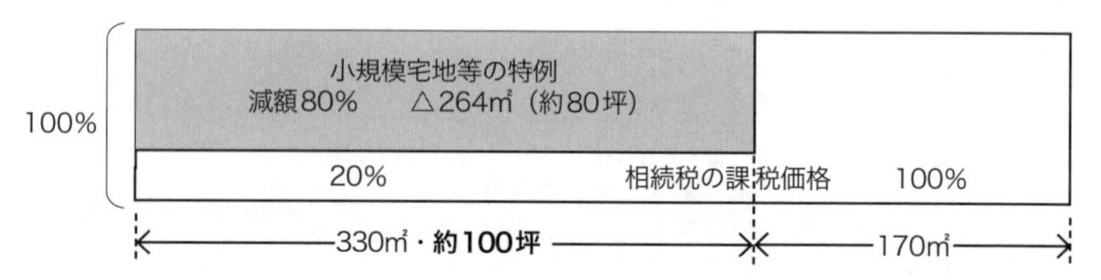

〈小規模宅地等の特例適用後の相続税評価額〉**（C貸付事業用宅地等の場合）**

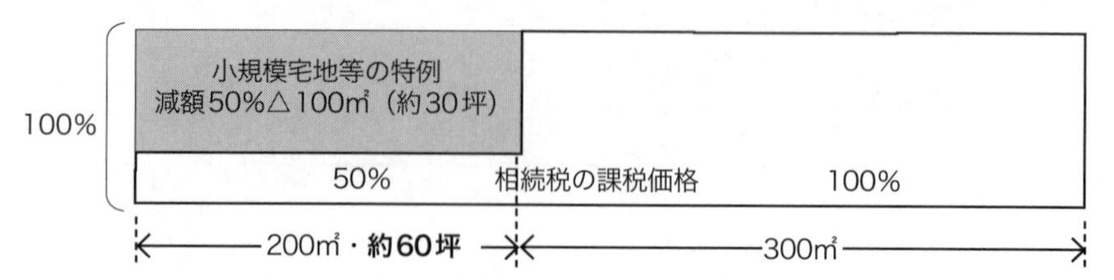

コラム1　親族（親族関係図）実線 ―― の中は3親等内の親族

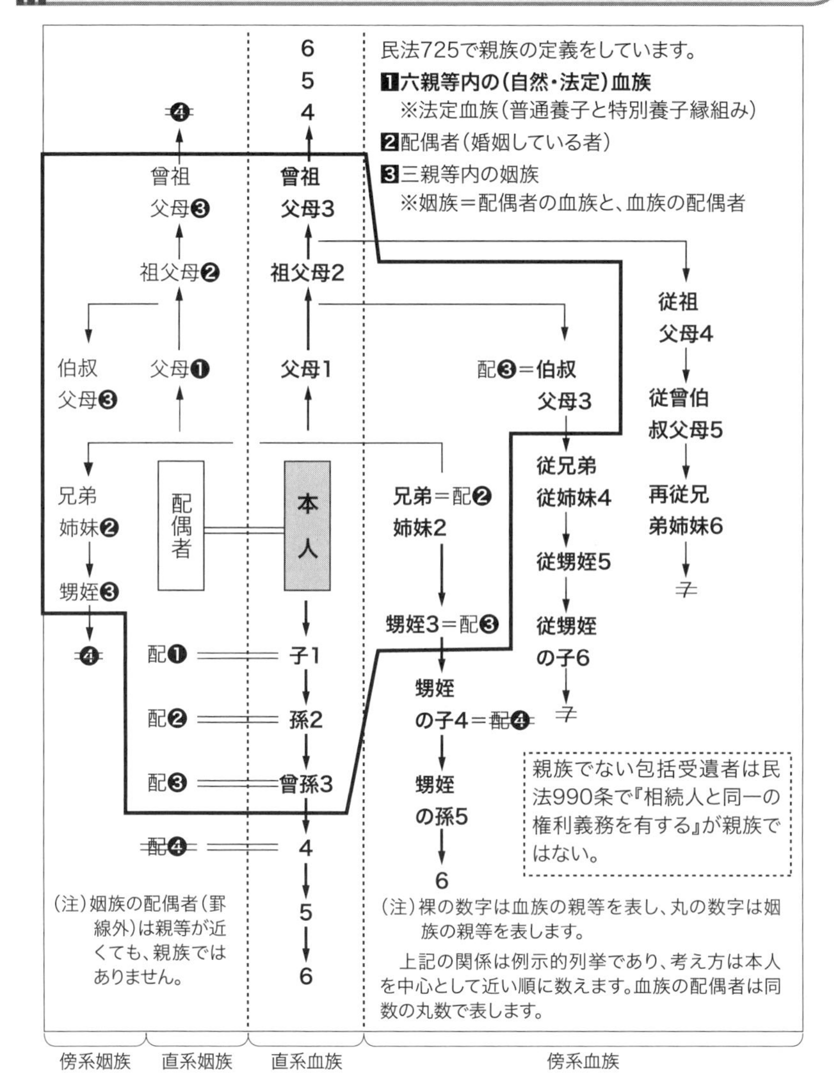

※長男の両親と、長男の配偶者の両親との関係は親族ではない。

※養親と、養子の血族との関係は親族ではない（尊属・傍系➡大審院決定大正13年7月28日）（養子縁組み前に生まれた卑属➡大審院判決　昭和7年5月11日）。

※養子（縁組み後生まれた卑属含む）と、養親の血族との関係は親族である。

※兄の配偶者と、弟の配偶者との関係は親族ではない。

※俗に言う「親戚・親類」と「親族」はイコールではない。

コラム2　親族と、親戚・親類とのイメージ図

（俗に言う「親戚・親類」）**網掛け分が民法上の親族です。**

	血族（自然・法定）	姻族	
民法725条の親族	1親等の血族 （父母・子供） 2親等の血族 （祖父母・孫・兄弟） 3親等の血族 （曾祖父母・曾孫等） 4親等の血族 5親等の血族 6親等の血族 （6親等内の血族まで）	（配偶者の血族の3親等内）⇦ ⇨（3親等内の血族の配偶者） 1親等の姻族 （義父母・子供の配偶者） 2親等の姻族 （義兄弟姉妹等・孫の配偶者） 3親等の姻族 （上記の子供等・曾孫の配偶者） 4親等以降の姻族	配偶者
上記以外	7親等以降の血族	※姻族と間違いやすい事例 ・配偶者の兄弟姉妹の配偶者 （例　貴方の妻の兄の奥さん） ・親からみて子供の配偶者の親 （例　貴方の長男の妻の父）	

コラム2の補足図解（上級編）

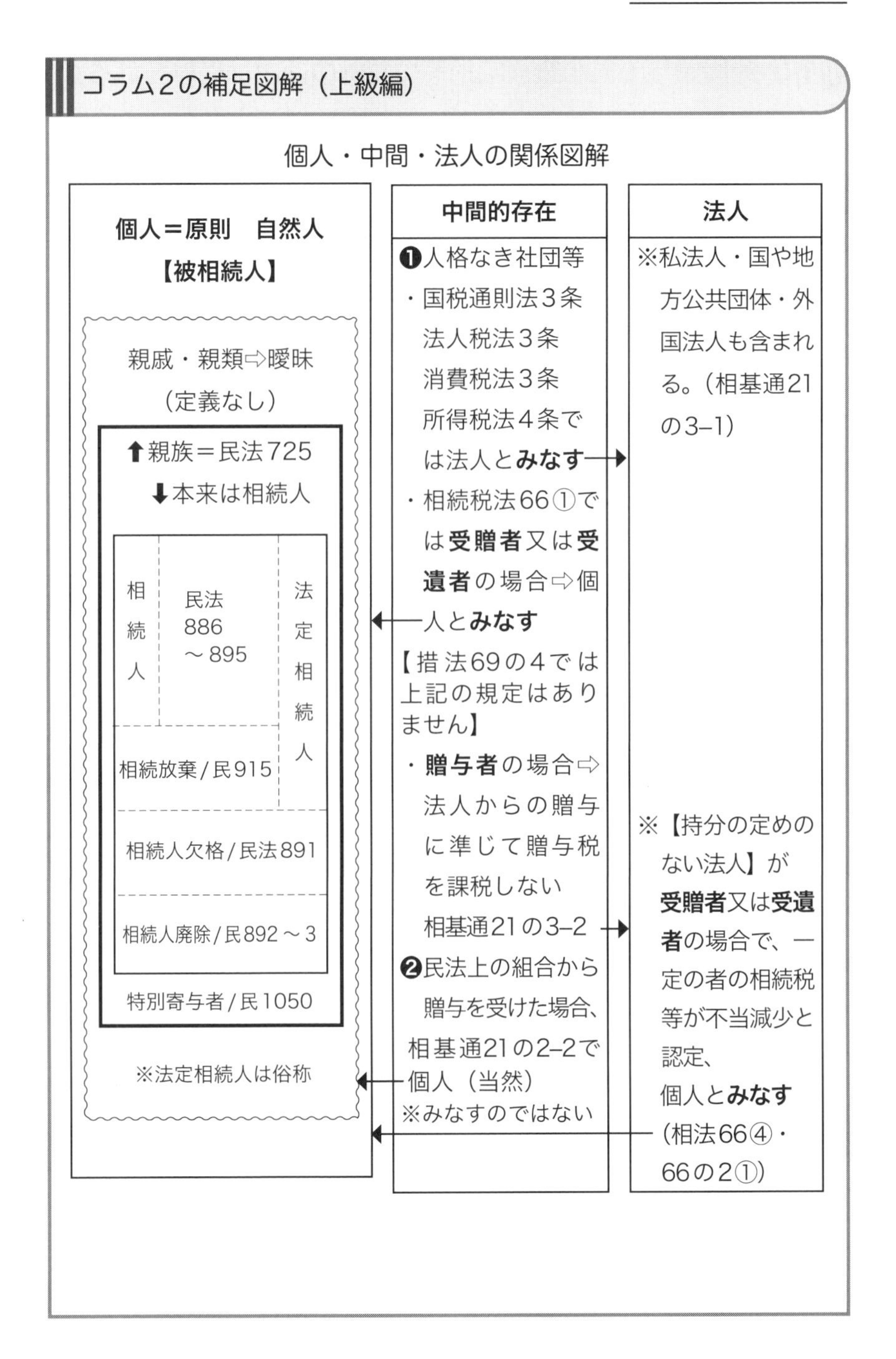

Q1-3 死因贈与でも小規模宅地等の特例の適用は受けられるか

死因贈与でも小規模宅地等の特例の適用は受けられるか教えてください。

A 受けられます。

❶ 死因贈与（贈与者の死亡により効力が生じる贈与契約）は相続税法1の3で「…遺贈（贈与をした者の死亡により効力を生ずる贈与を含む。以下同じ。)」と規定しています。

したがって相続税法全般にこの定義規定は及びます。

❷ しかし租税特別措置法は、相続税法とは別の法律であり、上記の定義規定は（措置法4章が相続税法の特例であっても）措置法に及ぶものではありません。

❸ 措置法69の4（小規模宅地等の特例）では、❶のような規定はありません。

したがって、死因贈与には小規模宅地等の特例の適用はできないと誤解されている方もいます（甲説①)。

❹ 逆に❶の規定を根拠条文に死因贈与には小規模宅地等の特例の適用ができると解釈されている方もいます（甲説②)。法律が異なれば再度規定が必要です。

❺ 筆者の見解（乙説）【Q1-4根拠】

しかし、措置法69の4の二つ前の条文、69の2では「…遺贈（贈与をした者の死亡により効力を生ずる贈与を含む。以下第70条の8の2までにおいて同じ。)」と定義をしており、途中の「措置法69の4」にも当然に定義規定は及びます。

Q1-4 人格のない社団等が遺贈により宅地等を取得した場合の特例適用の可否

人格のない社団等が遺贈（死因贈与を含む）により宅地等を取得した場合でも小規模宅地等の特例の適用は受けられるか教えてください。

A 受けられません。

1 相法66（人格のない社団又は財団等に対する課税）及び相法66の2（特定の一般社団法人等に対する課税）では、人格のない社団等が遺贈により財産を取得した場合には「個人とみなす」規定があり相続税が課税されます。

2 しかし租税特別措置法は、相続税法とは別の法律であり、上記の定義規定は（措置法4章が相続税法の特例であっても）措置法に及ぶものではありません。

3 最終見解

措置法69の4（小規模宅地等の特例）では、**1**のような規定はありません。

したがって、人格のない社団等は「措法69の4①　個人が…」の個人ではないので小規模宅地等の特例の適用はありません。前問の**5**のような規定はなし。

4 2025.1.1現在国税庁ＨＰ➡質疑応答事例➡相続税・贈与税➡（小規模宅地等の特例）

1　小規模宅地等の特例の適用を受けることができる者の範囲（人格のない社団）でも同様の見解を解説しています。

Q1-5 小規模宅地等の特例は宅地等のみの適用が可能か

小規模宅地等の特例は宅地等（宅地又は宅地の上に存する権利）のみ適用が受けられるという人もいますが本当でしょうか。教えてください。

A 宅地等の定義は、措置法69の4第1項で「宅地又は宅地の上に存する権利」ではなく、「土地又は土地の上に存する権利」と定義しています。

建物又は構築物の敷地の用に供されていた宅地等ですから、宅地のみならず構築物のある雑種地（構築物のある駐車場など）も該当します。

※宅地＝建物が現存していることを前提に「その建物の敷地」と「その建物の維持又は効用を果たすために必要な土地」とを「宅地」として捉えている。

したがって、建物が現存している限りは、この定義に従って宅地の認定を行えばよいことになる。例えば、屋敷内の土地の一部を利用して自家用の野菜などを栽培している菜園は「宅地」であり公道に至るまでの私的な通路部分など、建物の敷地の維持又は効用を果たすために必要な土地で、建物の敷地と一体として使用されているものは、その全部を「宅地」として取り扱う。

※土地の上に存する権利

代表的なものは借地権ですが、コラム15を参照してください。

配偶者居住権に基づく敷地利用権も該当（『改正税法のすべて　令和元年版』539頁）。

(一番広い概念)土地 地目【不動産登記法による土地の用途による分類】は、課税時期の現況で判定。 ※地目の判定は不動産登記事務取扱手続準則第68条及び第69条に準じて行う。									
①宅地	②田	③畑	④山林	⑤原野	⑥牧場	⑦池沼	⑧削除	⑨鉱泉地	⑩雑種地

①の利用区分　自用地・貸宅地・貸家建付地・借地権・私道・貸家建付借地権等

Q1-6 相続税に関する各税法（通達含む）間の全体像

相続税法・財産評価基本通達・情報等、及び租税特別措置法という言葉をよく聞きますが、その相互の関連について概要を教えてください。

A 下記のような関係になっています。

「相続税法」という法律で、相続等によって財産を取得したときに相続税を課税します。そしてその財産の価額は取得時の時価で評価すると規定（相法22）。

また、「財産評価基本通達・情報等」は、相続税法22条（時価）の法令解釈通達としての位置づけです（税務調査省略基準とも俗称されています。）。

それ以上のものでも、それ以下のものでもありません。

しかし、「租税特別措置法69の4」は相続税の課税価格の計算の特例で、評価ではありません。時価で評価した価額を政策的見地により減額できるのです。

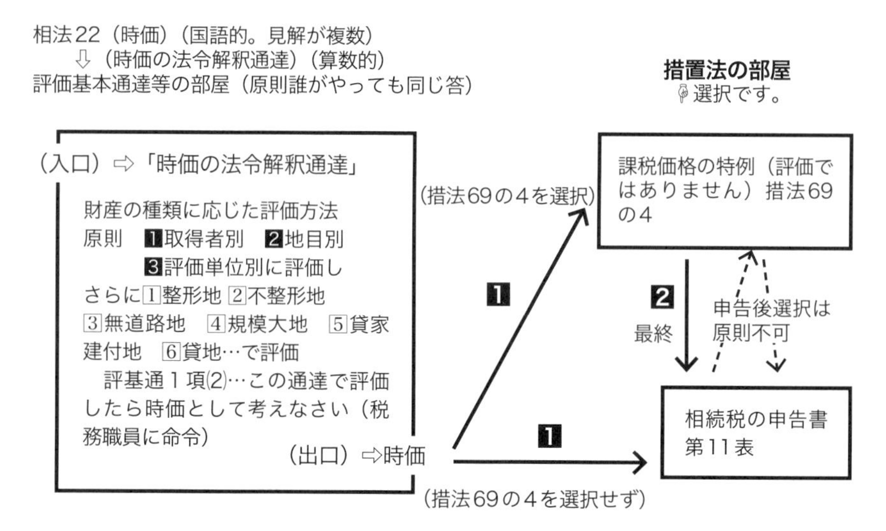

Q1-7 2018年4月&2019年4月等からの改正点

2018年4月&2019年4月等からの改正点を教えてください。

A 以下のとおりです。

【2018（平成30）年4月1日からの改正】

(1) 持ち家に居住していない者に係る特定居住用宅地等の特例の対象者の範囲から、次に掲げる者を除外する。（Q3-3-1 ～ Q3-3-21に詳説）

❶ 相続開始前3年以内に自己・配偶者・3親等内の親族・特別の関係のある法人が所有する国内にある家屋に居住したことがある者【現在居住も含む】

❷ 相続開始時において居住の用に供していた家屋を過去に所有していたことがある者【現在所有は含まない。過去の一定期間所有（過去進行形）要件のみ】

(2) 貸付事業用宅地等の範囲から、相続開始前3年以内に貸付事業の用に供された宅地等（相続開始前3年を超えて事業的規模で貸付事業を行っている者が当該貸付事業の用に供しているものを除く）を除外。（Q3-5-1 ～ Q3-5-11に詳説）

(3) 介護医療院に入所したことにより被相続人の居住の用に供されなくなった家屋の敷地の用に供されていた宅地等について、相続の開始の直前において被相続人の居住の用に供されていたものとして特例適用する。（Q1-12に詳説）

（注）上記の改正は、2018年4月1日以後に相続等により取得する財産に係る相続税について適用する。ただし、上記(2)の改正は、同日前から貸付事業の用に供されている宅地等については、適用しない。

【2019年4月1日からの改正】

(1) 特定事業用宅地等の範囲から、相続開始前3年以内に新たに事業の用に供された宅地等（建物等の減価償却資産の価額が宅地等の価額の15%以上の場合を除く）を除外する。（法③一・令⑧）（Q3-2-18 ～ Q3-2-22に詳説）

⑵　個人版事業承継税制の特例適用との選択制

2019年1月1日から適用された措法70条の6の10（個人の事業用資産についての相続税の納税猶予及び免除）（個人版事業承継税制）の2項で規定している「特定事業用資産」のうち宅地等に適用する場合、小規模宅地等の特例適用が複雑な調整計算が必要になった。（措令40の7の10⑦）（Q3-2-23に詳説）

⑶　相続等による取得は新規事業供用に該当しないことが明確化された。（令⑨・⑳）。（Q3-2-20&Q3-5-11に詳説）

（注）上記⑴の改正は、同日前から事業の用に供されている宅地等については、適用しない。

⑶は旧法令が曖昧な規定ぶりだったのを考え方を明確化しただけであるから2018.4.1から適用できると思われる。（コラム17参照）

【2020年4月1日からの改正】

⑴　民法改正により配偶者居住権（配偶者短期居住権を除く）が創設されたことに伴い、居住権を取得した配偶者は当然にその敷地である宅地等に対して、建物・土地等の通常の必要費負担（民法595）までの使用貸借ではあるが、【賃借権類似の法定の債権（土地の上に存する権利）】を取得することになる。

そして被相続人と相続開始時点で同居又は拡大同居していた配偶者が取得した被相続人の居住用宅地等（配偶者居住権に対応する敷地利用権）は当然に特定居住用宅地等に該当することになる。

また、被相続人と相続開始時点で同居又は拡大同居していた配偶者以外の親族が取得した被相続人の居住用宅地等（配偶者居住権が設定された敷地）も当然に特定居住用宅地等に該当することになる。（Q6-1～Q6-3-16に詳説）

コラム３　定義規定（本来の定義規定・略称規定・別の条文の引用方法）

条文を読むときは、広義の定義規定の理解が必須要件です。

⑴　本来の定義規定（**概念の内容を限定することです。**）

本来の定義規定は、最近の法律は原則として２条に設けます。

例　所得税法２条　法人税法２条　国税通則法２条　相続税法１条の２

しかし、個々の条文中に設けているものもあります。

例　措法69の４（**小規模宅地等についての相続税の課税価格の計算の特例**）

第3項　この条において、次の各号に掲げる用語の意義は、当該各号に定めるところによる。

一号　特定事業用宅地等　　　　二号　特定居住用宅地等

三号　特定同族会社事業用宅地等　　四号　貸付事業用宅地等

❶　条文見出し（定義）

⇨この法律において…用語の意義は…各号に定めるところによる。

❷　条文見出し（用語の意義）

⇨第○×章に……用語の意義は…各号に定めるところによる。

❸　条文見出し（なし）

⇨この条に……………用語の意義は…各号に定めるところによる。

⑵　**略称規定（厳密に言えば定義規定とはいえません。）**

❶　（以下、款・条・項・号において「○×」という。）

前記の「遺贈」は措法69の２で定義し、「以下70の８の２までにおいて同じ。」と規定していますから、当然に措法69の４にも適用されます。

❷　（「○×」という。以下同じ。）

…以下同じ。という場合は、本則の最後まで含みます。

⑶　**別の条文の引用方法**

所得税法60条（贈与等により取得した資産の取得費等）

居住者が次に掲げる事由により取得した前条第１項に規定する資産を譲渡した場合　「前条（59条）１項に規定する資産」と引用

Q1-8 小規模宅地等の特例対象宅地等と、特例対象外宅地等の図表

小規模宅地特例対象宅地等と、特例対象外宅地等を図で表で示してください。

次のように考えます。

土地又は土地の上に存する権利（宅地等）	
小規模宅地特例対象宅地等	小規模宅地特例対象外宅地等＝D
	（相続開始直前要件）「書類審査」 [1]　建物又は構築物（建物等）がない宅地等 [2]　建物等があるが、未利用（収益予定なしの空室・空地）の敷地 [3]　建物等があるが、使用貸借（一定親族除く）
（申告期限まで保有＆事業継続要件を満たした） [4] A＝特定事業用等宅地等 A1・A2あり	**（相続税の申告期限時点要件）「卒業試験」** [4]　申告期限まで保有＆事業継続要件を満たさなかった「特定事業用等宅地等可能性宅地等」
（申告期限まで保有＆居住継続要件を満たした） [5] B＝特定居住用宅地等 （注）配偶者は全部不要、家なき子は居住継続要件不要	[5]　申告期限まで保有＆居住継続要件を満たさなかった「特定居住用宅地等可能性宅地等」
（申告期限まで保有＆事業継続要件を満たした） [6] C＝貸付事業用宅地等	[6]　申告期限まで保有＆事業継続要件を満たさなかった「貸付事業用宅地等可能性宅地等」

Q1-9 限度面積要件関係

限度面積要件関係について教えてください。

A 平成27年の相続開始から次のように変更されました。

⑴ 特定居住用宅地等の適用面積拡大

平成27年1月以降の相続の場合330㎡分を80％減額に改正されました（法②二）。

これは平成27年1月以降の相続の場合、遺産に係る基礎控除が平成26年までと比較すると40％減となり大増税となることからその緩和策として設けられたものと思われます。【俗に言う業界用語の、アメとムチ】

都市近郊農家などは自宅が相当広い場合があり、330㎡というと約100坪であり相当の恩恵があります。

例 400㎡の宅地等（お店・倉庫・客用の駐車場に使用）で酒屋さんを営業し、自宅は330㎡の宅地等所有の被相続人が死亡した場合「書類審査」を合格していますので後は「入学試験」と「卒業試験」に合格すると、仮に路線価1㎡ 50万円×（400㎡＋330㎡）×80％＝▲292,000,000円の減額特例を受けられます。（平成26年までは▲160,000,000円です。）

⑵ C以外の限度面積調整計算が廃止

❶ 平成27年1月1日からの相続の場合、次の限度面積要件に改正されました（法②）。

① 特定事業用宅地等又は特定同族会社事業用宅地等（以下「特定事業用等宅地等」という。）である選択特例対象宅地等（A）

400㎡以下（法②一）。

② 特定居住用宅地等である選択特例対象宅地等（B）

330㎡以下（法②二）。

③ 貸付事業用宅地等である選択特例対象宅地等（C）

次の算式により計算した面積が限度です（法②三）。

A × 200 ／ 400 ＋ B × 200 ／ 330 ＋ C ≦ 200㎡

（注）Cがあっても Cに適用しない場合は上記の計算は不要になります。

つまりA400㎡とB330㎡の完全併用（合計730㎡）が可能となります。

1-10 完全分離型等の二世帯住宅等の関係

完全分離型等の二世帯住宅等の関係を教えてください。

A 平成26年から適用されましたが、次のように変更されました。

(1) 条文の比較表

(～平成25年）措法69の4①…当該被相続人…の居住の用に供されていた宅地等で財務省令で定める建物又は構築物の敷地の用に供されているもの**で**政令**【措令40条の2②】**で定めるもの	**(平成26年～）措法69の4①**…当該被相続人…の居住の用に供されていた宅地等で財務省令で定める建物又は構築物の敷地の用に供されているもの**のうち**政令**【措令40条の2④】**で定めるもの
(～平成25年）措令40の2②…当該被相続人等の居住の用に供されていた宅地等のうち、居住の用以外の用に供されていた部分があるときは、当該被相続人等の居住の用に供されていた部分 【同じ家屋に起居⇨（同居)】	**(平成26年～）措令40の2④**…（当該居住の用に供されていた部分が被相続人の居住の用に供されていた**一棟の建物（※）に係るものである場合には、当該一棟の建物の敷地の用に供されていた宅地等のうち当該被相続人の親族の居住の用に供されていた部分を含む**）に限るものとする。 【同じ家屋に起居（同居）及び一棟の建物に別々に居住（**拡大同居**)】

(2) 完全分離型二世帯住宅等の法律改正前後の考え方図解

（宅地等100%父甲）

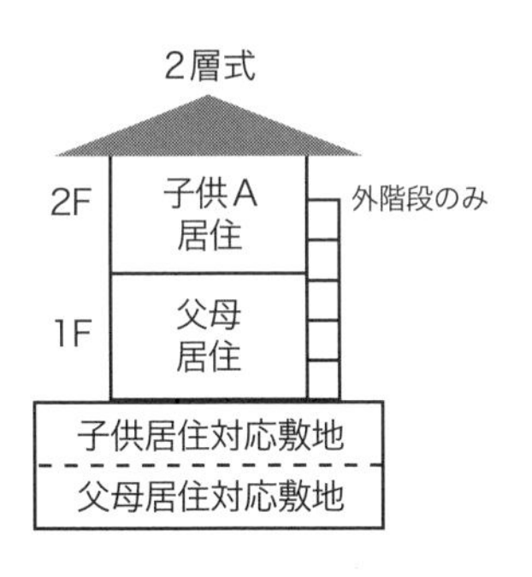

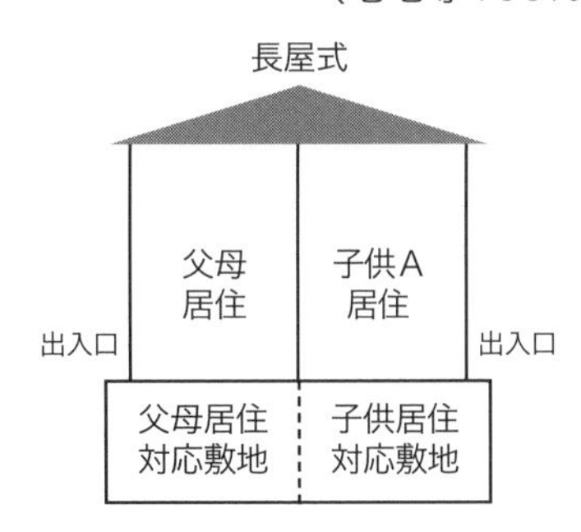

※措令40の2第4項及び第10（現在13）項に規定する「建物の区分所有等に関する法律第1条の規定に該当する建物」とは、平成25年度税制改正の解説（財務省）589頁では次のように解説しています。

…「建物の区分所有等に関する法律第1条の規定に該当する建物」とは、建物の独立した部分ごとに所有権の目的とすることができる建物を指します。ただし、構造上区分所有しうる建物が当然に区分所有建物に該当するわけではなく、区分所有の意思を表示する必要があると解されていることから、通常は区分所有建物である旨の登記がされている建物となります。また、単なる共有の登記がされている建物はこれに含まれません。

その後通達が発出され、措置法通達69の4−7の4で「区分所有建物である旨の登記がされている建物」と限定しました【緩和通達と思われる】。

（被相続人の居住用宅地等に該当か否かの判定。相続開始時点の最終判定）

<table>
<tr><td rowspan="2">二世帯住宅等</td><td colspan="2">建物の区分所有登記</td><td rowspan="2">判定及び問題事項　※措通69の4−7の4を
❶緩和通達と見るか、
❷定義と見るかで判定が異なる
（私見ながら❶緩和通達と思われます）</td></tr>
<tr><td>可否</td><td>現実</td></tr>
<tr><td rowspan="3">完全分離型</td><td rowspan="2">不可
（注1）</td><td>登記あり</td><td>❶間違いだからA　❷登記しているからB</td></tr>
<tr><td>登記なし</td><td>A・被相続人及び親族の居住部分が被相続人の居住用宅地等になる（書類審査は合格）</td></tr>
<tr><td>登記可能</td><td rowspan="2">登記あり</td><td>B・被相続人の居住部分のみ</td></tr>
<tr><td rowspan="2">不完全分離型</td><td>（注2）</td><td>❶間違いだからA　❷登記しているからB</td></tr>
<tr><td>登記不可</td><td>登記なし</td><td>A・被相続人及び親族の居住部分が被相続人の居住用宅地等になる（書類審査は合格）</td></tr>
</table>

（注1）完全分離型（中で完全に行き来ができないもの）でも、登記不可のものがあるか、及び不完全分離型（中で行き来ができるもの）でも登記可能（これは現実にあります）かどうかは専門家の土地家屋調査士と協議してください。

（注2）登記時は区分所有登記可能で、区分登記し、相続開始時の状況では不可であったが、区分登記のままであった場合は上記の表の❶❷の問題が残ります。

結　論

区分所有登記してある建物は相続開始直前まで①建物の合体登記（物理的な変更を加える登記で費用が高額になると思われる。）②建物の合併登記（合併登記直前までに二つの建物を甲区乙区とも同一内容にしておく必要がある。）で区分所有登記の解消をしていた方が無難です。否認のリスクも多少はあります。

詳しくは専門家にご相談してください。

国税当局は「区分所有登記」してあれば、内容の如何に関わらず「形式基準」で判断する考えのようです（留意通達と考えるということです）。

⑶　解説（土地等・建物等を父が所有していたと仮定）

❶　平成26年1月1日からの相続の場合、「同じ家屋に起居＝同居」から「**一棟の建物（被相続人、被相続人の配偶者又は配偶者以外の親族の居住の用に供されていた部分…に限る。）**」（法①・③二イ、令④・⑬）に改正され、「同居」のみならず「一棟の建物に別居」も被相続人の居住用宅地等に該当します。

理解しやすくするため「拡大同居」と筆者が便宜上命名しました。

親子というのは通常20歳から40歳ほど年齢に差があり、色々な事で考え方等に違いがあり、更に子供が結婚して、他人である子供の配偶者が同居する場合、「お互いに言い分はあるにしても」意見の食い違いが往々にしてあります。

そのため一棟の建物の、違う場所（例　1階店舗・2階父・3階母（別居状態）・4階子供A）に親子が居住していても、被相続人及びその親族が居住していた部分に対応する部分を「書類審査＝被相続人等の居住用宅地等」としました。

したがって

1　子供Aが宅地等を相続等した場合、1階の店舗分は居住用宅地等に該当しませんが、2階から4階対応の敷地である宅地等は「入学試験」に合格します。

もちろん申告期限までの2つの継続要件＝「卒業試験」はあります。

2　母（配偶者）が宅地等を相続等した場合、1階分は該当しませんが2階から4階対応の敷地である宅地等は「入学試験」に合格します。

母は「卒業試験」はありません（法①③二柱書、令④）。

3　仮に母（配偶者）が別建物に居住（持ち家・借家を問わない。）していた場合であっても上記2と同じく母が宅地等を相続等した場合、その敷地は被相続人である父及び父の親族が居住していた分の合計が「父の居住用宅地等＝書類審査」に合格し、配偶者が取得しますので「入学試験」に合格します。

Q 1-11 建物が区分所有登記されているとはどのような場合か

建物が区分所有登記されている場合とはどのような場合か教えてください。（6事例）

A 実務的にありそうな事例を下記に想定してみました。

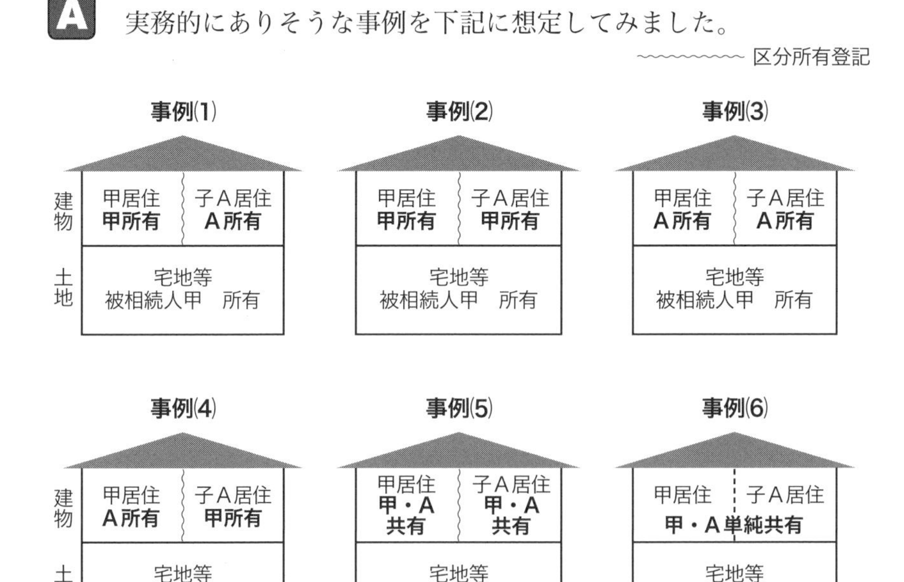

事例⑴から⑸は、所有者の如何に関わらず区分所有登記している訳ですから、措令40の2第4項及び第13項に規定する「建物の区分所有等に関する法律第1条の規定に該当する建物」に該当します（通−7の4）。

事例⑹は完全分離型の二世帯住宅等であっても、単に甲とAが全体を共有しているだけであり「区分所有登記」している訳ではないので該当しません。

『平成25年度税制改正の解説』（財務省）589頁でも次のように解説しています。

【…単なる共有の登記がされている建物はこれに含まれません。】

なお、下記の事例では解釈が一部混乱していますので解説します。

建物の所有者は父であるが、1階部分と2・3階部分は区分所有登記している。

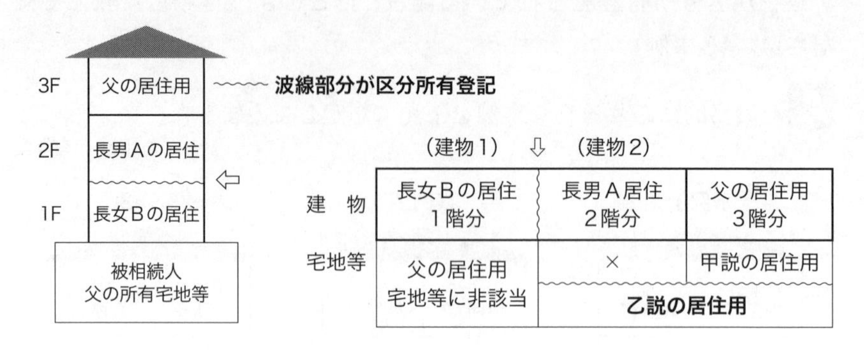

措置法施行令第40条の2第4項では下記のように規定しています。

「……（当該居住の用に供されていた部分が被相続人の居住の用に供されていた一棟の建物（建物の区分所有等に関する法律第1条の規定に該当する建物を除く。）に係るものである場合には、当該一棟の建物の敷地の用に供されていた宅地等のうち当該被相続人の親族の居住の用に供されていた部分を含む」

（甲説）　この規定を文字通り文理解釈すると、上記の建物は一棟の建物で区分所有登記しており、長女B居住1階分と長男A居住2階分は、父の居住用宅地等に該当せず、3階分のみ父の居住用に該当する、という考え方も成り立つ。

（乙説）　しかし、この規定は登記的に一つの建物を父家族全体の居住用とする趣旨と考えると、1階の長女Bの居住分と、「2・3階の親子の居住分」とは区分所有登記したことにより、法律（登記）上別の建物になったが、2階分と3階分は区分所有登記しておらず、法律（登記）上同じ建物であるという文理解釈も成り立つ。筆者はこの考え方が正しいと下記の記事が出る前から解説していた。

※「週刊・税務通信」(H27.6.29号) 8頁～9頁でも乙説を解説しています。この記事が出る前は一部の税務当局で（甲説）を指導していたと仄聞（そくぶん）しています。

記事が出た後でも、最近（甲説）を主張する方もおります。

なお、1Fが父の居住用・2Fが長男Aの居住用・3Fが長女の居住用の場合は、1Fの敷地のみが父の居住用宅地等として「書類審査」に合格することになり、その後「入学試験」「卒業試験」の判定をしていくことになります。

Q1-12 老人ホーム等へ入所等している場合

老人ホーム等へ入所等している場合を教えてください。

A 平成26年から適用されましたが、次のように変更されました。

⑴ 条文の比較表（令②一ロの、…又は、からは2018年4月から適用）

（～平成25年） 旧措法69の4①	**（平成26年～）** 措法69の4①
…居住の用 に供されていた宅地等	…居住の用**（居住の用に供することができない事由として政令【措令40条の2②】で定める事由により相続の開始の直前において当該被相続人の居住の用に供されていなかった場合（政令【措令40条の2③】で定める用途に供されている場合を除く。）における当該事由により居住の用に供されなくなる直前の当該被相続人の居住の用を含む。同項第二号において同じ。）**に供されていた宅地等
【参考】（～平成25年） なし ※国税庁はホームページ上で次の情報を【被相続人が老人ホームに入所したため、元の居住用が空家になったことを前提としてのみ】公表していました（留守家族がいる場合には言及していません）。 ⑴ 被相続人の身体又は精神上の理由により介護を受ける必要があるため、老人ホームへ入所することとなったものと認められること。 「入所の段階で判定」と読めます。 ⑵ 被相続人がいつでも生活できるようその建物の維持管理が行われていたこと。	**（平成26年～）** 措令40の2② **法第六十九条の四第一項に規定する居住の用に供することができない事由として政令で定める事由は、次に掲げる事由とする。** **一 介護保険法（平成九年法律第百二十三号）第十九条第一項に規定する要介護認定又は同条第二項に規定する要支援認定を受けていた被相続人その他これに類する被相続人として財務省令【措規②】で定めるものが次に掲げる住居又は施設に入居又は入所をしていたこと。** **イ 老人福祉法（昭和三十八年法律第百三十三号）第五条の二第六項に規定する認知症対応型老人共同生活援助事業が行われる住居、同法第二十条の四に規定する養護老人ホーム、同法第二十条の五に規定する特別養**

⑶　入所後あらたにその建物を他の者の居住の用その他の用に供していた事実がないこと。 ⑷　その老人ホームは、被相続人が入所するために被相続人又はその親族によって**所有権が取得**され、あるいは**終身利用権が取得**されたものでないこと。 平成13年3月の国税庁　資産税課情報～平成25年12月までの国税庁HPの質疑応答事例	**護老人ホーム、同法第二十条の六に規定する軽費老人ホーム又は同法第二十九条第一項に規定する有料老人ホーム** **ロ　介護保険法第八条第二十八項に規定する介護老人保健施設又は同条第二十九項に規定する介護医療院** **ハ　高齢者の居住の安定確保に関する法律第五条第一項に規定するサービス付き高齢者向け住宅（イに規定する有料老人ホームを除く。）** **二　障害者の日常生活及び社会生活を総合的に支援するための法律（平成17年11月7日法律第123号）第二十一条第一項に規定する障害支援区分の認定を受けていた被相続人が同法第五条第十一項に規定する障害者支援施設（同条第十項に規定する施設入所支援が行われるものに限る。）又は同条第十五項に規定する共同生活援助を行う住居に入所又は入居をしていたこと。**
（～平成25年） なし 施行令の括弧書は平成25年12月6日に公表された措通69の4−7⑵に合わせるため、平成26年3月31日に追加挿入されたものと思われる。筆者の指摘→	**（平成26年～）** 措令40の2③ 法第六十九条の四第一項に規定する政令で定める用途は、同項に規定する事業の用又は同項に規定する**被相続人等**（被相続人と前項各号の入居又は入所の直前において生計を一にし、かつ、同条第一項の建物に引き続き居住している当該被相続人の親族を含む。）以外の者の居住の用とする。※

※ここでいう「**被相続人等**」は生計一親族のみを指すことに留意してください。

被相続人等の定義は『被相続人又は被相続人と生計を一にしていた親族』ですから被相続人を含むと誤解している方もいますが、『及び』ではなく『又は』です。しかも被相続人は老人ホーム等に入所等しているわけだから被相続人本人が居住しているわけがなく、『被相続人等』と規定したほうが『被相続人と生計を一にしていた親族』と規定するより文字数が少なく法文作成上合理的です。

措令40の2③の括弧書きの中は、被相続人が老人ホーム等に入所等する前に同じ家屋に同居（ほぼ生計一）又は同じ1棟の建物の別の家屋に別居（生計一要件あり）していた留守家族が、被相続人が老人ホーム等に入所等した後は相続開始時点まで生計別（別居）となったとしても、その建物（私的見解ながら建替後の建物もよいと思われます。）に引き続き居住していた期間（その後相続開始までの間に引っ越しした期間は除かれます。）は「生計一親族」の範囲に含むと緩和した、この事例だけの特例規定と思われます。

⑵ 居住の用に供することができない事由の図表（令②）10施設

<table>
<tr><th colspan="2">根拠法律</th><th>具体的な老人ホーム等</th></tr>
<tr><td rowspan="3">介護保険法19条に規定する要介護認定又は要支援認定を受けていた被相続人が右記に掲げる住居又は施設に入居又は入所をしていたこと。
又は※</td><td>イ 老人福祉法</td><td>❶同法5条の2⑥に規定する認知症対応型老人共同生活援助事業が行われる住居【認知症高齢者グループホーム】
❷同法20条の4に規定する養護老人ホーム
❸同法20条の5に規定する特別養護老人ホーム
❹同法20条の6に規定する軽費老人ホーム【ケアハウス】
❺同法29条第1項に規定する有料老人ホーム【未届不可】</td></tr>
<tr><td>ロ 介護保険法</td><td>❻8条第28項に規定する介護老人保健施設
❼8条第29項に規定する介護医療院</td></tr>
<tr><td>ハ 高齢者の居住の安定確保に関する法律</td><td>❽5条第1項に規定するサービス付き高齢者向け住宅（イに規定する有料老人ホームを除く。）</td></tr>
<tr><td colspan="2" rowspan="2">※ 障害者の日常生活及び社会生活を総合的に支援するための法律21条第1項に規定する障害支援区分の認定を受けていた被相続人が、右記に掲げる施設又は住居に入所又は入居をしていたこと</td><td>❾同法5条第11項に規定する障害者支援施設（同条第10項に規定する施設入所支援が行われるものに限る。）</td></tr>
<tr><td>❿同条第15項に規定する共同生活援助を行う住居</td></tr>
<tr><td colspan="3">要介護認定等を受けていない場合でも、厚生労働省が作成した基本チェックリストに該当する者も、要介護認定及び要支援認定を受けた者と同様に特例対象とされました。</td></tr>
</table>

⑶　居住の用に供することができない事由に非該当用途の図表（令③）

前提	下記に該当したら、被相続人の居住用宅地等に該当しない
措法第69条の4第1項に規定する事業の用	❶一般の事業（❷を除く） ❷不動産貸付業、駐車場業、自転車駐車場業 ❸準事業（事業と称するに至らない不動産の貸付その他これに類する行為で相当の対価を得て継続的に行うもの）
措法第69条の4第1項に規定する被相続人等※以外の者の居住の用	⓫賃貸借する（上記❷または❸にも該当する） ⓬使用貸借する（被相続人の親族以外に） ⓭使用貸借する（被相続人と生計を一にしない親族に） ※老人ホーム入居前は同居又は（生計一）の拡大同居で相続開始直前は生計別の別居親族⇨建物に居住継続は⓭に非該当

⑷　解　説

1　要介護・要支援・障害支援区分の認定の判定時期

前記⑴**条文の比較表**の改正前では条文の規定がなく「国税庁の情報として解説し」①「**入所の段階で判定**」と読めましたが、改正後は【相続開始時点で判定し】「**被相続人が次に掲げる住居又は施設に入居又は入所をしていたこと。」と規定しました。**「（したこと）なら、入所等前で判定」

つまり入居又は入所した段階では「要支援又は要介護、若しくは障害支援区分の認定を受けていた状態」ではなかったが、その後悪化し、相続開始時点では「要支援又は要介護、若しくは障害支援区分の認定を受けていた」状態であった場合も含まれるということであります（通−7の3　留意通達）。

相続開始時点では認定申請中で、申告期限までに認定された場合は該当すると思われます（Q&A5-2参照）。

これは平成25年1月に公表された財務省の大綱の段階では言及しておらず、その後の資料にもなく、国税庁の上記情報の⑵と⑷が削除されたとしか解説がなかったため、誤解し易いですが、大幅に緩和されました（令②一・二）。

適用時期	入所等の段階	相続開始の段階	根拠法令・情報等
平成25年12月31日まで	入所の段階で介護が必要		国税庁のHP上の情報
平成26年1月1日から	入所等の段階では健常者でもよい	相続開始時点で介護等の認定必要（緩和された。）	措法令40の2② 認定を受けていた者…入所又は入居をしていたこと

❶　平成25年1月に公表した税制改正大綱には（入所の段階で介護が必要）と解説

❷　平成25年3月末に法律が成立・公布（同時に公布することが多い政令・省令はこの時はなぜか公布されませんでした。）

❸　平成25年5月31日官報に2カ月遅れで政令・省令が公布されました。

大綱公表時の1月から5月末公布の4か月強の間に主税局の担当者の緩和への心理変化がうかがい知れます。

貴重な意見★★★★★

・H25までの国税庁の情報では、介護のために入所が要件であった。

・平成25年1月の大綱では上記と同じであったが、その後検討して「H25.5.31の政令（令②）で考え方を変更し」更に「通達69の4-7の3で明確にした。」最近は健康な人でも老人ホームに入所する方が増えてきた。サービス付き高齢者住宅はまさに健常者のためが前提。健康な人が入居しても、相続開始直前認定を受けていればOK。終身利用権又は所有権を持っていてもOKにした。

★なぜか相続後空家譲渡特例（措法35③関係）では入所等前判定と規定しています。（措規18の2③、措通35-9の2）（Q7-2参照）

2　終身利用権と所有権の関係

平成25年1月の税制改正大綱資料では「終身利用権を取得していても空き家となっていた場合には」と言っていましたが「所有権を取得していた場合」には言及していませんでした。その後、平成25年5月の財務省の資料では「所有権又は終身利用権を取得していないこと」を廃止したと言及しています。

改正前は条文上は明確でなかったため、国税庁は「質疑応答事例」の情報として紹介していましたが、平成25年の改正で租税特別措置法69の4第1項で概要を規定し、同法施行令40の2第2項及び第3項で明確に規定しました。

つまり条文で「所有権又は終身利用権を取得していないこと」という規定を置かなかったことは、当然に「所有権又は終身利用権を取得していた」としても、問題ないということになります。

税務当局は平成25年までは従来居住していた宅地等を離れて老人ホームに入居した場合、原則はその者の本拠地としての居住用宅地等は老人ホームにあると考えていましたが、一定の要件をクリアした場合のみ平成25年までの相続の場合「情報」で従来居住していた宅地等を被相続人の居住用宅地等と認めていました。

しかし、平成26年からは180度考え方を変更し、原則として従来居住していた宅地等をその者の本拠地としての居住用宅地等としたものと思われます。

3　被相続人が所有権を取得していた場合の疑問点

しかし被相続人が所有権を取得していた場合には、老人ホームの敷地である宅地等も、老人ホームに入居する前の宅地等もどちらも被相続人の居住用宅地等に該当することになりますが、老人ホームの敷地である宅地等を選択して良いことになるのかどうか疑問です。文理解釈上は可能と思われます。

被相続人の親族が所有権を取得している場合はこの問題は生じません。

平成25年5月に発表された財務省の資料

改正前		改正後
⑵　空き家はいつでも生活ができるよう維持管理されていること	⇨	廃止
⑷　所有権又は終身利用権を取得していないこと	⇨	廃止

Q1-13 限度面積要件の解説

限度面積要件が複雑でよく理解できません。詳しく解説してください。

A 平成27年1月1日以後に相続が開始した場合

❶ 特定事業用等宅地等の場合　（A）⇨400㎡

❷ 特定居住用宅地等である場合（B）⇨330㎡

※AとBがある場合は、730㎡まで完全併用適用可能です。

❸ 貸付事業用宅地等である場合（C）

次の合計が200㎡以下を要件

A × 200/400 ＋ B × 200/330 ＋ C≦200㎡（通−10）

この計算式は、Cに適用しない、又はCがない場合には適用しません。

その場合は上記❶400㎡又は❷330㎡であり、両方がある場合は合計で730㎡が限度面積要件となります。

農機具や肥料等を収納している建物の敷地はA（仮に400㎡以上）で、自宅はB（仮に330㎡以上）である都市近郊農家又は店舗に与える影響が大であります。

AとCを併用する場合

A・特定事業用等		C・貸付事業用		適用対象合計面積	
❶ 適用面積	❷ 減額換算面積	❸ 適用面積	❹ 減額換算面積	❺＝❶＋❸ 適用面積	❻＝❷＋❹ 減額換算面積
400㎡	320㎡	0㎡	0㎡	400㎡	320㎡
300㎡	240㎡	50㎡	25㎡	350㎡	265㎡
200㎡	160㎡	100㎡	50㎡	300㎡	210㎡
100㎡	80㎡	150㎡	75㎡	250㎡	155㎡
0㎡	0㎡	200㎡	100㎡	200㎡	100㎡

BとCを併用する場合

B・特定居住用		C・貸付事業用		適用対象合計面積	
❶ 適用面積	❷ 減額換算面積	❸ 適用面積	❹ 減額換算面積	❺=❶+❸ 適用面積	❻=❷+❹ 減額換算面積
330㎡	264㎡	0.00㎡	0.00㎡	330.00㎡	264.00㎡
300㎡	240㎡	18.18㎡	9.09㎡	318.18㎡	249.09㎡
200㎡	160㎡	78.78㎡	39.39㎡	278.78㎡	199.39㎡
100㎡	80㎡	139.39㎡	69.69㎡	239.39㎡	149.69㎡
0㎡	0㎡	200.00㎡	100.00㎡	200.00㎡	100.00㎡

・損益分岐点の計算式

小規模宅地等の特例適用直前の（1㎡単位）相続税評価額が異なる場合の基準

1 「A」と「C」との分岐点

「A」400×0.8＝「C」200×0.5　「A」320＝「C」100

「A」を1とした場合、Cは320/100⇨3.20倍超であると有利

例1　A100,000円　C319,000円⇨Aから先に適用した方が有利です。

例2　A100,000円　C321,000円⇨Cから先に適用した方が有利です。

※Cが320,000円の場合はどちらから適用しても同じです。

2 「B」と「C」との分岐点

「B」330×0.8＝「C」200×0.5　「B」264＝「C」100

「B」を1とした場合、Cは264/100⇨2.64倍超であると有利

例1　B100,000円　C263,000円⇨Bから先に適用した方が有利です。

例2　B100,000円　C265,000円⇨Cから先に適用した方が有利です。

※Cが264,000円の場合はどちらから適用しても同じです。

Q1-14 被相続人が共有で所有していた宅地等を取得した場合の対象面積

被相続人甲が、配偶者乙と1/2共有で所有していた右記の宅地等を、乙が取得した場合の小規模特例対象の限度面積について説明してください。

A 共有で所有していたということをどのように考えるかということに最終的には帰着するのですが、⑵で考えるのが妥当だと思われます。持分関係をイメージ的に理解しやすいように立体的に考えてみましょう。

⑴ 横の関係で考えます。

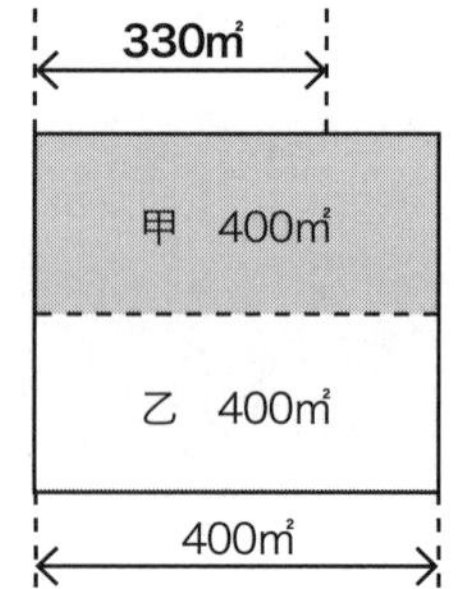

このように考えると甲は400㎡の居住用宅地等を所有していたことになり、特定居住用宅地等としては330㎡しか適用が受けられないことになり、結果として甲の持分全体の82.5％（＝330㎡/400㎡）しか特例の適用を受けられません。

借地権や底地の場合は、この考え方が正解です。

※借地権や底地を所有している場合は、相続対策として生前に固定資産の交換等により小規模宅地等の特例面積を増加させることもできます。

宅地等の70％借地権を所有している者が地主と固定資産の交換で400㎡×70％＝280㎡の所有権とした場合、330㎡以下ですから全部特例の適用を受けられます。

⑵ 縦の関係で考えます。【配偶者居住権関係も同じ。Q6-1参照】

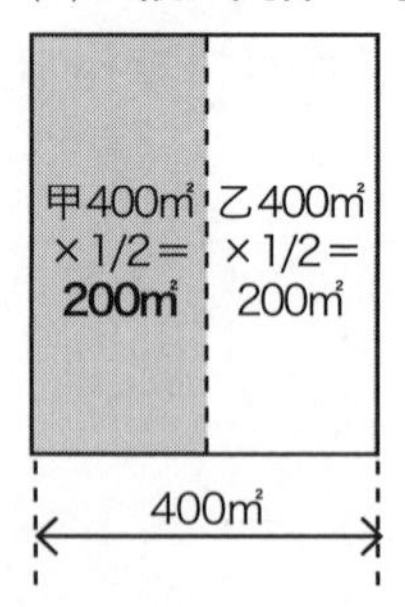

このように考えると甲は200㎡の居住用宅地等を所有していたことになり、特定居住用宅地等としては330㎡が限度面積ですので、どちらか少ない方、結果として甲の持分の全体**200㎡**が特例適用を受けられます（実質200㎡分しか所有していないと考えます。）。

Q1-15 被相続人から取得した宅地等を共有にした場合の対象面積

被相続人甲所有の下記居住用宅地等を配偶者乙とA（生計一）で1/2共有で取得した場合の小規模特例対象の限度面積について説明してください。

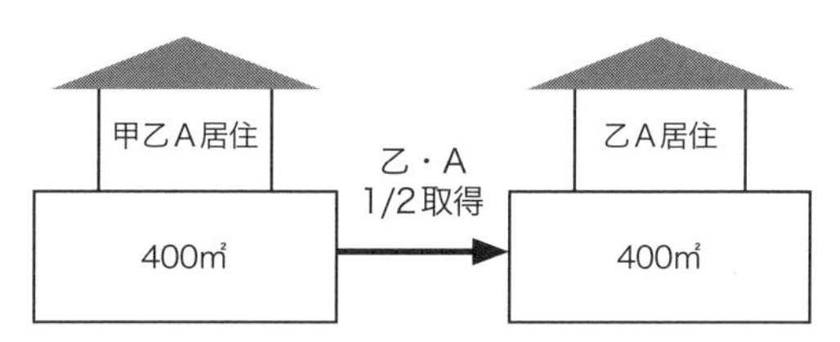

A 共有ということをどのように考えるかということに最終的には帰着するのですが、Q1-14の(2)と同じく考えるのが妥当だと思われます。

(1) 横の関係で考えます。

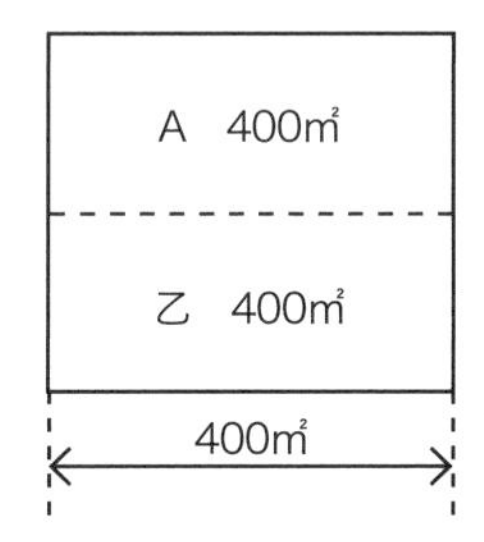

このように考えると乙とAは各400㎡の居住用宅地等を所有したことになり、特定居住用宅地等としては330㎡しか適用が受けられないことになり、結果として全体の41.25％（＝330㎡/400㎡×2名）しか特例の適用を受けられません。

(2) 縦の関係で考えます。

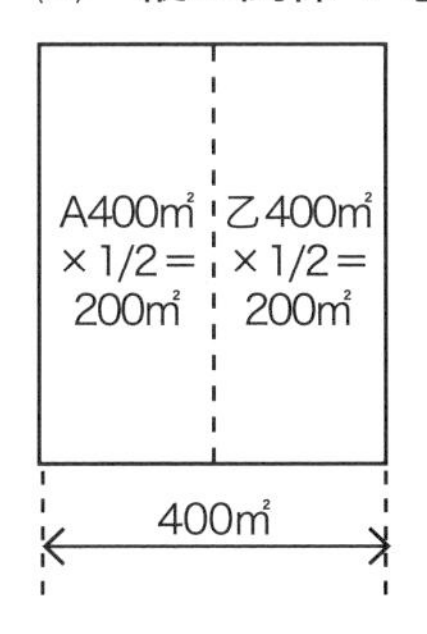

このように考えると乙とAは各200㎡（合計400㎡）の居住用宅地等を所有したことになり、特定居住用宅地等としては330㎡が限度面積ですので、どちらか少ない方、結果として全体の82.5％（＝330㎡/400㎡）が特例適用を受けられます。

選択対象者についてはQ2-3-6を参照してください。

Q1-16 共有家屋（貸家）の敷地の用に供されていた宅地等

夫甲に相続が開始したので、下の図のような共有家屋（貸家）の敷地の用に供されていた宅地等について小規模宅地等の特例の適用を考えています。敷地の用に供されていた宅地等の対象面積について教えてください。

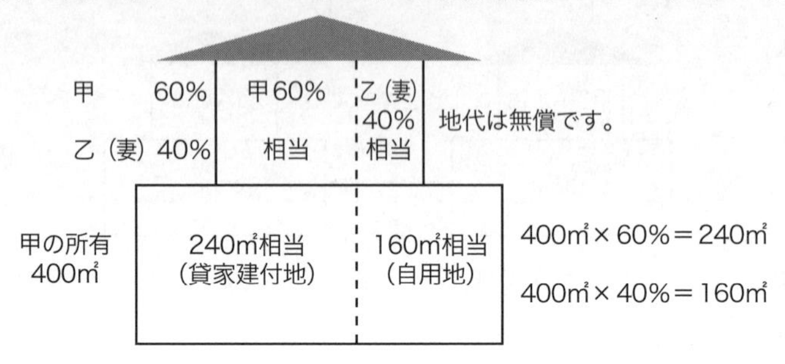

A 下記の図のように適用できます。

（国税庁HP質疑応答⇨相続⇨小規模宅地等5）

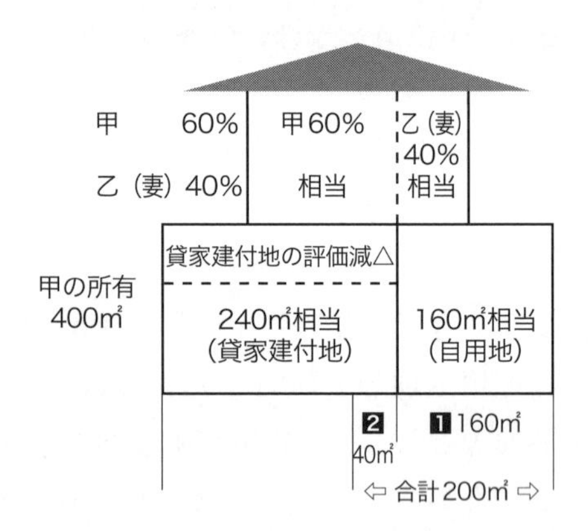

貸付事業用宅地等に該当しますので、先に❶甲と生計を一にする乙（妻）への使用貸借分（生計一親族の貸付事業用宅地等）の自用地分（160㎡）に適用し、残りの❷40㎡（200㎡－160㎡）分を甲の貸家建付地分に適用することができます。

（注）❷⇨❶の順番で適用申告後、❶⇨❷の順番に変更することはできません。

なお、下記の裁決があります。

小規模宅地等の特例の適用に当たり、各相続人が、複数の利用区分が存する一の宅地を相続により共有で取得した場合、当該特例を適用できる部分は、当該宅地の面積に、当該各相続人（被相続人の一定の親族）が取得した宅地の持分を乗じた面積となるとした事例（平成22年7月相続開始に係る相続税の各更正処分及び過少申告加算税の各賦課決定処分・棄却・平成27年6月25日裁決）

【配偶者が申告期限まで法人の役員になっていれば48㎡分も三号該当】

	被相続人及びその配偶者の居住の用	被相続人が主宰する同族会社事業の用	
建物	A　40㎡　40% （配偶者が取得したと主張）	B　60㎡　60% （子らが取得したと主張）	金太郎飴
80㎡	32㎡	48㎡	配偶者4/10
120㎡	48㎡	72㎡	子ら　6/10
土地200㎡	（80㎡）	（120㎡）	

（納税者の主張）

配偶者　200㎡　×　$\dfrac{40㎡（40\%）}{40㎡+60㎡=100㎡}$　＝　80㎡（特定居住用宅地等）

子　供　200㎡　×　$\dfrac{60㎡（60\%）}{40㎡+60㎡=100㎡}$　＝　120㎡（特定同族会社事業用宅地等）

（審判所の裁決）

配偶者　200㎡×被相続人の居住利用割合40%×配偶者の取得持分4/10
＝32㎡

子　ら　200㎡×法人の事業利用割合　　60%×子らの取得持分6/10
＝72㎡

業界用語として「金太郎飴＝どこを切っても同じ顔」と称しています。

Q1-17 共有土地が居住用と貸家用に供されていた宅地等

下図のような被相続人の共有する土地が被相続人等の居住の用と貸家の敷地の用に供されていた宅地等についての対象面積について教えてください。

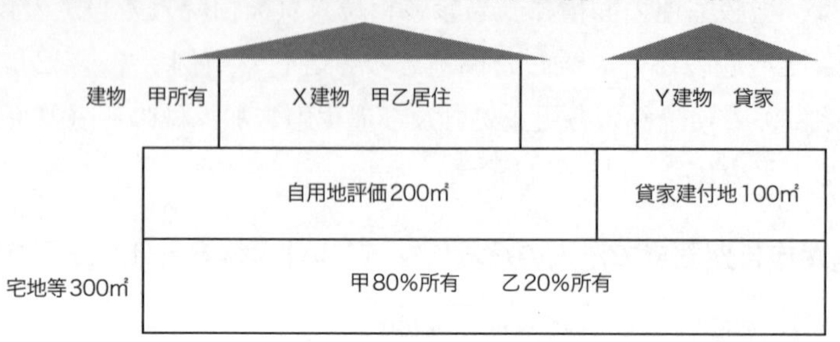

A 共有持分権者のその土地に有する権利は、その土地の全てに均等に及ぶとの共有についての一般的な考え方からすれば、この土地に係る被相続人甲の共有持分は居住の用に供されていたX建物の敷地と貸家であるY建物の敷地に均等に及んでいると考えるのが相当です。したがって、甲の共有持分に相当する240㎡のうち、X建物の敷地部分に相当する160㎡が特定居住用宅地等に該当し、Y建物の敷地部分に相当する80㎡が貸付事業用宅地等に該当することになります。

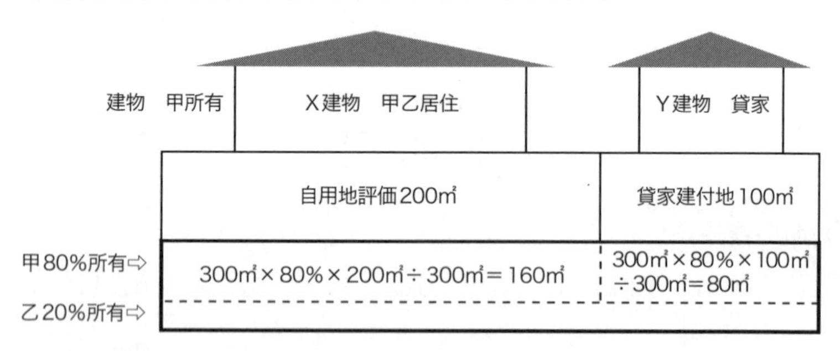

（注）上記の事例ではX建物の利用部分200㎡と特定しましたが、実務の現場ではその特定作業が厄介です（コラム4／地価税通達6−3を参考にしてください。）。

※限度面積の算式は下記の通りです（Bに適用し、残りをCに適用します。）。

200㎡−160㎡×200㎡／330㎡＝103.0303…㎡

コラム4　地価税通達6-3（平成3年12月18日発出）

一団の土地等の用途が単一でないときは、…おおむね次のように区分し、整理した上で、それぞれ…各建物等の敷地部分を判定するものとする。

(1)　当該一団の土地等のうち、通路、さく、生け垣等により専ら一の建物等の用に供されている土地等として他の土地等と区分されている部分…当該一の建物等の敷地部分とする。

(2)　当該一団の土地等のうち、2以上の建物等の用に一体的に利用されている部分（(3)の部分を除く。）…当該部分の土地等のうち、当該部分の土地等の面積を基礎としてその上に存する各建物等の建築基準法施行令2条第1項第2号《面積、高さ等の算定方法》に規定する建築面積の比によりあん分して計算した当該各建物等に係る面積に相当する部分を当該各建物等の敷地部分とする。「水平投影面積（建物が建っている部分の敷地）」

(3)　当該一団の土地等のうち、通路その他の各建物等の共用の施設の用に供されている部分…当該部分の土地等のうち、当該部分の土地等の面積を基礎として(1)及び(2)の各建物等の敷地部分の面積の比によりあん分して計算した当該各建物等に係る面積に相当する部分は、それぞれ(1)及び(2)の各建物等の敷地部分に含める。

(4)　当該一団の土地等のうち、(1)から(3)までの部分のいずれにも該当しない部分…いずれの建物等の敷地部分にも含めない。

（注）1　一団の土地等の上に専ら業務目的の用に供する建物等と専ら業務目的の用以外の用に供する建物等が2以上あるような場合におけるそれぞれの建物等の敷地部分の判定についても上記(1)～(4)までによるものとする。

2　上記(1)から(4)までにより判定することが、土地の利用状況、各建物等の使用目的、建物等の規模・構造等からみて適当でないと認められるときは、それらの事実を総合的に勘案して合理的に判定するものとする。

3　法6条第3項第2号、第4項若しくは第5項、7条第1項若しくは第2項、8条又は17条第1項若しくは第2項第2号に定める建物等若しくは施設等の用に供されている土地等の判定についても、この項に準じて取り扱う。

Q1-18 平成24年4月27日に改正された郵政民営化法

平成24年の改正郵政民営化法と小規模宅地等の特例との関係を教えてください。

A 以下のとおりです。

⑴ 日本郵政グループの経営体制を見直す改正郵政民営化法が平成24年4月27日、可決、成立しました。

窓口業務の郵便局会社と集配業務の郵便事業会社が合併し、5社の日本郵政グループが4社体制に再編されました。

⑵ 改正前後の図解

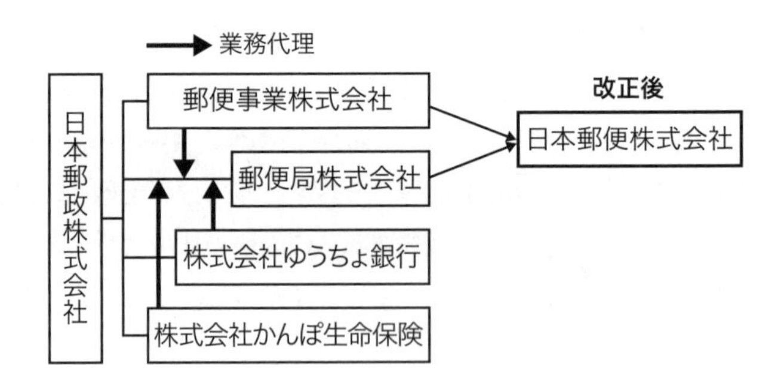

⑶ それに伴って下記の平成22年までの旧通−32（注）は、改正郵政民営化法施行後は、削除されました（通−32（注））。

〈参考〉

（注）郵便局株式会社に対し貸し付けられていた郵便局舎で、例えば、当該郵便局株式会社から郵政民営化法第176条の3（(日本郵便株式会社及び郵便事業株式会社の合併)）の規定により吸収合併消滅会社となった平成24年改正法第1条（(郵政民営化法の一部改正)）の規定による改正前の郵政民営化法第70条（(設立)）の規定により設立された郵便事業株式会社に転貸されていた部分は、平成24年改正法第3条の規定による改正前の郵便局株式会社法第4条第3項に規定する業務の用に供されていた部分であるため郵政民営化法第180条第1項の規定の適用はないことに留意する。

ただし、当該部分が措置法第69条の4第1項第2号に規定する貸付事業用宅地等である小規模宅地等に該当するときは、同号の規定の適用があることに留意する。

⑷　（注）のまとめ

郵便局株式会社が郵便事業株式会社に又貸しした部分は「特定事業用宅地等」には該当しないが「貸付事業用宅地等」に該当する可能性はあるという意味です。

Q1-19「生計を一」の意義

「生計を一にする」について説明してください。

A 小規模宅地等の特例の適用の判定上「生計を一にする」というのが、随所に出てきますが相続税法関係の法律・施行令・施行規則・通達等のどこを探しても「生計を一にする」の具体的な解説は見あたりません。

所得税基本通達2–47（生計を一にするの意義）でその定義をしており、相続税法関係でもこの規定を準用するものと思われますので下記を参照してください。

●生計を一にするの意義（所基通2–47）

「生計を一にする」とは、必ずしも同一の家屋に起居していることをいうのではありません。次のような場合には、それぞれ次によることとなります。

1 勤務・修学・療養等の都合上、他の親族と日常の起居を共にしていない親族がいる場合であっても、次に掲げる場合に該当するときは、これらの親族は生計を一にするものとします。

ア 当該他の親族と日常の起居を共にしていない親族が、勤務・修学等の余暇には当該他の親族のもとで起居を共にすることを常例としている場合

イ これらの親族【アに規定する親族でなく本文の親族を指すと思われます】間において、常に、生活費・学資金・療養費等の送金が行われている場合

別居の理由	勤務	修学等	療養等	参考事項
(ア) 余暇には同居	該当	該当	文言上なし	(ア) と (イ) の1つを満たしていれば該当すると思われます。
(イ) 常に送金あり	該当	該当	該当	

2 親族が同一の家屋に起居している場合には、明らかに互いに独立した生活を営んでいると認められる場合を除き、これらの親族は生計を一にするものとします。

（注）　必ずしも一方が他方を扶養していなければならないというものではありません。

3　所得税基本通達2–47（生計を一にするの意義）の逐条解説

（『所得税基本通達逐条解説（令和6年版）』（一財）大蔵財務協会、40頁）

通達起案者及びその後任者が解説したものです。

「生計を一にする」とは、……一般的には、同一の生活共同体に属して日常生活の資を共通にしていることをいうものと解されている。

したがって、この場合の「生計を一にする」とは、必ずしも一方が他方を扶養する関係にあることをいうものではなく、また、必ずしも同居していることを要するものでもない。

本通達は、以上の趣旨を明らかにしたものであるが、親族が同一の家屋に起居している場合には、通常は日常生活の資を共通にしているものと考えられるところから、明らかに互いに独立した生活を営んでいると認められる特段の事情があるときを除き、その場合の親族は、実務上は、生計を一にするものとして取り扱うことを明らかにしたものである。

参考までに、（一財）大蔵財務協会　医療費控除の手引き令和6年3月申告用89頁で…　同居していない母親の医療費を子が負担

…次の【ア又はイのいずれか】…に当てはまるときは、これらの親族は生計を一にするものとします、と解説しています。

つまりアとイの二つの要件を満たすのではなく、片方でよいということです。

被相続人と生計を一にする親族が規定されている小規模宅地等関係の法令等

根拠条文　法＆通	内　　容
措法69の4①	被相続人等（被相続人又は被相続人と生計一の親族）
措法69の4③	一号ロ・二号ハ・四号ロ／宅地等の取得者要件
措通69の4-2	信託に関する権利
措通69の4-4	被相続人等の事業の用に供されていた建物等所有者要件
措通69の4-5	事業用建物等の建築中等に相続が開始した場合
措通69の4-7	被相続人等の居住の用に供されていた建物等所有者要件
措通69の4-20の3	政令で定める規模以上の事業の意義等
措通69の4-23	法人の事業の用に供されていた建物等所有者要件
措通69の4-24の6	特定貸付事業を行っていた 「被相続人等の当該貸付事業の用に供された」の意義
措通69の4-33	郵便局舎の敷地を被相続人から無償により借り受けている場合

コラム5 生計一の区分基準

「週刊・税務通信」(H10.2.2号) 国税庁審理室審理第一係長 菊地幸雄著をアレンジ

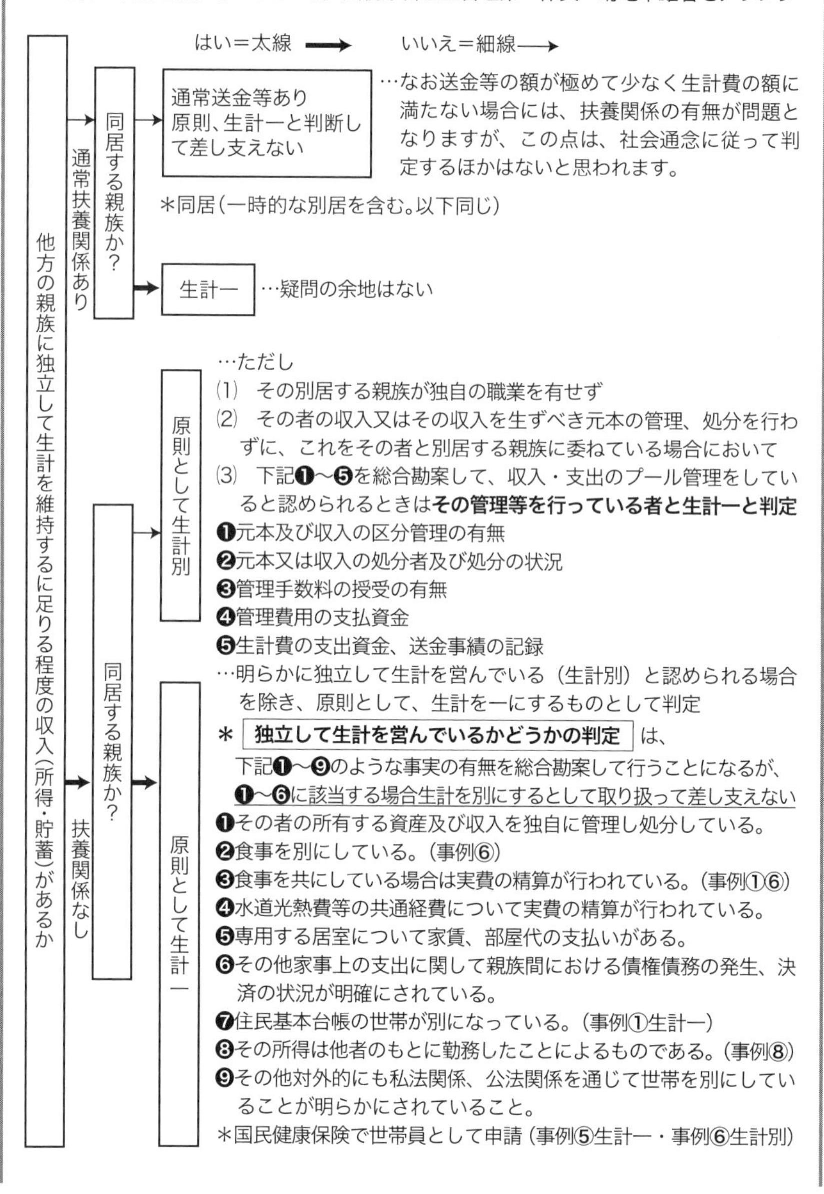

（注1）親族のいずれにも、独立して生計を維持するに足りる程度の収入がある場合とは、経常的又は定期の収入（所得）がある場合は勿論のこと、過去における所得の蓄積（貯蓄）を生計費に充てている場合が含まれる。

（注2）各事例

①平成09年02月28日徳島地裁…同一家屋に起居している義父夫婦は消費段階において同一の財布のもとで生活していると推認され、生計一と判定された事例

②昭和35年02月17日京都地裁…同一家屋内に起居する給与所得者である長男について、農業を営む父と生計を一にしていると判定された事例

③昭和47年04月11日東京地裁…同居する親族に支払った給与は事業所得計算上必要経費に当たらないと判定された事例

④昭和55年05月09日浦和地裁…事業に従事する内縁の妻は雇人とは認められず、同人に対する給与の支払いが否定された事例

⑤昭和55年07月30日広島地裁…納税者の近隣のアパートに居住していた長男について、雇人ではなく事業専従者であるとされた事例

⑥昭和49年12月10日大阪地裁…同居又は居宅敷地内の従業員寮に起居している長男等は独立の生計を営んでいると判断された事例

⑦昭和51年03月18日最高裁…納税義務者の長男等が既に結婚して別居している場合に、毎月の支給額及び支給日が一定していないとしても雇人ではなく生活費にすぎないとみることは当を得ていないとされた事例

⑧昭和55年09月24日東京高裁…青色申告の納税者が別居中の長男に支給した金員は青色事業専従者給与ではなく、給料賃金に該当するとされた事例

⑨平成20年06月26日裁決…別居していた親族が被相続人名義の普通預金口座からの出金は同人の入院費支払のためにされたものと認めるのが相当であり生計一にしていた親族に該当せず小規模宅地等の特例は適用できないとされた事例

⑩平成27年11月04日裁決…電気料金の支払が被相続人と相続人で別々だったこと、また被相続人の介護施設等の費用については、相続人の預金口座から出金されているが被相続人の口座から補てんされていたことが推認されるなど、生計一にしていた親族に該当せず小規模宅地等の特例は適用できないとされた事例

⑪平成30年8月22日裁決…相続人は、被相続人に係る食費、訪問介護費、日用品費及び医療費等について、被相続人名義の預貯金口座から出金した金銭等により支払っており、居宅に係るガス、水道及び電気の使用料金も被相続人名義の預金口座から支払われていることからすれば、相続人は被相続人と生計を一にしていた親族に該当せず小規模宅地等の特例は適用できないとされた事例

⑫平成31年4月8日裁決…⑪とほぼ同じ内容

⑬令和3年9月8日東京高裁…成年後見人＝生計一ではない。

Q1-20「生計を一」と「同居」との違い

「生計を一にする」と「同居」とはどう違うのですか。

A　「生計を一にする」と「同居」との関係を表にすると次のようになります。

同居（同じ家屋に居住）	別居（同じ建物の別家屋・別の建物に居住）	
同居していれば、通常は生計を一にしていたものとされます（所基通2−47⑵）。 （注）小規模宅地等の特例の適用上の特殊規定（旧措通69の4−21）Q3-3-9参照	⑴別居理由 ❶勤務の都合（単身赴任等） ❷修学（地方の子供が東京の大学に合格し、下宿生活等） ❸療養等 ⑵生活費等の送金あり ⑶余暇等には共に起居するのが常例 ❶土日等には自宅に帰る。 ❷夏休み等には帰省している。 ❸病気が治ったら同居する予定等	生計一
明らかに互いに独立した生活を営んでいると認められる場合（通常はあまり考えられない）	上記要件に該当しない場合	生計別

「上記のイメージ図」

同居	別居
原則　生計一 ↓所法56/本人、小規模否認/税務署	生計一⇦主張希望者に立証責任あり
生計別⇦主張希望者に立証責任あり	↑所法56/税務署、小規模主張/本人 **原則　生計別**

■特定居住用宅地等の同居と生計一図解

実線の中は同居（外は別居）。破線の中は生計一（所基通2−47）（外は生計別）。実線と破線が交わる箇所は同居であり、生計一でもある箇所です。

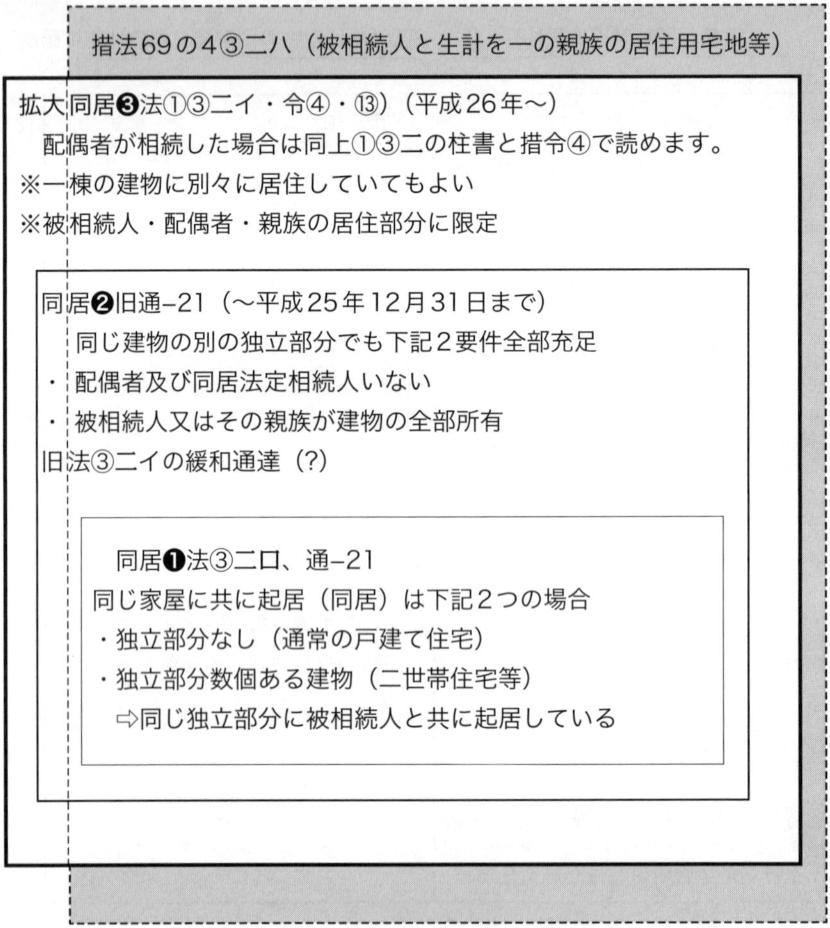

措法69の4③二ハ（被相続人と生計を一の親族の居住用宅地等）
拡大同居❸法①③二イ・令④・⑬）（平成26年〜）
配偶者が相続した場合は同上①③二の柱書と措令④で読めます。
※一棟の建物に別々に居住していてもよい
※被相続人・配偶者・親族の居住部分に限定
同居❷旧通−21（〜平成25年12月31日まで）
同じ建物の別の独立部分でも下記２要件全部充足
・配偶者及び同居法定相続人いない
・被相続人又はその親族が建物の全部所有
旧法③二イの緩和通達（?）
同居❶法③二ロ、通−21
同じ家屋に共に起居（同居）は下記２つの場合
・独立部分なし（通常の戸建て住宅）
・独立部分数個ある建物（二世帯住宅等）
⇨同じ独立部分に被相続人と共に起居している

網掛部分が措法69の4③二ハ（生計を一の親族の居住用宅地等）に該当します。

1F・被相続人居住	2F・配偶者居住又は空室	3F・子供A居住
敷地	敷地	敷地

（建物）完全分離型二世帯等別居＆生計別前提・区分登記なし　1～3F同じ床面積

（土地）

⑴　配偶者が同じ建物の同じ家屋、又は同じ建物の別家屋に別居していた場合

❶　配偶者が全部取得　1～3F敷地全部（法①③二柱書、令④）

1／1

❷　子供Aが全部取得　1～3F敷地全部（法①③二イ、令④⑬二）

1／1

❸　配偶者と子供Aが各1／2取得　1～3F敷地全部

配偶者1／2（法①③二柱書、令④）

子供A1／2（法①③二イ、令④⑬二）　合計1／1

⑵　配偶者が別の建物に別居していた場合（2F空家）

❶　配偶者が全部取得　1F・3F敷地（法①③二柱書、令④）　2／3

❷　子供Aが全部取得　1F・3F敷地（①③二イ、令④⑬二）　2／3

❸　配偶者と子供Aが各1／2取得　1F・3F敷地

配偶者1/2×2/3＝2/6（法①③二号柱書、令④）

子供A 1/2×2/3＝2/6（法①③二イ、令④⑬二　合計4/6＝2／3

(注)『同居』の考え方　参考 国税庁2021年分年末調整のしかた13頁

⑴　所得者等と同居を常況としている老親等が、病気などの治療のため入院していることにより、所得者等と別居している場合⇨同居老親等に該当します。

⑵　その老親等が所得者等の居住する住宅の同一敷地内にある、別棟の建物に居住している場合⇨その人が所得者等と食事を一緒にするなど日常生活を共にしているときは同居老親等に該当します。

これは所得税法の規定であり、小規模宅地等には適用できないと思われます。

★同居の有無は短期・中期・長期のみならず事実認定の判断を伴います。

コラム6　条文（法律・施行令・通達等）にない小規模宅地等特例の用語

（【　】の中は俗称であり措法69の4関係の法令・通達等にはありません。）

【同居】

平成26年1月1日からの相続は、措法69の4③二号イで「被相続人の居住の用に供されていた一棟の建物（被相続人、被相続人の配偶者又は親族の居住の用に供されていた部分として政令で定める部分に限る）に居住していた者」とし、同居（同一家屋に起居）のみならず別居（別家屋に起居）していても一棟の建物に一緒に居住してればその敷地分は「被相続人の居住用宅地等」に該当すると規定を改正し、【同居】と言う概念から拡大しました。

【同居＆拡大同居】と俗称を命名しましたのでお使いください。

【家なき子】（より正確にいうなら【被相続人の家屋なき親族】）

さらに正確にいうなら「家屋あり親族」でも良い場合があります。

★俗称は四文字以下が主流です。例　インフレ・セクハラ・パソコン・コンビニ・家なき子・拡大同居・書類審査・入学試験・卒業試験・…

2018年4月1日からの相続は、措法69の4③二号ロで

⑴　「（相続開始前3年以内に国内にある、当該親族、親族の配偶者、親族の3親等内の親族又は親族が支配する一定の法人が所有する家屋【…】）に居住したことがない者で、被相続人には配偶者も、同じ家屋（建物ではない）に居住していた（同居）法定相続人もいない場合で一定の者」と規定し【完全分離型二世帯住宅等】に居住していない者が、一棟の建物に【拡大同居】の親族がいても【家なき子】の特例に該当することになりました。

⑵　当該被相続人の相続開始時に当該親族が居住している家屋を相続開始前のいずれの時においても所有していたことがないことと、追加されました。

【完全分離型二世帯住宅等】

平成26年1月1日からの相続では、措通69の4–21で「1棟の建物でその構造上区分された数個の部分の各部分を独立して住居その他の用途に供することができるもの＝共同住宅（三世帯住宅等であっても、居住用以外のものがあっても）」と定義しました。

第2章

特例の適用要件の共通項目

第1節　概　要（1事例）

Q2-1 特例適用要件の概要

特例の適用を受けるための要件の概要について説明してください。

A　小規模宅地等の特例の適用を受けるためには、一定の要件を満たすことが必要です。その要件は、次のとおりです。

(1)　**適用対象者の要件（法①③）**

詳細はQ2-2-1 ～ Q2-2-2で説明します。

(2)　**特例の対象となる宅地等の要件（法①、令①～④、規①③）**

詳細はQ2-3-1 ～ Q2-3-9で説明します。

❶　特例の対象となる宅地等は、次のいずれかに該当する宅地等のうち、一定のものです。

ア　特定事業用宅地等（一定の郵便局舎を含みます。）

イ　特定居住用宅地等

ウ　特定同族会社事業用宅地等

エ　貸付事業用宅地等

❷　特例の適用対象となる宅地等の限度面積は、適用対象者全員で最低で200㎡～最高で730㎡までの分です。

(3)　**分割宅地等要件（法④⑤、令㉓）**

共同相続人又は包括受遺者によって申告期限から3年以内に分割されなかった宅地等には、原則として特例の適用はありません。

詳細はQ2-4-1 ～ Q2-4-8で説明します。

(4)　**申告期限までの継続要件（法③）**

相続税の申告期限まで①保有継続要件と、②居住（又は事業）継続要件があります。詳細はQ2-5-1 ～ Q2-5-2で説明します。

(5)　**手続要件**

特例対象宅地等の取得者全員の同意要件（分割等により取得した者のみならず一部未分割がある場合の、遺産共有者からも必要）があります（法⑦、令⑤三、民898)。

特例の適用を受けるためには、相続税の申告書に、この特例の適用を受ける旨を記載し、一定の書類を添付して提出しなければなりません。

詳細はQ2-6-1 ～ Q2-6-4で説明します。

第2節　適用対象者（2事例）

Q2-2-1 特例の適用を受けることができる人

特例の適用を受けることができる人はどのような人でしょうか。

A 相続等により特例の対象となる宅地等を取得した個人（法①）で、かつ被相続人の親族に限られています（法③）。

<table>
<tr><th>取得原因</th><th colspan="3">取得者の区分</th><th>特例適用</th></tr>
<tr><td>相続（個人のみ）一定の親族のみ</td><td colspan="3" rowspan="2">相続人（民法891条《相続人の欠格事由》の規定に該当した者及び民法892・893《推定相続人の廃除》によって相続権を失った者を含まない）</td><td>できる</td></tr>
<tr><td rowspan="6">遺贈（死因贈与を含む。）
（措法69の2）

Q1-3</td><td>できる</td></tr>
<tr><td rowspan="2">相続人以外の個人</td><td>被相続人の親族</td><td rowspan="2">コラム
1・7参照</td><td>できる</td></tr>
<tr><td>上記以外</td><td>できない</td></tr>
<tr><td colspan="2">・相続財産法人から相続財産の分与を受けた特別縁故者（民法958の2　相法4①）
・特別の寄与（民法1050　相法4②）</td><td colspan="2">相法4はみなす遺贈規定だが措法には同規定がないためできない※</td></tr>
<tr><td colspan="2">民法255共有・相基通9-12共有持分の取得</td><td colspan="2">同上と同じ趣旨で適用不可※</td></tr>
<tr><td colspan="3">法人・人格のない社団等　Q1-4</td><td>できない</td></tr>
<tr><td rowspan="2">贈与（注）（死因贈与を除く。）※1　Q2-3-8</td><td colspan="3">個人</td><td>できない</td></tr>
<tr><td colspan="3">法人・人格のない社団等</td><td>できない</td></tr>
</table>

（注）贈与のうち、①相続開始前3年～7年（※1　経過措置あり。）以内贈与（相続開始時の贈与を含む）、②相続時精算課税の適用を受けた贈与は、相続財産の計算に含みますが、小規模宅地等の特例適用はできません（法①、通−1）。

※例　相続人のいない被相続人が従兄弟と同居し、従兄弟がその療養看護に努めていた場合、特別縁故者として民法958の2で相続財産法人から相続財産の分与を受けた場合、相法4条第1項で遺贈により取得したとみなすが、みなす遺贈に小規模宅地特例を適用するとは措置法上規定していないから適用できません。

相基通9−12共有持分取得（民法255）のみなし遺贈も同趣旨で適用できません。特別縁故者は個人・法人・権利能力なき社団等も該当（福島家審S55.2.21）。

コラム7　先妻の子と後妻は親族か？

コラム1の親族図からだけでは判定困難ですが、その中に❸三親等内の姻族までは親族と規定されており、更に姻族とは「配偶者の血族」と「血族の配偶者」をいうと解説しています。これを図解すると次のようになります。

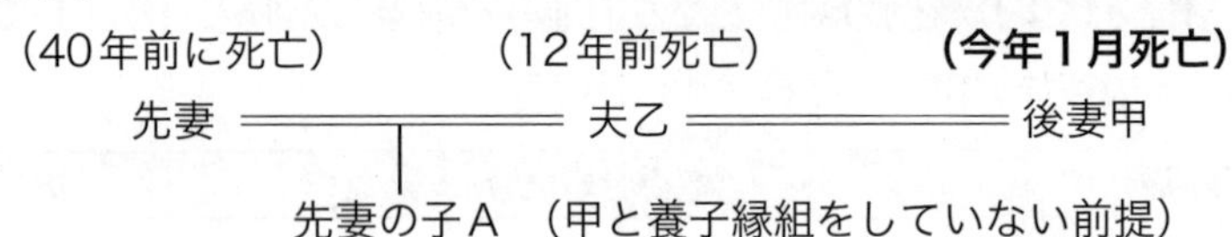

Aから見た場合　父（一親等の血族）の配偶者（⇨一親等の姻族）

甲から見た場合　配偶者の一親等の血族（⇨一親等の姻族）

故にAと甲は親族関係にあるが、民法887条で相続人にはなれません。しかし受遺者にはなれます。（親族であれば小規模宅地等の特例適用可）

民法887条（子及びその代襲者等の相続権）

①　被相続人の子は、相続人となる。　　②・③　省略

しかし次の規定があります。

民法728条（離婚等による姻族関係の終了）

①　姻族関係は、離婚によって終了する。

②　夫婦の一方が死亡した場合において、生存配偶者が姻族関係を終了させる意思を表示したときも、前項と同様とする。

戸籍法96条（姻族関係の終了）

民法728条第2項の規定によって姻族関係を終了させる意思を表示しようとする者は、死亡した配偶者の氏名、本籍及び死亡の年月日を届書に記載して、その旨を届け出なければならない。（姻族関係終了届出）

つまり後妻である甲が夫乙と離婚している場合は民法728条1項に該当し、死別の場合で民法728条2項の意思表示（戸籍法96条の届出）をしていた場合は、Aが後妻甲の受遺者に該当しても親族に該当しないため、小規模宅地等の特例は適用できません。この届出は提出期限はなく、個人ごとの選択及び撤回はできません。

※夫死亡☞義父死亡（夫の妻に遺贈）☞その後姻族関係終了届出∴親族

生存配偶者の戸籍の身分事項欄に姻族関係終了日が掲載されます。

※被相続人の長男の奥さんの親は、被相続人と親族か？⇨親族でない。

Q2-2-2 相続税の納税義務者と小規模宅地等の特例

相続税の納税義務者と小規模宅地等の特例について教えてください。

A 相続税・贈与税の納税義務者の区分と、小規模宅地等の関係は次のようになります。(2021年4月1日～)

(1) 相続税・贈与税の納税義務者の範囲表

下記相続等は、相続・遺贈（死因贈与を含む)・贈与（死因贈与を除く）の略称

一号	**A＝「居住無制限納税義務者」** 相続等により財産を取得した次に掲げる者で、その財産を取得した時において国内に住所を有するものをいいます。 (イ) 一時居住者でない個人（相法1の3①一イ、1の4①一イ） (ロ) 一時居住者である個人（その相続等に係る被相続人等が外国人被相続人（外国人贈与者）又は非居住被相続人（非居住贈与者）である場合を除きます。)（相法1の3①一ロ、1の4①一ロ）
二号	**B＝「非居住無制限納税義務者」** 相続等により財産を取得した次に掲げる者で、その財産を取得した時において国内に住所を有しないものをいいます。 (イ) 日本国籍を有する個人であって、その相続等に係る相続開始又は贈与前10年以内のいずれかの時において国内に住所を有していたことがあるもの　(相法1の3①二イ(1)、1の4①二イ(1)) (ロ) 日本国籍を有する個人であって、その相続等に係る相続開始又は贈与前10年以内のいずれかの時においても国内に住所を有していたことがないもの（その相続等に係る被相続人等が外国人被相続人（外国人贈与者）又は非居住被相続人（非居住贈与者）である場合を除きます。)（相法1の3①二イ(2)、1の4①　二イ(2)） (ハ) 日本国籍を有しない個人（その相続等に係る被相続人等が外国人被相続人（外国人贈与者）又は非居住被相続人（非居住贈与者）である場合を除きます。)（相法1の3①二ロ、1の4①二ロ）
三号	**C＝「居住制限納税義務者」** 相続等により国内にある財産を取得した個人で、その財産を取得した時において国内に住所を有するものをいいます（上記「居住無制限納税義務者」を除きます。)（相法1の3①三、1の4①三)。
四号	**D＝「非居住制限納税義務者」** 相続等により国内にある財産を取得した個人で、その財産を取得した時において国内に住所を有しないものをいいます（上記非居住無制限納税義務者」を除きます。)（相法1の3①四、1の4①四)。

<table>
<tr><td rowspan="4">五号</td><td>E＝「相続時精算課税の適用者（上記者除く）」
贈与（死因贈与を除く。）により相法21の9第三項の規定の適用を受ける財産を取得した個人（前各号に掲げる者を除く。）
「相続等で取得していない相続時精算課税受贈者」</td></tr>
</table>

⑵ 「相続税・贈与税の納税義務者一覧表」前記Eはこの表に含まれていない。

相続税・贈与税の納税義務者の図解

「　居住　無制限納税義務者」　Ⓐ

「非居住　無制限納税義務者」　Ⓑ

「　居住　　制限納税義務者」　Ⓒ

「非居住　　制限納税義務者」　Ⓓ

<table>
<tr><td colspan="2" rowspan="3">受贈者
相続人
受遺者
贈与者
被相続人（遺贈者含む）</td><td colspan="2">国内に住所あり</td><td colspan="3">国内に住所なし</td></tr>
<tr><td rowspan="2"></td><td rowspan="2">一時居住者 ※1
在留資格があり15年以内で国内住所が10年以下</td><td colspan="2">日本国籍あり</td><td rowspan="2">日本国籍なし</td></tr>
<tr><td>10年以内に国内に住所あり</td><td>10年以内に国内に住所なし</td></tr>
<tr><td colspan="2">国内に住所あり</td><td rowspan="5">Ⓐ</td><td>Ⓐ</td><td rowspan="5">Ⓑ</td><td colspan="2">Ⓑ</td></tr>
<tr><td></td><td>外国人被相続人 ※2
外国人贈与者 ※2
在留資格があり</td><td>Ⓒ</td><td colspan="2">Ⓓ</td></tr>
<tr><td rowspan="3">国内に住所なし</td><td>10年以内に国内に住所あり
非居住外国人</td><td>Ⓐ</td><td colspan="2">Ⓑ</td></tr>
<tr><td>非居住被相続人 ※3イ
非居住贈与者 ※3イ</td><td rowspan="2">Ⓒ</td><td colspan="2" rowspan="2">Ⓓ</td></tr>
<tr><td>非居住被相続人 ※3ロ
非居住贈与者 ※3ロ
10年以内に国内に住所なし</td></tr>
</table>

（用語の解説）

※1　一時居住者

相続開始（贈与）の時において在留資格（出入国管理及び難民認定法別表第一の上欄の在留資格をいいます。以下同じです。）を有する者であって、その相続開始（贈与）前15年以内において国内に住所を有していた期間の合計が10年以下であるもの（相法1の3③一、1の4③一）

※2　外国人被相続人（外国人贈与者）

相続開始（贈与）の時において在留資格を有し、かつ、国内に住所を有していたその相続（贈与）に係る被相続人（贈与者）であるもの（相法1の3③二、1の4③二）

※3　非居住被相続人（非居住贈与者）

相続開始（贈与）の時において国内に住所を有していなかったその相続（贈与）に係る被相続人（贈与者）であって、次に掲げるもの（相法1の3③三、1の4③三）

イ　その相続開始（贈与）前10年以内のいずれかの時において国内に住所を有していたことがあるもののうち、そのいずれかの時においても日本国籍を有していなかったもの

ロ　その相続開始（贈与）前10年以内のいずれの時においても国内に住所を有していたことがないもの

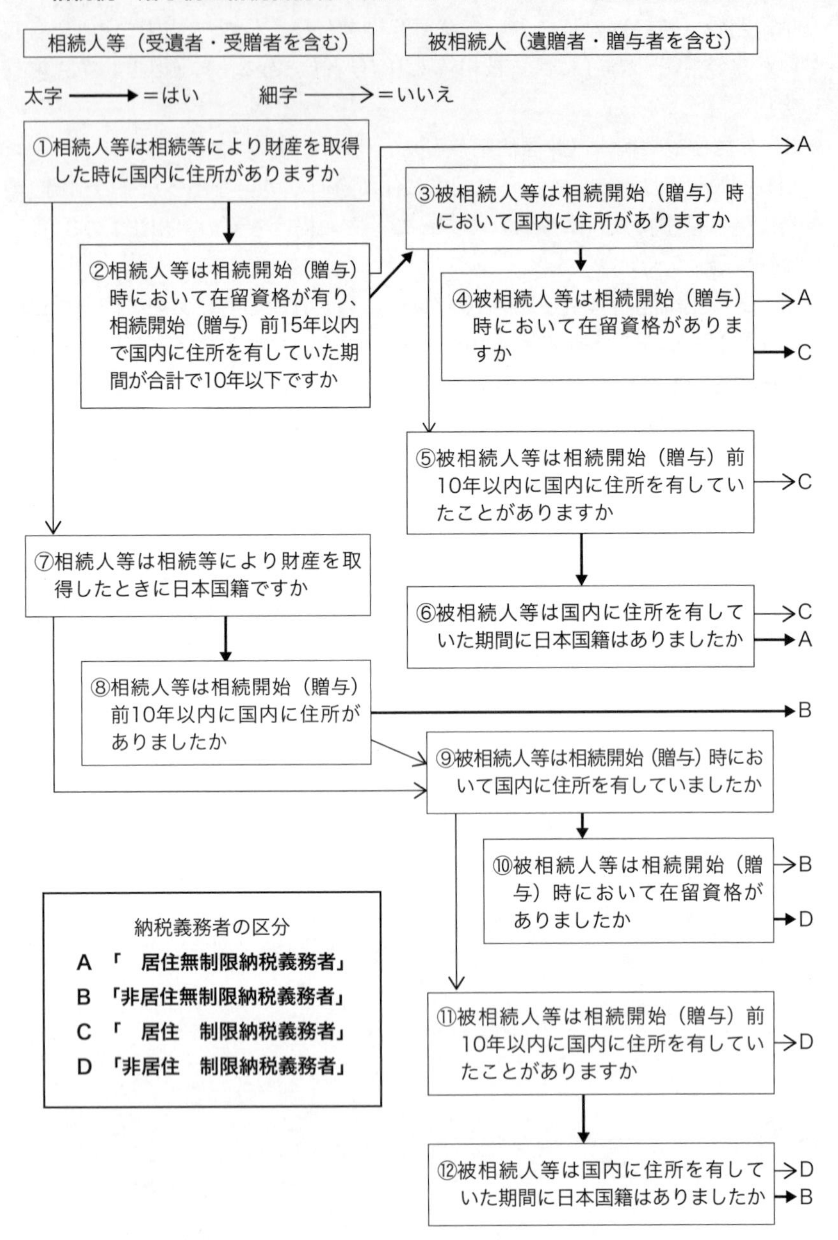

※以上の図解は（一財）大蔵財務協会　図解　相続税・贈与税　令和６年版より

(3)　相続税の納税義務者の区分による課税財産等一覧表

2021年4月1日以後の相続又は遺贈（死因贈与を含む。）

課税原因	相続税の納税義務者区分	取得時の住所	課税財産の範囲			根拠条文 相法1の3／相法2
			国内	国外	相続時精算贈与適用財産	
相続 遺贈 死因贈与	A　居住無制限納税義務者	国内	課税	課税	課税	①一／①
	B　非居住無制限納税義務者	国外	課税	課税	課税	①二／①
	C　居住制限納税義務者	国内	課税	**非課税**	課税	①三／②
	D　非居住制限納税義務者	国外	課税	**非課税**	課税	①四／②
贈与（死因贈与を除く）	E　相続時精算課税の適用者（上記者除く）	—	—	—	課税	①五

該当する宅地等があれば場所が国内外に関係なくできます（Q2-3-3参照）。

（注1）日本国籍と外国国籍がある場合（相基通1の3・1の4共−7）

（注2）住所⇨各人の生活の本拠をいうのであるが、その生活の本拠であるかどうかは、客観的事実によって判定するものとされます。

この場合において、同一人について同時に法施行地に2箇所以上の住所はないものとされます（相基通1の3・1の4共−5～6も参照）。

（注3）「納税管理人」

1 （概要）日本国内に住所を有していない、又は有しないこととなる場合に、申告書の提出その他国税に関する事項を処理する必要がある場合、管理人を選任しなければなりません。この管理人のことを納税管理人といいます（通法117①）。

2　選任した場合は「納税管理人届出書」を所轄税務署に提出することが必要です（通法117②）。

3　「納税管理人届出書」の提出期限…納税管理人を定めたとき又は出国の日まで

4　（納税管理人＝納税者の代理人）※申告書の提出　※納税　※税務調査　※他

5　申告書の提出期限…本来の期限「相続から10か月」「贈与の翌年3月15日」

第３節　特例対象宅地等（９事例）

Q2-3-1 特例の対象となる宅地等

特例の対象となる宅地等とはどういうものをいいますか。

A　次のすべての要件に該当必要（法①、令①④、規①③、郵民法180①）

⑴　次のいずれかに該当する宅地等であること

	相続開始直前の状況	建物等の敷地供用要件
ア	（特定事業用宅地等） 被相続人等の事業の用に供されていた宅地等	一定の建物又は 構築物の敷地の用
イ	（特定居住用宅地等） 被相続人等の居住の用に供されていた宅地等	一定の建物又は 構築物の敷地の用
ウ	（特定同族会社事業用宅地等） 特定同族会社の事業の用に供されていた宅地等	一定の建物又は 構築物の敷地の用
エ	（貸付事業用宅地等） 被相続人等の貸付事業用宅地等	一定の建物又は 構築物の敷地の用
オ	（郵便局舎の敷地用宅地等） 郵便局舎の敷地の用に供していた宅地等	一定の建物の敷地の用

⑵　棚卸資産又はこれに準ずるものとされる雑所得の基因となる土地又は土地の上に存する権利に該当しないものであること

具体的には不動産業者が所有していた販売用土地等などは適用外です。

⑶　被相続人から相続等によって財産を取得したすべての個人（親族に限る）が取得した上記⑴に該当する宅地等のうち、限度面積までの部分としてその個人が一定の方法により選択した宅地等であること

適用を受けられるすべての個人が同意すれば、限度面積までなら、一定の方法により選択適用することができます。

（注）オの郵便局舎の敷地用宅地等はQ3-6-1 ～ Q3-6-3で解説しています。

Q2-3-2 一定の建物又は構築物の敷地

一定の建物又は構築物の敷地の用に供していることが特例適用の要件となっていますが、「一定の建物又は構築物」とは何ですか。

A 相続開始の直前において被相続人等の事業の用又は居住の用に供されていた宅地等で、特例の対象となるものは、一定の建物又は構築物の敷地の用に供されていたものであることが要件の一つとされています(措法69の4①)。

これを図示すると次のようになります。

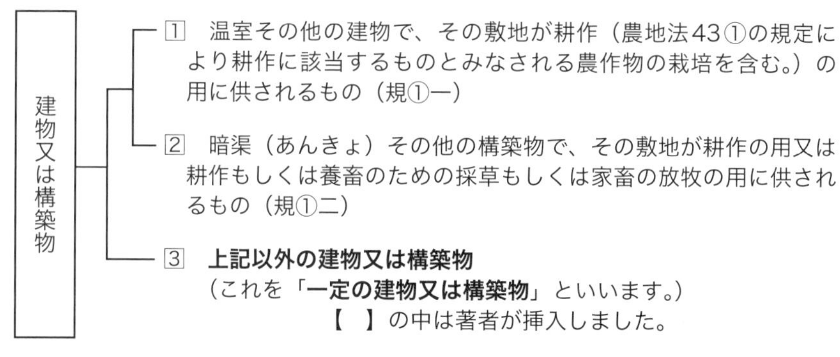

(注1)　例えば青空駐車場は、アスファルト・フェンス等の構築物がある場合は事業用宅地等に該当しますが、構築物がないものは資本投下もない単なる場所提供にすぎないと認められるので事業用宅地等に該当しません(減価償却資産の耐用年数等に関する省令別表第一参照)。

(注2)　「一定の建物又は構築物」は被相続人の所有に限定されていません。
例えば、被相続人が宅地を第三者に貸し付けて、第三者がその敷地上に建物等を建築して地代を支払っている場合なども該当します。

(注3)　砂利敷きなどは、事例により該当するものと非該当のものがあると思われますので、適用に当たっては慎重に判断してください。

※　耐用年数の適用等に関する取扱通達　第2章　第3節　構築物(砂利道)2－3－13

表面に砂利、砕石等を敷設した砂利道又は砂利路面については、別表第一の「構築物」の「舗装道路及び舗装路面」に掲げる「石敷のもの」の耐用年数　【15年】を適用する。(昭55年直法2－8「一」

により改正)

(注4) 1と2はその敷地が農地に該当しますので、農地の納税猶予の適用対象にもなりますので、措置法の恩恵を二重に受けないための規定です。

しかし国税庁は2025.1.1現在のＨＰで質疑応答事例➡相続税・贈与税**(農地等に係る相続税及び贈与税の納税猶予関係)で次のような解説をしています。**

1 納税猶予の対象となる農地(1)で次のような解説をしています。

(照会要旨)

次に掲げる土地は、贈与税(相続税)の納税猶予の特例の対象となる農地に該当しますか。

(1) 温室の敷地 (2) 畜舎の敷地 (3) 農作業場の敷地

(4) 農業のかんがい用ため池 (5) 養魚に利用している土地

(6) 植木の植栽されている土地

(回答要旨)

(1) 温室の敷地【農地法(農作物栽培高度化施設に関する特例)第43条】

贈与時(相続開始時)において温室の敷地となっている土地は、その土地を従前の農地の状態のまま耕作を継続している場合には農地に該当します。

【故に小規模宅地等の特例対象外】

しかし、その敷地を農地以外のものとして直接耕作の用に供しない場合、例えば、温室の敷地をコンクリート等で地固めするなど農地以外のものとした場合には、たとえ、その上に土を盛って作物を栽培しているときであっても、温室の敷地は農地に該当しないことから、贈与税(相続税)の納税猶予の特例の対象となる農地に該当しません。【故に建物又は構築物があるので小規模宅地等の特例対象になると思われます。】

なお、農地法第43条第1項の規定に従い、農業委員会に届け出て農地をコンクリート等で覆い同条第2項に規定する農作物栽培高度化施設の用に供される当該農地については、贈与税(相続税)の納税猶予の特例の対象となる農地に該当します。

【故に小規模宅地等の特例対象外】

⑵　畜舎の敷地

贈与時（相続開始時）において畜舎の敷地となっている土地は、農地法第2条第1項に規定する農地又は採草放牧地に該当しないことから、贈与税（相続税）の納税猶予の特例の対象となる農地に当たりません。【故に建物又は構築物があるので小規模宅地等の特例対象になると思われます。】

⑶　農作業場の敷地

贈与時（相続開始時）において農作業場の敷地となっている土地は、農地法第2条第1項に規定する農地又は採草放牧地に該当しないことから、贈与税（相続税）の納税猶予の特例の対象となる農地に該当しません。【故に建物又は構築物があるので小規模宅地等の特例対象になると思われます。】

⑷　農業のかんがい用ため池

贈与時（相続開始時）において農業のかんがい用ため池の用に供されている土地は、農地法第2条第1項に規定する農地又は採草放牧地に該当しないことから、準農地に該当する場合を除き、贈与税（相続税）の納税猶予の特例の対象となる農地に当たりません。【故に建物又は構築物がある場合は小規模宅地等の特例対象になると思われます。】

⑸　養魚に利用している土地

農地には、現に耕作されている土地のほか、その現状が耕作し得る状態にあり、通常であれば耕作されているものが含まれるので、贈与時（相続開始時）において水田を従前の状態のままで水を張って一時的に稚魚を飼育している場合には、当該土地は農地に該当することから、贈与税（相続税）の納税猶予の特例の対象となる農地に当たります。【故に小規模宅地等の特例対象外】

ただし、当該土地を通常の水田として利用するのに必要な程度を超えたけいはん（畦畔）の補強、本地の掘削などをして養魚池とした場合には、当該土地は農地に該当しないことから、その特例の対象となる農地に当たりません。【故に建物又は構築物がある場合は小規模宅地等の特例対象になると思われます。】

(6)　植木の植栽されている土地

贈与時（相続開始時）において植木を育成する目的で苗木を植栽し、かつ、その苗木の育成について肥培管理を行っている土地は、農地に該当することから、贈与税（相続税）の納税猶予の特例の対象となる農地に当たります。

【故に小規模宅地等の特例対象外】

ただし、既に育成された植木を販売目的で販売するまでの間一時的に仮植しておく土地は、たとえ、その間その商品価値を維持するための管理が行われているとしても、農地法第２条第１項に規定する農地に該当しないことから、その特例の対象となる農地に当たりません。【故に建物又は構築物がある場合は小規模宅地等の特例対象になると思われます。】

Q2-3-3 外国にある宅地等の取扱い

外国にある宅地等を、日本国内又は国外に住所がある相続人等が取得した場合、小規模宅地等の特例の適用は受けられるのでしょうか。

A 措法69条の4には、「外国にある宅地等」を排除しているような規定はありませんので、文理解釈及び小規模宅地等の特例の制定趣旨から考えても適用を受けることができます。

⑴　相続税の納税義務者と小規模宅地等特例（Q2-3-2参照）

	相続税の納税義務者	小規模宅地等特例の適用判定
外国にある宅地等	A「居住無制限納税義務者」	**国外宅地等にも適用を受けられます**
	B「非居住無制限納税義務者」	**国外宅地等にも適用を受けられます**
	C「居住制限納税義務者」	課税の範囲外なので受けられません
	D「非居住制限納税義務者」	課税の範囲外なので受けられません
	E「相続時精算課税の適用者（上記者除く）」	贈与財産には適用を受けられません

⑵　国外財産の評価方法（評基通5−2）

国外にある財産の価額についても、この通達に定める評価方法により評価することに留意する。なお、この通達の定めによって評価することができない財産については、この通達に定める評価方法に準じて、又は売買実例価額、精通者意見価格等を参酌して評価するものとする。

（注）　この通達の定めによって評価することができない財産については、課税上弊害がない限り、その財産の取得価額を基にその財産が所在する地域若しくは国におけるその財産と同一種類の財産の一般的な価格動向に基づき時点修正して求めた価額又は課税時期後にその財産を譲渡した場合における譲渡価額を基に課税時期現在の価額として算出した価額により評価することができます。

⑶　上記⑵によって評価等した価額が、相続税法22条の時価評価となり、その評価額を基として小規模宅地等の特例を適用することになります。

Q2-3-4 小規模宅地等の特例と広大地（2018年からは「大規模宅地」）の評価の併用適用関係

「小規模宅地等の特例と広大地（2018年からは「大規模宅地」）の評価を併用適用できない」と税務署に言われましたが本当でしょうか。

A 以下のとおり併用適用できます。

I 財産評価基本通達

⑴ はじめに

相続税法22条（評価の原則）では、「この章で特別の定めのあるものを除くほか、相続、遺贈又は贈与により取得した財産の価額は、当該財産の取得の時における時価により、当該財産の価額から控除すべき債務の金額は、その時の現況による」と規定しています（地価税法23条にも同様の規定があります。）。

しかし、実務の現場ですべての財産を鑑定評価していたら、納税者も、課税当局も膨大な費用（予算が限られています。）が必要になり現実的ではないため、相続税法22条（および地価税法23条）の補完（法令解釈通達）として財産評価基本通達が作成されたもので、それ以上のものでもそれ以下のものでもありません（法律の委任規定として財産評価基本通達が存在するのではありません。）。

⑵ 財産評価基本通達の存在意義（税務調査省略基準ともいわれています。）

財産評価基本通達は、下記の点を考慮して作成されているといわれています。

❶ 納税者の便宜

❷ 税務当局の事務効率（行政効率）

❸ 評価の公平

したがって、鑑定理論上の評価方法とは必ずしも同じではありません。

⑶ 財産評価基本通達における広大地（大規模宅地）の位置づけ

財産評価基本通達で、第2章の第2節（宅地及び宅地の上に存する権利／第10項～32項）の途中である第24-4項（広大地の評価）に、平成6年2月15日付けで新設されました。そしてこの広大地は平成29年12月31日で廃止され、2018年から第20−2項（地積規模の大きな宅地）が新設されました。

「地積規模の大きな宅地」では長すぎて覚えにくいし、言いにくいため国税庁が作成した名称を尊重しながら俗称として「大規模宅地」と筆者が命名しました。

大規模宅地の評価『関東地域のみの三大都市圏のイメージ図』

（平成28年4月1日現在）

詳細は国税庁ホームページ「地積規模の大きな宅地の評価」の適用要件チェックシート参照。
（網掛け部分は首都圏整備法に規定する既成市街地）
『東京23区以外は指定容積率400％未満』

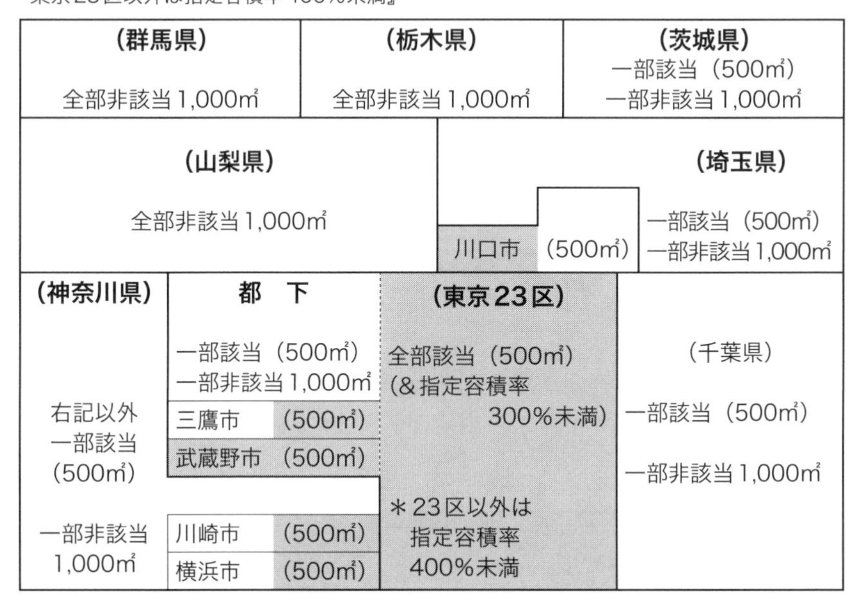

Q2-3-5 特例適用宅地等が複数ある場合

適用宅地等が複数ある場合、有利に選択することが可能でしょうか。

Y市に特定事業用宅地等（200㎡）　Z市に特定事業用宅地等（250㎡）
（単位評価額500万円/㎡）　（単位評価額100万円/㎡）

A 次の⑴⑵のような計算をしなければならないと考えるかもしれません。

⑴　適用対象地の按分計算（間違いやすい計算例）

❶　$\text{Y市分}400\text{㎡}\times\dfrac{\text{Y市}200\text{㎡}}{\text{Y市}200\text{㎡}+\text{Z市}250\text{㎡}}=177.78\text{㎡}$

❷　$\text{Z市分}400\text{㎡}\times\dfrac{\text{Z市}250\text{㎡}}{\text{Y市}200\text{㎡}+\text{Z市}250\text{㎡}}=222.22\text{㎡}$

⑵　小規模宅地等の減額計算

（Y市分177.78㎡×500万円＋Z市分222.22㎡×100万円）×80%
＝888,896,000円

⑶　正しい考え方

しかし、条文中に「按分しなさい」という規定はなく、有利選択が可能です。

※小規模宅地等の敷地面積は、配偶者居住権に係る敷地利用権と、その所有権等の評価額で按分する規定があります（令⑥）。

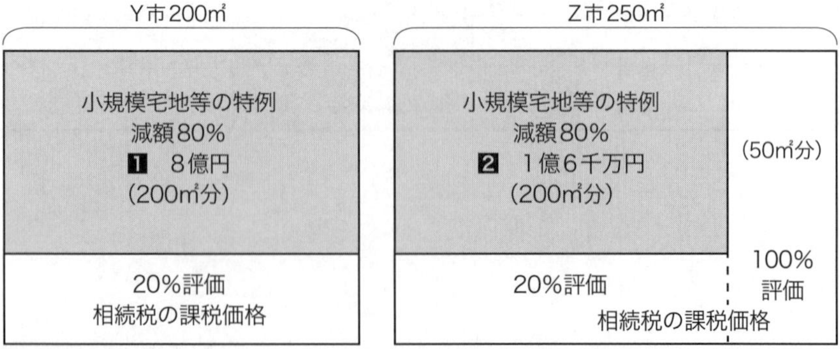

Y市200㎡

小規模宅地等の特例 減額80% ❶　8億円 （200㎡分）
20%評価 相続税の課税価格

Z市250㎡

小規模宅地等の特例 減額80% ❷　1億6千万円 （200㎡分）	（50㎡分）
20%評価	100% 評価
相続税の課税価格	

（8億円＋1億6千万円）－888,896,000円＝71,104,000円の違い

Q2-3-6 特例適用宅地等を共有で相続等した場合

特例適用宅地等を共有で相続等した場合、同じ場所でかつ評価の利用単位が同じですから、Q2-3-5のように考えることはできないのではないでしょうか。

A 次のように考えます。

1 確かに同一宅地等を共有で取得した場合、利用が同一となり、一体評価となります（評基通7−2(1)）。

しかし、これはあくまで相続税法22条「時価」を求めるときの考え方であって、小規模宅地等の特例適用の場合まで準用する必要はありません。

2 小規模宅地等として選択できる宅地等が分散している場合と、そうでない場合との選択の仕方を区別することは合理的ではありません。

3 Q2-3-1の(3)を参照すればわかりますが一方の個人だけ受けることも、一方が先に受けて、限度面積の残り分を他の個人が受けることも可能です。

〈妻乙と丁（甲と同居親族）が特定居住用宅地等を共有で相続（400㎡）各50%〉

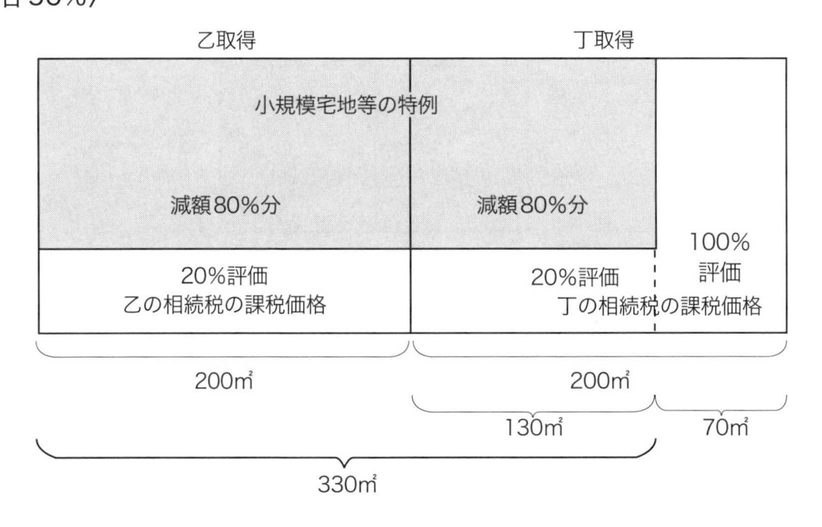

Q2-3-7 特例適用宅地等が自用地と借地権から成っている場合

自分の土地と借地権の上に自宅等の建物が建築されている場合、按分適用しなければならないでしょうか。

(具体例)

甲は自分の土地Y地と、借地権であるZ地の上に自宅を建築し、自己の居住用宅地等として使用していました。

このY地と借地権であるZ地及び建物は、配偶者である乙が相続しました。

小規模宅地等の減額特例はどのようになるのでしょうか。

A 次のように考えます。

❶ 確かにQ2-3-6と比較して、一人だけで取得しているのですから、Q2-3-1やQ2-3-6の考えは通用しないのではないかと思われるかも知れません。

❷ しかしQ2-3-6と同じ考えで、有利な選択をすることができます。

❸ 例えば、次のような宅地等があるとします（平面図）。

Y地は自己所有地、Z地は借地権（借地権割合70％と仮定）

Y地・Z地を一体として居住用として利用していました。

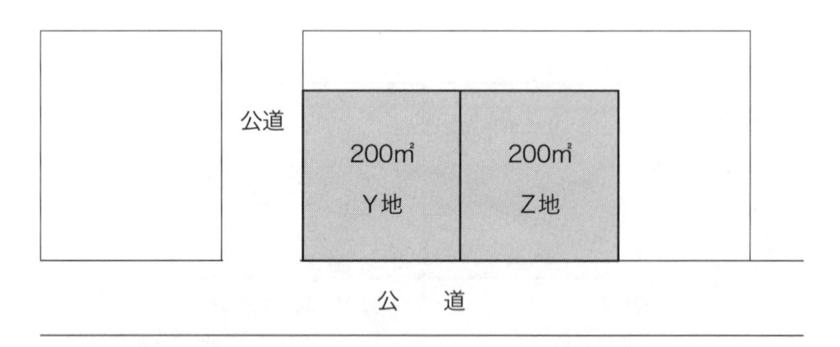

ア　この場合、財産評価上の利用単位は一体（一画地）ですから、全体の角地加算計算が必要です（計算結果は仮に1㎡単価100万円とします）。

イ　しかし、Z地は100万円×70％＝70万円（1㎡単価）であり、Y

地は、100万円（1㎡単価）そのままです。

ウ　したがって、Y地（200㎡）から優先し、残りの130㎡をZ地に適用します。

エ　（Y地200㎡×100万円×80％）＋（Z地130㎡×70万円×80％）

　＝232,800,000円（減額）

以上の関係を側面図で説明すると次のようになります。

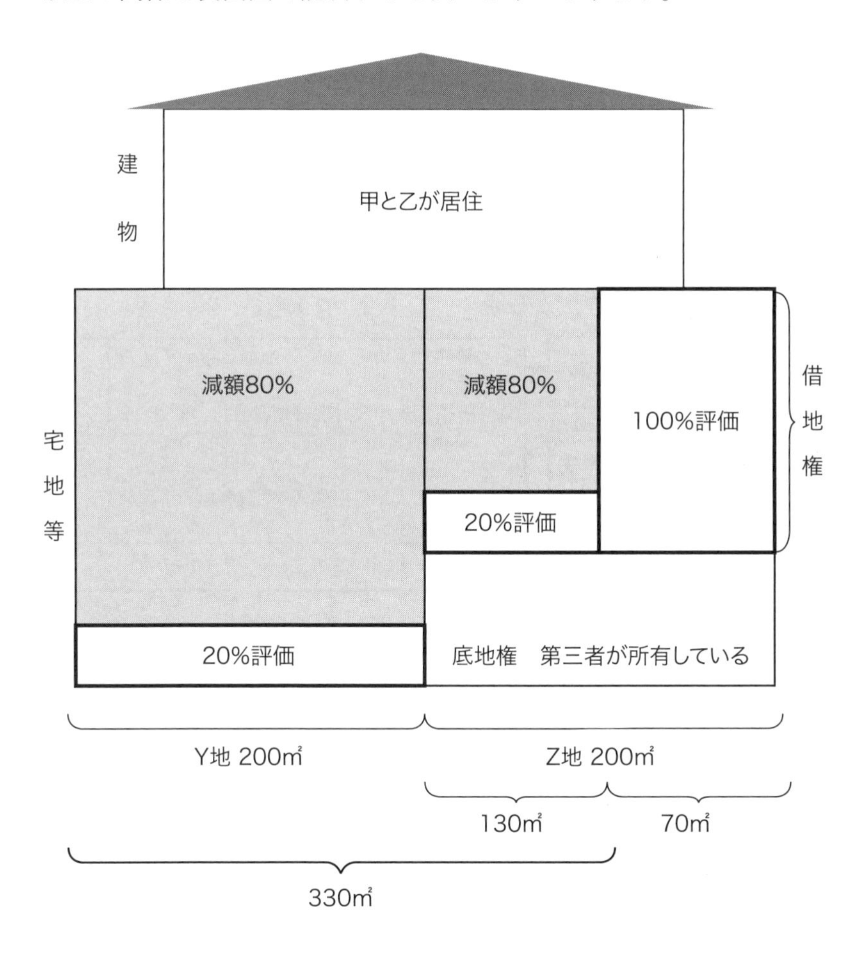

Q2-3-8 贈与により取得した宅地等の取扱い

贈与により取得した宅地等についての適用はできますか。

A 小規模宅地等の特例は相続等により宅地等を取得した被相続人の親族に限られていますので、通常の贈与の分はもちろん、相続財産に加算される相続開始前３年～（相続開始日が2027（令和9）年から徐々に増加し、2031（令和13）年以降は７年以内贈与財産分も贈与で取得したわけですから、小規模宅地等の特例の適用はありません（被相続人の死亡を原因とする贈与「死因贈与」は、措置法69条の２で「遺贈と同様に扱う。以下70の８の２までに同じ」とあるため、当然に措置法69条の４もその範疇であり特例適用ができます。）。

贈与、遺贈及び相続の場合における小規模宅地等の特例の適用関係を図示すると次のとおりになります。Q 2-2-1を参照してください。

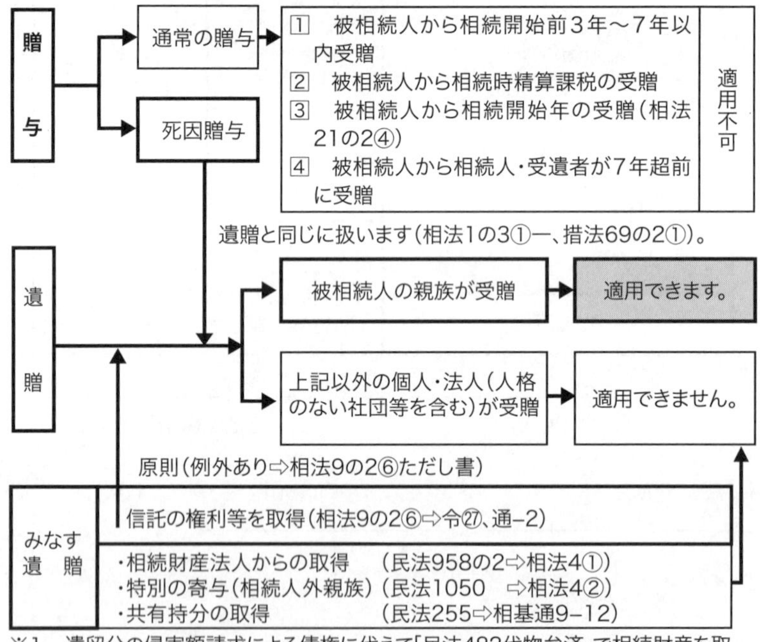

※1 遺留分の侵害額請求による債権に代えて「民法482代物弁済」で相続財産を取得しても遺贈ではありませんので当然に小規模宅地等の特例適用はできません。
※2 しかし 遺贈の放棄又は遺贈の撤回をし相続人間で遺産分割協議をしたと考

えて、かつ連署した次に掲げる書類等により、遺留分侵害額の請求者が遺産の現物分割により土地を取得したものと認めることができる場合には、小規模宅地等の特例適用を受けることは可能なのではないかと私的見解ながら思われます。
(※貴重な意見　主税局OB税理士M氏も同様の見解。2025年1月)☞Q2-7-6

① その宅地等を遺留分侵害額の請求者が遺産分割によって取得したものであることを示す共同相続人全員の最終的な遺産の分割に関する協議書

② 遺留分侵害額の請求者が取得した宅地等は、遺産の現物分割によるものである旨を記載した遺留分侵害額の請求者の書面

2025.1.1現在国税庁HP☞質疑応答事例☞譲渡所得☞収入金額 6を参考
同上☞相続税・贈与税　贈与財産の範囲3遺言書の内容と異なる遺産の分割と贈与税を参考

Q2-3-9 私道部分の取扱い

私道部分も小規模宅地等の特例適用を受けることができますか。

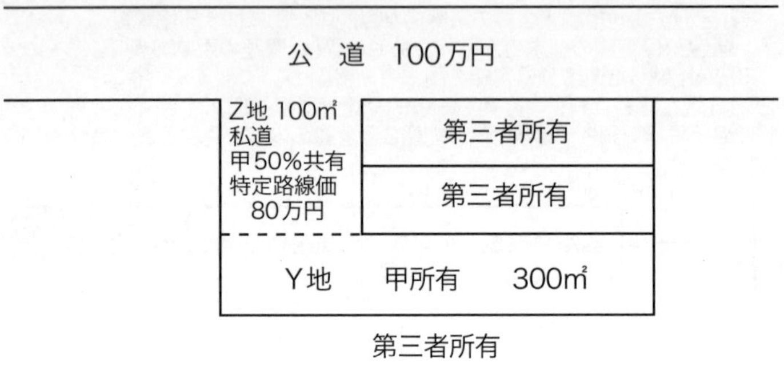

A 特定居住用宅地等に該当する前提として考えます。

1 私道部分も居住用の維持・効用を果たすために必要不可欠な土地と認められますから、小規模宅地等の特例の適用を受けることができます。(Q1-5参照)

2 その場合、通常Y地の方が1㎡当たりの単価が高いですから、次のように計算すると有利になります。

ア　Y地分　300㎡×（Y地）1㎡当たり評価額×80%＝Y地分減額

イ　Z地分　(ア)　(330㎡−300㎡)＝30㎡

(イ)　100㎡×共有持分50%＝50㎡

(ウ)　(ア)と(イ)のうち少ないほう　30㎡

(エ)　30㎡×（Z地）1㎡当たり評価額×80%＝Z地分減額

ウ　小規模宅地等の特例合計額　ア＋イ＝Y地分減額＋Z地分減額

他の特例（特定事業用・特定同族会社事業用・貸付事業用）も考え方は同じ。

※敷地内通路は私道ではないので当然に適用を受けることができます。

第4節　分割要件（13事例）

Q2-4-1 未分割の場合

未分割の場合の不適用について説明してください。

A 分割の時期で、次の3つに区分できます。

⑴　原則（筆者の便宜上の区分です。以下⑵⑶において同じ）

相続税法27条の規定による相続税の申告期限までに、共同相続人又は包括受遺者によって分割されていない宅地等には適用されません（法④本文）。

⑵　例外（3年以内分割）

相続税の申告期限から3年以内に分割された場合には、小規模宅地等の特例の適用を受けることができます（法④ただし書）。

⑶　特殊（3年経過後分割）

上記3年以内に分割されなかったことについて、一定のやむを得ない事情がある場合において、納税地の税務署長の承認を受け、その宅地等の分割ができることとなった日として定められた一定の日の翌日から4か月以内に分割された場合で、該当する宅地等を取得【未分割の場合の遺産共有状態を含みます。】した者全員の同意により、小規模宅地等の特例の適用を受けることができます（法④ただし書の括弧書き分）。

⑷　遺産分割協議以外で分割とされる場合

次の宅地等は分割により取得したものとされます。

❶　相続人がその人のみで、包括受遺者がいない場合におけるその人が相続により取得した宅地等

❷　包括受遺者がその人のみで、他に相続人がいない場合におけるその人が包括遺贈により取得した宅地等（小規模宅地等の特例は親族に限る。）

❸　特定遺贈により取得した宅地等（小規模宅地等の特例は親族に限る。）

❹　相法4①・②、相基通9−12の規定により、みなす遺贈とされた宅地等（しかし、みなす遺贈には小規模宅地等の特例適用は受けられません。）

5 一定の要件を満たす場合の相続分不存在証明書・他。(Q2-6-4参照)

⑸ 継続要件

遺産分割争いにより申告期限まで事業（又は居住）を継続していない場合は、継続要件に該当しないので、⑵又は⑶に該当しても0%減額になります。

全体を図示すると次のとおりになります。

	相続開始 → 10か月 → 申告期限	1年	2年	3年	4年
原則	分割				
例外			分割		
特殊					分割

（注1） 分割の意義（相基通19の2–8）

分割とは、相続開始後において相続又は包括遺贈により取得【遺産共有状態】した財産を現実に共同相続人又は包括受遺者に分属させることをいい、次の区分による分割方法及び分割手続（協議・調停・審判）の種類を問いません。

【相続開始＝遺産共有状態➡その後遺産分割（各人に分属する）相続税の世界】

ただし、当初の分割により共同相続人又は包括受遺者に分属した財産を分割のやり直しとして再分配した場合には、その再分配により取得した財産は分割により取得したことにはなりません（贈与税又は所得税《譲渡所得等》課税関係が生じます。）。

しかし、当初の遺産分割による財産の取得について無効又は取消しすべき原因がある場合には、財産の帰属そのものに問題があるので、これについての分割のやり直しはまだ遺産分割の範疇として考えるべきでしょう。

やむを得ない合意解除も総合判断が必要でしょう。(『相続税法基本通達逐条解説』(下線部分は、平成18年版から追加。最新版も同じ。)（一財）大蔵財務協会

(注2)　分割方法

・**現物分割**…通常の分割方法

・**代償分割**…共同相続人又は包括受遺者のうちの一人又は数人が相続又は包括遺贈により取得した財産の現物を取得し、その現物を取得した者が他の共同相続人又は包括受遺者に対して債務を負担する方法

・**換価分割**…共同相続人又は包括受遺者のうちの一人又は数人が相続又は包括遺贈により取得した財産の全部又は一部を金銭に換価し、その換価代金を分割する方法

※遺産分割協議書の文言では「兄が親と同居していた自宅の建物と敷地を全部相続し、1年以内に弟にその自宅の譲渡代金から30%分を代償金として支払うなど」と規定した場合、一見すると兄が親と同居していた自宅を相続（申告期限まで❶保有及び❷居住を継続）した場合、申告期限後にその自宅を売却すればその敷地は全部「特定居住用宅地等」に該当すると思われがちですが、譲渡代金の30%分ということは「代償分割」ではなく、実質的には「換価分割」となり敷地の30%は「特定居住用宅地等」に該当しないことになります。

※蛇足ながら、形式的には兄が取得した譲渡代金の内30%分は親と同居していない弟の分ですから、70%には租税特別措置法31条の3・同法35条等の譲渡所得の特例（軽減税率・居住用財産の3,000万円特別控除等）の適用を受けることができますが、30%には適用を受けることができません。

　租税特別措置法39条（相続財産に係る譲渡所得の課税の特例。取得費加算）は兄弟とも適用を受けられます。

相続税の申告期限までに、一部は遺産分割し残りは未分割の場合の問題点

Q&A 2-4-2 甲宅地等には適用せず遺産分割協議後に乙宅地等に適用した場合

弟が分割取得済	未分割（共有状態）→兄が分割取得
甲宅地等 構築物あり・時間貸駐車場 200㎡ 1㎡評価額100,000円と仮定	乙宅地等 被相続人の居住用宅地等 330㎡ 左記と同額と仮定

① 期限内申告書を提出するときに甲宅地等に200㎡適用したら、乙宅地等を一定の期限迄に分割しても適用変更はできない（不利）。故に適用しない。

ただし、甲宅地等を取得した者（弟）が他の相続人（兄）の同意を得ず特例の適用を選択して申告した場合は、※措置法施行令40条の2第5項三号「当該特例対象宅地等（平成22年4月1日からは卒業試験に合格した場合と定義）を取得【民法上は遺言書がない場合、又は遺言書が一部の財産しか触れていない場合、民法898条で、(相続人が数人あるときは、相続財産は、その共有に属する。(この遺産共有状態も取得といい、相基通1の3・1の4共－8(1)と規定しています)。】した全ての個人（親族に限定）の小規模宅地等の特例の選択についての同意を証する書類」要件を具備したことにならないから、選択したことにはならず、乙宅地等を一定の期限迄に（弟）が分割取得した場合は同意を得ず選択適用できる。

※平成26年8月8日東京国税不服審判所（平成22年2月相続開始の案件）では、旧措置法施行令40条の2第3項三号（平成22年3月31日までの規定）「当該特例対象宅地等（同日までは書類審査に合格した場合と定義）を取得した全ての個人の小規模宅地等の特例の選択についての同意を証する書類」が必要と裁決

※平成28年7月22日　東京地裁　原告敗訴（同意を得ていないから棄却）

※平成29年1月26日　東京高裁　原告敗訴（棄却）上告せず（確定）

② 乙宅地等を分割したら、その翌日から4か月以内に【更正の請求】で乙宅地等に適用する（有利）。

Q&A 2-4-3　甲宅地等には期限内申告時に残り分を適用し、遺産分割協議後に乙宅地等に全部適用した場合

限度面積計算　B × 200/330 + C ≦ 200㎡（通−10）

弟が分割取得済	未分割（共有状態）→兄が分割取得
甲宅地等 構築物あり・時間貸駐車場 200㎡（C） 1㎡評価額100,000円と仮定	乙宅地等 被相続人の居住用宅地等 260㎡（B） 左記と同額と仮定

①　上記の限度面積計算をすると

C ≦ 200㎡ − B260㎡ × 200/330

∴C宅地等の適用面積は42.4242㎡（弟が適用。兄の同意あり。）

②　乙宅地等を分割したら、その翌日から4か月以内に【更正の請求】で乙宅地等に適用する(有利)(兄が適用。弟の同意は不要と思われる。)。

一部遺贈の遺言状あり（分割と同一視）、残り未分割

←この中の出来事は相続（&相続税）の世界・（再分割は贈与等の世界）→

相続開始	申告期限	分割協議未了　　分割協議⇨
相続人 長男A 次男B	遺贈の分は相続開始時に分割で取得 未分割分は民法898で**共有状態で取得**	民法909　相続開始時に遡及効 特定物を**分割により取得**

←　相続開始時に遡ります。

『参考法令等』

民法898条（共同相続の効力）相続人が数人あるときは、相続財産は、その共有に属する。

民法909条（遺産の分割の効力）遺産の分割は、相続開始の時にさかのぼってその効力を生ずる。ただし、第三者の権利を害することはできない。『遡及効』

（広義の）相続
- （未分割）**（狭義の）相続**により取得「共同相続人の共有状態」
- 遺産分割協議により取得 ―（分割により取得）

遺贈　遺言書により取得 ―（分割により取得）

申告期限時点で未分割の一般事業用の判定 2事例

Q&A 2-4-4 申告期限時点で未分割の一般事業用の判定・1

被相続人：父甲　　相続人：子供　A・Bの2名

父死亡　　申告期限　分割（1年後）

父寿司屋
所有

父所有

Aが事業承継
&継続の予定

しかし遺産分割紛糾

❶ 遺産分割協議が成立し土地建物をAが取得
❷ 民法909条により相続開始時点に遡るため、保有継続要件は充足
❸ 事業継続要件は？

Aは申告期限時点で父の事業を承継しておらず事業継続要件には該当しません。

・ただし遺産分割は紛糾しなかったが、Aは公務員であり「当面事業主になれないことについてやむを得ない事情がある場合」⇨Aの親族（妻）がS寿司の事業主となっている（調理師の免許を取得している寿司職人を雇用している）場合にはAが当該事業を営んでいる者として取り扱う（通−20）緩和通達あり。

Q&A 2-4-5 申告期限時点で未分割の一般事業用の判定・2

被相続人：父　相続人：子供A（父と生計を一）・Bの2名

父死亡　　申告期限　分割（1年後）

家賃なし（使用貸借）

自己の事業継続　休業期間

A寿司屋
父所有

父所有

Aが自己の事業を継続の予定

しかし遺産分割紛糾

❶ 同上
❷ 同上
❸ 事業継続要件は？

Aが相続税の申告期限時点で自己の事業を休業していなければ、Bに対する未分割期間の家賃の支払いの問題は残りますが、支払いの有無に関係なく❸の事業継続要件は充足することになると思われますが、休業

(特に長期間) していた場合は❸の事業継続要件は充足していなかったことになると思われます。

(注) Aが父に家賃を支払っていた場合 (所法56条で必要経費に不算入ですが) は父の特定事業用宅地等ではなく、貸付事業用宅地等になると思われますが、Aが相続等により取得した場合は自分が自分に家賃を支払えず、申告期限時点の事業継続要件を充足していないため、貸付事業用宅地等には該当しません。

・しかし相続開始前に寿司屋を法人にして、法人から父に家賃を支払わせた場合でかつ申告期限までAが法人から家賃を収受していると貸付事業継続要件を充足しています。この場合一定の要件を満たせば特定同族会社事業用宅地等に該当します (200㎡分50％減額よりは、400㎡分80％減額の方が有利です。

しかも相続開始前の生計一要件も、相続開始後の家賃収受要件もありません。)。

Q&A 2-4-6　申告期限時点で未分割の居住用の判定

被相続人：父　相続人：子供A (父と同居)・Bの２名

父死亡　　申告期限　分割 (１年後)

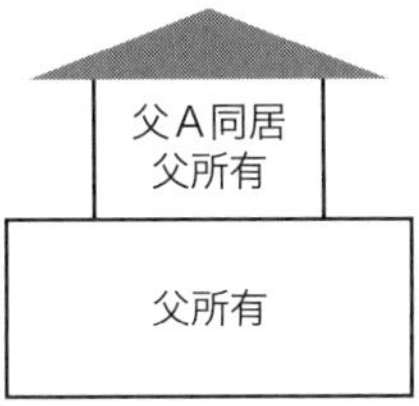

建物：父A同居 父所有／土地：父所有	Aが相続&居住の予定 しかしBと遺産分割紛糾 (居住は継続)	❶ 遺産分割協議が成立し土地建物をAが取得 ❷ 民法909条により相続開始時点に遡るため、保有継続要件は充足 ❸ 居住継続要件は？

Aは申告期限時点で居住しておりますから居住継続要件に該当します。

参考までに次の判例を紹介しておきます。

最高裁平成8年12月17日判決 (配偶者短期居住権の創設の背景となった判決)

…けだし、建物が同居の相続人の居住の場であり、同人の居住が被相続人の許諾に基づくものであったことからすると、遺産分割までは同居の相続人に建物全部の使用権原を与えて相続開始前と同一の態様における無償による使用を認めることが、被相続人及び同居の相続人の通常の意思に合致するといえるからである。

Q&A 2-4-7　申告期限時点で未分割の貸付事業用の判定

被相続人：父　　　　　相続人：子供A・Bの2名

父死亡　　　　　　申告期限　分割（1年後）

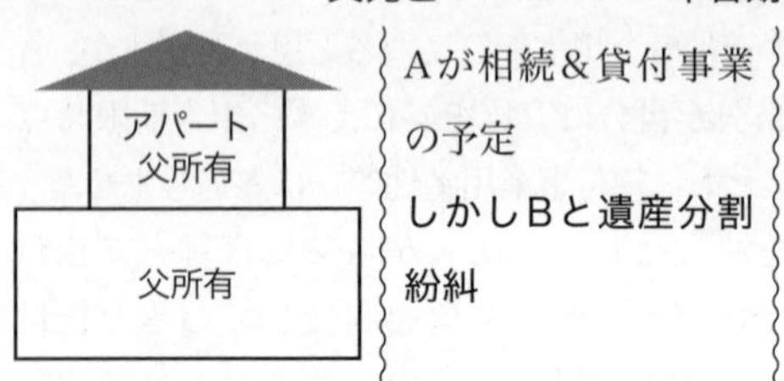

❶　遺産分割協議が成立し土地建物をAが取得

❷　民法909条により相続開始時点に遡るため、保有継続要件は充足。

❸　貸付事業継続要件は？

（注）　最高裁平成17年9月8日の判決（相続開始から遺産分割までの間に共同相続に係る不動産から生ずる金銭債権たる賃料債権は、各共同相続人がその相続分に応じて分割単独債権として確定的に取得し、その帰属は、後にされた遺産分割の影響を受けません。）

つまりこの賃貸物件を最終的にはAが単独で相続しようとも、未分割期間1年間の法定果実（不動産収入）は、Aに50％、Bに50％帰属します。

❶　申告時点では被相続人甲の貸付事業をAは全然承継していません。

このように判定されると、小規模宅地等の特例を適用できないことになります。

❷　申告時点では被相続人甲の貸付事業をAは50％承継している（H17.9.8最高裁準用）と判断します。不動産収入50％はAに帰属します。

このように判定されると、小規模宅地等の特例適用は敷地面積の半分しかできないことになります。

❸　申告時点では被相続人甲の貸付事業をAは100％承継している（H17.9.8最高裁を緩和）ことになります。このように判定されると、小規模宅地等の特例適用は敷地全体できることになると思われます。

確かに50％分しか帰属しないことになりますが、50％と薄まっているだけであり、全体の権利を所有していることには変わりません（民法898、相基通1の3・1の4共−8⑴）。

したがって❸と思われます（国税当局も同じ考え方と思われます。）。

Q2-4-8 未分割にもかかわらず特例適用してしまった場合の附帯税

未分割にも拘わらず小規模宅地等の特例を適用してしまいましたが、1年経過後に税務調査で指摘されました。附帯税は課税されるのでしょうか。

A 原則として、下記の過少申告加算税及び延滞税が課税されます。

小規模宅地等の特例適用を受けられなければ納税額が3億円、受けられると2億円と仮定した場合、下記のような附帯税が課税されます。

300,000,000円－200,000,000円＝100,000,000円（増差税額）

⑴　過少申告加算税（通法65）

100,000,000円×10％＝10,000,000円（上記の増差税額の場合です。）

⑵　延滞税（通法60・61）

（年利率7.3％と仮定「現実は基準割引率に連動し、年度により異なります」）

100,000,000円×年7.3％（1年分のみ）＝7,300,000円

⑶　附帯税合計　⑴＋⑵＝17,300,000円

⑷　申告期限から3年以内に分割が確定

相続税の申告期限までに遺産が未分割で同日までに「申告期限後3年以内の分割見込書」を提出している場合（法⑦、規⑧六）で3年以内に遺産分割が確定し、それを知った日の翌日以後4カ月以内に更正の請求をすると納付した増差税額100,000,000円の還付を受けることができます（法⑤）。

（注）3年以内に分割が確定しない場合、Q2-4-12に掲げる一定の手続を絶対に、期限内にしておかないと、この還付と⑸の還付が受けられません。

⑸　附帯税の還付

相続税個別通達　昭和44年3月31日直資2-9（相続税を課した未分割遺産が、その後協議分割された場合、減額更正した相続税の附帯税について）によれば、増差税額が100,000,000円から0円になるのであるから、0円×10％（又は年7.3％）＝0円であり、当然に附帯税も減額されることになり、納税済みの場合は還付されることになります。

Q2-4-9 分割前に相続人等が死亡した場合

宅地等が分割される前に、相続人が死亡した場合はどうなるのでしょうか。

A 相続等により取得した特例対象宅地等の全部又は一部が共同相続人又は包括受遺者(共同相続人等)によって分割される前に、当該相続(第一次相続)に係る共同相続人等のうちいずれかが死亡した場合において、第一次相続により取得した特例対象宅地等の全部又は一部が、当該死亡した者の共同相続人等及び第一次相続に係る当該死亡した者以外の共同相続人等によって分割され、その分割により当該死亡した者の取得した特例対象宅地等として確定させたものがあるときは、措法69条の4第1項の規定の適用に当たっては、その特例対象宅地等は分割により当該死亡した者が取得したものとして取り扱うことができます。

(注) 第一次相続に係る共同相続人等のうちいずれかが死亡した後、第一次相続により取得した財産の全部又は一部が家庭裁判所における調停又は審判(審判等)に基づいて分割されている場合において、当該審判等の中で、当該死亡した者の具体的相続分民法第900条《法定相続分》から第904条の2《寄与分》まで(第902条の2《相続分の指定がある場合の債権者の権利の行使》を除く。)に規定する相続分をいう。)のみが金額又は割合によって示されているにすぎないときであっても、当該死亡した者の共同相続人等の全員の合意により、当該死亡した者の具体的相続分に対応する財産として特定させたもののうちに特例対象宅地等があるときは上記の取扱いができます(法④、通−25)。

したがって、その宅地等が特例の対象となる宅地等に該当し、小規模宅地等として選択されれば、特例が適用されます。

これを図示すると次のとおりになります。

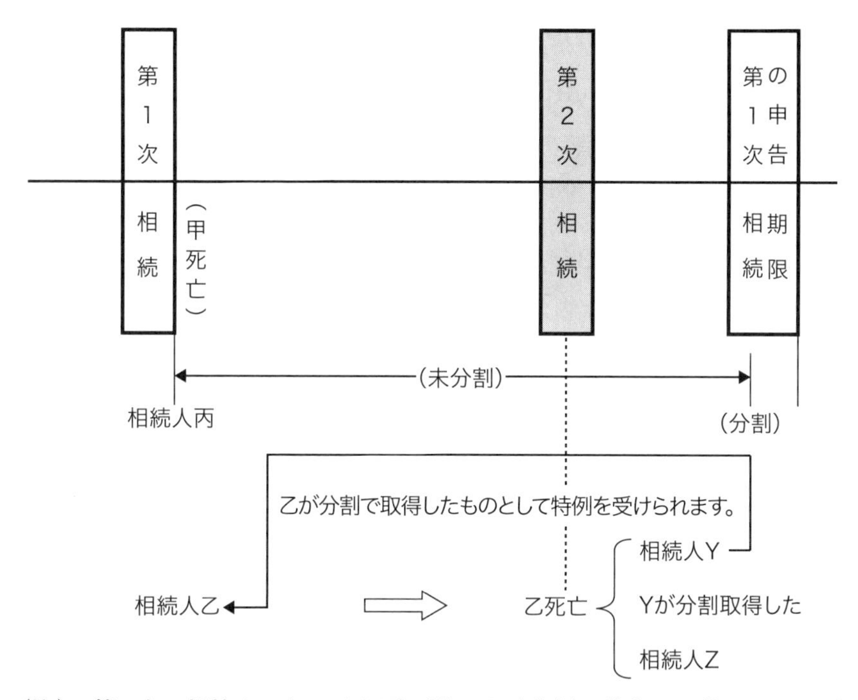

（注）第1次の相続人である乙と丙の間でまだ分割が確定する前に、乙が死亡し、乙の相続人であるYとZが乙に代わって丙と遺産分割の協議等をし、第2次相続を含めて最終的に、Yが分割によって取得した場合などが考えられます（甲⇨乙⇨Y）。

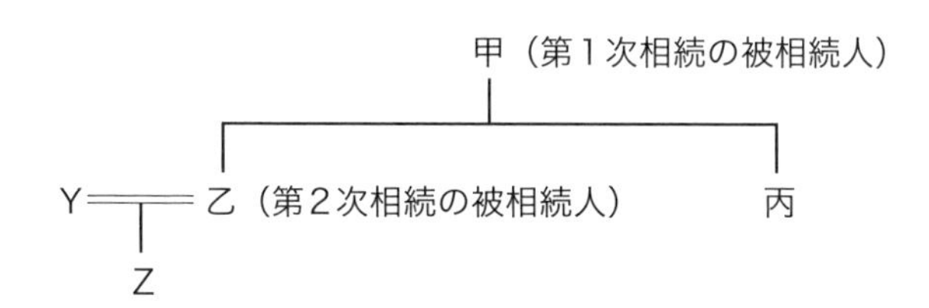

Q 2-4-10 申告期限から３年以内に分割されなかった場合

「申告期限から３年以内に分割されなかったことについてのやむを得ない事情」及び「宅地等の分割ができることとなった日として定められた一定の日」について説明してください。

A 「申告期限から３年以内に分割されなかったことについてのやむを得ない事情」とは次の区分によります。限定列挙ですからご留意ください。

また「宅地等の分割ができることとなった日として定められた一定の日」とは、次の区分に応じ、それぞれに掲げる日をいいます（令㉓、相令4の2①)。

❶ 申告期限の翌日から３年を経過する日において、その相続又は遺贈に関する訴えの提起がされている場合（その相続又は遺贈に関する和解又は調停の申立てがされている場合において、これらの申立ての時に訴えの提起がされたものとみなされるときを含みます。）

ア　判決の確定の日

イ　訴えの取下げの日

ウ　その他その訴訟の完結の日

❷ 申告期限の翌日から３年を経過する日において、その相続又は遺贈に関する和解、調停又は審判の申立てがされている場合（❶又は❹に該当することとなった場合を除きます。）

ア　和解の日

イ　調停の成立の日

ウ　審判の確定の日

エ　申立ての取下げの日

オ　その他これらの申立てに係る事件の終了の日

❸ 申告期限の翌日から３年を経過する日において、その相続又は遺贈に関し、民法908条１項若しくは４項《遺産の分割の方法の指定及び遺産の分割の禁止》の規定により遺産の分割が禁止され、又は同法

915条1項ただし書《相続の承認又は放棄をすべき期間》の規定により相続の承認若しくは放棄の期間が伸長されている場合（当該相続又は遺贈に関する調停又は審判の申立てがされている場合において、当該分割の禁止をする旨の調停が成立し、又は当該分割の禁止若しくは当該期間の伸長をする旨の審判若しくはこれに代わる裁判が確定したときを含みます。）

ア　その分割の禁止がされている期間が経過した日

イ　その伸長がされている期間が経過した日

4　上記**1**から**3**に掲げる場合のほか、相続又は遺贈に係る財産がその相続又は遺贈に係る申告期限の翌日から3年を経過する日までに分割されなかったこと、及びその財産の分割が遅延したことにつき税務署長においてやむを得ない事情があると認める場合

ア　その事情の消滅の日

上記の関係を表にすると次のとおりです。

事例	やむを得ない事情	分割ができることとなった一定の日
1	相続又は遺贈に関する訴えの提起がされている場合	ア　判決の確定の日 イ　訴えの取下げの日 ウ　その他その訴訟の完結の日
2	相続又は遺贈に関する和解・調停又は審判の申立てがされている場合	ア　和解の日 イ　調停の成立の日 ウ　審判の確定の日 エ　申立ての取下げの日 オ　その他これらの申立てに係る事件の終了の日
3	遺産分割の禁止、相続の承認又は放棄の期間が伸長	ア　その分割の禁止がされている期間が経過した日 イ　その伸長がされている期間が経過した日
4	税務署長承認事情	ア　その事情の消滅の日

Q2-4-11 前問における「やむを得ない事情があると認める場合」の意義

Q2-4-10❹の場合において、「税務署長がやむを得ない事情があると認める場合」とはどういう場合ですか。具体的に説明してください。

A 次に掲げるような事情により、客観的に遺産分割ができないと認められる場合をいいます（令㉓・相令4の2①・相基通19の2−15）。

⑴ **行方不明等の場合**

❶ 申告期限の翌日から3年を経過する日において、

❷ 共同相続人又は包括受遺者の1人又は数人が、

❸ 行方不明又は生死不明であり、

❹ かつ、その人に係る財産管理人が選任されていない場合

⑵ **精神等の重度障害の場合**

❶ 申告期限の翌日から3年を経過する日において、

❷ 共同相続人又は包括受遺者の1人又は数人が、

❸ 精神又は身体の重度の障害疾病のため、

❹ 加療中である場合

⑶ **勤務等の都合で帰国できない場合**

❶ 申告期限の翌日から3年を経過する日前において、

❷ 共同相続人又は包括受遺者の1人又は数人が、

❸ 法施行地（日本）外にある事務所又は事業所等に勤務している場合、又は長期間の航海、遠洋漁業等に従事している場合において、

❹ その職務の内容などに照らして、

❺ その申告期限の翌日から3年を経過する日までに帰国できないとき

⑷ **やむを得ない事情が再度生じた場合**

❶ 申告期限の翌日から3年を経過する日において、

❷ Q2-4-10の❶から❸までに掲げる事情、又は上記の⑴から⑶までに掲げる事情があった場合において、

❸ 申告期限の翌日から3年を経過する日後にその事情が消滅し、

4　かつ、その事情の消滅前又は消滅後新たにこれらの事情が生じたとき

上記の関係を図示すると下記のとおりになります。

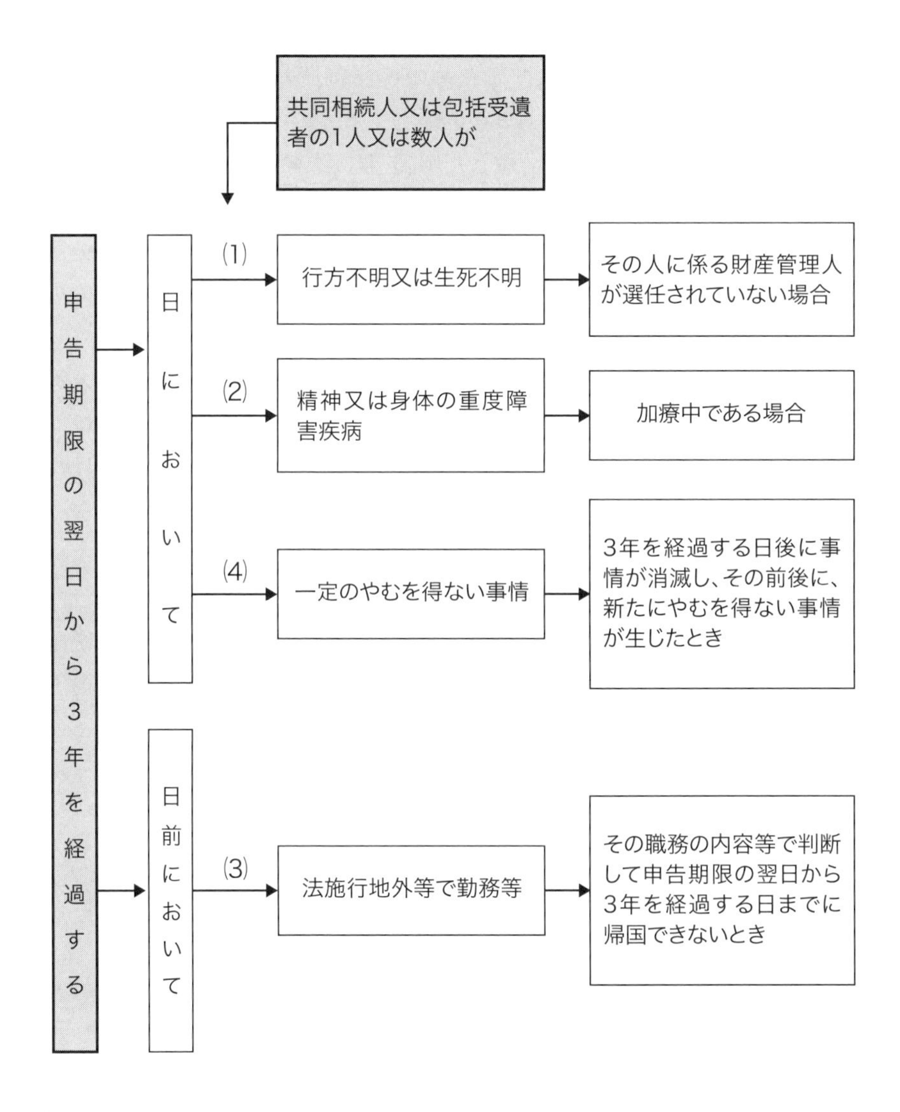

Q2-4-12 分割の制限期間を延長するための承認を受ける手続

分割の制限期間を延長するための承認を受ける手続について教えてください。

A 分割の制限期間を延長するための税務署長の承認を受けようとする人は、相続税の申告期限から３年を経過する日の翌日から２か月を経過する日までに次の⑴の事項を記載した申請書に、次の⑵の書類を添付して、税務署長に提出しなければならないこととされています（法④・令㉓、相令４の２②、相規１の６①）。これは元々配偶者が相続等により財産を分割により取得した場合の規定であり、措置法69条の４第４項ただし書の規定の適用がある場合に準用することとされています。

第９章の添付書類等を参照してもらえば分かりますが、「**○相続人等申請者の住所・氏名**」を記入する箇所があり共同で提出すれば問題はないのですが、争族しているためＡは提出したが、Ｂは提出していなければ、Ｂはその後宅地等を分割しても小規模宅地等の適用を受けられなくなるのでご注意ください。

(Bから未依頼の税理士が、Bの名を記入し提出すると文書偽造罪の可能性)

この承認申請書は受けようとする項目（例　配偶者に対する相続税額の軽減・小規模宅地等の相続税の課税価格の計算の特例…）ごとに提出してください。

⑴　申請書の記載事項「第９章　添付書類等編」参照

❶　３年以内に分割できないやむを得ない事情の詳細

❷　申請書を提出する者の氏名及び住所又は居所

❸　被相続人の氏名、その死亡当時の住所又は居所及びその死亡の日

❹　相続税の申告書を提出した日

❺　その他参考となるべき事項

⑵　申請書の添付書類（相規１の６②）

申請書の添付書類は、申告期限から３年以内に分割されなかった事情の次の区分に応じ、それぞれに掲げる書類となります。

❶　相続又は遺贈に関する訴えの提起がなされていること

⇨訴えの提起がなされていることを証する書類

2　相続又は遺贈に関する和解、調停又は審判の申立てがされていること（**3**の場合を除く。）

⇨これらの申立てがされていることを証する書類

3　相続又は遺贈に関し、民法908条1項若しくは4項《遺産の分割の方法の指定及び遺産の分割の禁止》の規定により遺産の分割が禁止され、又は民法915条1項ただし書の規定により相続の承認もしくは放棄の期間が伸長されていること

⇨これらの事実及び分割が禁止されている期間又は承認もしくは放棄が伸長された期間を証する書類

4　**1**から**3**までの事情以外の事情

⇨財産の分割がされなかった事情の明細を記載した書類

なお、税務署長は申請に対して承認又は却下の処分をするときは、書面により通知することとされています（相令4の2③）。

また、申請書の提出があった日の翌日から2か月を経過する日までに承認又は却下の処分がなかったときは、その2か月を経過する日において承認があったものとみなされます（相令4の2④）。

以上の関係を図示すると次のとおりです。

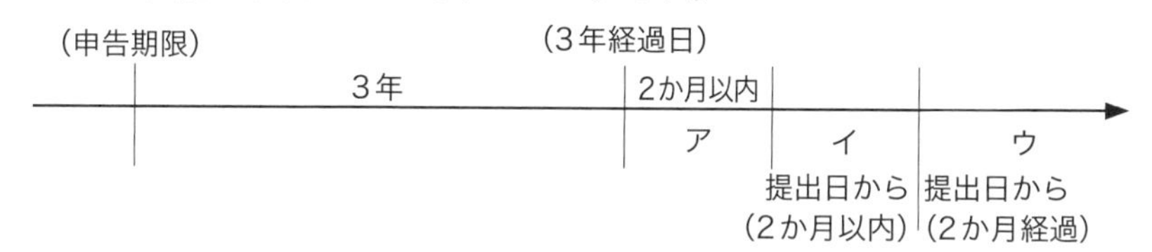

3年を経過する日の翌日から2か月以内に「遺産が未分割であることについてやむを得ない事由がある旨の承認申請書」及び「一定の添付書類」を提出します。

（注）　この提出期限を経過してしまった後に、承認申請書を提出した場合、小規模宅地等の特例適用を遡って受けることは**絶対にできません。**

当初の申告作成を依頼された税理士が、このことを納税者に説明しないで、3年経過後に遺産分割協議が成立し、再度依頼された当初の税理士、又は別の税理士が分割後4か月以内に更正の請求をしようとした場合、当然認められないことになり、税理士損害賠償事件に発展しかねません。

Q2-4-13 3年以内に分割された場合における特例適用を受けるための手続

3年以内に分割された場合、特例を受けるための手続きについて教えてください。

A 相続税の申告期限までに分割されなかった宅地等であっても、同日までに「申告期限後3年以内の分割見込書」を提出している場合で、その申告期限から3年以内に分割されたとき（その期間内に分割されなかったことについて一定のやむを得ない事情がある場合において、税務署長の承認を受け、一定期間内に分割された場合を含みます。）は、特例の適用を受けることができますが、これにより相続税額が減少する場合には、分割があったことを知った日の翌日から4か月以内に限り、納税地の税務署長に対して更正の請求ができます（法④～⑤、令㉓～㉖、相法32①八）。

以上の関係を図示すると次のとおりです。

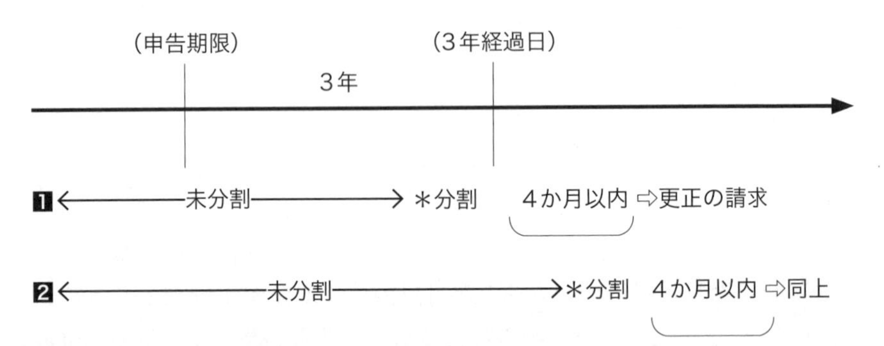

❶は申告期限から3年以内に分割された場合
❷は税務署長の承認を受け、一定期間内に分割された場合

コラム8　更正の請求と小規模宅地等の特例

⑴　更正の請求

更正の請求とは税務署長に対して相続税の減額更正処分（税務署の権限）を当然の「権利」として要求することです。更正の請求は期限があります。

権利ですから、認められない場合は一定期間内に不服申立てができます。

⑵　「更正の請求期限」の根拠法

❶　国税通則法（通法）23条に規定

1　原始的事由（通法23①）法定申告期限から5年以内

2　後発的事由（通法23②）一定の後発事由から2か月以内

❷　各個別税法（相続税関係は、相続税法と租税特別措置法）に規定

1　後発的事由（相法32①、相令8①～③）一定の後発事由から4か月以内

2　上記1の内配偶者に対する相続税額の軽減の更正の請求（相法32①ハ）

3　後発的事由（措法69の4④⑤）一定の後発事由から4か月以内

※❶の2及び❷の2の後発的事由の発生により更正の請求ができる期間の満了する日（例　法定申告期限から3年4か月）が、❶の1原始的事由による更正の請求ができる期間の満了する日（5年）前である場合には、長い方の期間満了する日（5年）までになります（通法23②）。

※❷の1及び3は一定の後発事由から4か月以内までになります。

⑶　例　相続税の法定申告期限（10か月）まで遺産分割が未了、申告期限から3年後に遺産分割かつ小規模宅地等の適用についての同意が成立

申告期限10か月⇨	3年後分割	5年	更正の請求期限
❷の2配偶者軽減のみ	3年4か月	**5年**	5年以内（相基通32-2）
❷の1 3例　小規模宅地（相法32も同じ）	**3年4か月**	5年との比較はできない ※期限を徒過したらできない	

※申告期限から5年経過後に遺産分割などが成立した場合は、配偶者軽減も小規模宅地等も「相法32」も分割成立などの日の翌日から**4月以内です。**

★上記表の詳細は『Q&A8-2-11』参照

第5節　継続要件（2事例）

Q2-5-1 継続要件の意義

第4節の継続要件を詳細に教えてください。

A 継続要件には、大別して2種類があります。以下に解説をします。

{⑴と、⑵又は⑶の2種類}

⑴　申告期限までの保有継続要件

❶　遺言で被相続人の親族が取得した場合

その遺言書が無効という判決が出ない限り、一義的には有効であり、相続開始時点からその親族が保有していたことになり、そのまま申告期限まで保有していれば保有継続要件は満たしたことになると思われます。

（注）　配偶者（③二柱書）が被相続人等の居住用宅地等を取得した場合はこの保有継続要件はありません。

❷　遺産分割協議で被相続人の親族が取得した場合

遺産分割協議が紛争し、数年後に分割協議が成立したとしても民法909条で、「遺産の分割は、相続開始の時にさかのぼってその効力を生ずる。…」と規定していますので保有継続要件は満たしたことになると思われます。

⑵　申告期限までの居住継続要件（単身赴任の場合、Q3-3-15参照）

❶　配偶者（同上）と「家なき子」（③二ロ）には居住継続要件はありません。

❷　それ以外の者には居住継続要件があります。

（注）　遺産分割協議が紛争し、紛争期間中は別の場所に居住していた場合は文理解釈上問題があると思われます。特に申告期限の時点に住民票も異動しており、別の場所で生活していた場合には、その後遺産分割協議が成立して、元の場所に居住したとしても「保有継続要件」は満たすものの「居住継続要件」は満たしたことにはなりませんから、措法69の4③二イの小規模宅地等の特例を受けることはできないと思われます。【③二ロの適用可能性はあります。】

⑶　申告期限までの事業継続要件（下記❶❷該当すれば特例適用できます。）

❶　被相続人等の事業（❷を除く）の用に供されていた宅地等を取得し

た親族が

1　その事業を申告期限まで（途中休業可）に承継し、かつ継続した場合、又は

2　取得した生計一の親族が自己の事業を申告期限まで継続した場合には事業継続要件は満たしたことになると思われます。（**2**も同じ）

（注1）　遺産分割協議が紛争し、紛争期間中は事業を休止していた場合は文理解釈上問題があると思われます。特に申告期限の時点に税務署に事業廃止届出書を提出していた場合には、上記(2)の（注）に準ずると思われます。

（注2）　特定同族会社事業用宅地等の場合は「申告期限まで引き続きその会社の事業の用に供されている」ことが要件です。

2　被相続人等の不動産貸付業等の用に供されていた宅地等を取得した親族が

1　被相続人の貸付事業を申告期限までに承継し、かつ継続した場合

2　取得した親族が自己の貸付事業を申告期限まで継続した場合

（注）　法定相続人の兄弟（A・B）で遺産分割協議が紛争し、申告期限時点で収益物件（アパート等）が未分割の場合、平成17年9月8日の最高裁では「未分割中の法定果実（家賃・地代・駐車料等）は法定相続人に法定相続分で帰属する」と判決したためその後その収益物件が遺産分割協議により「長男A単独相続」した場合でも、1申告期限では事業継続要件に非該当、2法定相続分に応じる面積のみ「貸付事業用宅地等」に該当、3長男が相続等したのですべて（限度面積内「貸付事業用宅地等」に該当）という3つの説があるが、3になると思われます【③二ロの適用可能性はあります。】。法令上は明文がありません。

居住継続要件	配偶者	ありません（保有継続要件もありません）
	同居親族【拡大同居親族】	あります（保有継続要件も必要）
	家なき子（親族）	ありません（保有継続要件は必要）
	生計一親族	あります（保有継続要件も必要）
事業継続要件	被相続人の事業	あります（保有継続要件も必要）
	生計一の親族の事業	あります（保有継続要件も必要）
	被相続人の貸付事業	あります（保有継続要件も必要）
	生計一の親族の貸付事業	あります（保有継続要件も必要）
	同族会社の事業	あります（保有継続要件も必要）

Q2-5-2 保有要件の意義 4事例

申告期限まで継続保有することが要求されていますが、申告期限前、又は申告期限後、直ちに、もしくは数年後に売却した場合、小規模宅地等の特例適用はどうなりますか。

A 相続開始後、売却する場合を考えると次のように分類することができます。

	相続開始 ～ 12/28 申告期限	申告期限 ～ 1年後
事例❶		契約　引渡し
事例❷		契約　引渡し
事例❸	契約	引渡し
事例❹	契約　引渡し	

❶は申告期限後相当期間経過後に売却したのだから特例適用を受けられます。

❷は申告期限直後ですが、特例の適用を受けられると考えられます。

❸は課税庁は「取得者が当該宅地等について申告期限前に引き続き保有しないことを積極的に意思表示しているものと認められると判断し否認する考えです」と平成13年頃までは仄聞していましたが、平成14年以後の、国税当局関係者が書いた本（『小規模宅地等の特例の税務』最終は平成18年12月発刊（一財）大蔵財務協会164頁）では、「申告期限まで有していたのであるから保有継続要件を満たしていることになる」と、文理解釈をしています。

★東京国税局課税第一部 資産課税課 資産評価官2001（平成13年）12月14日開催

「資産税審理事務研修教材」でも下記のような回答あり。

答　相続により措置法69条の4の対象となる宅地等を取得した者が、相続税の申告期限までに宅地等の売買契約を締結した場合であっても、相続税の申告期限において当該宅地等の所有権を有し、かつ、居住継続の事実が認められる場合には、措置法69条の4第3項2号に規定する特定居住用宅地等に該当するものとして取り扱う。

(理由)

1　居住用宅地等が、措置法69条の4第3項第2号に規定する特定居住用宅地等に該当するためには、相続開始の直前において被相続人の居住の用に供せられていた家屋に居住していた親族（以下「居住継続親族」という。）が、相続開始時から申告期限まで引き続き当該宅地等を有し、かつ、当該家屋に居住していることがその要件とされている（配偶者が取得した場合を除く【卒業試験不要という意味】）。

2　この場合の「当該宅地等を有し」は文字どおり宅地等の所有権を有している場合と解され、居住継続親族が相続税の申告期限までに宅地等の売買契約を締結した場合でも、所有権が移転していなければ、居住継続親族は当該宅地等を有しているということができる。

3　したがって、居住継続親族が、相続税の申告期限までに宅地等の売買契約を締結した場合であっても、相続税の申告期限において当該宅地等の所有権を有し、かつ、居住継続の事実が認められる場合には、措置法69条の4第3項第2号に規定する特定居住用宅地等に該当するものとして取り扱うことが相当である。

なお、同様の事例については、所有権移転の時期が相続税の申告期限後であることの確認を要することとなる。

(注) しかし「居住又は事業継続要件」は別の問題です。

例えば2024年12月10日に譲渡契約を締結し、同年12月25日に住民票を異動し（現実に居住も変更）、相続税の申告期限（同年12月28日）後に引渡した場合、「保有要件」は具備するが「居住要件」は満たさないことになります。

4は、申告期限までに売却したのですから特例適用は受けられません。

第６節　手続要件（４事例）

Q2-6-1 特例適用を受けるための申告手続

特例適用を受けるための申告手続きはどうすればよいのですか。

A 小規模宅地等の特例の適用を受けるためには、特例の適用を受けようとする者の相続税の申告書に小規模宅地等の特例の適用を受ける旨を記載し（第11・11の２表の付表１等)、計算に関する明細書（同表）その他の一定の書類（Q2-6-3参照）を添付して提出しなければなりません（法⑦、規⑧)。

ただし、税務署長は、相続税の申告書の提出がなかった場合、又は一定の記載もしくは添付がなかった場合においても、その提出又は記載もしくは添付がなかったことについてやむを得ない事情があると認めるときは、その記載をした書類並びにその計算の明細書及び一定の書類の提出があった場合に限り、特例の適用をすることができます（法⑧、規⑧)。

（注１）「やむを得ない事情」は、いわゆる不確定概念であるので、その内容が不明確であるとして、租税法律主義の観点から非難も見受けられる。しかし、これらは、いわゆる法規裁量に属し、税務署長等の自由裁量を認めたものではない。したがって、宥恕すべき理由ないし事情の存否について納税義務者と税務署長等との間に争いがあるときは、最終的に裁判所が判断することとなるので、租税法律主義に反するものではないとされている。

（注２）「することができる」＝２通りの用い方がされている。

1 「裁量権」の付与である。一般的に「できる」という言葉は、「可能」を表し、「しても、しなくてもよい」という意味で用いられる。

この意味の用法は、規定の名宛人が納税者の場合「納税者は…することができる」に限られている。

2 法律上の権利・能力・権限等があることを表す言葉である。

法律上、公務員にこの権能が与えられている場合「税務署長は…することができる」には、第１の「可能」の意味は全くなく、その公務員の本来の職務や規定の趣旨から、権能があれば義務もあるというように読むのが通例である。

（注１・注２）は伊藤義一著『税法の読み方　判例の見方』からの引用です。

Q2-6-2 小規模宅地等特例と遺産に係る基礎控除との関係

評価額が遺産に係る基礎控除額以下でも申告する必要があるのでしょうか。

A　この質問の場合、2つの事例が考えられます。

【俗称】法定相続人＝民法第5編第2章の相続人＋相続を放棄した者をいいます。

1　小規模宅地等の特例の適用を受ける前の、相続税の課税価格の合計（生命保険金、退職手当金等の非課税金額を考慮した後の金額）が、遺産に係る基礎控除額以下である場合

2　小規模宅地等の特例の適用をする前の課税価格合計は、ア遺産に係る基礎控除額を超えているが、イ特例適用をすると基礎控除額以下となる場合

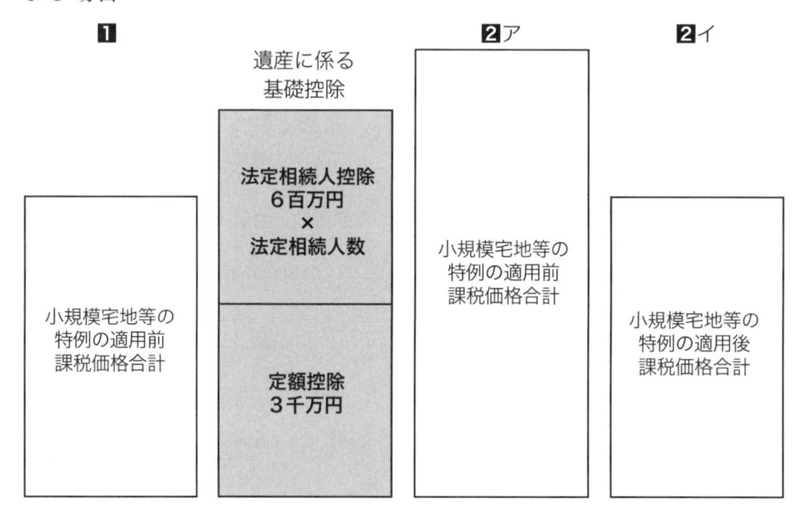

上記**1**の場合は相続税の申告義務はありません。

一方上記**2**の場合は申告義務はあります（法⑦）。

申告して初めて、小規模宅地等の特例の適用が受けられるのです。

遺産に係る基礎控除＝定額控除＋法定相続人控除

平成27年1月1日から　30,000,000円＋（6,000,000円×法定相続人数）

Q2-6-3 添付書類等

申告書に添付すべき一定の書類とはどんなものですか。

A 一定の書類は⑴の区分により添付します。

⑴ 一定の添付書類（令⑤、規⑧、郵民法180①、相規16③）

措規23条の2第8項 措法69条の4第七項に規定する財務省令で定める書類は、次の各号に掲げる場合の区分に応じ当該各号に定める書類とする。【詳細は巻末の根拠条文を参照してください。】

一号『特定事業用宅地等に該当する場合』

❶一号イ 措法69条の4第一項に規定する小規模宅地等に係る同項の規定による相法11の2に規定する相続税の課税価格に算入すべき価額の計算に関する明細書（第11・11の2表の付表関係→❷も同表）

❷一号ロ 措令40の2第五項各号に掲げる書類（同項ただし書の場合に該当するときは、同項第一号及び第二号に掲げる書類）

❸一号ハ 遺言書の写し、財産の分割の協議に関する書類（当該書類に当該相続に係る全ての共同相続人及び包括受遺者が自署し、自己の印を押しているものに限る。）の写し（**当該自己の印に係る印鑑証明書が添付されているものに限る。**）その他の【包括的例示「などの」】財産の取得の状況を証する書類

※弁護士が作成した遺産分割協議書は記名（自署ではない）、実印を押しているものが多々ありますが、税法上も遺産分割協議書として有効です。

※郵便局舎に貸し付けている場合は、総務大臣が発行した、相続開始後5年以上借り受ける旨の証明書（郵民法180①二、同省令2①）

❹一号ニ 小規模宅地等が相続開始前3年以内に新たに被相続人等の事業の用に供されたものである場合には、その事業の用に供されていた措令40の2第八項（建物又は構築物、左記以外の減価償却資産）に掲げる資産の当該相続開始の時における種類、数量、価額及びその所在場所その他の明細を記載した書類で当該事業が同項に規定する規模以上のものであることを明らかにするもの

二号『特定居住用宅地等に該当する場合』（次号に掲げる場合を除く。）

【配偶者が取得した場合】

❶・❷・❸同上

【イ又はハが取得した場合】

❶・❷・❸同上

❺二号ロ　親族が個人番号を有しない場合にあっては、親族が当該特定居住用宅地等である小規模宅地等を自己の居住の用に供していることを明らかにする書類

【ロが取得した場合】

❶・❷・❸同上

❻二号ハ　措法69条の4第三項第二号ロ(1)に規定する親族が個人番号を有しない場合にあっては、相続の開始の日の3年前の日から当該相続の開始の日までの間における当該親族の住所又は居所を明らかにする書類

❼二号ニ　相続の開始の日の3年前の日から当該相続の開始の直前までの間に❻二号ハの親族が居住の用に供していた家屋が措法第69条の4第三項第二号ロ(1)に規定する家屋以外の家屋である旨を証する書類

❽二号ホ　相続の開始の時において❻二号ハの親族が居住している家屋を当該親族が相続開始前のいずれの時においても所有していたことがないことを証する書類

三号『特定居住用宅地等に該当する場合』【老人ホーム等に入所等】

❶・❷・❸・❺・❻・❼・❽同上

❾三号ロ　相続の開始の日以後に作成された被相続人の戸籍の附票の写し

❿三号ハ　介護保険の被保険者証の写し・障害福祉サービス受給者証の写し、その他の書類で、被相続人が当該相続の開始の直前において介護保険法に規定する要介護認定・要支援認定を受けていたこと若しくは介護保険法施行規則140条の62の4第二号に該当していたこと又は障害支援区分の認定を受けていたことを明らかにするもの

⓫三号ニ　被相続人が当該相続の開始の直前において入居又は入所して

いた施行令40条の2第二項一号イからハまでに掲げる住居若しくは施設又は同項二号の施設若しくは住居の名称及び所在地並びにこれらの住居又は施設がこれらの規定のいずれの住居又は施設に該当するかを明らかにする書類

四号『特定同族会社事業用宅地等に該当する場合』

❶・❷・❸同上

⓬四号ロ　措法69条の4第三項三号に規定する法人の定款（相続の開始の時に効力を有するものに限る。）の写し

⓭四号ハ　相続の開始の直前において⓬四号ロに規定する法人の発行済株式の総数又は出資の総額並びに法69条の4第三項三号の被相続人及び当該被相続人の親族その他当該被相続人と政令で定める特別の関係がある者が有する当該法人の株式の総数又は出資の総額を記した書類（当該法人が証明したものに限る。）

五号『貸付事業用宅地等に該当する場合』

❶・❷・❸同上

⓮五号ロ　相続開始前3年以内に新たに被相続人等の貸付事業の用に供されたものである場合には、当該被相続人等（第一次相続に係る被相続人を含む。）が当該相続開始の日まで3年を超えて特定貸付事業を行っていたことを明らかにする書類

六号『「申告期限」までに全部又は一部が未分割の場合』

⓯　申告期限後に当該特例対象宅地等の全部又は一部が分割されることにより同項の規定の適用を受けようとする場合　その旨並びに分割されていない事情及び分割の見込みの詳細を明らかにした書類

七号『「申告期限」までに特例対象山林の全部又は一部が未分割の場合』

⓰　申告期限までに施行令40条の2第五項に規定する特例対象山林の全部又は一部が共同相続人又は包括受遺者によって分割されなかったことにより措法69条の4第一項の選択がされず同項の規定の適用を受けなかった場合で当該申告期限後に当該特例対象山林の全部又は一部が分割されることにより当該申告期限において既に分割された特例

対象宅地等について同項の規定の適用を受けようとするとき　その旨並びに分割されていない事情及び分割の見込みの詳細を明らかにした書類

相続税法上必要な添付書類（相規16③）

⑰　相続の開始の日から10日を経過した日以後に作成された戸籍の謄本で被相続人の全ての相続人を明らかにするもの

⑱　不動産登記規則の規定により交付を受けた法定相続情報一覧図の写しのうち、被相続人と相続人との関係を系統的に図示したものであって当該被相続人の子が実子又は養子のいずれであるかの別が記載されたもの（被相続人に養子がある場合には、当該写し及び当該養子の戸籍の謄本又は抄本）

⑲　被相続人に係る相続時精算課税適用者がある場合には、相続の開始の日以後に作成された当該被相続人の戸籍の附票の写し又は複写機により複写したもの

⑵　住民票の写し・戸籍の附票の写しの添付の省略

原則　特定居住用宅地等の特例を適用しようとする場合に相続税の申告書に添付することとされている書類について、個人番号がない場合を除き、住民票の写し及び戸籍の附票の写しが平成28年1月1日の相続開始から省略されました（措規23の2⑧二）。（平成28年1月マイナンバー利用開始）。

例外　【親族が個人番号を有しない場合】

❶　上記⑴の❺

措法69条の4第三項二号イ又はハの親族が個人番号を有しない場合には、特定居住用宅地等である小規模宅地等を自己の居住の用に供していることを明らかにする書類の添付が必要です。（具体的書類は、条文上規定していません。）

❷　上記⑴の❻

措法69条の4第三項二号ロの親族が個人番号を有しない場合には、相続開始前3年以内の住所を明らかにする書類の添付が必要です。（同上）

⑴の添付書類を一覧すると下記の表になります。

規⑧＼書類	❶	❷	❸	❹	❺	❻	❼	❽	❾	❿	⓫	⓬	⓭	⓮	⓯	⓰	⓱	⓲	⓳
一号／事業	要	要	要	要															
二号／配偶者	要	要	要																
二号／イ又ハ	要	要	要		要														
二号／ロ	要	要	要			要	要	要											
三号／老人ホーム等	要	要	要		要	要	要	要	要	要	要								
四号／同族	要	要	要									要	要						
五号／貸付	要	要	要											要					
六号／未分割															要				
七号／山林	要	要	要													要			
相続税法上必要な書類（相規16③）																	要	要	要

（注）❼と⓭の証明書は定形のものがありません。適宜作成してください。

❶・❷は国税庁HP⇨税務手続の案内⇨相続税申告書等を見てください。

⓭・⓯は「第９章　添付書類等編」を見てください。

Q2-6-4 相続分不存在証明書は添付書類等になるか

遺産分割協議書の便法として実務的には特別受益証明書「相続分不存在証明書」を使用する場合があると聞いていますが、小規模宅地等の特例を受ける際の「財産の取得の状況を証する書類（規⑧一ハ）」としての添付書類になるのでしょうか。

A 原則的には、遺産分割協議の証明にはなりません。

⑴　相続分不存在証明書（法務省民事局長回答・昭和8.11.21　同30.4.23）

相続分不存在証明書とは、相続人自らが民法903条の超過特別受益に該当し、相続分の生前贈与を受けており、この相続に際して受けるべき相続分がないことを証明した文書をいいます。単独相続登記等の便法として司法書士等が、しばしば利用することがあります。昭和60年代までは頻繁に行われていました。

⑵　信憑性

登記所の登記官は証明書の内容についての実質的な審査権がなく、形式的に書類がそろっていれば受理することになり、記載内容の信憑性はなく、したがって分割協議書と見ることは原則としてできませんので添付書類にはなりません。

⑶　一定の場合は該当

ただし、その記載が真実であることを証明する書類として

❶　特別受益を受けていることから具体的相続分を有しないことが確認できる書類として特別受益の明細（その時期、内容等）を記載した書類

❷　特別受益証明書及び遺産分割協議に基づいて各財産が取得されていることが客観的に確認できる書類として登記簿謄本など各財産が相続人に名義変更されたことが確認できる書類の提出があった場合には、

❸　それらの書類の全てをもって、分割協議書として取り扱って差し支えないものと考えられます。

（注）この考え方は国税庁も容認しています（国税庁HP⇨質疑応答事例⇨

相続・贈与税⇨税額控除・3　配偶者に対する相続税額の軽減の規定の適用を受ける場合の「相続分不存在証明書」の適否)。

⑷　その他（遺産分割前の預貯金の払戻し制度の創設）

（遺産の分割前における預貯金債権の行使）改正民法第909条の2（施行2019.7.1～）では、各共同相続人は、遺産に属する預貯金債権のうち相続開始の時の債権額の3分の1に第900条及び第901条の規定により算定した当該共同相続人の相続分を乗じた額（標準的な当面の必要生計費、平均的な葬式の費用の額その他の事情を勘案して預貯金債権の債務者ごとに法務省令で定める額を限度とする。）については、単独でその権利を行使することができる。この場合において、当該権利の行使をした預貯金債権については、当該共同相続人が遺産の一部の分割によりこれを取得したものとみなすと改正されました。

そして法務省令で各金融機関（支店ごとではない）ごとに150万円を上限とすると決まりました。

結果として下記のうちいずれか少ない金額となります。

❶　相続開始時の各金融機関の各預貯金×1/3×前払いを求める相続人の法定相続分

❷　金融機関ごとに上限150万円

第7節　申告書を提出した後の小規模宅地等の変更（8事例）

Q2-7-1 申告書を提出した後の変更

当初の申告は適法だが、変更したほうが有利になる場合を教えてください。

A　適法に選択して、措置法69条の4の特例の適用を受けた宅地等については後日、別の宅地等に変更することは認められません。

なぜなら国税通則法23条「更正の請求」1項1号では、申告書に記載した課税標準等若しくは税額の計算が国税に関する法律の規定に従っていなかったこと、又は計算に誤りがあったことにより、その申告書の提出により納付すべき税額が過大であるときに、法定申告期限から5年以内に限り、税務署長に対し更正をすべき旨の請求をすることができると規定しており、これらに該当しない場合には変更は認められません（通法23①）（個人的有利不利は関係ありません。）。

Q2-7-2 当初の申告が違法であり、今回の分が適法である場合

当初の申告が違法であったが、今回の分が適法である場合はどうなりますか。

A　当初に選択申告したのが違法（例　貸付事業用宅地等に、特定事業用宅地等の400㎡ 80％減額を適用していた、あるいは全員の同意がないのに、勝手に一部の者が選択していた等）である場合、小規模宅地等の特例適用の意思はあったのであるから、期限後に適法申告することはできると思われます（法⑦⑧）。

遺産分割協議が無効又は取り消された場合などが考えられます。

Q2-7-3 相続税の申告書を提出したが、提出期限前の場合

前問Q2-7-2の場合において、既に相続税の申告書を提出したが、変更したほうが有利と気付いたのがその申告書の提出期限前の場合はどうですか。

A 「訂正申告」を期限内に提出すれば変更が認められるものと思われます。

Q2-7-4 遺留分減殺請求に伴い適用宅地等を返還した場合

遺留分減殺請求に伴い適用宅地等を返還した場合はどうですか。

A （令和元年7月1日前に開始した相続）遺留分減殺請求という相続固有の後発的な事由に基づいて、当初申告に係る宅地等を遺贈により取得できなかったものですから、選択替え（変更）というのは相当ではありません。

したがって残りの宅地等に更正の請求に基づいて小規模宅地等の特例を適用しても差し支えないと思われます（国税庁HP⇨質疑応答事例⇨相続・贈与税⇨小規模宅地等の特例・6。2025.1.1現在の国税庁HP）。

Q2-7-5 前問における同意要件の必要性

前問の場合において同意要件は必要ですか。

兄AがX地（貸付事業用宅地等）・Y地（貸付事業用宅地等）・Z地を遺贈により取得し、X地に小規模宅地等の特例を適用していたが、遺留分の減殺請求を受け弟BにX地を返還した。

A 次のように考えます。

(1) 遺留分の減殺請求を受けた者（兄A）

「遺留分の減殺請求を受けた者」が別の宅地等に特例を変更適用する

場合には、いったん合法的に適用を受けていますし、国税庁の上記情報で弾力的に変更を認める取り扱いをしたのであるから、「特例対象宅地等を取得した遺留分の減殺請求をした者」の同意は不要と私的見解ながら思われます。

しかし、税務当局は同意を要求してくる可能性がありますし同意を受けた方がベストですが、遺留分の減殺請求をされるような場合、同意を得られる可能性はきわめて僅少と思われます。その場合、納税者の了解を得て訴訟を覚悟で、同意なしで、更正の請求又は修正申告書を提出することも検討の余地があります（⑶も同じです。）。

⑵　遺留分の減殺請求をした者（弟B）

しかし「遺留分の減殺請求をした者・弟B」が減殺請求で取得した宅地等に特例を受けようとする場合は、振り出しに戻るわけですから文理解釈上当然に「遺留分の減殺請求を受けた者。兄A」の同意が必要です。

⑶　兄が特例を適用していないY地を返還と仮定の場合

「遺留分の減殺請求を受けた者・兄A」が特例の適用を受けた宅地等以外の、特例対象（適用可能）宅地等を「遺留分の減殺請求をした者」に返還した場合には、更正の請求ができますが、いったん合法的に適用を受けていますし、⑴と異なり変更適用するわけではありませんから、「遺留分の減殺請求をした者」の同意は当然不要と、私的見解ながら思われます。

しかし「遺留分の減殺請求をした者・弟B」が小規模宅地等の特例を受ける場合は「遺留分の減殺請求を受けた者・兄A」の同意は必要です。

※旧民法1031条『遺留分の減殺請求』は廃止され、新民法『**遺留分侵害額の請求**』に変更され、2019.7.1からの相続は遺留分権利者からは金銭の支払請求しかできなくなりました（民法1046）。

そのため前記の国税庁質疑応答事例の問題は生じないことになります。

Q2-7-6 遺留分侵害額の請求により、相続財産を提供した場合

『遺留分の減殺請求』は『遺留分侵害額の請求』に変更され、2019.7.1からの相続は遺留分権利者は金銭の支払請求しかできなくなりました（民法1046）。

しかし現金がない場合は、遺留分義務者からの申出により代物弁済（民法482）として相続財産（又は固有財産）を提供することも可能です。相続財産を提供した場合はどうなりますか。2事例

兄AがX地（貸付事業用宅地等）・Y地（貸付事業用宅地等）・Z地を遺贈により取得し、X地に小規模宅地等の特例を適用していたが、遺留分の侵害額請求を受け、現金等がないので協議により、X地を弟Bに代物弁済として提供した。

A 次のように考えます。

⑴ 申告期限後に請求金額が確定した場合

兄は申告期限まで遺言どおりに申告し、申告期限後に遺留分侵害額の請求金額が確定しますので「遺留分の侵害額の請求を受けた者・兄A」は特例を適用した宅地等を申告期限まで保有しかつ貸付事業を継続していたわけであるから、申告期限後に代物弁済で提供をしても小規模宅地等の特例適用には影響ありません。

なお弟Bは代物弁済として取得していますので、相続等による取得ではないので小規模宅地等の特例は受けられません。【極めて私的な見解Q2-3-8※2参照】

⑵ 申告期限前に遺留分侵害額の請求金額が確定した場合

申告期限前に早めに特例適用を受け申告をしていた場合

1. 申告期限までの保有要件を通常は満たさなくなりますから訂正申告で小規模宅地等の特例を、X地からY地への変更は可能と考えます。
2. X地を仮に「特定居住用宅地等」とし、遺言で取得した者が被相続人の配偶者の場合は申告期限までの保有要件はありませんから、小規模宅地等の特例の訂正は不要です。

国税庁もHPの質疑応答事例で下記のように解説しています。

遺留分侵害額の請求に伴い取得した宅地に係る小規模宅地等の特例の適用の可否（2019（令和元）年7月1日以降に開始した相続）

【照会要旨】

被相続人甲（令和元年8月1日相続開始）の相続人は、長男Aと長女Bの2名です。Aは甲の遺産のうちX宅地（特定居住用宅地等）及びY宅地（特定事業用宅地等）を遺贈により取得し、相続税の申告に当たってこれらの宅地について小規模宅地等の特例を適用して期限内に申告しました（小規模宅地等の特例の適用要件はすべて満たしています。）。

その後、Bから遺留分侵害額の請求がなされ、家庭裁判所の調停の結果、AはBに対し遺留分侵害額に相当する金銭を支払うこととなりましたが、Aはこれに代えてY宅地の所有権をBに移転させました（移転は相続税の申告期限後に行われました。）。

Bは修正申告の際にY宅地について小規模宅地等の特例の適用を受けることができますか。

【回答要旨】

民法及び家事事件手続法の一部を改正する法律（平成30年法律第72号）による改正により、2019（令和元）年7月1日以後に開始した相続から適用される民法第1046条《遺留分侵害額の請求》に規定する遺留分侵害額の請求においては、改正前の遺留分減殺請求権の行使によって当然に物権的効力が生じるとされていた（遺贈又は過去の贈与の効力が消滅し、遺贈又は贈与をされていた財産に関する権利が請求者に移転することとされていた）規定が見直され、遺留分に関する権利の行使によって遺留分侵害額に相当する金銭債権が生じることとされました。

照会の場合、遺留分侵害額の請求を受けてAはY宅地の所有権をBに移転していますが、これは、Aが遺留分侵害額に相当する金銭を支払うためにBに対し遺贈により取得したY宅地を譲渡（代物弁済）したものと考えられ、BはY宅地を相続又は遺贈により取得したわけではありませんので、小規模宅地等の特例の適用を受けることはできません。なお、

Bは、遺留分侵害額に相当する金銭を取得したものとして、相続税の修正申告をすることになります。

(注) AがY宅地を遺贈により取得した事実に異動は生じず、また、AがY宅地を保有しなくなったのは相続税の申告期限後であることから、遺留分侵害額の請求を受けてY宅地の所有権をBに移転させたとしても、AはY宅地についての小規模宅地等の特例の適用を受けることができなくなるということはありません。

なお、Aは、遺留分侵害額の請求に基づき支払うべき金銭の額が確定したことにより、これが生じたことを知った日の翌日から4月以内に、更正の請求をすることができます。

【関係法令通達】

相続税法第31条、第32条　租税特別措置法第69条の4

所得税基本通達33−1の6　民法第1046条

以上の関係を図解すると下記のようになります。(申告期限後に確定前提)

<table>
<tr><td>提供財産</td><td colspan="2">遺留分義務者A</td><td>遺留分権利者B</td></tr>
<tr><td>現金</td><td></td><td rowspan="2">相続等で取得した現物財産の価額－遺留分侵害額に相当する価額（※1）</td><td rowspan="2">相続等で取得した現物財産の価額＋遺留分侵害額に相当する価額（※2・3）</td></tr>
<tr><td>相続財産</td><td rowspan="2">代物弁済の為譲渡申告必要</td></tr>
<tr><td>固有財産</td><td colspan="2">※4　遺留分侵害額に相当する価額は代償分割が行われた場合（相基通11の2−10）に準じて計算することとして差し支えない。令和2年7月7日資産課税課情報第17号事例2−1</td></tr>
</table>

※1　遺留分義務者は侵害額が確定後4月以内に➡更正の請求可 (相法32①三)

※2　遺留分権利者が新たに財産を相続等した場合➡期限後申告の特則（相法30)

※3　遺留分権利者が期限内申告書を提出してる場合➡修正申告の特則（相法31)

※4　令和3年12月13日未公開裁決／大裁　同上通達の(1)の『…次の(2)に掲げる算式に準じて又は**合理的と認められる方法**によって計算して申告があった場合　当該申告があった金額』の解釈として有意義かつ画期的な裁決があります。

相続税法の規定に基づく期限後申告・修正申告・更正の請求

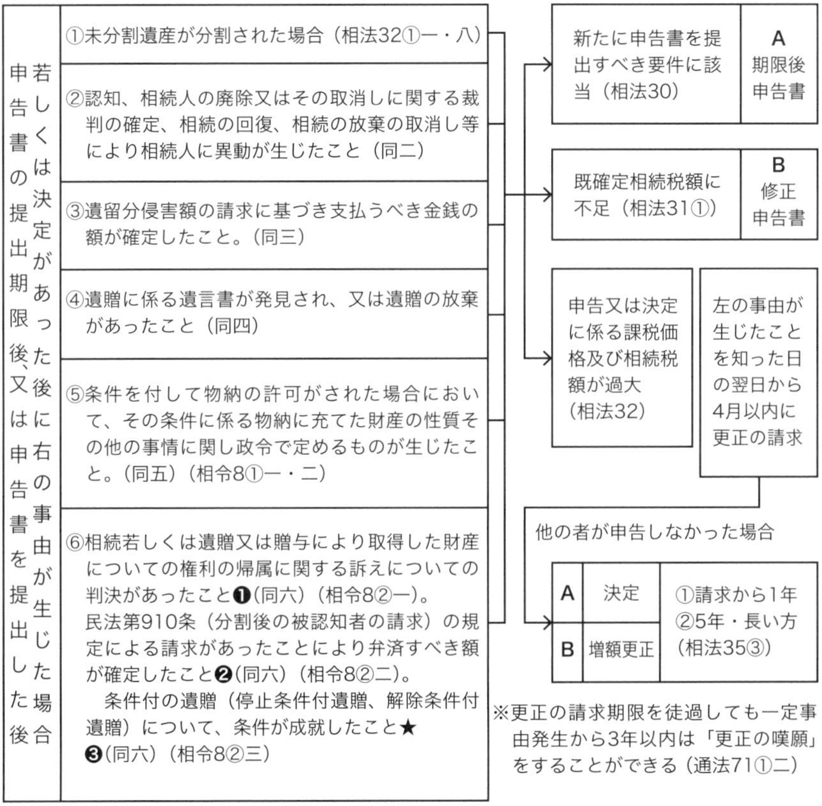

若しくは決定があった後に右の事由が生じた場合 申告書の提出期限後、又は申告書を提出した後	
	①未分割遺産が分割された場合（相法32①一・八）
	②認知、相続人の廃除又はその取消しに関する裁判の確定、相続の回復、相続の放棄の取消し等により相続人に異動が生じたこと（同二）
	③遺留分侵害額の請求に基づき支払うべき金銭の額が確定したこと。（同三）
	④遺贈に係る遺言書が発見され、又は遺贈の放棄があったこと（同四）
	⑤条件を付して物納の許可がされた場合において、その条件に係る物納に充てた財産の性質その他の事情に関し政令で定めるものが生じたこと。（同五）（相令8①一・二）
	⑥相続若しくは遺贈又は贈与により取得した財産についての権利の帰属に関する訴えについての判決があったこと❶（同六）（相令8②一）。 民法第910条（分割後の被認知者の請求）の規定による請求があったことにより弁済すべき額が確定したこと❷（同六）（相令8②二）。 条件付の遺贈（停止条件付遺贈、解除条件付遺贈）について、条件が成就したこと★❸（同六）（相令8②三）

→

新たに申告書を提出すべき要件に該当（相法30）	A 期限後申告書
既確定相続税額に不足（相法31①）	B 修正申告書
申告又は決定に係る課税価格及び相続税額が過大（相法32）	左の事由が生じたことを知った日の翌日から4月以内に更正の請求

他の者が申告しなかった場合

A	決定	①請求から1年 ②5年・長い方 （相法35③）
B	増額更正	

※更正の請求期限を徒過しても一定事由発生から3年以内は「更正の嘆願」をすることができる（通法71①二）

Q2-7-7　適用可能な面積が測量で増加した場合

適用可能な面積が測量で増加した場合はどうなりますか。

A　次のように考えます。

公簿面積で小規模宅地特例を適用（自宅全部300㎡）し申告したが譲渡等のために測量したら自宅面積が350㎡あることが判明した場合、修正申告で（法⑦）、自宅330㎡に特定居住用宅地等の特例を適用できるのではないかと、私的見解ながら思われます。

Q2-7-8　宥恕規定に対する請願検討事例

宥恕規定に対する請願検討事例はどのようなものがありますか。（更正の請求はできません。）

A　次のように考えます。

⑴　措法69の4⑧税務署長は、相続税の申告書の提出がなかった場合又は前項の記載若しくは添付がない相続税の申告書の提出があった場合においても、その提出又は記載若しくは添付がなかったことについてやむを得ない事情があると認めるときは、当該記載をした書類及び同項の財務省令【措規23条の2⑧】で定める書類の提出があった場合に限り、第一項の規定を適用することができる。

⑵　**【税務署長は…適用することができる】**の意味

法律上、公務員にこの権能が与えられている場合は「可能」の意味は全くなく、その公務員の本来の職務や規定の趣旨から、権能があれば義務もあるというように読むのが通例である。あることをなす権能があり、一方で、その権能を行使することができる客観的状況にあれば、その権能を有する公務員がそれを行使しないということは許されない。

⑶　**【やむを得ない事情】**の意味

❶　これは宥恕規定であって、通常、税法上納税義務者に対して何らか

の作為又は不作為が求められている場合において、何らかの理由ないし事情によりその義務違反があったときに、その義務違反に伴う不利益を免れる要件の一つとして規定されています。

2　どちらかといえば、「そのようになった根拠」よりも「そのようになった事実ないし事の次第」に重点を置いた表現である。例えば、「…確定申告書をその提出期限までに提出した場合（税務署長においてやむを得ない事情があると認める場合には、当該申告書をその提出期限後に提出した場合を含む。）…」のように用いられ、また、過失により租税特別措置法上の特例の適用洩れがあった場合等における宥恕規定等に用いられている。

第8節　その他（5事例）

Q2-8-1 時価評価した宅地等についての適用

時価評価した宅地等についての小規模宅地等の特例の適用はできるのでしょうか。

A 「時価」の考え方は次のとおりです。

⑴　相続税法上の「時価」

相続税法22条では、財産の評価額を「一定の財産を除き課税時期の時価による」と規定しており、これだけでは抽象的であり、実務現場で混乱しないように「財産評価基本通達」が法令解釈通達として規定されているのです。

⑵　財産評価基本通達上の「時価」

「財産の価額は、時価によるものとし、時価とは、課税時期（…）において、それぞれの財産の現況に応じ、不特定多数の当事者間で自由な取引が行われる場合に通常成立すると認められる価額をいい、その価額は、この通達の定めによって評価した価額による」と規定しています（評基通1⑵）。

つまり、財産評価基本通達に従って路線価等の評価をした場合、税務当局は時価と認めると規定しているのです。

（注）　例外として、総則6項があります。

（この通達の定めにより難い場合の評価）

この通達の定めによって評価することが著しく不適当と認められる財産の価額は、国税庁長官の指示を受けて評価する。

しかし、法律的には「時価評価」が原則であり、納税者は必ずしも通達に従う必要はありません。

しかも路線価と時価が逆転現象を起こしている所がまれに見受けられます。

そのため、「時価評価」する事例がありますが、当然そこで評価した「時価」を基に小規模宅地等の特例の適用をすることは、文理解釈的に可能です。

Q2-8-2 売買契約中に相続が開始した場合の宅地等についての適用

売買契約中に相続が開始した場合の宅地等についての小規模宅地等の特例の適用はどうなりますか。

A 例えば、路線価評価額6,000万円の宅地等の売買契約を締結（売買価額1億円）、手付金2,000万円の授受があった段階で、契約の当事者が死亡した場合を仮定すると次の2つに大別することができます。

⑴　売主が死亡した場合

❶　相続等により取得した財産は、その宅地等そのものでなく、その売買契約に基づく宅地等の譲渡対価のうち、相続開始時の「未収金8,000万円」と考え、相続財産に計上します（収受した手付金は別の相続財産として表現されているはずです。）。

❷　「未収金」と考える訳ですから、小規模宅地等の特例の適用はありません。

⑵　買主が死亡した場合

❶　相続等により取得した財産は、その売買契約に係る宅地等の引渡請求権等（通常の場合は、売買価額1億円）とし、債務は（未払金8,000万円）とします。

❷　つまり上記❶は宅地等としてではなく、権利として考えるのですが、相続財産を土地等として申告があった場合は、財産評価基本通達により評価することになり、その宅地等が小規模宅地等の特例の適用を受けられる要件に該当するものであるときにおいてその宅地等について小規模宅地等の特例の適用を受けることができるものと考えられます。

❸　この場合は、その売買契約に係る宅地等の引渡請求権等は相続財産としないで、その土地の価額は「財産評価基本通達」により評価した価額（6,000万円）によります。この価額を基礎として小規模宅地等の特例の適用をします。

（注）以上の説明は『土地評価の実務』（2024年版）（一財）大蔵財務協会383頁にあり、その根拠は平成3年1月11日の国税庁資産税課情報第1

号（事務連絡？）と思われます。なお、この考え方はこの本（東京国税局関係者が執筆）に書いてありますが、なぜか国税庁のＨＰでは一切触れていませんでしたが、2022年11月25日付けのＨＰ　質疑応答事例・相続財産の範囲・8　相続開始時点で売買契約中であった不動産に係る相続税の課税、という事例で正式に公表しました。

根拠として最高裁昭和61年12月５日判決等を紹介していますが、所得税基本通達36-12では、原則　引渡し日が収入すべき時期と規定しています。

被相続人の準確定申告でも引渡基準を選択し、相続人等が引渡し時点で自己の譲渡所得として申告（措法39取得費加算可能）できるとしています（平成３年６月７日・国税庁事務連絡？）。

※宅地等の時価が明確になっただけで宅地等には変わりはないという有力な説（裁判に関係等したＯＢ税理士は、土地の評価で勝訴を望んだが…。）もあり、その説に従えば、売主が死亡した場合も入学試験と卒業試験を合格すると適用を受けられます（居住用宅地等の場合の配偶者については入学試験のみ）。

Q2-8-3 使用貸借通達により底地評価される場合

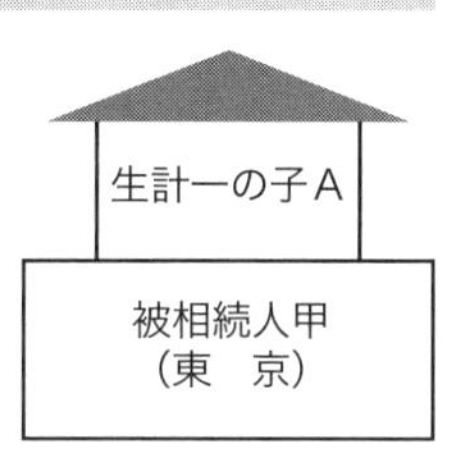

使用貸借通達により底地評価される場合について教えてください。

被相続人甲と生計を一にしているAは、昭和26年7月に甲の土地上に店舗建物を建築し、それ以後自分の事業（税理士）の用に供していました。地代は当初から無償でした。

しかし、使用貸借の経過通達によれば、東京国税局では、この場合、底地評価になります（昭和22.5.3～昭和33.12.31）。

特定事業用宅地等として、80％の減額はできるのでしょうか。

A 使用貸借通達による評価は、借地権の帰属が土地の所有者にあるのか建物の所有者にあるのかが明らかでないため、経過的取扱いにより底地評価をするためだけのものであり、土地の賃貸借があったことまでをも認定するものではありません。

したがって、設問の場合は、土地の貸借が無償ですので、他の要件に該当すればQ3-2-4の⓬「特定事業用宅地等」に該当し、80％の減額対象です。

なお、上記「使用貸借の経過通達」は、東京国税局管内に適用される規定であり、他の国税局では、別の規定がありますので注意してください。

Q2-8-4 特例を適用した宅地等を物納する場合の収納価額

建物、宅地等を配偶者が相続し、小規模宅地等の特例を適用した宅地等を物納（配偶者が法定相続分以上取得すると、納税額が発生する場合があります。）する場合の収納価額はどうなりますか。

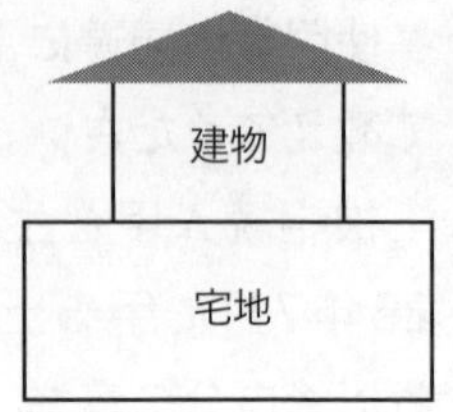

A 物納財産の収納価額は、相続税課税価格計算の基礎となったその財産の価額によることになっています。

ただし、税務署長は、相続開始の時から収納時までの間にその財産の状況に著しい変化を生じたときは、収納の時の現況によりその財産の収納価額を定めることができることになっています。

小規模宅地等の特例を適用した場合の収納価額は、特例適用後の価額が相続税の課税価格計算の基礎となっていますから、原則、特例適用を受けた減額後の価額となります。

なお、配偶者が取得した場合は「卒業試験要件＝申告期限までの２継続要件」はありませんので申告期限まで物納（登記）しても小規模宅地等の特例適用はできます。

したがって、実務的には物納する予定の宅地等については、小規模宅地等の減額としては最大になる場合でも、その宅地等には小規模宅地等の特例の適用は受けないほうが有利となる場合がありますので検討が必要です。

ただし、次のQ2-8-5のような例外もあります。

Q2-8-5 特例を一部分適用した宅地等を物納する場合の収納価額

被相続人甲と同居していた長男Aが建物、宅地等を相続し、合法的に小規模宅地等の特例を適用した宅地等の一部である庭部分（Y地）170㎡を分筆し、物納する場合の収納価格はどうなりますか。

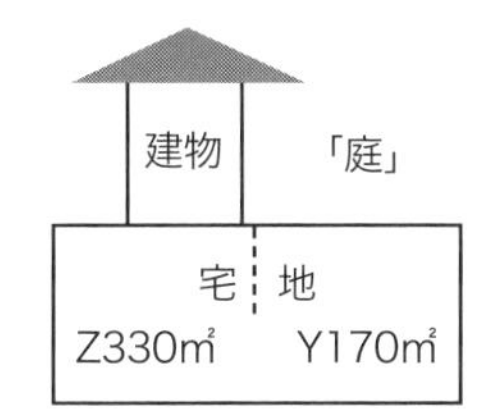

A 相続税法上、上記宅地は居住用として一体利用されていますので、1画地の宅地として全体評価することになります。

そのため、小規模宅地等の特例は、Z地・Y地全体の500㎡のうち330㎡分について受けているのであって、Z地の330㎡のみに受けているということは主張できないのではないかと考えがちです。理論的には、そのように考えるのが正解であると筆者も考えますが、Q3-3-19（相基通21の6–3）のように、税務当局が「緩和通達」で弾力的に扱っている場合もあり、理論に関係なく税務当局が、納税者有利に考えているならば、実務家としてはそれを適用すべきでしょう。

Q3-3-19の考え方は、通達の文言にはっきりと書かれています。

しかし、上記の庭の物納に関して通達上は明確には書かれていませんが、『相続税法基本通達逐条解説』（一財）大蔵財務協会（2024年版）の683～687頁に、「上記の場合、Z地に小規模宅地等の特例を適用したことにして、Y地は小規模宅地等特例の適用を受けていない価額で物納が可能である…」という意味の解説をしています。

一部の税理士は「500㎡を居住の用に供していたのだからその一部を譲渡した場合、当該宅地等500㎡を申告期限まで居住継続したことにはならず、当然残地に適用は受けられない」と解説していますが、逐条解説及び国税庁の資産税幹部を歴任なされた某O税理士は残地に適用はできると解説しています。

なお平成18年に創設された特定物納（申告期限から10年以内の延納から物納への変更）の規定（相法48の2⑥）において準用する物納に当てることができる財産の規定（相法41②）には、小規模宅地特例の適用を受けた宅地等を除く」とあります（法⑨）。要は特定物納に当てることができる財産から、小規模宅地特例の適用を受けた宅地等を除くということです。

第3章

個別の特例対象宅地等の解説

第1節　全体像（2事例）

Q3-1-1 80（50）%減額となる宅地等の概要

80（50）%減額となる宅地等の概要を一覧表で説明してください。

次の表のように区分できます。

小規模宅地等の特例の全体像の図解

❶ 書類審査 法第1項			❷ 入学試験 法第3項	❸10か月 卒業試験 法第3項	親族のみ適用可能 該当宅地等取得者（未分割含む）全員の同意必要（令40の2⑤三号）		入学試験＆ 卒業試験の 根拠条文詳細 法第3項 ★非該当時の 別適用
被相続人等の要件			（取得者の要件） 相続開始時	申告期限時	上限面積	軽減割合	
被相続人等の事業用／収入要件			A1　一般事業用 イ・被相続人の当該事業継続 ロ・生計一親族自己事業継続	事業＆保有継続	400㎡	80%	一号／イ・ロ
				1つでも非継続	**対象外**	**対象外**	★なし
	不動産貸付事業等		A2　特定同族会社事業用※1	事業＆保有継続	400㎡	80%	三号
				1つでも非継続	**対象外**	**対象外**	★C可能性
		郵便局舎用	特別（郵民法180①）➡	総務大臣の証明	400㎡	80%	一号にみなし
			上記証明（相続開始後5年間借受ける旨）なしの場合	貸付＆保有継続	200㎡	50%	四号／イ・ロ
				1つでも非継続	**対象外**	**対象外**	★なし
			C　上記以外（3章5節詳細） イ・被相続人の当該事業継続 ロ・生計一親族の事業継続	貸付＆保有継続	200㎡	50%	四号／イ・ロ
				1つでも非継続	**対象外**	**対象外**	★なし
被相続人等の居住用			B　配偶者以外の同居又は区分登記なし一棟の建物に別居（拡大同居）親族・生計一親族　※2	居住＆保有継続	330㎡	80%	二号／イ・ハ
				1つでも非継続	**対象外**	**対象外**	★なし
			B　家なき子（3年以内国内にある一定関係者所有の家屋に非居住要件・他詳細はQ3-3-11参照）※3	保有継続のみ有	330㎡	80%	二号／ロ
				上記を非継続	**対象外**	**対象外**	★なし
			B　配偶者	賃貸＆売却可	330㎡	80%	二号／柱書

A1とCには3年縛りがあります（相続開始前3年以内に新たに事業の用に供した【相続・遺贈による取得は含まれない。令⑨⑳】宅地等を除く規定）。

★個人版事業承継税制との適用面積の調整関係はQ3-2-23を参照

被相続人等＝被相続人又は被相続人と生計を一（財布が一緒というような意味）の親族をいいます（実務上は同居ほぼ生計一、別居ほぼ生計別）。

※1　「特定同族会社事業用」というのは、同族法人が一般の事業を行っている場合を指し、不動産貸付業等を行っている場合は「上記以外」に該当します。

※2　同居親族は平成26年1月1日からは、【同居又は拡大同居親族】となりました。一棟の建物（区分所有登記していないことが要件）に同居（同じ家屋）していても、別居（別の家屋）していても平成26年からはOKになりました。

※3　被相続人には配偶者も、同じ家屋（建物ではない）に居住（同居）していた法定相続人【私的見解ながら親族本人は含まない。】もいないことが要件。

例　父1Fの家屋に居住・長男2Fの家屋に居住（1F&2F＝一棟の建物）

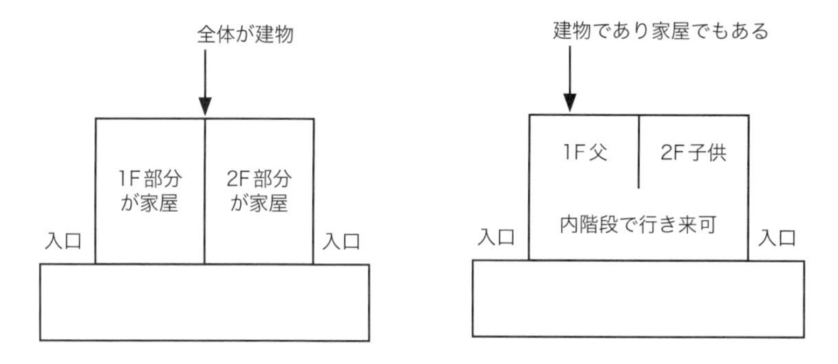

Q3-1-2 小規模宅地等の特例規定を、条文の相互関係で解説

小規模宅地等の特例規定を、条文の相互関係で解説してください。

A 次の表のように区分できます。

小規模宅地等の条文関連表

<table>
<tr><th colspan="9">租税特別措置法69の4</th><th colspan="2">租税特別措置法施行令</th></tr>
<tr><th colspan="4">第1項</th><th colspan="3">第2項</th><th colspan="2">第3項・定義規定</th><th colspan="2">第40の2</th></tr>
<tr><td>号</td><td colspan="3">減額割合</td><td>号</td><td colspan="2">面積</td><td>号</td><td>一部委任⇨</td><td>項</td><td>定義等（区分）</td></tr>
<tr><td rowspan="5">一号</td><td rowspan="2">特定事業用宅地等</td><td rowspan="5">被相続人等の事業用</td><td rowspan="5">80％</td><td rowspan="5">一号</td><td rowspan="5">A 特定事業用等宅地等</td><td rowspan="5">400㎡</td><td rowspan="2">一号</td><td rowspan="2">**特定事業用宅地等**
イ・被相続人の事業用
ロ・被相続人と生計を一にしていた親族の事業用
＊申告期限まで保有＆事業継続要件</td><td>⑩</td><td>被相続人等の事業の用に供されていた**宅地等のうち法69の4③**一号に定める要件に該当する**部分（同号イ又はロに掲げる要件に該当する同号に規定する被相続人の親族が相続等により取得した持分の割合に応ずる部分）**とする。</td></tr>
<tr><td>⑦</td><td>不動産貸付業・駐車場業等は除く（措法69の4③一括弧）</td></tr>
<tr><td rowspan="3">特定同族会社事業用宅地等</td><td rowspan="3">三号</td><td rowspan="3">**特定同族会社事業用宅地等**
被相続人及びその親族・外、特別の関係がある者が有する株式の総数等が当該株式等に係る法人の発行済株式等の総数等の50％超要件
＊申告期限まで保有＆事業継続要件
＊申告期限まで役員要件（措規23の2⑤）</td><td>⑯</td><td>特別の関係がある者
一～五</td></tr>
<tr><td>⑰</td><td>議決権に制限のある株式又は出資として省令で定めるものは含まないものとする（措規23の2⑥⑦）</td></tr>
<tr><td>⑱</td><td>法人（申告期限において清算中の法人を除く。）の事業の用に供されていた**宅地等のうち**第三号に定める要件に該当する**部分（同号に定める要件に該当する同号に規定する被相続人の親族が相続又は遺贈により取得した持分の割合に応ずる部分**に限る。）とする。</td></tr>
</table>

<table>
<tr><th colspan="9">租税特別措置法69の4</th><th colspan="2">租税特別措置法施行令</th></tr>
<tr><th colspan="4">第1項</th><th colspan="3">第2項</th><th colspan="2">第3項・定義規定</th><th colspan="2">第40の2</th></tr>
<tr><td>号</td><td colspan="3">減額割合</td><td>号</td><td colspan="2">面積</td><td>号</td><td>一部委任⇨</td><td>項</td><td>定義等（区分）</td></tr>
<tr><td rowspan="3">一号</td><td rowspan="3">特定居住用宅地等</td><td rowspan="3">被相続人等の居住用</td><td rowspan="3">80%</td><td rowspan="3">二号</td><td rowspan="3">B
特定居住用宅地等</td><td rowspan="3">330㎡</td><td rowspan="3">二号</td><td rowspan="3">特定居住用宅地等
柱書・配偶者（1 2無）
イ　同居又は拡大同居親族
ロ　家なき子（2無）配偶者も同居親族もいない…
ハ　生計一の親族
原則は＊
1 申告期限まで
2 保有＆居住
継続要件</td><td>⑪</td><td>居住用が2以上ある場合
⇨Q3-3-21参照</td></tr>
<tr><td>⑫</td><td>被相続人等の居住の用に供されていた宅地等のうち、被相続人の配偶者が相続若しくは遺贈により取得した持分の割合に応ずる部分又はイからハまでに掲げる要件に該当する被相続人の親族が相続等により取得した持分の割合に応ずる部分に限る。</td></tr>
<tr><td>⑭</td><td>ロの同居親族は、法定相続人。</td></tr>
<tr><td rowspan="3">二号</td><td rowspan="3">貸付事業用宅地等</td><td rowspan="3">被相続人等の事業用</td><td rowspan="3">50%</td><td rowspan="3">三号</td><td rowspan="3">C
貸付事業用宅地等</td><td rowspan="3">200㎡</td><td rowspan="3">四号</td><td rowspan="3">貸付事業用宅地等
不動産貸付業
駐車場業
自転車駐車場業
準事業⇨
＊申告期限まで保有＆（貸付）事業継続要件</td><td>①</td><td>事業と称するに至らない不動産の貸付、その他これに類する行為で
❶相当の対価性
❷継続性⇨「準事業」とみる。</td></tr>
<tr><td>⑦</td><td>不動産貸付業（措法69の4③一）・駐車場業・自転車駐車場業・準事業</td></tr>
<tr><td>㉒</td><td>⑩の規定を準用（部分概念）</td></tr>
<tr><td colspan="9">D（特例対象外宅地等）</td><td>④</td><td>ABCは小規模対象・Dは対象外</td></tr>
</table>

※一号・二号のロ・四号には3年縛りがあります。詳細は各Q&Aで解説。

第2節　特定事業用宅地等（23事例）

Q3-2-1 特定事業用宅地等とは

「特定事業用宅地等」について説明してください。

A 　次の2つに区分されます。【入学試験】及び【卒業試験】の話です。

❶　「事業」の中には、不動産貸付業等は含まれません。

❷　(1)又は(2)の要件のいずれかを満たす親族が

❸　相続等により取得したもの

❹　相続開始前三年以内に新たに事業の用に供された宅地等（…）を除きます。

❺　上記❹　宅地等（一定規模以上の事業を行っていた被相続人等の当該事業の用に供されたものを除きます。）。

事業から除くを除くから、事業になるという意味です。

(1)　被相続人（甲）の事業用宅地等（本人が事業主である場合）（法③一イ）

❶　被相続人の親族「要件なし」がその宅地等を相続等により取得し、

❷　その親族が相続開始時から申告期限までの間に、「承継までの休業可」

❸　その宅地等の上で営まれていた被相続人の「同じ一般事業」を承継し、

❹　かつ申告期限まで**その事業**を継続し、

❺　申告期限までその宅地等を継続保有

した場合の宅地等を「特定事業用宅地等」といいます。

（注）その親族が申告期限までに死亡した場合、その者の相続人が上記の要件を満たした場合も「特定事業用宅地等」といいます（通−15）。

(2)　生計を一にしていた親族の事業用宅地等（法③一ロ）

❶　事業を営んでいた被相続人の親族「生計一要件あり」が、その宅地等を相続等により取得し、

❷　その親族が相続開始直前から申告期限まで（申告期限までに死亡した場合、その死亡の日まで。❹も同じ）、「途中休業不可」

❸　その宅地等の上で営まれていた自己の「同一性要件なし」事業を継続し、

❹　申告期限までその宅地等を継続保有

した場合の宅地等を「特定事業用宅地等」といいます。

⑶　一部取得の場合

上記⑴⑵の規定はその事業を承継（又は自己継続）する者が、事業用宅地等を取得し、2つの継続要件を満たせば特例の適用を受けられます。

しかし、一部取得した場合、残りの事業用宅地等を取得した親族が事業を承継しなかった場合、又は承継したが2つの継続要件を満たさない場合はその親族は特例の適用を受けられません。以上の関係を図示すると以下になります。

⑴　被相続人（甲）の事業用宅地等（法③一イ）

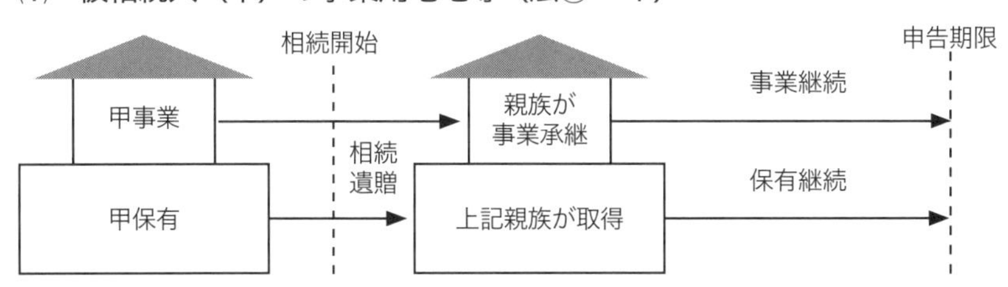

⑵　生計を一にしていた親族の事業用宅地等（法③一ロ）

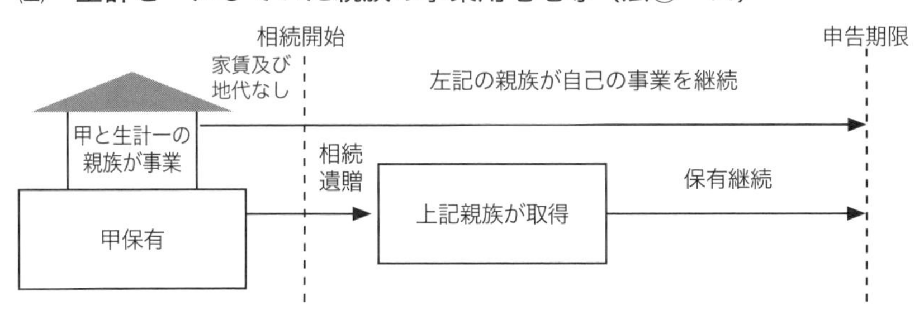

⑶　一部取得の場合

例えば次の場合、乙の取得した宅地等だけ「特定事業用宅地等」に該当し、A・Bの取得した宅地等は「特定事業用宅地等」に該当しません。

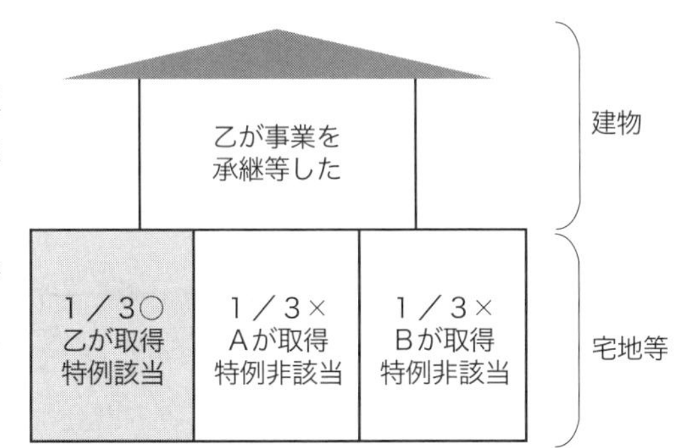

★2019年度の改正で、相続開始前3年以内に新たに事業の用に供された宅地等を適用対象から除きました。詳細は、Q3-2-18～Q3-2-22を見てください。

Q3-2-2「事業」の範囲

「事業」の範囲について説明してください。

A 「事業」という言葉を分類すると次のようになります。

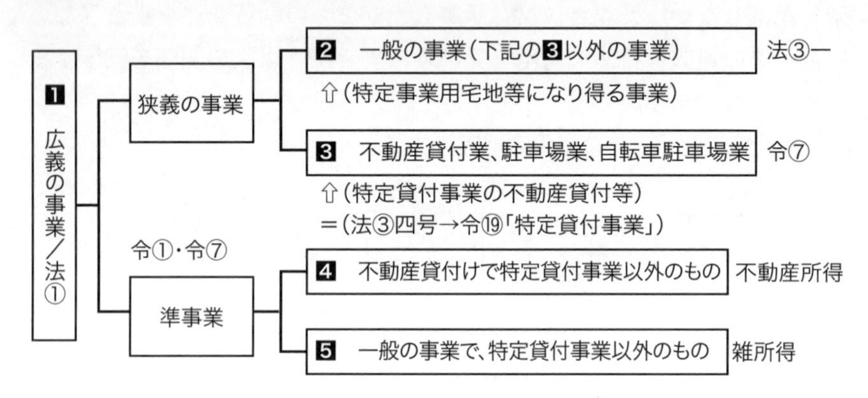

「準事業」とは、事業と称するに至らない不動産の貸付けその他これに類する行為で、相当の対価を得て継続的に行うもの」をいいます（令①）。

※4の区分は措令①から当然に読めますが、5の区分は筆者の個人的見解です。しかし、上記条文を熟読すると5の区分も可能と思われます（庁元ミスター評価も同意見）。

ア　特定事業用宅地等という場合の「事業」は2です（法③一）。

イ　特定同族会社事業用宅地等という場合の「事業」も2です（法③三）。

ウ　通常「事業」という場合、1をいいます。

エ　2に該当して、かつ2つの継続要件に該当すると「特定事業用宅地等」となり400㎡、80％減額ですが、1つでも該当しないと減額は0％です。

オ　345に該当して、かつ2つの継続要件に該当すると「貸付事業用宅地等」となり200㎡、50％減額ですが、1つでも該当しないと減額は0％です。

（注）　特定の同族会社に賃貸している場合は、その会社が2の事業を行っており、かつ2つの継続要件に該当すると「特定同族会社事業用宅地等」となり400㎡、80％減額ですが、1つでも該当しないと「オ」になります。

Q3-2-3「相当の対価等」の内容

「相当の対価等」の内容について説明してください。

A　「相当の対価を得て継続的に行うもの」は次の2つに区分します。

これは事業の要件である「営利性」「有償性」「反復継続性」ということからくる当然の帰結です（最高裁　昭和56年4月24日）。

⑴「相当の対価」

措置令40条の2第1項、措置法通達69の4-4及びその逐条解説では「無償には固定資産税その他の必要経費をカバーする程度の相当の対価に至らない程度の授受がある場合も含む」という文言があります。

参考にそれ以外の他の法令・通達等を掲げると次のとおりです。

❶　措置法37条1項「特定事業用資産の買換え…」…事業（事業に準ずるものとして政令で定めるものを含む。）

❷　措置令25条2項「特定事業用資産の買換え…」…事業と称するに至らない不動産等の貸付けその他これに類する行為で「相当の対価を得て継続的に行うものとする」。

❸　措置法通達37-3「事業に準ずるものの範囲」

対価－（減価償却費＋固定資産税＋その他の必要経費）＝相当の利益と規定しています。

上記の法令・通達の単純な準用は行われませんが一応参考にはなるでしょう。

「週刊・税務通信」（H6.10.24号）16頁～17頁で次のような表現をしていたので紹介します。

「措通37-3の単純な準用は行われない。…相当の対価＝必要経費＋アルファ（色をつけるといったニュアンス）程度でよい。」

⑵「継続的に行う」（措通37-3⑵ロ）

単に相続開始時点までの貸付期間の長短により判断するのではなく、貸付けに係る契約においてその貸付けが相当期間継続して行われることが予定されているものであるかどうかにより判断します。

「相当の対価」について図示すると以下のとおりになります。

相当の利益

その他の
必要経費

固定資産税等

減価償却費

⇦相当の対価

「相当の対価」は抽象的表現であり、実務的には判断に迷う場合が多々あろうかと思われます。

一つの考え方を示しておきます。

❶　近隣の相場どおり賃貸していれば、相当の利益がなくても問題はないと思われます。

「相場で貸していた場合、課税所得の計算上で赤字となった場合でも問題ありません。」平成13年（一財）大蔵財務協会『小規模宅地等の税務』47頁。

平成14年・平成15年も同様の記述あり。

(注)　平成18年は削除しています。

❷　近隣の相場より多少低い場合

前記の週刊「税務通信」の解説によれば、あまり厳格には考えないと思われます。

「継続的に行う」について図示すると次のとおりになります。

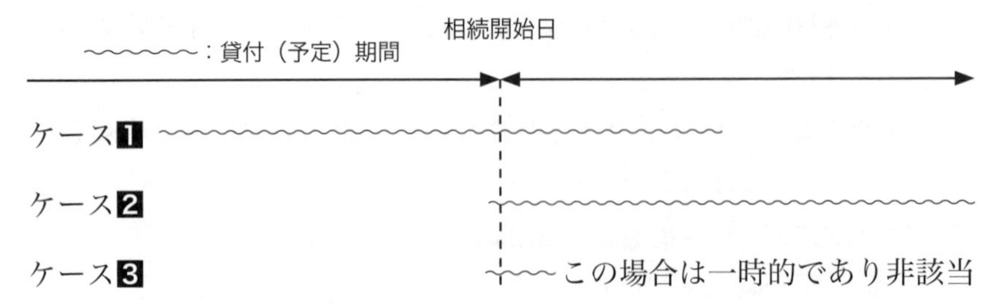

Q3-2-4 被相続人等の事業用宅地等の範囲 29事例

被相続人等の事業用宅地等の範囲について説明してください。

A 小規模宅地等の特例の対象となる被相続人等の事業用宅地等は、次のいずれかに該当する宅地等をいうものとして取り扱われています。

なお、「無償」には本来の無償の他、相当の対価に至らない程度の対価の授受がある場合を含みます（法①、通−4、民法593・595）。

⑴ 被相続人により他に貸し付けられていた宅地等

ただし、Q3-2-2の事業の場合に限定します。したがって無償貸付宅地等は該当しません。つまり、宅地等を被相続人が直接貸し付けている場合です。

⑵ 上記⑴以外の事業用宅地等

⑶ 上記⑴⑵の関係を一覧表にすると次のア、イ、ウになります。

※以下は生計一親族又は同族法人が関係している場合の解説ですが、被相続人が自分の所有する建物等のある宅地等をそれ以外の個人又は法人に賃貸している場合のみならず、建物等を有するそれらの者に宅地等を**更地で賃貸**している場合も当然に200㎡分50％減額の書類審査（被相続人等の事業用宅地等）の判定には合格します。

前提　甲：土地又は土地の上に存する権利の所有者で被相続人
　　　乙：甲と生計を一にしている親族（乙1と乙2は別人）
　　　丙法人：甲と一定の者が相続開始直前に議決権の過半数を有する同族法人
　　　丁：甲と生計を別にしている親族
──►：相当の対価（地代・家賃あり）、------►：無償という意味。

最終事業主	ア 被相続人（甲）	イ 生計一親族（乙）	ウ 同族法人（丙法人）
建物等の所有者	詳細は下記に	詳細は下記に	詳細は下記に
宅地等の所有者	**被相続人（甲）**		

ア　被相続人甲の事業の用に供されていた建物等

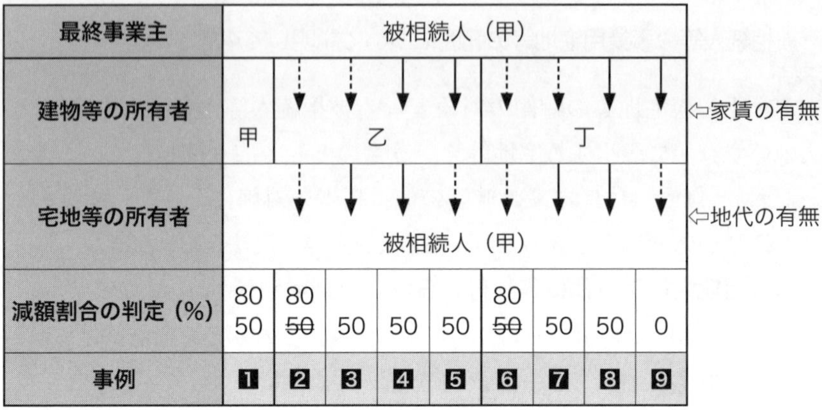

最終事業主	被相続人（甲）								
建物等の所有者	甲	乙				丁			
宅地等の所有者	被相続人（甲）								
減額割合の判定（%）	80 50	80 ~~50~~	50	50	50	80 ~~50~~	50	50	0
事例	1	2	3	4	5	6	7	8	9

⇦家賃の有無

⇦地代の有無

〈事業の判定〉

	（甲の事業が不動産貸付業等の場合は減額割合80%ではなく、50%）
1	すべて甲が当事者であるから、甲の事業
2	当事者が異なるが、親族でかつ、地代・家賃が無償のため甲の事業
3	甲が乙から地代を収受しているから、甲の事業（不動産貸付業等）
4	甲が乙から地代を収受しているから、甲の事業（不動産貸付業等）
5	乙が甲から家賃を収受しているから、乙の事業（不動産貸付業等）
6	当事者が異なるが、親族でかつ、地代・家賃が無償のため甲の事業
7	甲が丁から地代を収受しているから、甲の事業（不動産貸付業等）
8	甲が丁から地代を収受しているから、甲の事業（不動産貸付業等）
9	丁が甲から家賃を収受しているから非該当（丁は甲と生計別のため）

（注1）事例3478は⑴の貸付けに該当します。

（注2）事例1256は⑵の⑴以外の事業用宅地等に該当します。

（注3）5は乙の事業用ですが、乙は甲と生計を一にしているため、措法69の4第1項の柱書（…被相続人等の事業の用…）の規定により、小規模宅地等の特例の適用を受けることができます（被相続人等＝甲・乙）。

（注4）事例9は⑴⑵のどれにも該当しません。

イ　乙１（甲と生計を一にしている親族）の事業の用に供されていた建物等

最終事業主	甲と生計を一にしている乙１（例えば妻）												
建物等の所有者	⇣	↓			⇣	⇣	↓	↓	⇣	⇣	↓	↓	⇦家賃の有無
	甲		乙１		乙２(長男等)				丁				
宅地等の所有者			⇣	↓	⇣	↓	↓	⇣	⇣	↓	↓	⇣	⇦地代の有無
			被相続人（甲）										
減額割合の判定（%）	80 ~~50~~	50	80 ~~50~~	50	80 ~~50~~	50	50	50	80 ~~50~~	50	50	0	
事例	10	11	12	13	14	15	16	17	18	19	20	21	

・乙１の事業が不動産貸付業等の場合

(注1) 事例17では乙1の事業ではなく、乙2の不動産貸付業等と認められます。
しかし、この事例では乙2も甲と生計を一にしているため、減額割合は50%で、上記と同じです。(乙1が乙2からサブリースしている場合など)

(注2) 事例21では乙1の事業ではなく、丁の不動産貸付業等と認められます。
その場合は50%減額も適用できません(「週刊・税務通信」H6.9.12号、4頁)。

〈事業の判定〉

	（乙１の事業が不動産貸付業等の場合は減額割合80%ではなく、50%）
10	甲が乙１から家賃を収受していないから、乙１の事業
11	甲が乙１から家賃を収受しているから、甲の事業（不動産貸付業等）
12	甲が乙１から地代を収受していないから、乙１の事業
13	甲が乙１から地代を収受しているから、甲の事業（不動産貸付業等）
14	当事者が異なるが、親族でかつ、地代・家賃が無償のため乙１の事業
15	甲が乙２から地代を収受しているから、甲の事業（不動産貸付業等）
16	甲が乙２から地代を収受しているから、甲の事業（不動産貸付業等）
17	乙２が乙１から家賃を収受しているから、乙２の事業（同上）
18	当事者が異なるが、親族でかつ、地代・家賃が無償のため乙１の事業
19	甲が丁から地代を収受しているから、甲の事業（不動産貸付業等）
20	甲が丁から地代を収受しているから、甲の事業（不動産貸付業等）
21	丁が乙１から家賃を収受しているから非該当（丁は甲と生計別のため）

（注1）　事例11 13 15 16 19 20は⑴の貸付けに該当します。
（注2）　事例10 12 14 17 18は⑵の⑴以外の事業用宅地等に該当します。
（注3）　事例10 12 14 17 18は、138頁の（注3）と同じです。
（注4）　事例21は⑴⑵のどれにも該当しません。

ウ　丙法人（同族法人）の事業の用に供されていた建物等

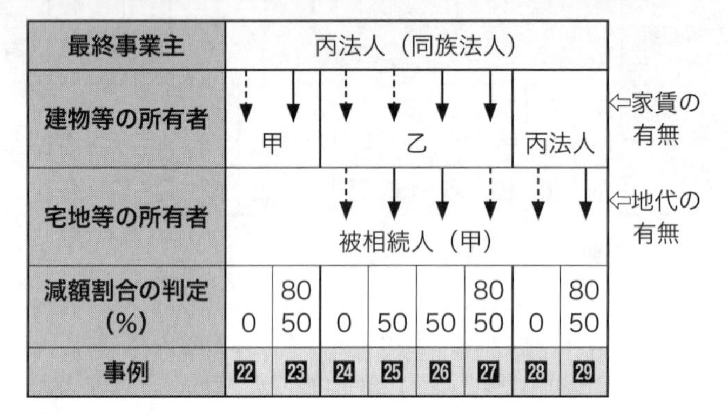

最終事業主	丙法人（同族法人）							
建物等の所有者	甲		乙				丙法人	
宅地等の所有者			被相続人（甲）					
減額割合の判定（%）	0	80 50	0	50	50	80 50	0	80 50
事例	22	23	24	25	26	27	28	29

〈事業の判定〉

ウ	（丙法人の事業が不動産貸付業等の場合は80%ではなく、50%）
22	丙法人に無償貸（使用貸借）しているから、甲の事業用にならない
23	丙法人に賃貸（賃貸借）しているから、甲の事業用になる
24	丙法人に無償貸しているから、乙の事業用にならない
25	乙に賃貸しているから、甲の事業（不動産貸付業等）用になる
26	乙に賃貸しているから、甲の事業（不動産貸付業等）用になる
27	丙法人に賃貸（賃貸借）しているから、乙の事業用になる
28	丙法人に無償貸しているから、甲の事業用にならない
29	丙法人に賃貸しているから、甲の事業用になる

（注1）丙法人が一般の事業と不動産貸付業等と兼業していた場合は、第9章「添付書類編」の「特定同族会社事業用宅地等の面積算定表」を参照。

（注2）丙法人と甲が「無償返還の届出書」を提出し、「使用貸借」に丸をしていた場合は原則的には使用貸借になりますので甲の事業用にはなりませんが、土地の契約書は「賃貸借契約書」で地代の取り決めがあり、現実に地代の授受がある場合は、丸する場所を間違えただけであり、賃貸していることになり甲の事業になると思われます。

Q3-2-5 下宿等の取扱い

下宿等は不動産貸付業等に該当しますか。

A 次に掲げる事業は、一見すると不動産貸付業等（691不動産賃貸業（貸家業、貸間業を除く）・692貸家業、貸間業・693駐車場業のみ）と思われます。

括弧の数字は、3桁は日本標準産業分類の小分類・4桁は細分類です。

1. 食事の提供を伴う下宿
2. ビジネスホテル
3. 太陽光パネルによる売電（例：貸駐車場の建物に付けて全量売電）
4. 民宿・民泊
5. 旅館・ホテル
6. 不動産以外の貸し××業（例えば、貸しスタジオ業・他）
7. その他上記に準ずる事業（以下「下宿等」という。）

※ウィークリーマンション賃貸業は（692）貸家業、貸間業（細分類6921）

※不動産管理業（694）は、不動産貸付業等ではありません。

しかしながら、所得税基本通達26−4においては、下宿等から生ずる所得の区分は、単に部屋を使用させるだけでなく、むしろ食事などの役務（サービス）を提供することが主となるので、事業所得又は雑所得に該当するものとされています。

したがって、下宿等の事業は小規模宅地等の判定上も「不動産貸付業等」に該当しないものとして取り扱われています（通−14）。

以上の関係を図示すると次のとおりになります。

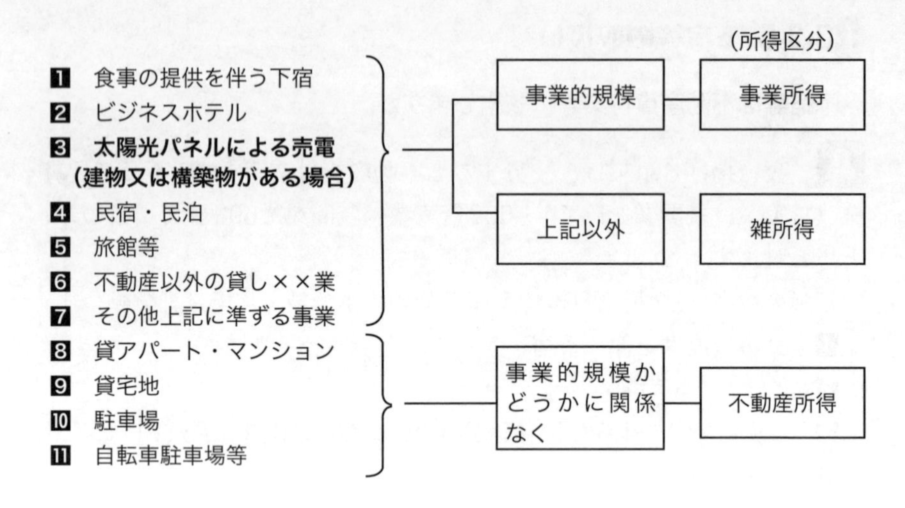

(注) 1011については一定の場合、事業所得又は雑所得⇨Q3-5-3参照

Q3-2-6 申告期限までに転業又は廃業があった場合

事業（不動産貸付業等以外の事業）を申告期限までに転業・廃業した場合はどうなりますか。

A 次のように区分することができます（通−16）。

⑴ 転　業（例　甲が1階と2階で酒屋を経営していました。）

❶ 一部転業（アは通−18）

ア　2階部分を貸店舗に転業

不動産貸付業等への一部転業のため、2階部分に相当する宅地等は0%減額となります（1階部分は80%減額）。

（注） 分類としては通達上は転業でなく、Q3-2-10の貸付けとなります。

イ　1階部分をコンビニエンスストアに転業し、2階部分は元の酒屋を経営、2階部分はもちろん、1階部分も事業継続と判定します（1、2階とも80%減額となります。）。

❷ 全部転業

ア　1、2階全部コンビニエンスストア（酒の販売なし）に転業

事業を継続したとは見られず、減額割合0%となります。

イ　1、2階全部コンビニエンスストア（酒の販売あり）に転業

従来の事業の一部でも、新規事業のほうに引き継げば継続要件を満たしたこととなり、1、2階とも80%減額となります。分類としては、通達上は「一部転業」となります。

⑵ 廃　業（例　甲が1階と2階で酒屋を経営していました。）

❶ 一部廃業

1階部分では酒屋を継続し、2階部分は自宅等に改良したような場合は、1階部分は減額割合80%、2階部分は0%となります。

❷ 全部廃業

完全に酒屋業を廃業した場合は、1、2階全部、事業の継続がなかったので減額割合0%となります。

前記の関係を図示すると以下のとおりになります。

(1) 転　業

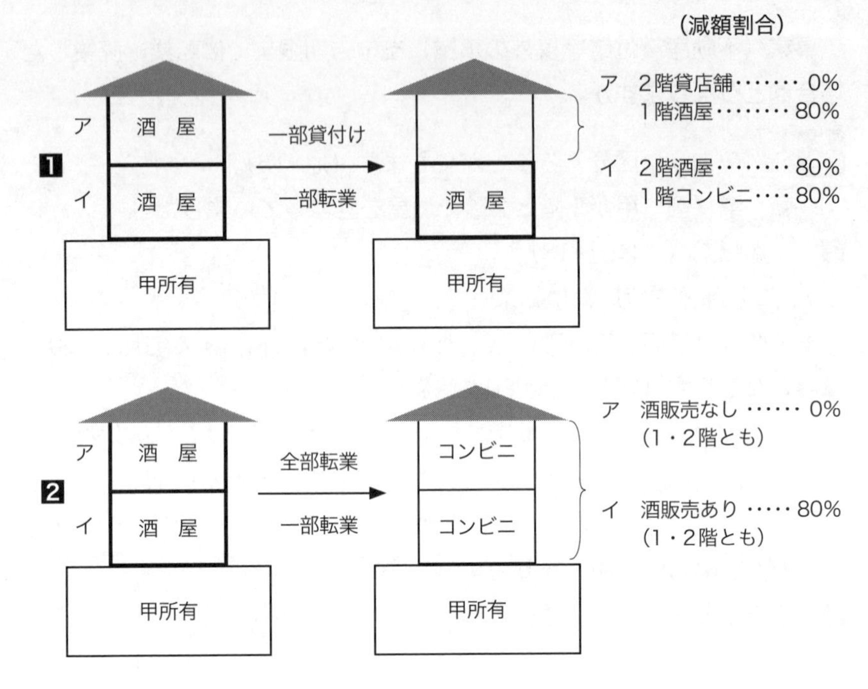

(減額割合)
ア　酒　屋
イ　酒　屋
甲所有
一部貸付け
一部転業
酒　屋
甲所有
ア　2階貸店舗・・・・・・・ 0%
1階酒屋・・・・・・・・ 80%
イ　2階酒屋・・・・・・・・ 80%
1階コンビニ・・・・ 80%
ア　酒　屋
イ　酒　屋
甲所有
全部転業
一部転業
コンビニ
コンビニ
甲所有
ア　酒販売なし ・・・・・・ 0%
(1・2階とも)
イ　酒販売あり ・・・・・ 80%
(1・2階とも)

(2) 廃　業

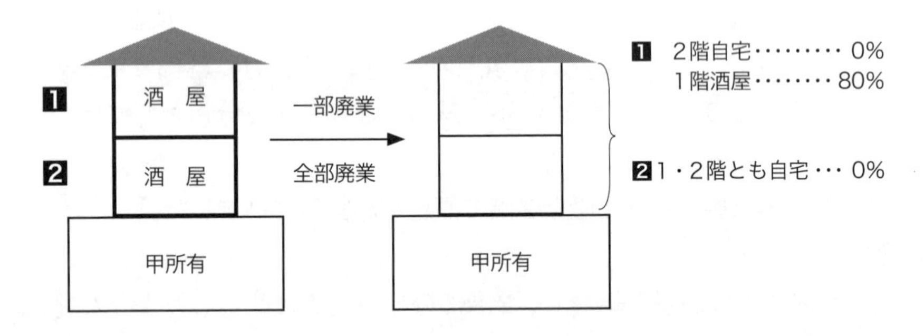

酒　屋
酒　屋
甲所有
一部廃業
全部廃業
甲所有
2階自宅・・・・・・・・・ 0%
1階酒屋・・・・・・・・ 80%
1・2階とも自宅・・・ 0%

Q3-2-7 申告期限までに酒屋からコンビニエンスストアに転業した場合

被相続人（甲）の宅地上で、生計を一にしていた長男が酒屋を経営していましたが、甲の死亡によりその宅地を相続により取得しました。

49日の法要も済んだので、コンビニエンスストア業（酒の販売はない。）に転業しようと考えています。転業した場合「特定事業用宅地等」に該当しなくなるのでしょうか。

A 設問は、長男が相続開始前から事業をしていたということですが、甲が事業を行っていた場合等も検討してみましょう。

事業主	生前の事業	長男が申告期限までに下記に転業	事業継続要件
被相続人	酒屋業	❶コンビニエンスストア（酒販あり）	該当
		❷コンビニエンスストア（酒販なし）	非該当
生計を一の親族	酒屋業	❸コンビニエンスストア（酒販あり）	該当
		❹コンビニエンスストア（酒販なし）	？

❶～❸については、Q3-2-6で説明したとおり上記の答になります。

しかし、❹は❷と同じ答になるのでしょうか？

『小規模宅地等の特例の税務』平成18年12月発刊（一財）大蔵財務協会の88頁の（注）で、次のように書いています。

「相続開始の直前において生計を一にしていた親族の事業の用に供されていた宅地等の場合の判定についても…上記と同様(事業の継続要件)となります」

つまり、「特定事業用宅地等」に該当せず、0％減額となると読めます。

しかし私見ながら、措置法69条の4第3項1号ロでは、「…申告期限まで自己の事業の用に供していること」とあるのみであり、文理解釈上「特定事業用宅地等」に該当するのではないでしょうか。

非該当になるためには、「…申告期限まで自己の当該事業の用に供していること」という文言が必要かと思われます。

Q3-2-8 申告期限までに医者から歯科医に転業した場合

医者である甲の死亡により、長男乙が同一場所で歯科医を開業した場合、どのような取扱いになるのでしょうか。

A 特定事業用宅地等に該当するか否かは、被相続人の親族が相続税の申告期限までの間に、その宅地等の上で営まれていた同一事業を引き継ぎ、申告期限まで引き続きその宅地等を有し、かつ、その事業を継続することが要件とされています。

この場合、その事業の同一性の判定に当たっては、「日本標準産業分類」の分類項目等を参考にして総合的に判断することが合理的であると思われます。

「日本標準産業分類」の小分類によれば、「病院」、「歯科診療所」と別個に分類されています。しかも、医師及び歯科医師の資格は、医師法及び歯科医師法の規定に基づく免許によるものであり、別個の法律に基づくのですから、その事業も別個のものであると考えられます。

したがって、質問の場合、長男乙が被相続人甲の事業の全部を転業したものと認められますので、「特定事業用宅地等」には該当しないことになりますので、80%の減額ではなく、0%の減額となります。

以上の解説は『小規模宅地等の特例の税務』平成18年12月発刊（一財）大蔵財務協会89頁から90頁の引用です。

しかし、事業の同一性の判定に当たっては、法令上明確に規定しておらず微妙な点がありますので、実務の適用は慎重に行ってください。

小分類ではなく、中分類でも良いのではないかという説も局内部であります。

(注) 令和5年7月1日現在の日本標準産業分類表の小分類によりますと832一般診療所・833歯科診療所となり、別分類です（法律も別です。）。
724公認会計士・税理士は同じです（法律は別です。）。
【貸付事業用宅地等】は、❶「691不動産賃貸業（692除く）」・❷「692貸家業・貸間業」・❸「693駐車場業」の三つに分類されていますが、❶と❷は同一事業と考えても差し支えないものと思われますから、申告期限までに❶から❷又は❷から❶に変更しても問題ないと思われます。

❸から❶又は❷への変更は継続要件に該当しないものと思われます。

複数ある❶又は❷の一部を解体し、❶又は❷の賃借人用に❸駐車場業をした場合には継続要件は満たしているものと思われます。

<table>
<tr><td colspan="3">所得税法上はすべて不動産所得等</td></tr>
<tr><td colspan="2">広義の不動産賃貸業</td><td rowspan="2">693　駐車場業</td></tr>
<tr><td>691　【狭義の】不動産賃貸業</td><td>692　貸家業・貸間業</td></tr>
</table>

※　2019.4.1から施行の個人版事業承継は中分類で判定。措通70の6の8-20

Q 3-2-9 申告期限において災害により事業を休止している場合

申告期限において災害により事業を休止している場合、事業承継及び事業継続の要件はどうなるのでしょうか。

A 次に掲げる要件等があります。

⑴ 被相続人の事業用宅地等が特定事業用宅地等に該当するかどうかを判定する場合における事業承継の要件は、

❶ 事業の用に供されていた施設が災害により損害を受けたため、

❷ 相続税の申告期限においてその事業が休業中である場合には、

❸ その宅地等を取得した被相続人の親族（その親族の相続人を含む。）

により、

❹ その事業再開のための準備が進められていると認められるときに限りその施設の敷地は、申告期限においてもその親族の事業の用に供されているものとして取り扱われています（通−17）。

⑵ 生計を一にしていた親族の事業用宅地等についても、上記⑴と同様に取り扱われています（通−17）。

⑶ 上記災害の範囲は次の場合が考えられます。

❶震災、❷風水害、❸火災、❹雪害、❺落雷、❻噴火、❼その他の自然現象の異変による災害、❽火薬類の爆発、❾その他人為による異常な災害、❿害虫その他の生物による異常な災害、などが含まれます（通−17の逐条解説）。

★上記の他、冷害、干害の自然災害及び鉱害、その他の人為による異常な災害並びに害獣その他の生物による異常な災害など（所法2①二十七・所令9）。

（注） 特定居住用宅地等の判定の際の申告期限までの居住継続要件及び、特定同族会社事業用宅地等並びに貸付事業用宅地等の判定の際の申告期限までの事業継続要件は上記の規定が準用されます（通−17（注））。

Q3-2-10 申告期限までに宅地等の一部について譲渡等があった場合

申告期限までに、宅地等の一部について貸付け又は譲渡があった場合、事業承継及び事業継続の要件はどうなっていますか。

A 事業用宅地等を申告期限までに貸付け又は、譲渡した場合は次のように区分できます（便宜上、一部と全部について説明しています。）（通−18）。

(1) 貸付けがあった場合

1 一部の貸付けがあった場合

貸付部分については継続要件が満たされず、減額割合が0％となります。

上記以外の部分は他の要件を充足する限り、減額割合が80％となります。

（注）「特定事業用宅地等」から「貸付事業用宅地等」への変更みたいなものですから、2つの継続要件を満たした場合、制定の趣旨からは200㎡ 50％減額しても差し支えないように考えられますが、文理解釈上はできません。

2 全部貸付けされた場合

継続要件が満たされず、減額割合が0％となります。

(2) 譲渡があった場合

1 一部の譲渡があった場合

譲渡部分については継続要件が満たされず、減額割合が0％となります。

上記以外の部分は他の要件を充足する限り、減額割合が80％となります。

2 全部譲渡された場合

継続要件が満たされず、減額割合が0％となります。

（注1） Q3-2-6(1)一部転業のアは通達上は、上記(1)の**1**に該当します。

（注2） 特定同族会社事業用宅地等の判定の際の申告期限までの事業継続要件は上記の規定が準用されます（通−18（注））。

上記の通達の（注）にはなぜか規定がありませんが、平成22年4月1日からは「特定居住用宅地等（③二号柱書・ロの貸付を除く）」及び「貸付事業用宅地等（③四）」にも上記通達が準用されると思われます（通達の改正モレ？コラム16参照）。

Q3-2-6と、Q3-2-10の関係を総合的に図示すると下記のとおりになります。

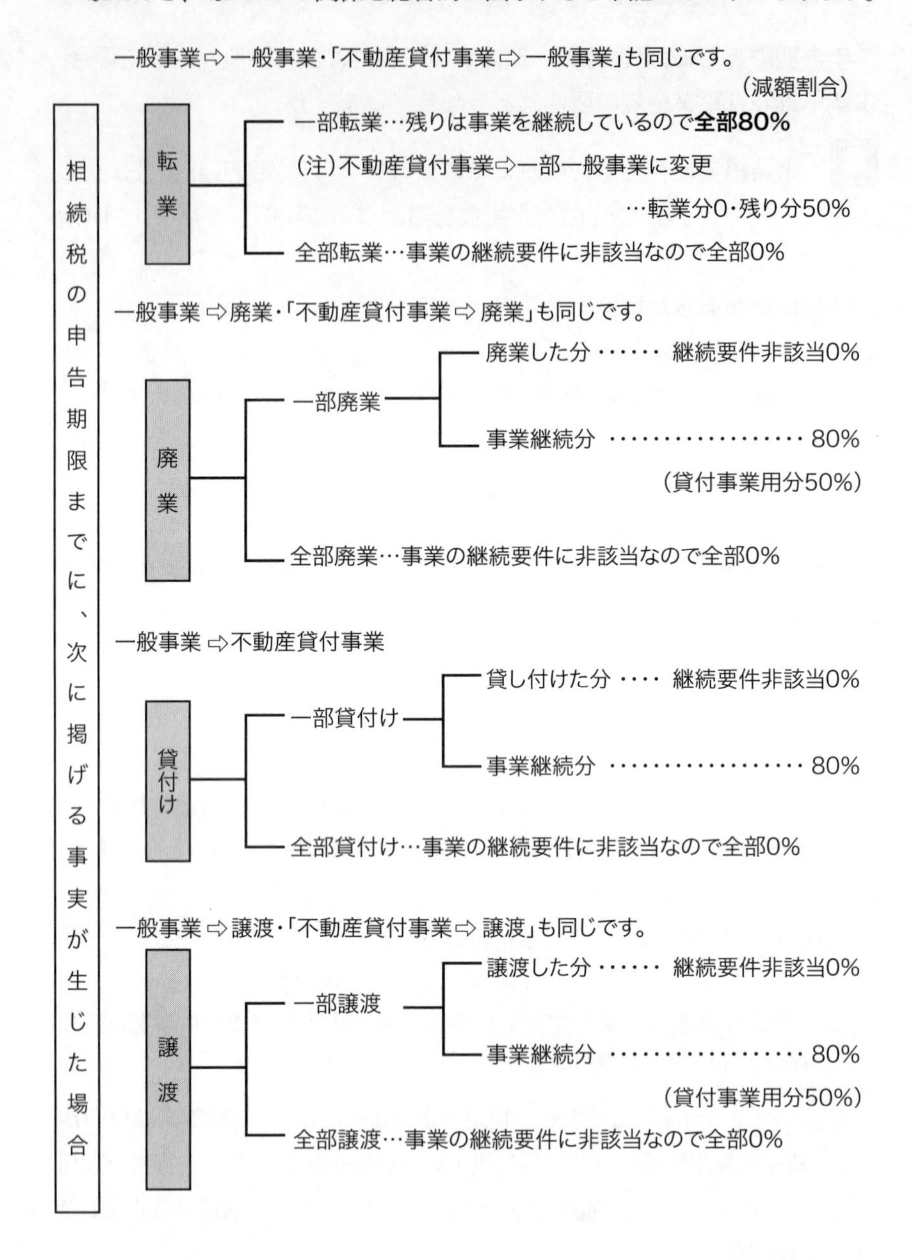

Q3-2-11 申告期限において建替工事中である場合

申告期限において建替工事中である場合、事業承継及び事業継続の要件はどのようになるのでしょうか。

A 申告期限において工事中であるときは、形式的にみれば「申告期限まで事業を営んでいる」ことにはならないが、一時点だけを見て形式的な判断をすることは実情に即したものとはいえず、具体的には次のように取り扱われています。

(1) **被相続人の事業用建物等が、**

❶ 相続の開始後、申告期限までに建替工事に着手された場合において、
❷ その宅地等を取得した親族（その親族の相続人を含みます。）によって事業の用に供されると認められる部分については、
❸ 申告期限においてもその親族の事業の用に供されているものとして取り扱われます（通－19・巻末　法令・通達編に詳細解説あり。以下同じ）。

(2) **生計を一にしていた親族の事業用建物等が、**

❶ 相続税の申告期限までに建替工事に着手された場合において、
❷ 事業を行っていたその生計一の親族がその宅地等を取得し、
❸ その親族が継続して事業の用に供されると認められる部分については、
❹ 申告期限においてもその親族の事業の用に供されているものとして取り扱われます（通–19）。

(注1) 事業を中断し、建物等を取り壊した後、建替えをしようとしていたとしても、申告期限の時点で工事に着手していない場合は、事業の継続要件に該当しないことになりますので注意してください。

(注2) 特定居住用宅地等の判定の際の申告期限までの居住継続要件及び、特定同族会社事業用宅地等並びに貸付事業用宅地等の判定の際の申告期限までの事業継続要件は上記の規定が準用されます（通–19（注））。

(注3) 建替え前の「一般事業用割合」と建替え後の「一般事業用割合」とのいずれか少ないほうが特例対象割合です。Q3-2-14との違いに留意が必要です。

Q3-2-12 相続人等が「やむを得ない事情」により事業主となれない場合

相続人等が「やむを得ない事情」により事業主となれない場合、事業承継の要件に該当しないことになるのでしょうか。

A 申告期限において事業用宅地等を取得した親族が、事業主になっていない場合、形式的にみれば「申告期限まで事業を営んでいる」ことにはならないが、「各種の事情」により、自ら事業主となることができない場合も考えられるので次のように取り扱われています（通–20)。

事業用宅地等を相続等により取得した被相続人の親族が、就学中であること、その他当面「事業主」となれないことについて「やむを得ない事情」があるため、「その親族の親族」が事業主となっている場合には、その宅地等を取得した親族がその事業を営んでいるものとして取り扱われています。(Q&A2-4-4参照)

(注1) 上記の「その親族の親族」は、例えば甲の長男が事業用宅地等を相続し、長男の妻が事業主となる場合などが考えられます。

(注2) その事業を営んでいるかどうかは、会社等に勤務するなど他に職を有していたり、あるいは他に別の事業を営んでいる場合であっても、その事業の事業主となっている限り、その事業を営んでいることになります（通–20（注))。

Q3-2-13 事業用建物等の建築中等に相続が開始した場合

事業用の建物等の建築中等に相続が開始した場合、特例適用はどうなりますか。

A 小規模宅地等の特例の適用対象となる被相続人等の事業用宅地等は、原則的には相続開始の直前において被相続人等の事業の用に供されていた宅地等であることが要件とされています（法①）。

(1) 申告期限までに完成し、かつ、事業の用に供した場合

相続開始の直前において建築中である建物等で、次に掲げる❶～❸、又は❶❷❹の要件のすべてに該当する敷地の用に供されている宅地等は被相続人等の事業用宅地等に該当するものとして取り扱われています（通−5）。

❶ 事業場の移転又は建替えのため、被相続人等の事業の用に供されていた建物等を取り壊し、又は譲渡したことによる従前の被相続人等の事業用の建物等に代わるべき建物等であること

❷ 被相続人又は被相続人の親族の所有に係る建物等であること

❸ 相続開始直前において、その被相続人等のその建物等に係る事業の準備行為の状況からみて、その建物等を速やかにその事業の用に供することが確実であったと認定できること（認定できない場合には(3)で判断します。）

❹ 次のいずれかに該当する者が、相続税の申告期限までに自己の事業の用に供しているものであること

建築中等の建物等の所有者	事業を行っていた者	建築中等の建物等を事業の用に供する者
被相続人	被相続人	❶建物等又は敷地を取得した被相続人の親族 ❷生計を一にしていた親族
	生計一親族	事業を営んでいる生計を一にしていた親族
被相続人の親族	被相続人	❶建物等の敷地を取得した被相続人の親族 ❷生計を一にしていた親族
	生計一親族	事業を営んでいる生計を一にしていた親族

(注1)　この規定は、相続開始前に被相続人等の事業用建物等が存在していた場合のみ適用があることに留意（Q3-3-3との違いに留意）。

(注2)「従前の建物等」と「建築中等の建物等」の事業主は同一人物でなければなりません。(被相続人) ⇨ (被相続人)、(生計一親族) ⇨ (生計一親族)

(注3)「建築中」の定義は条文上は明らかになっていませんが、(一財) 大蔵財務協会『平成15年版　農地の相続税・贈与税』173頁に次のような文章があります。

「…基礎工事に着手した時によることとされています。そしてその場合における基礎工事に着手した時とは、一般的な過程のうち、根切り（建築物の基礎等のための地盤の掘削）工事、又は基礎杭打ち工事に着手した時をいうものとされています。」⇨**コラム14「建物の建築中」**参照

⑵　被相続人等の事業の用に供する目的で建物等を取得（完成）したが、事業の用に供する前に相続が開始した場合（通−5）

❶　前記⑴の❶と同じ。

❷　前記⑴の❷と同じ。

❸　前記⑴の❸に準ずる。

❹　前記⑴の❹と同じ。

⑶　申告期限までに完成していない場合（通−5後段の括弧書き）

申告期限までにその建物等が事業の用に供されていない場合であっても

❶　建築中の建物等の規模からみて建築工事に相当の期間を要すること

❷　法令の規制等により建築工事が遅延していること

例えば、古墳等が出土した場合、工事が3か月～6か月中断されることがあります（文化財保護法96）。

❸　上記の❶又は❷に準じる特別な事情があることにより建物等が完成していないことによるものであるときは、その建物等の完成後、速やかに事業の用に供することが確実であると認められる場合に限り、その建物等の敷地は、被相続人等の事業用宅地等に該当するものとして取り扱われています。

Q3-2-14 従前の建物等と建築中等の建物等の事業用割合が異なる場合

Q3-2-13において、従前の建物等と建築中の建物等の事業用割合が異なる場合はどうなりますか。

A 建築中（Q3-2-13⑵、⑶も同じ。以下「建築中等」といいます。）に係る建物等の敷地の用に供されていた宅地等で、相続人等の事業用宅地等に該当するものとして取り扱われるもののうち、被相続人等の事業用宅地等の部分については、その建築中の建物等の用途を基に判定します（通−5（注））。したがって、次のようになります。

⑴　建築中等の建物等のほうが、事業割合が少ない場合

「従前の建物等」　「建築中等の建物等」　**「事業用割合」**の判定

建物等
事業用
事業用
100%
宅地等

居住用
事業用
50%
宅地等

50%

⑵　建築中等の建物等のほうが、事業割合が多い場合

「従前の建物等」　「建築中等の建物等」　**「事業用割合」**の判定

建物等
居住用
事業用
50%
宅地等

事業用
事業用
100%
宅地等

100%

Q3-2-15 使用人の寄宿舎等の敷地の取扱い

使用人の寄宿舎等の敷地の用に供されている宅地等について教えてください。

A 被相続人等の営む事業に従事する使用人の寄宿舎等は、被相続人等の営む事業の事業用施設に該当するものとして取り扱われます（福利厚生の一環）。

しかも、その場合、寄宿舎等の使用料を徴収しているかどうかに関係なく、被相続人等の事業用宅地等に該当します（通−6）。

分類すると次の2つに区分できます。

(1) 不動産貸付業等を営んでいた場合

使用人の寄宿舎等の敷地は、不動産貸付業等の事業用施設となります。

したがって、2つの継続要件を満たせば減額割合は50%です。

(2) 上記の(1)以外の事業「一般の事業」を営んでいた場合

使用人の寄宿舎等の敷地は、一般の事業用施設となります。

したがって、一定の要件に該当すれば減額割合は80%です。

（注） 被相続人等の親族のみが使用していた寄宿舎等の敷地は、適用できません。通常の賃料の収受時は貸付事業用宅地等に該当し50%減額です。

この関係を図示すると次のようになります。

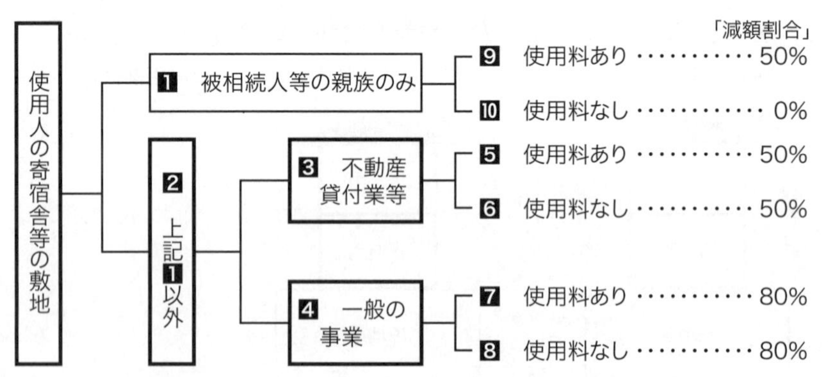

（注） 5と7は使用料があるから不動産貸付業等に当たるのではなかろうかと思われますが、福利厚生施設の一環と考え、事業用施設となります。

Q3-2-16 農業用機械等を収納するための建物の敷地の場合

農業用機械等を収納するための建物の敷地について説明してください。

A 次に掲げる理由により小規模宅地等の特例対象宅地等に該当します。

⑴ 一定の農業用建物及び構築物の除外規定（Q2-3-2参照）

小規模宅地等の特例の対象となるものは、一定の建物又は構築物の敷地の用に供されていたことが要件の一つとされています（法①）。

これを図示すると次のようになります。

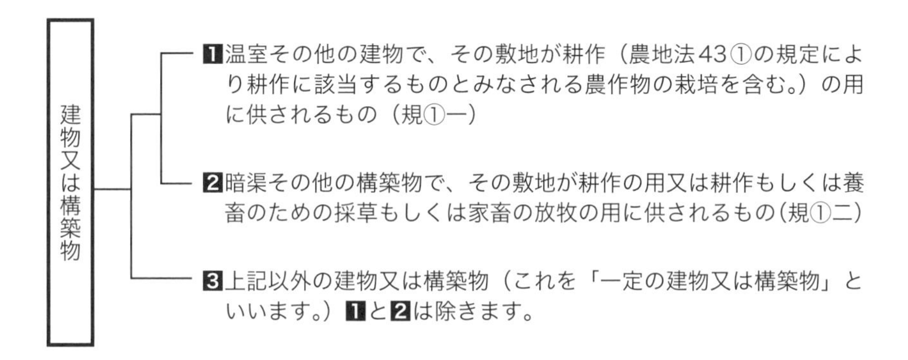

⑵ 類推適用

上記の規定を今回の事例に類推適用すると、⑴の❶及び❷に準じて判断するのではないかとも考えられます。

⑶ 結　論

しかし⑴の❶及び❷の土地が除外された趣旨は、それらの土地が建物等の敷地とはいえ、農地又は採草放牧地に該当し、それらについては、別途納税猶予の特例が用意されていることから、小規模宅地等の特例の対象にする必要がないと考えられたものと思われます（Q 2-3-2（注４）参照）。

したがって、農業用建物等の敷地であっても耕作等の用に供しないのでありますから❸になり、他の要件を具備すれば小規模宅地等の特例に該当します。

Q3-2-17 建築資材置場等の場合

被相続人甲は、生前個人で建築業を営んでいましたが、X土地はトラック等の駐車場（アスファルト舗装等なし）として使用し、Y土地は建築資材置き場（プレハブの建物及びアスファルト舗装等あり）として使用していました。これらの土地は、事業用宅地等に該当するのでしょうか。

A Q3-2-16を参照してください。次のように考えます。

⑴ 駐車場用地（隣接地に建物等がなく、駐車場として単独使用の場合）

X土地上には、建物や構築物がないため、建築業（Q3-2-2の一般の事業）の駐車場として使用していても、事業用宅地等には該当しません。

したがって、当然「特定事業用宅地等」に該当することもありません。

⑵ 資材置き場用地

Y土地上には、建物や構築物があり、かつ、建築業の資材置き場として使用しているため、事業用宅地等に該当します。したがって、一定要件を満たせば「特定事業用宅地等」に該当することになります。

⑶ 建物又は構築物の所有者（法③一号～四号に共通）

措置法69条の4第1項では「個人が相続等により取得した財産のうちに、…事業（…）の用又は居住の用に供されていた**宅地等**（…）で財務省令【規①】で定める**建物又は構築物の敷地の用に供されているもの**…」と規定しているのみであり、宅地等の所有者が「**建物又は構築物**」の所有者であることまでは規定していません。したがって宅地等の借受人が「**建物又は構築物**」の所有者であっても、小規模宅地等の特例を受けることができます（通−4)。

Q3-2-18 2019年改正の3年縛り

2019年改正の3年縛りについて教えてください。

A 次のように改正されました。

⑴ 特定事業用宅地等の定義（抜粋）

被相続人等の事業（不動産貸付業等を除く。）の用に供されていた宅地等で、次に掲げる要件のいずれかを満たす被相続人の親族（…）が相続等により取得したもの（相続開始前3年以内に新たに事業の用に供された宅地等（措令40の2⑧で定める規模以上の事業を行っていた被相続人等の当該事業の用に供されたものを除く。）を除く。）と定義されました（法③一）。

わかりやすくいうと新規に一般事業を開始してから3年以内に相続が開始した場合は、その敷地である宅地等は**特定事業用宅地等の定義**に該当しません。

⑵ 上記規定の例外（一定規模以上の事業）

B下記事業の用に供されていた ★一定資産の相続の開始の時における価額の合計額（15以上）	15％以上であれば3年縛りの例外となります。
A　相続開始前3年以内に被相続人等が新たに事業の用に供した被相続人の宅地等の、相続の開始の時における価額（100とする）	

⑶ ★一定資産

❶ その宅地等の上に存する建物（その附属設備を含む。）又は構築物

❷ 所法2条一項十九号に規定する減価償却資産でその宅地等の上で行われるその事業に係る業務の用に供されていたもの（❶を除く。）（令⑧）

⑷ 適用時期

原則は2019.4.1からですがQ3-2-19の経過措置が設けられています。

Q3-2-19 2019年改正の３年縛りの経過措置 ３事例

2019年改正の３年縛りの経過措置について教えてください。

A 激変緩和のために下記の経過措置が設けられています。

⑴ 2019年度の（3年間）経過措置

施行日である2019.4.1から2022.3.31までの間に相続等により取得する宅地等の適用については「相続開始前3年以内」とあるのは、「2019.4.1以後」とすると緩和しています（2019年附則79②）（通−20の5）。

⑵ 2019.3.31以前に新たに事業の用に供された宅地等には３年縛りなし

わかりやすく解説すると、2019.3.31以前に新たに事業の用に供された宅地等を「2019.4.1 ～ 2022.3.31」までの間に親族が相続等により取得した場合には、旧法が適用されることになります。

⑶ 図解 一定規模未満の事業（Q3-2-18・Q3-2-19）

❶＝2019.03.31 ❷＝2019.04.01 ❸＝2022.3.31 ○＝小規模適用あり ×＝なし

	～❶	❷～ 事業＝新たに事業の用に供された宅地等	
事例１	～事業	～３年以内相続開始（～❸2022.3.31経過措置）３年縛りはなし	○
事例２		事業 ～ ３年以内相続開始	×
事例３		事業 ～ ３年超相続開始	○

Q3-2-20 2019年改正の３年縛りの例外（相続等による取得）５事例

2019年改正の３年縛りの例外（相続等による取得）について教えてください。

A 相続等により取得した宅地等は３年縛りの適用はありません。

⑴ 相続等による取得の解釈の明確化

被相続人が相続開始前３年以内に開始した相続等により法第69条の４第三項第一号に規定する事業の用に供されていた宅地等を取得し、かつ、その取得の日以後当該宅地等を引き続き同号に規定する事業の用に供していた場合における当該宅地等は、同号の新たに事業の用に供された宅地等に該当しないものとする（令⑨）。

※適用時期は2019.4.1からと規定されています（2019年措令附則1）。

⑵ コラム17 「するものとする」を参照してください。

この法令用語は、解釈の明確化という意味も含んでいますから、2019.4.1から適用とありますが、従来の規定では「相続等による取得」が、新たに事業の用に供された宅地等に該当するとも、しないとも法令上は読み切れませんでした。

⑶ まとめ図解（Q3-2-18～Q3-2-20）

❶＝2019.03.31 ❷＝2019.04.01 ❸＝2022.3.31 ○＝小規模適用あり ×＝なし

	～❶	❷～ 事業＝新たに事業の用に供された宅地等	
事例１	～事業	～３年以内相続開始（～❸2022.3.31 経過措置）３年縛りはなし	○
事例２		事業 ～ ３年以内相続開始	×
事例３		事業 ～ ３年超相続開始	○
事例４	～Ａ事業	Ｂ相続 ～ ３年以内にＣ相続➡相続は令⑨で新規に該当せず	○
※ 事例５		2020.1.1 2021.7.1 2022.12.31 Ａ事業➡Ｂ相続→Ａ事業から３年以内にＣ相続➡同上の条文解釈	○

※Ａが新規事業供用から３年以内Ａ➡Ｂ➡Ｃ相続でも小規模適用○と思われます。

Q3-2-21 新たに事業用に供されたか否かの判定

新たに事業の用に供されたか否かの判定はどうするのですか。

A （措通69の4−20の2）を要約すると下記の通りです。

前提　（一般）事業＝貸付事業を除きます。

⑴措法69の4③一号『…3年以内に新たに事業の用に供された宅地等（新規事業）』とは、下記❶又は❷に該当する場合をいいます。

❶　事業の用以外の用【自宅・貸付（賃貸借・使用貸借）・など】に供されていた宅地等が、事業の用に供された場合のその宅地等

❷　宅地等若しくはその上にある建物等につき「何らの利用がされていない場合」の宅地等が事業の用に供された場合のその宅地等

⑴　上記❶の具体例

➊　居住用又は貸付事業用【賃貸借】に供されていた宅地等が事業の用に供された場合➡新規事業用に該当　【使用貸借も新規事業用に該当】

➋　（一般）事業用Aに供されていた宅地等が（一般）事業用Bに供された場合➡新規事業用に非該当

⑵　上記❷の具体例

【何らの利用がされていない場合】の宅地等に該当しない（一時的に事業の用に供されていなかったと認められるとき）は下記❶〜❷の場合などをいいます。

❶　1継続事業用建物等➡2建物等建替え➡3建物等の建替え後速やかに事業に供用（建替え後の建物等を事業用以外【自宅・貸付事業・使用貸借等】の用に供していないときに限る。）

❷　1継続事業用建物等➡2災害により損害を受けた➡3事業を休業した➡4

事業の再開のための建物等の修繕その他の準備が行われた➡5事業【69の4−20の2の原則】が再開されていたとき（休業中に建物等を事業用以外【自宅・貸付事業・使用貸借等】の用に供していないときに限

る。)

(注1)

・建替中に相続が開始した場合➡措通69の4-5を参照

・災害による損害のための休業中に相続が開始した場合➡措通69の4-17を参照

(注2)　⑵❶～❷に該当する場合には、「新たに事業の用に供された」時は、❶①の建替え前、❷①の休業前に係る事業用に供された時となります(つまり従来から継続して事業用と判定します)。

(注3)　⑵❶に該当する場合に、建替え後の建物等の敷地の用に供された宅地等のうちに、建替え前の建物等の敷地の用に供されていなかった宅地等が含まれるときは、当該供されていなかった宅地等については、新たに事業の用に供された宅地等に該当します。

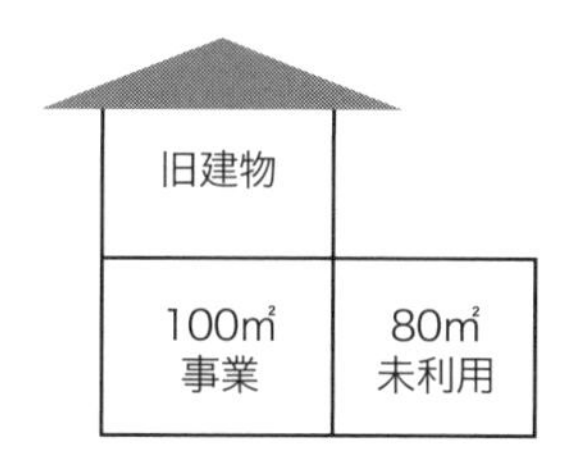

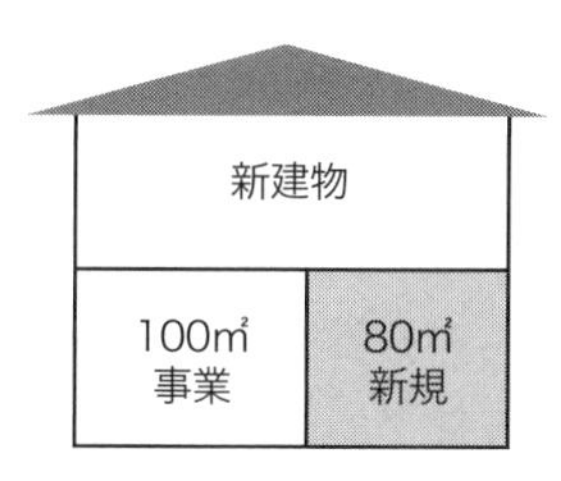

Q3-2-22 一定規模以上の事業の意義等

Q3-2-18の一定規模以上の事業の意義等について説明してください。

A （措通69の4−20の3）を要約すると下記の通りです。

措令40の2⑧で定める規模以上の事業は、下記算式を満たす場合における当該事業「特定事業」です。

特定事業に該当するか否かの判定は、下記の特定宅地等ごとに行うこと。

【X地、Y地が3年以内事業供用の場合、X地・Y地ごとに個別判定】

（注1）のうち（注2）の相続開始時の価額の合計額
――――――――――――――――――――――――――――
新たに事業の用に供された宅地等「特定宅地等」（注3）の相続の開始時の価額

≧15／100 【一定規模以上の事業】

★広義の減価償却資産（建物等を含む）

★狭義の減価償却資産（建物等を除く）

（注1）「減価償却資産」とは、特定宅地等に係る被相続人等の事業の用に供されていた次に掲げる資産をいい、その資産のうちに当該事業の用以外の用に供されていた部分がある場合には、その分は含まないことに留意する【事業の用に供されていた部分に限る】。

① 特定宅地等の上に存する建物（その附属設備を含む。）又は構築物

② 所得税法に規定する減価償却資産で特定宅地等の上で行われる当該事業に係る業務の用に供されていたもの（①を除く。）

「事業の用に供されていた減価償却資産」の判定は相続開始の直前における現況による。

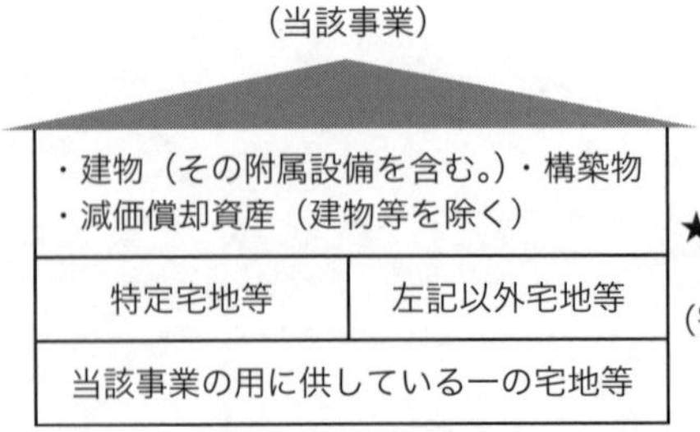

（当該事業）

・建物（その附属設備を含む。）・構築物 ・減価償却資産（建物等を除く）	
特定宅地等	左記以外宅地等
当該事業の用に供している一の宅地等	

★建物等＆減価償却資産は①②
特定宅地等の上に存するものと、判定
（寄せ寄せ理論で判定）

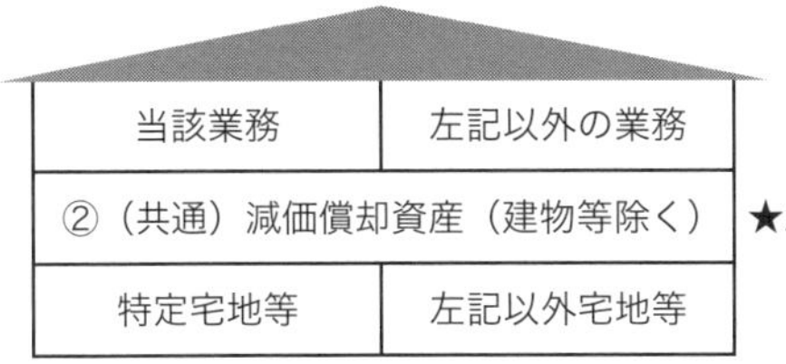

当該業務	左記以外の業務
②（共通）減価償却資産（建物等除く）	
特定宅地等	左記以外宅地等

★左記以外の業務対応分も含める。

例　❶　3年以内に新たに宅地等を事業供用

　　❷　1年前に②の減価償却資産を取得（この❷も含まれる。）

(注2)「被相続人等が有していたもの」は、

❶　事業を行っていた被相続人

❷　事業を行っていた親族（被相続人と生計を一の要件あり）

が、自己の事業の用に供し、所有していた減価償却資産であること【個人単位】

(注3)「特定宅地等」は、相続開始の直前において被相続人が所有していた宅地等であり、共有に属していた場合には持分換算に応ずる部分である。

例　500㎡×共有持分60%=300㎡（持分換算）

(注4)「一定規模」(15%) 未満の事業であっても、事業供用が相続開始前3年超で、措法69の4③1号の要件を満たす親族が取得すれば、特定事業用宅地等に該当します（通−20の4)。

Q3-2-23 個人版事業承継税制との関係について 4事例

個人版事業承継税制との関係について説明してください。

A ⑴ 特定事業用資産に係る相続税の納税猶予制度の概要

「特例事業相続人等」が、2019年1月1日から2028年12月31日までの間の相続等及び1年以内の相続等により「特定事業用資産」を取得し、事業を継続していく場合には、担保の提供を条件に、その特例事業相続人等が納付すべき相続税額のうち、相続等により取得した「特例事業用資産」の課税価格に対応する相続税の納税を猶予する（措法70の6の10）。

（注）2019年1月1日以後の相続等の相続税について適用する（2019附則79⑬）。

⑵ 特定事業用資産の意義

被相続人等の事業の用に供されていた❶～❸の資産で、相続の開始の日の属する年の前年分の事業所得に係る青色申告書の貸借対照表に計上されているもの）の区分に応じそれぞれ次に定めるものをいう。（措法70の6の10②一・他）。

❶ 宅地等で、その面積のうち400㎡以下の部分

❷ 建物で、その床面積のうち800㎡以下の部分

❸ 減価償却資産で、固定資産税、自動車税・軽自動車税において営業用の標準税率が適用される自動車その他これらに準ずるものをいう。

⑶ 小規模宅地等の特例との適用関係

<table>
<tr><th colspan="2">用途</th><th colspan="2">筆者の小規模宅地等の定義</th><th>限度面積</th><th>減額割合</th></tr>
<tr><td rowspan="3">事業用</td><td>一般事業用</td><td>A1・特定事業用宅地等</td><td rowspan="2">A・特定事業用等宅地等</td><td>400㎡</td><td>80%</td></tr>
<tr><td rowspan="2">貸付事業用</td><td>A2・特定同族会社事業用宅地等</td><td>400㎡</td><td>80%</td></tr>
<tr><td colspan="2">C・貸付事業用宅地等</td><td>200㎡</td><td>50%</td></tr>
<tr><td colspan="2">居住用</td><td colspan="2">B・特定居住用宅地等</td><td>330㎡</td><td>80%</td></tr>
</table>

■1 特定事業用宅地等【A1】に小規模宅地等の特例適用を受ける場合には、相続税の納税猶予制度は適用しない【特例事業相続人等本人のみならず、他の相続人等も含む】（措法70の6の10②二へ）。

(注) 特定同族会社事業用宅地等【A2】・特定居住用宅地等【B】・貸付事業宅地等【C】の小規模宅地等の特例と、相続税の納税猶予制度の併用適用は可能

2 被相続人から相続等により取得した宅地等について、小規模宅地等の特例の適用を受ける者【他の相続人等のみならず、特例事業相続人等本人も含む】がいる場合には、その適用面積を特定事業用資産である宅地等の面積（上限400㎡）から控除する（措法70の6の10②一イ括弧書き、措令40の7の10⑦)。

❶ 特定同族会社事業用宅地等【A2】に適用を受ける者がいる場合
控除する面積……選択をした特定同族会社事業用宅地等の面積【A2】

❷ 貸付事業用宅地等【C】に適用を受ける者がいる場合
控除する面積……2×（A2×200／400＋B×200／330＋C)
【2×措法69の4②三号イからハまでの縮み計算した面積】

❸ 特定居住用宅地等についてのみ特例の適用を受ける者がいる場合
控除する面積……ゼロ【完全併用できるということ】

上記の図解　先代事業者等（被相続人）に係る相続等により取得した宅地等について小規模宅地等の特例の適用を受ける者がある場合、その適用を受ける小規模宅地等の区分に応じ、個人版事業承継税制の適用が次のとおり、制限されます。

(国税庁作成のパンフレットのAを【B】・Bを【A2】に変更しています。)

	小規模宅地等の特例適用	個人版事業承継税制の適用（措法70の6の10⇒令40の7の10⑦)
イ	A1・特定事業用宅地等	適用を受けることはできません。
ロ	A2・特定同族会社事業用宅地等	「400㎡－A2・特定同族会社事業用宅地等の面積」が適用対象となる宅地等の限度面積となります。
ハ	C・貸付事業用宅地等	400㎡－2×（A2×200／400＋B×200／330＋C)が適用対象となる宅地等の限度面積となります。
ニ	B・特定居住用宅地等	適用制限はありません。

※新設された《措通69の4-26の2》の解説

被相続人が下記のいずれかに該当する場合には、措法69の4⑥の規定により、相続等により取得をした全ての同条③1号に規定する特定事業用宅地等【A1】について、同条①の小規模宅地等の規定の適用がありません。

つまり特定事業用宅地等の特例適用はできないということです。

❶ 措法70の6の8【個人の事業用資産についての贈与税の納税猶予及び免除】①の規定の適用を受けた同条②2号に規定する特例事業受贈者に係る同条①に規定する贈与者

❷ 措法70の6の10【個人の事業用資産についての相続税の納税猶予及び免除】①の規定の適用を受ける同条②2号に規定する特例事業相続人等に係る同条①に規定する被相続人

(注1) 「取得」には、措法70の6の9①【個人の事業用資産の贈与者が死亡した場合の相続税の課税の特例】(同条②の規定により読み替えて適用する場合を含む。)の規定により相続等により取得をしたものとみなされる場合における当該取得が含まれます。

(注2) 措置法69の4第6項(個人版事業承継税制との重複適用禁止規定)に該当しない場合(個人版事業承継税制の宅地等に適用できる面積)

B(措法69の4③二)特定居住用宅地等(最大330㎡適用可能です)

(個人版は400㎡適用可能。面積制限はありません)。つまり完全併用可です。

A2(措法69の4③三)特定同族会社事業用宅地等

「400㎡－A2に適用した面積」の控除後の面積が、個人版事業承継税制適用対象限度面積です(措法70の6の10②一イ⇒措令40の7の10⑦)。

C(措法69の4③四)貸付事業用宅地等

400㎡－2×(A2×200／400＋B×200／330＋C)が適用対象限度面積です。

【参考】納税猶予制度における相続税の試算

〔設例1〕

①　相続財産　3億円

・特定事業用資産　200,000,000円（宅地等100,000,000円・その他100,000,000円）

・その他の財産　100,000,000円

（注）　宅地等の面積は400㎡以下であり、全てが特例事業用資産である。

②　債務40,000,000円（事業用の債務30,000,000円・その他の債務10,000,000円）

③　遺産分割（相続人は長男Aと次男Bの2人）

・相続人A（事業承継者）…事業用資産200,000,000円　その他の財産30,000,000円
　事業用債務　30,000,000円

・相続人B…その他の財産70,000,000円、その他の債務10,000,000円

〈事例1〉納税猶予制度の適用を受ける場合

相続税の総額の計算		長男A	次男B	合計
事業用資産 200,000,000	宅地等	100,000,000		100,000,000
	その他	100,000,000		100,000,000
その他の財産		30,000,000	70,000,000	100,000,000
債務 40,000,000	事業用	▲30,000,000		▲30,000,000
	その他		▲10,000,000	▲10,000,000
相続税の課税価格		200,000,000	60,000,000	260,000,000
相続税の総額				53,200,000
按分割合※		0.77	0.23	1.00
算出税額		40,964,000	12,236,000	53,200,000

※小数点以下2位未満の端数は調整して合計1.00にした（相基通17−1）。

納税猶予税額の計算		長男A	次男B	合計
事業用資産 200,000,000	宅地等	100,000,000		100,000,000
	その他	100,000,000		100,000,000
その他の財産			70,000,000	70,000,000
債務 40,000,000	事業用	▲30,000,000		▲30,000,000
	その他		▲10,000,000	▲10,000,000
相続税の課税価格		170,000,000	60,000,000	230,000,000
相続税の総額				42,400,000
按分割合		0.74		
納税猶予税額		31,376,000		

各相続人の相続税額		長男A	次男B	合計
相続税額		40,964,000	12,236,000	53,200,000
内訳	納税猶予税額	31,376,000		31,376,000
	納付税額	9,588,000	12,236,000	21,824,000

〈事例2〉小規模宅地等の特例の適用を受ける場合

相続税の総額の計算		長男A	次男B	合計
事業用資産 200,000,000	宅地等	※20,000,000		20,000,000
	その他	100,000,000		100,000,000
その他の財産		30,000,000	70,000,000	100,000,000
債務 40,000,000	事業用	▲30,000,000		▲30,000,000
	その他		▲10,000,000	▲10,000,000
相続税の課税価格		120,000,000	60,000,000	180,000,000
相続税の総額				27,400,000
按分割合		0.67	0.33	1.00
算出税額		18,358,000	9,042,000	27,400,000

※100,000,000円×20%=20,000,000円（法③一）

〔設例２〕

①　相続財産　３億円

・特定事業用資産　200,000,000円（宅地等150,000,000円・その他50,000,000円）

・その他の財産　　100,000,000円

（注）宅地等の面積は400㎡以下であり、全てが特例事業用資産である。

②　債務40,000,000円（事業用の債務30,000,000円・その他の債務10,000,000円）

③　遺産分割（相続人は長男Ａと次男Ｂの２人）

・相続人Ａ（事業承継者）…事業用資産200,000,000円　その他の財産30,000,000円

　事業用債務　30,000,000円

・相続人Ｂ…その他の財産70,000,000円、その他の債務10,000,000円

〈事例１〉納税猶予制度の適用を受ける場合

相続税の総額の計算		長男Ａ	次男Ｂ	合計
事業用資産 200,000,000	宅地等	150,000,000		150,000,000
	その他	50,000,000		50,000,000
その他の財産		30,000,000	70,000,000	100,000,000
債務 40,000,000	事業用	▲30,000,000		▲30,000,000
	その他		▲10,000,000	▲10,000,000
相続税の課税価格		200,000,000	60,000,000	260,000,000
相続税の総額				53,200,000
按分割合※		0.77	0.23	1.00
算出税額		40,964,000	12,236,000	53,200,000

納税猶予税額の計算		長男A	次男B	合計
事業用資産 200,000,000	宅地等	150,000,000		150,000,000
	その他	50,000,000		50,000,000
その他の財産			70,000,000	70,000,000
債務 40,000,000	事業用	▲30,000,000		▲30,000,000
	その他		▲10,000,000	▲10,000,000
相続税の課税価格		170,000,000	60,000,000	230,000,000
相続税の総額				42,400,000
按分割合※		0.74		
納税猶予税額		31,376,000		

各相続人の相続税額		長男A	次男B	合計
相続税額		40,964,000	12,236,000	53,200,000
内訳	納税猶予税額	31,376,000		31,376,000
	納付税額	9,588,000	12,236,000	21,824,000

〈事例2〉小規模宅地等の特例の適用を受ける場合

相続税の総額の計算		長男A	次男B	合計
事業用資産 200,000,000	宅地等	※30,000,000		30,000,000
	その他	50,000,000		50,000,000
その他の財産		30,000,000	70,000,000	100,000,000
債務 40,000,000	事業用	▲30,000,000		▲30,000,000
	その他		▲10,000,000	▲10,000,000
相続税の課税価格		80,000,000	60,000,000	140,000,000
相続税の総額				15,600,000
按分割合		0.57	0.43	1.00
算出税額		8,892,000	6,708,000	15,600,000

※150,000,000円×20%=30,000,000円（法③一）

設例1と2の比較			長男A	次男B	合計
設例1	納税猶予適用	納税猶予税額	31,376,000		31,376,000
		納付税額	9,588,000	12,240,000	21,828,000
	小規模宅地等の納付税額		18,358,000	9,042,000	27,400,000
設例2	納税猶予適用	納税猶予税額	31,376,000		31,376,000
		納付税額	9,588,000	12,236,000	21,824,000
	小規模宅地等の納付税額		8,892,000	6,708,000	15,600,000

結論

設例1は納税猶予の適用を受けた方が　5,572,000円有利となります。
(27,4000,000－21,828,000＝5,572,000)
短期的に見れば以上の結論ですが長期的に見れば別の見解も生じます。
設例2は小規模宅地の適用を受けた方が6,224,0000円有利となります。
(21,824,000－15,600,000＝6,224,000)

第3節　特定居住用宅地等（21事例）

Q3-3-1 特定居住用宅地等とは

特定居住用宅地等の範囲について教えてください。

A 　減額割合が80％適用できる「特定居住用宅地等」の区分は次のとおりです。

<table>
<tr><th>書類
審査</th><th>入学試験</th><th>申告期限
卒業試験</th></tr>
<tr><td rowspan="3">被相続人の居住用宅地等</td><td>❶被相続人の配偶者が取得した場合（法③二柱書）
別居でも、持ち家有りでも関係なし（いつでも譲渡・賃貸可）</td><td>なし</td></tr>
<tr><td>❷被相続人の居住の用に供されていた（区分所有登記がされていない）一棟の建物（被相続人の配偶者又は【配偶者以外の】親族の居住の用に供されていた部分に限る。）に居住していたその親族（配偶者を除く。二号同じ）が、その建物の敷地の用に供していた宅地等を相続税の申告期限までに取得。（法③二イ）【同居又は拡大同居】
※区分登記されている場合は被相続人居住部分の敷地のみ</td><td>保有継続

居住継続</td></tr>
<tr><td>❸（俗称「家なき子」）（詳細はQ3-3-11に解説）
・被相続人の居住の用に供されていた宅地等を取得した親族（一定の者に限る。※1）が
・次に掲げる⑴～⑶の要件の全てを満たすこと
・配偶者及び被相続人と同居していた法定相続人がいない場合に限定。
⑴　相続開始前3年以内に国内にある、その親族・その親族の配偶者・その親族の3親等内の親族が所有する家屋（相続開始の直前において当該被相続人の居住の用に供されていた家屋を除く。適用可の意味）【理解のため括弧を移動した】
　又は親族と特別な関係がある（一定の支配法人。※2）が所有する家屋に、居住したことがないこと。【過去3年以内に居住していないこと。相続開始時も含みます。】
⑵　被相続人の相続開始時に親族が居住している家屋を相続開始前のいずれの時においても所有していたことがないこと。
【過去進行形／過去非所有要件】【相続時所有は⑴で判定する】
⑶　相続開始時から申告期限まで引き続き当該宅地等を有していること。（法③二ロ）</td><td>←重要

保有継続
要件のみ</td></tr>
</table>

生計一親族の居住用宅地等	❹被相続人の配偶者が取得した場合（相続開始時点で被相続人と別居状態） ・被相続人と生計を一の親族（❶配偶者、又は❷配偶者以外の親族）の居住の用に供されていた宅地等で、 ・当該被相続人の配偶者が相続等で取得したこと（法①・③二柱書の前段）	なし
	❺被相続人と生計を一の親族（配偶者以外）が取得した場合 ・相続開始前から申告期限まで継続して ・自己の居住の用に供し、 ・かつその宅地等を申告期限まで継続保有していること（法③二ハ）。	居住継続 保有継続

※1　相続税の**納税義務者**で、A＋B＋Dのうち日本国籍を有する者が「家なき子」に該当（法③二ロ、規④）（Q2-2-2に解説）

※2　一定の法人（令⑮）

下記の一号から四号のいずれかに該当する法人をいいます。

（❶～❼を「親族等」という） ❶　宅地等を取得した親族本人 ❷　❶の配偶者 ❸　❶の３親等内の親族 ❹　❶と事実婚にある者 ❺　❶の使用人 ❻　❷～❺以外で❶からの援助等で生計を維持している者 ❼　❹～❻までに掲げる者と生計を一にするこれらの者の配偶者又は三親等内の親族	
一号	「親族等」が「発行済株式総数等（自己株式等除く）以下同じ」の50％超を有する法人「直接支配法人。A法人」　※2
二号	「親族等」及び「A法人」が他の法人の発行済株式総数等の50％超を有する場合におけるその他の法人「間接支配法人。B法人」　※2
三号	「親族等・A法人・B法人」が他の法人の発行済株式総数等の50％超を有する場合におけるその他の法人「間接支配法人。C法人」　※2
四号	親族等が役員（理事、監事、評議員その他これらの者に準ずるもの）となっている持分の定めのない法人「直接支配法人。D法人」　※2

（注）申告期限までに、その被相続人の親族が死亡した場合はその「死亡の日」まで居住継続の要件及び保有継続の要件を満たしていればよいことになります（法③一ロ括弧書き）。以上の関係を図示すると次のようになります。

❶ 被相続人（甲）の配偶者が取得した場合

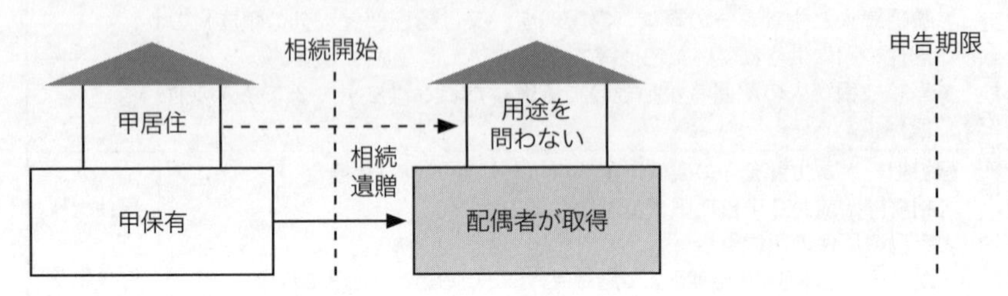

❷ 被相続人と【拡大同居】していた丙（親族）が取得した場合

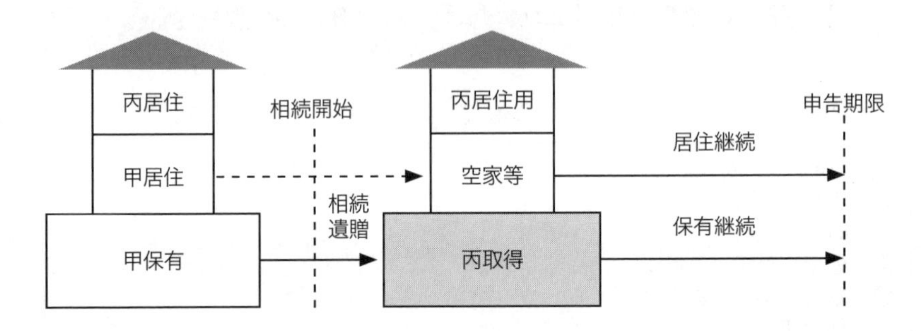

❸ 配偶者及び【同居】法定相続人がなく、「家なき子」が取得した場合

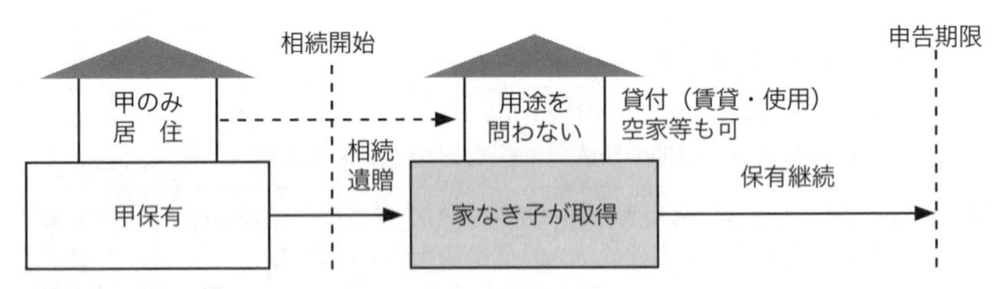

4　生計一の親族（配偶者又はそれ以外の親族）の居住用を配偶者が取得

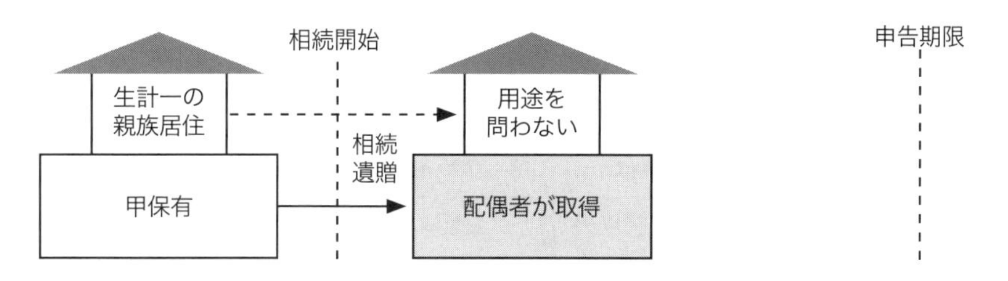

5　被相続人と生計を一にしていた（配偶者以外の）親族が取得した場合

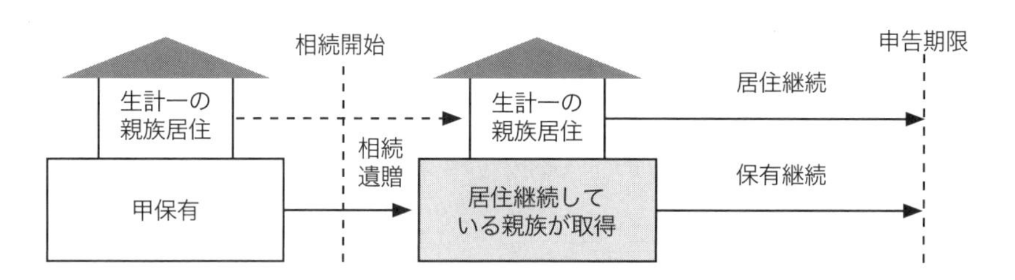

（注）上記**1**～**5**の場合、例えばそれぞれの要件を満たす親族が特定居住用宅地等の一部を取得し、残りの宅地等を要件を満たさない他の親族が取得しても、他の親族が取得した宅地等は「特定居住用宅地等」に該当しません。

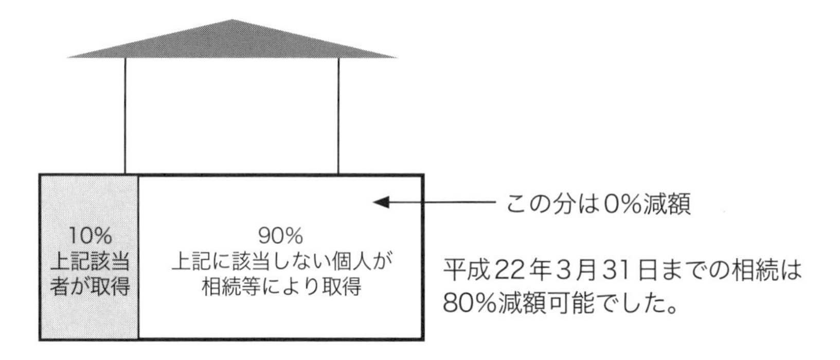

『特定居住用宅地等の親族関係図』

【被相続人の居住用宅地等】を取得した親族で特例適用を受けられる者

<table>
<tr><td>③二柱書</td><td colspan="3">③二・イ適用</td><td></td></tr>
<tr><td rowspan="2">配偶者
❶</td><td colspan="2">同居親族
同じ家屋に居住</td><td>拡大同居親族
同一建物の別家屋に居住</td><td>別居親族
別の建物に居住</td></tr>
<tr><td>法定相続人
❷例　子</td><td>左記以外
❸例　孫</td><td>左記の区分不要
❹</td><td>左記の区分不要
❺</td></tr>
</table>

❶&❷いない場合、❸・❹・❺は家なき子に該当する可能性有り（法③二・ロ）

- ❸は法③二号ロ(1)の…所有する家屋（…）の括弧の中で家なき子に該当します。
- ❹&❺は、法③二号ロの(1)〜(3)のいずれにも抵触しない場合は家なき子に該当します。

❶がいなくて❷が一人の場合、その親族は家なき子に該当する可能性があります。

【生計一親族（配偶者を含む。）の居住用宅地等】を取得した配偶者で特例適用を受けられる者

❶配偶者のみ（法③二号柱書）

【生計一親族（配偶者を除く。）の居住用宅地等】を取得したその親族（配偶者を含む。）で特例適用を受けられる者

- ❶配偶者（法③二号柱書）
- ❷❸の者も同居しており、通常は生計一ですから、（法③二号ハ）と重複していますので（法③二号イ）又は（法③二号ハ）を適用しようが結果は同じです。
- ❺の別居者（法③二号ハ）。しかし別居ですので、生計一親族であるという主張立証責任は納税者に配分されます（納税者又はその法定代理人である税理士が証明しなければならないということです。）（最高裁昭和38年3月3日判決）。

Q3-3-2 被相続人等の居住用宅地等の範囲「土地建物の利用関係図」６事例

被相続人等の居住用宅地等の範囲について説明してください。

A 次のいずれかの区分に該当する家屋の**敷地の用**に供されている宅地等のみをいいます（法①、通−7(1)）。【書類審査】の話です。

❶ 被相続人の居住用家屋で、被相続人が所有していたもの。

❷ 被相続人の居住用家屋で、**被相続人の親族（生計一・生計別を問わない）が所有していたもの**（家屋及び土地等が無償貸付けの場合に限られます。）

❸ 生計を一にしていた親族の居住用家屋で、被相続人が所有していたもの（被相続人が生計一の親族に家屋を無償で貸付けている場合に限られます。）

❹ 生計を一にしていた親族の居住用家屋で、**被相続人の別の親族（生計一・生計別を問わない）が所有していたもの**（家屋及び土地等が無償貸付けに限定）

❺ 生計を一にしていた親族の居住用家屋で、その親族が所有していたもの（被相続人がその親族に宅地等を無償で貸付けている場合に限られます。）

※老人ホーム等に入所等した場合も上記❶❷に準じます（通−7(2)）。

上記の関係を図示すると次のようになります（------►：無償と表現）。

甲＝被相続人　　A＝被相続人と生計一の親族　　B＝甲と生計一無関係の親族

下記の❶〜❻のみ被相続人等の居住用宅地等（書類審査）になります。

事例	❶	❷	❸	❹	❺	❻	６事例のみ該当
居住者	甲	甲 ↓	甲 ↓	A ↓	A	A ↓	
家屋の所有者	甲	A ↓	B ↓	甲	A ↓	B ↓	⇦家賃無償
宅地等の所有者・甲							⇦地代無償

※親族以外の親戚（コラム２参照）が所有の家屋の場合は該当しません。

※親戚以外の個人及び法人が所有の家屋の場合も該当しません。

Q3-3-3 居住用建物の建築中等に相続が開始した場合 4事例

被相続人等の居住用建物の建築中又は取得後居住の用に供する前（以下「建築中等」といいます。）に相続が開始した場合はどうなりますか。

A 次のすべての要件に該当する敷地の用に供されている宅地等は、通－5に準じて被相続人等の居住用宅地等に該当するものとして取り扱われています（法①、通–8）。

●建築中等であった建物を居住の用に供したと認められる場合

建築中等の建物の所有者	居住していた者	建築中等の建物を居住の用に供する者
被相続人	被相続人	❶当該建物又は当該建物の敷地を取得した被相続人の親族 ❷生計を一にしていた親族
	生計を一にしていた親族	当該建物に居住していた生計を一にしていた親族
被相続人の親族	被相続人	❶当該建物の敷地を取得した被相続人の親族 ❷生計を一にしていた親族
	生計を一にしていた親族	当該建物に居住していた生計を一にしていた親族

Q3-2-13（申告期限までに完成していない場合など）、及びQ3-2-14（従前の建物と建築中等の建物の事業用割合が異なる場合）の規定の考え方は、この場合も準用されます（通－５＆－８の逐条解説を参照してください。）。

Q 3-3-4 第三者所有の建物に被相続人が居住していた場合

第三者（親族以外）所有の建物に、被相続人（甲）が居住している場合はどうなりますか。

甲はその所有する宅地等をＭ不動産会社に貸し付け、Ｍ不動産会社がそこにマンションを所有し賃貸しています。

甲はその一室を賃借し居住の用に供しています。

この場合、甲が賃借している建物部分に相当する敷地の部分は居住用分として考えられるのではないでしょうか。

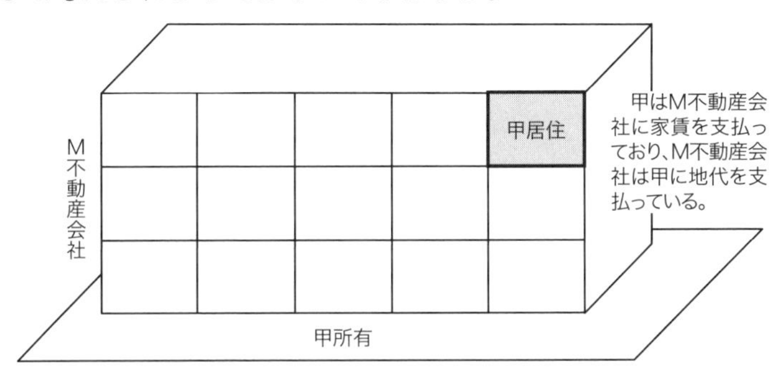

A 次のように考えます。

1 被相続人の有する宅地等が現に被相続人等の居住の用に供されていると考えられる場合であっても、その宅地等が第三者に貸し付けられ、その後さらに被相続人等に貸し付けられているものまで被相続人等の居住用の宅地等としては取り扱われていません（通−7(1)家屋所有者親族要件に該当せず）。

つまり居住用宅地等には該当しません。

この場合、家賃支払いの有無・地代収受の有無は関係なく該当しません。

2 第三者というのは、親族以外の個人、及びすべての法人を指します。

3 なお、地代を収受している場合は、貸付事業用宅地等になりますので、相当の対価等及び2つの継続要件を具備しているときは、50％減額できます。

Q3-3-5 居住の用に供していた宅地等が土地区画整理中である場合

被相続人甲は、土地区画整理事業の施行に伴い、従前から居住の用に供していた建物を出て、仮住居に転居中に死亡しました。

なお、甲が従前から居住の用に供していた建物の敷地となっていた宅地については、仮換地の指定を受けていましたが、この土地を使用収益することなく死亡してしまいました。

この場合、土地区画整理事業に係る仮換地は、従前から居住の用に供していた宅地として小規模宅地等の特例の対象となるのでしょうか。

A 次のように考えます。

土地区画整理事業等の施行による仮換地指定に伴い、従前地及び仮換地について使用収益が禁止されている場合の相続税の小規模宅地等の特例については次のように考えます。

1 被相続人の居住の用に供されていた土地が、土地区画整理事業における仮換地の指定に伴い、相続開始の直前において更地となっていた土地について小規模宅地等の特例の適用を受けて申告をしたことの適否が争われた裁判で、最高裁は、土地区画整理事業の施行による仮換地指定に伴い、被相続人の居住の用に供されていた土地及び仮換地について使用収益が共に禁止された結果、相続開始の直前において被相続人が両土地を居住の用に供することができない場合は、相続開始から相続税の申告期限までの間に被相続人等が仮換地を居住の用に供する予定がなかったと認めるに足りる特段の事情のないときに限り、被相続人の居住の用に供されていた土地は、小規模宅地等の特例の対象となると判示しました（最高裁第三小法廷平成19年1月23日判決）。

2 これを受けて、被相続人等の居住用又は事業用など（以下「居住用等」といいます。）に供されていた土地（以下「従前地」といいます。）が、土地区画整理事業等の施行による仮換地指定に伴い、従前地及び仮換地について相続開始の直前において使用収益が共に禁止されている場合で、相続開始時から相続税の申告期限までの間に被相続人等が仮換地を居住用等に供する予定がなかったと認めるに足りる特段の事情「仮換地を別の用途に使用等予定」がなかったときは、小規模宅地等の特例の適用上、従前地は、相続開始の直前において被相続人等の居住用等に供されていたものとして取り扱うことに改めました（通−3）。

Q3-3-6 1棟の建物の一部が特定居住用宅地等に該当する場合

下記のような区分所有登記のマンションがあり、甲は最上階に居住していました。甲の居住用建物及びその敷地権を配偶者が取得しました。

その他の分は配偶者及びその他の親族Aが取得しました。

この場合、賃貸分も特定居住用宅地等に該当するのでしょうか。

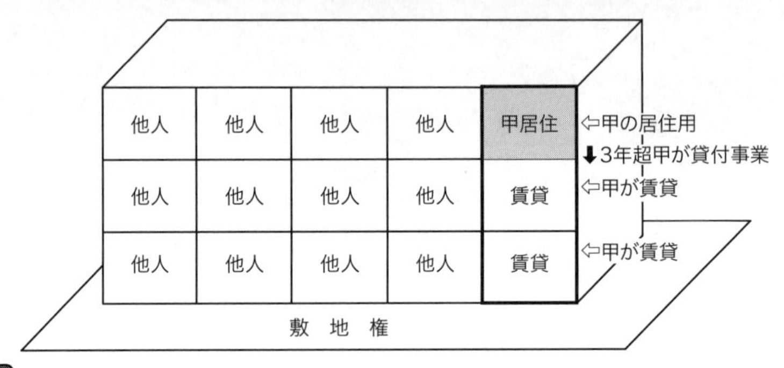

A 次のように考えます。

⑴　平成22年3月31日までの相続

1棟の建物のうちに被相続人等の居住用宅地等に該当する部分があり、その部分が特定居住用宅地等の要件に該当するときは、その1棟の建物のうちの被相続人等の居住用部分以外の部分（「特定事業用等宅地等」に該当する部分は除きます。）の敷地も特例の対象となる宅地等に該当することになり、かつ、特定居住用宅地等に該当することになっていました【全部概念】。

⑵　平成22年4月1日からの相続

❶　配偶者の取得した居住用の宅地等（敷地権）は「特定居住用宅地等」に該当します。

❷　貸付分は、2つの継続要件を満たせば「貸付事業用宅地等」に該当します。

Q3-3-7 Q3-3-6の場合の具体的計算例

前問の1棟の建物における特定居住用宅地等及び貸付事業用宅地等の具体的な計算方法はどのようになるのでしょうか。

A 甲所有分だけの利用状況を示すと下記の図のようになります（建物は利用状況を理解しやすいように横にしています。）。

建物	特定居住用宅地等に該当 甲の居住用 土地乙取得	甲が賃貸・土地乙取得 （継続要件該当）	甲賃貸・土地A取得 （継続要件**非該当**）
土地	小規模宅地等の適用 100㎡分 ❷ 100%×△80% ＝80%	❶ △21%	❶ △21%
		❸ 小規模宅地等の適用 79%×50%＝△39.5%	
	残り20% 申告書第11表記載額	残り39.5% 申告書第11表記載額	残り79% 申告書第11表記載額

（敷地権地積300㎡、各100㎡）（借地権割合70%、借家権割合30%）

自宅分は更地評価（100%）し、賃貸分は79%評価（100%－70%×30%）します。

そして、❶貸家建付地の評価をし（乙・A取得分）、その後に❷自宅分の100㎡分を優先して小規模宅地等の80%減額をし、❸貸家建付地の評価をした宅地等のうち、「継続要件該当」分の100㎡分を50%減額すると有利になります。

つまり、上記の図解どおりの計算をするわけです。

100㎡×200/330＋100㎡＝160.6…㎡≦200㎡　限度面積内（法②三）

Q3-3-8 特定居住用宅地等の一部を取得した配偶者以外の者の取扱い

下記の場合において、配偶者乙がＹ地（甲の居住用宅地等）の一部とＺ地（甲の貸付事業用宅地等100㎡）を取得し、Ｚ地のほうで小規模宅地等の特例の適用を受けた場合、Ｙ地の一部を取得したＡはＹ地で特定居住用宅地等としての特例の適用を受けることができますか。

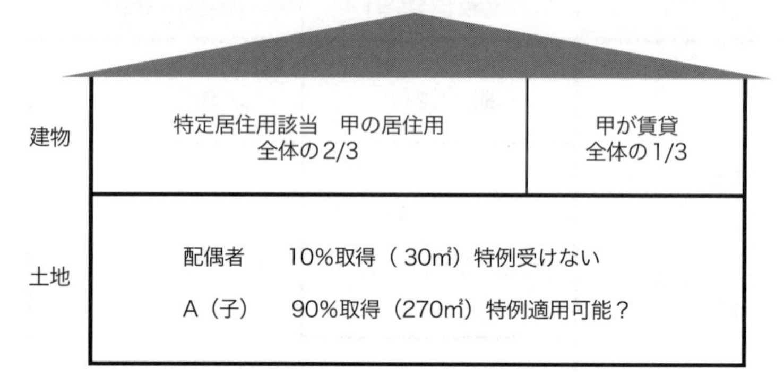

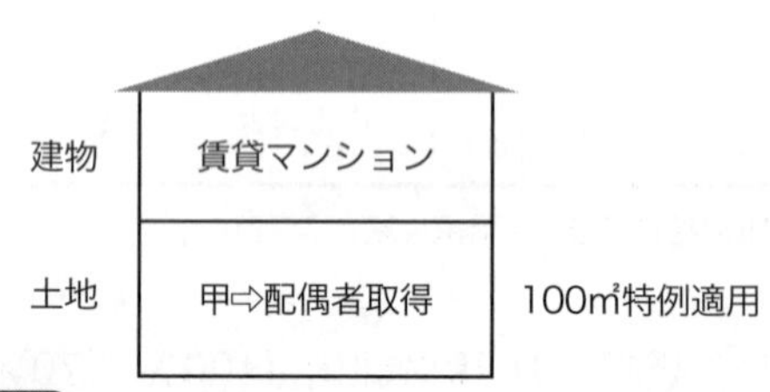

A 次のように考えます。

Ｙ地の一部を取得したＡは次のように考えます。

❶ Ａが取得した被相続人である甲の居住用宅地等分はＡが適用要件（法③二イ。同居・拡大同居）を満たせば、「特定居住用宅地等」に該当しますが、満たさなければ非該当のため、減額は0%です（法③二)。

❷ Ａが取得した甲の貸付事業用分は、Ａが継続要件を満たせば、「貸付事業用宅地等」に該当しますが、満たさなければ該当しません（法

③四イ）。

3　限度面積計算

1　Z地100㎡に適用（配偶者適用）

2　「限度面積不足分」をY地に適用

330㎡－100㎡×330 / 200＝165㎡（伸ばし計算）（A適用）（注）

3　合計　1＋2＝265㎡

検算　居住用165㎡×200/330＋貸付用100㎡＝200㎡≦200㎡

（注）Y地に対するAの特定居住用宅地等の持分

300㎡×90％の持分×2/3＝180㎡　180㎡のうち165㎡にしか適用できない。

Q3-3-9「同居」の意義

特定居住用宅地等に該当するためには「拡大同居」を要件としている場合がありますが、説明してください。

【拡大同居】を以下に解説します。

完全分離型二世帯住宅等の法律改正前後の考え方図解　父甲死亡前提

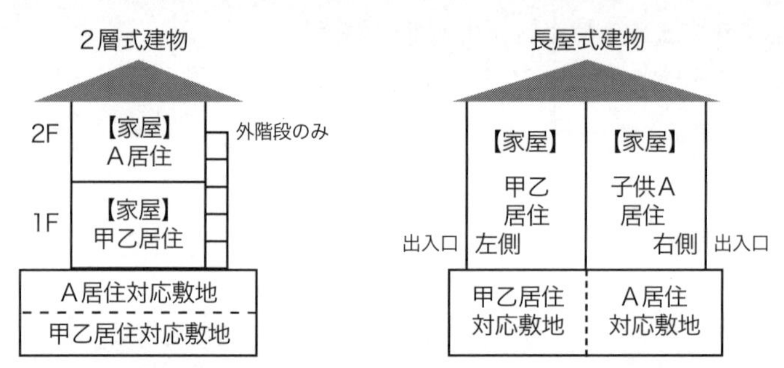

A　平成25年までの相続では、父の居住用宅地等の分のみ【書類審査】に合格しましたが、平成26年以後の相続では、一棟の建物の一部に被相続人が居住していた場合に、被相続人の親族が同じ建物の別家屋【区分所有登記していない場合に限る】（建物を全部概念、家屋を部分概念として規定しています。）に【拡大同居】していた場合には、親族の居住用宅地の分までも【被相続人等の居住用宅地等】に含めて考えることにしました。

※【拡大同居⇒同居とイコール】と誤解している人が見受けられますが、そのように考えると【家なき子】の判定などで過ちを生じますのでご留意ください。

同じ建物（同じ家屋ではない）に一緒に居住していれば良いと言うことです。

詳細はQ1-10を参照してください。

コラム9　通達の種類（留意通達・補充通達・緩和通達）

法律（相続税法・所得税法・租税特別措置法・他）・政令（同施行令）・省令（同施行規則）・条例・規則・条約を総称して「法令」といいますが、税務の実務上はそれ以外の重要なものの1つとして「通達」というものが存在します。

⑴　通達の法律的根拠（国家行政組織法14②）

各省大臣、各委員会及び各庁の長官は、その機関の所掌事務について、命令又は示達するため、所管の諸機関及び職員に対し、訓令又は通達を発することができる。国税に当てはめると「国税庁長官は各国税局長等に訓令又は通達を発することができる」となります。

⑵　税務通達の種類（法令解釈通達のみ掲載）

❶　留意通達→法律で解釈可能だが、駄目押ししている通達
　例…相基通3-24（給与の意義）

❷　補充通達→法律で明らかでない分を補填
　例…法基通9-1-7（市場有価証券等の著しい価額の低下の判定）
　　　所基通59-3（同族会社等に対する低額譲渡）

❸　緩和通達→法律の規定を緩和する通達
　例…相基通21の6-3（贈与税の配偶者控除・店舗兼住宅等）

旧措通69の4-21（みなし同居規定）も上記の緩和通達と思われます。

ただしこの規定が緩和通達だとしたら「家なき子」と競合した場合に矛盾が生じます。

法令では「家なき子」の適用を受けられる親族が、上記通達（みなし同居規定）を別の親族が受けると、特例の適用を受けられなくなるという『納税者不利の法令違反』となります。

緩和通達というのは、法令では10までしか認めないのに12まで広げて認めるという通達です。これも法令違反ですが訴える利益はありません。

数はそんなに多くはありませんが、たまにありますので法令のみならず、通達（情報等も含みます。）もよく読むことを薦めます。

Q3-3-10 被相続人と同居していた親族の範囲

被相続人と同居していた親族の判定について説明してください。

被相続人（甲）が居住していた家屋とその敷地を、５年前から社宅住まいをしていた長男Ａが相続しました。居住状況は次のとおりでした。

❶　被相続人の配偶者は数年前に死亡し、一人で居住していました。

❷　相続開始３か月前に、近所に嫁いだ長女Ｂ夫婦の家が古くなったため建替えをし、その期間（約6か月）のうち３か月、甲と同居していました。

Ｂは建物完成後、すぐに新築の自宅に戻っています。

A　同居の親族」の考え方は次のとおりです。

(1)　Ｂは、他家に嫁ごうとも甲にとって民法725条でいうところの１親等の親族であり、措令40条の２第14項でいうところの（法定）相続人に該当します。

(2)　しかも、相続開始の前後6か月間のうち３か月、甲と共に住んでいましたので、同居していたと思われても仕方がありません。

(3)　そうしますと、同居法定相続人がいることになり、Ａは「家なき子」に該当しないことになり、小規模宅地等の特例の適用は受けられません。

(4)　しかし、Ｂは自宅の新築工事期間のみ、一時的に甲の居住家屋に住んでいたのであり、完成後直ちに自宅に戻っていますから、法律等でいうところの、「同居法定相続人」には当たらないものと考えられます。

(5)　つまり、同居法定相続人がいないことになり、Ａは「家なき子」に該当するために80％の減額を受けることができます。

（注）「同居法定相続人」に該当するか否かの微妙な判断は、Q3-3-11の(5)「同居」の弾力的運用を参照してください。

Q3-3-11 俗称「家なき子」の意義 12事例

俗称「家なき子」について詳しく説明してください。

A 家なき子の考え方は、次のとおりです。

(1) 図表−1　特定居住用宅地等の、俗称「家なき子」の簡易改正対比表

2018年3月31日までの概要	2018年4月1日からの概要
被相続人の居住用宅地等を相続又は遺贈で取得した親族が、下記の全部に該当した場合⇨家なき子該当 **❶ 相続開始前3年超要件** ① 相続開始前3年以内に、 ② 日本国内にその親族又はその親族の配偶者の 所有する家屋 (相続開始時被相続人が居住していた家屋を除く）に居住したことがない者 ③ 相続開始時から申告期限まで引続き当該宅地等を有していること ④ 被相続人には配偶者及び相続開始時に同居していた法定相続人がいない場合 ❸ 省略	被相続人の居住用宅地等を相続又は遺贈で取得した親族が、下記の全部に該当した場合⇨家なき子該当 **❶ 相続開始前3年超要件** ① 相続開始前3年以内に、 ② 日本国内にその親族又はその親族の配偶者＋3親等内の親族＋親族等の一定支配法人の所有する家屋 (相続開始時被相続人が居住していた家屋を除く）に居住したことがない者 ③ 相続開始時から申告期限まで引続き当該宅地等を有していること ④ 被相続人には配偶者及び相続開始時に同居していた法定相続人がいない場合 **❷ 過去、持ち家に非居住要件** 相続開始前に所有していたことがある家屋に、相続開始時点に居住していない者。 過去（現在除く）非所有要件 ❸ 相続開始時から申告期限まで引き続き当該宅地等を有していること

2018年3月31日までの相続の場合、取得した親族本人又はその者の配偶者2名に限定していましたが、2018年4月1日からはコラム1の3親等内の親族及び一定の支配法人が追加されました。重要な変更です。

⑵　図表−2　図表−1の解説を表にすると次のようになります。

❶〜❸すべての要件に該当すると「家なき子」特例を受けられます。

❶　措置法69の4③二号ロ⑴

	相続開始前3年以内に国内にある、下記の者の家屋に居住したことがないこと			
×	取得者	配偶者	3親等内の親族（血族・姻族問わない）	一定の同族法人
○	**例外**⑴括弧書き　相続開始直前に被相続人が居住していた家屋を除く			
◎	同上　被相続人等の居住の用に供されていた宅地等の範囲			一定の同族法人

⬆措通69の4−7親族所有（賃料無償を前提）に限定　　⬆含まない

❷　同⑵

	相続開始時に宅地等の取得者が居住している家屋（国内・国外問わない）を相続開始前のいずれの時においても所有していたことがないこと。 （していたこと＝ 過去いずれの時において所有。相続開始時は含まず）			
×	取得者	~~配偶者~~	~~3親等内の親族（血族・姻族問わない）~~	~~一定の同族法人~~

❸　同⑶　相続開始時から申告期限まで引き続き当該宅地等を有していること。

※配偶者、3親等内の親族、親族等の一定支配法人は相続開始の直前において被相続人の居住用宅地等を取得した親族との関係で判定します（通−22）。

例　叔母（3親等の血族）の夫（3親等の姻族）【両者3親等の親族】の家屋に居住していたが、相続開始1年前に叔母が夫と離婚していた場合、相続開始の直前においては、叔母の元夫とは姻族関係がないことになります。

俗称「家なき子」（法③二ロ、令⑭・⑮、通−21）

❶　被相続人に配偶者**及び**（条文上は**又は**と規定していますが、趣旨は両方に該当という「及び」と理解してください。）**同居法定相続人**がいない場合で、

❷　被相続人が居住の用に供していた宅地等を取得した親族が、

3　相続開始前3年以内に日本国内にある、

4　その親族、親族の配偶者、親族の3親等内の親族が所有する家屋（相続開始の直前において被相続人の居住の用に供されていた家屋を除く。）又は親族と特別な関係がある一定の法人が所有する家屋に居住したことがないこと。

（したこと＝過去3年以内居住であり、現在進行形も含むという意味）

※…家屋の括弧の外に該当したら家なき子にならないよ、でも括弧の中に該当したら家なき子になるよ、救ってあげるよという意味です。

5　被相続人の相続開始時にその親族が居住している家屋を相続開始前のいずれの時においても所有していたことがないこと（過去進行形）。

（していたこと＝過去いずれの時において所有。現在所有は含まず→4へ）

6　申告期限まで継続保有すること（居住継続要件なし）。

（注1）上記1の親族は、被相続人の法定相続人を指します（平成11年改正）。

（注2）34に該当しても**居住制限納税義務者**と、日本国籍を有しない**非居住制限納税義務者**（Q2-2-2参照）は「家なき子」に該当しません（規④）。

上記すべてに該当する者を、俗称「家なき子」と呼んでいます。

そして、「家なき子」に該当すると「特定居住用宅地等」に該当します。

当該親族本人の所有する家屋の、措法69の4③二号ロの⑴と⑵の関係図解

―― 所有で居住　---過去所有で相続開始時その非所有家屋に居住　～～所有で非居住

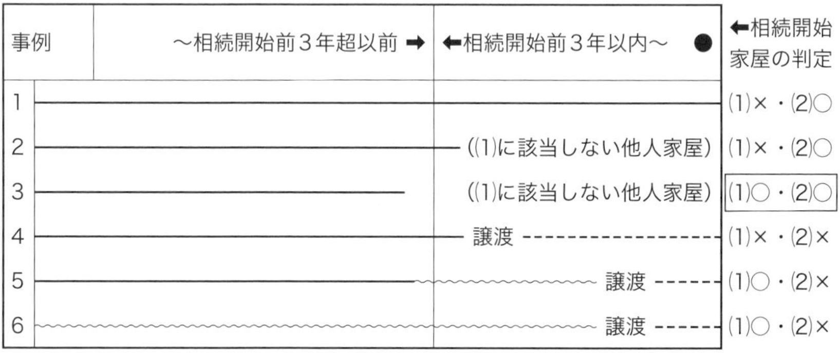

事例	～相続開始前３年超以前 ➡	⬅相続開始前３年以内～　●	⬅相続開始家屋の判定
1	――――――――――	――――――――――	⑴×・⑵○
2	――――――――――	―（⑴に該当しない他人家屋）	⑴×・⑵○
3	―――――――――	（⑴に該当しない他人家屋）	⑴○・⑵○
4	――――――――――	― 譲渡 ------------	⑴×・⑵×
5	――――――――――	～～～～～～～ 譲渡 ------	⑴○・⑵×
6	～～～～～～～～～～	～～～～～～～ 譲渡 ------	⑴○・⑵×

★事例3のみ家なき子の適用ができます。

※下記は『改正税法のすべて　平成30年版』641～642頁

【条文の③二号ロ(1)】と【条文の③二号ロ(2)】は要件として重複している部分がありますが、これは、上記(1)の要件だけでは規定されている者に類似する者が相続した場合（家屋を親族等以外の関係者に譲渡する場合等【家屋を4親等の従兄弟に譲渡しそこに居住し3年経過】）には対応できず、逆に(2)の要件だけでは【親の家屋に親と同居している】孫に遺贈するような場合には対応できないことから、両方の要件が定められているものです。

(3)　具体例

事例1　都内に母が一人で居住していて、その居住用宅地等を取得した長男Aが5年前から地方に転勤し、社宅住まいしているような場合などが考えられます。

長男は居住用家屋を所有していないから、将来的には母の居住用家屋に居住するであろうと推定し、制度の趣旨から「特定居住用宅地等」として認めているものと思われます。

つまり、被相続人と被相続人の居住用宅地等を取得した親族の合計で、居住用家屋を一つ認める趣旨と考えるとわかりやすいでしょう。

事例2　1棟の建物の内1階の家屋に母が一人で居住していて、2階の家屋に長男Aが居住しており、その宅地等を長男Aと次男B（3年超別の場所で、過去非所有の他人の家屋に借家住まい）が各1／2取得した場合などが考えられます。

Aは措法69の4③二号イの適用が、Bは同二号ロの適用ができます。

※平成25年までは長男Aは母と同居していたと申告した場合は、次男Bは旧法③二号ロの適用が、通達上（旧通-21）はできませんでした。

(4)　適用対象面積

長男　全体敷地面積×共有持分50%

次男　全体敷地面積×共有持分50%（令④で読めます。）

（相続開始前　土地建物母100%）（相続開始後　分割　AB各1／2相続等）

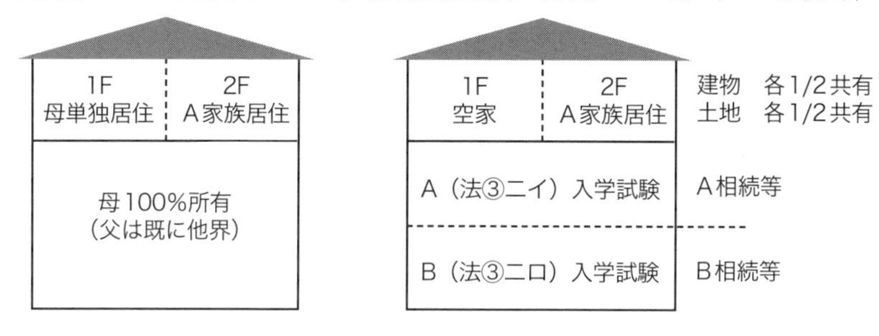

書類審査合格（法①・令④）／入学試験A&Bは上記に該当し合格【難問事例】

※平成25年までは旧通達21で2/4（A)、平成26年以後は4/4（A・B全部）該当

⑸ 「同居」の弾力的運用

『小規模宅地等の特例の税務』平成18年12月発刊（一財）大蔵財務協会123頁で次のように書いています。「同居していたかどうかは

❶その親族の日常生活の状況　❷その建物への入居目的
❸その建物の構造及び設備　❹生活の拠点となるべき他の建物の有無
❺その他の状況を総合勘案して

その建物にその者の生活の拠点を置いていたかどうかによって判断します。」

Q3-3-10に具体的な例を紹介しておきました。

⑹ 以上の関係の図解

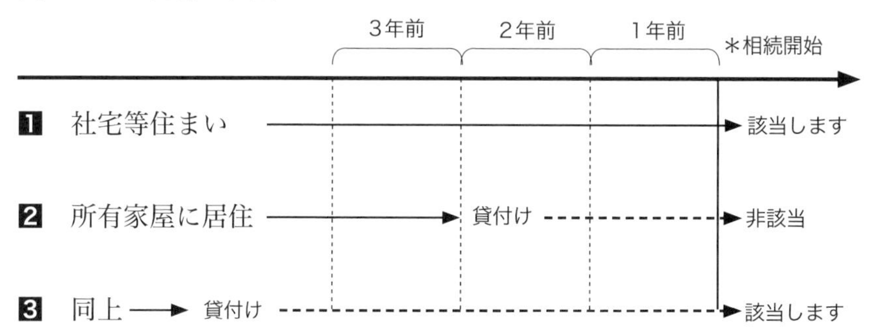

(注1)　❸の場合、4年前に転勤のため貸し付け、本人は社宅等住まいの事例などが考えられます。

(注2)　──→：居住、- - - -→：貸付け

⑺　家なき子の類型

❶同居Ⅰ型（同居長男Aが相続開始前3年以内に転勤等、AがX地を取得）（相続開始時は社宅住まい）

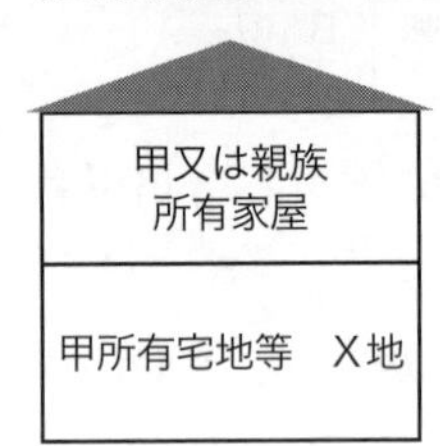

被相続人居住　甲、又は甲の親族の所有家屋（家賃・地代の授受なし）

相続開始前3年以内に[1]取得親族・[2]配偶者・[3]3親等内の親族・[4]一定支配法人の家屋（相続開始の直前において当該被相続人の居住の用に供されていた家屋を除く。）に非居住要件、[5]相続開始時、親族居住家屋をその親族が過去非所有要件➡括弧の中に該当し家なき子になる。

※甲がその後老人ホーム等に入所等していた➡私見ながらOK

❷同居Ⅱ型（同居長男Aが数年前に転勤等、非同居の次男BがX地を取得）

被相続人居住　甲、又は甲の親族の所有家屋（家賃・地代の授受なし）

甲又は親族
所有家屋
甲所有宅地等　X地

3年内B居住家屋が❶の[1]～[5]に抵触しない場合、家なき子に該当

※Bは『[1]～[4]の家屋（相続開始の直前において当該被相続人の居住の用に供されていた家屋を除く。）の括弧の中』には該当しない。

※括弧の外で判定する。

❸拡大同居Ⅰ型（甲と一棟の建物『区分登記なし』で別家屋に拡大同居していた長男AがX地を取得）

甲居住の家屋　A居住の家屋
甲所有宅地等　X地

甲、又は甲の親族の所有家屋（家賃・地代の授受なし）

[1]Aが申告期限まで居住（&保有）を継続すると、法③二号イに該当することになります（拡大同居）。

※つまり❶の[1]～[5]に関係なく、イを適用できる。

※申告期限まで居住継続要件を満たさない場合でも➡[2]へ

[2]家屋が❶の[1]～[5]に抵触しない場合、家なき子に該当

※家屋所有者がAの４親等親族以降は❶[3]に該当しない。

❹拡大同居Ⅱ型（上記❷の長男A（転勤なし）と、次男Bが各50％取得した場合）

甲、又は甲の親族の所有家屋（家賃・地代の授受なし）

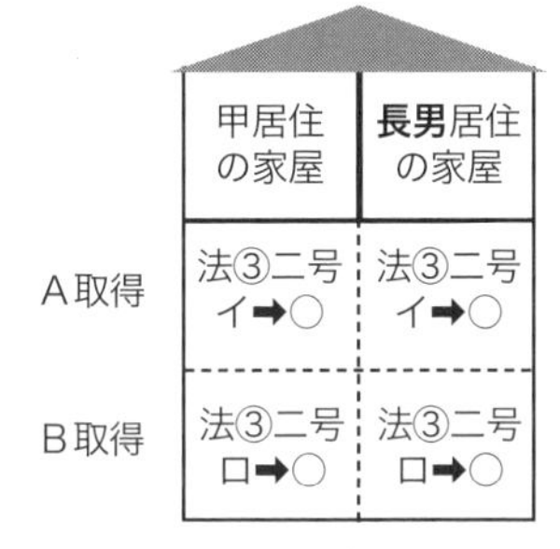

[1]長男Aは上記❸の[1]と同上

[2]次男Bは上記❶の[1]～[5]に抵触しない場合、 家なき子に該当する。

※同居法定相続人には、拡大同居は含まない。

⬆（甲所有宅地等　X地）

❺別居型（甲と別の建物に、左記宅地等Y地を取得した親族Bが居住）

甲、又は甲の親族の所有家屋（家賃・地代の授受なし）

⬇（甲居住家屋）　⬇（Y宅地等を取得した親族Bが居住していた家屋）

甲又は甲の親族の所有家屋	❶の[1]～[4]の所有する家屋（…）に非居住要件・[5]相続開始時親族居住家屋をその親族が過去非所有要件に抵触しない場合、家なき子に該当する。※括弧の中には該当しない
甲所有宅地等Y地	宅地等の所有者は問わない

⑻　Q&A

事例①

Q　持ち家に居住している子供（相続人）がその家屋を子供（被相続人の孫）に譲渡等しその家屋に居住を継続して3年経過後に被相続人に相続が開始した場合

A　2018年3月31日までは家なき子に該当しますが、2018年4月1日

からは図表–1の❶及び❷に該当し家なき子になりません。

【2018年4月～2020年3月までの相続等では経過措置対象宅地等に該当すれば家なき子に該当しました。】

事例②

Q　子供（相続人）が初めて新居を購入する場合に、宅地等は自分の名義にし、家屋は子供（被相続人の孫）名義にしていた場合

A　3年以内に被相続人に相続が開始しても2018年3月31日までは家なき子に該当しますが、2018年4月1日からは図表–1の❶に該当し家なき子になりません。【同上】

事例③

Q　子供（相続人）が同族法人等所有の家屋に居住している場合で、3年以内に被相続人に相続が開始した場合

A　2018年3月31日までは家なき子に該当しますが、2018年4月1日からは図表–1の❶に該当し家なき子になりません。【同上】

3年経過後に被相続人に相続が開始した場合も、2018年4月1日以降は3年以内に居住していた事実があるので図表–1の❶に該当し家なき子になりません。【同上】

事例④

Q　③の事例において子供が従来の持ち家を同族法人等に譲渡等してその家屋に居住を継続している場合で、3年経過後に被相続人に相続が開始した場合

A　2018年3月31日までは家なき子に該当しますが、2018年4月1日以降は3年以内に居住していた事実があるので図表–1の❶及び❷に該当し家なき子になりません。【同上】

事例⑤

Q　事業に失敗した兄（相続人）が自宅を裕福な弟（相続人）に購入してもらいその資金で借金を返済し、引き続きその家屋に居住を継続（賃料の有無は関係ありません。）し、3年以内に被相続人に相続が開始した場合

A　2018年3月31日まで及び2018年4月1日からも図表–1の❶及び

❷に該当し家なき子になりません。【同上】

3年経過後に被相続人に相続が開始した場合、2018年4月1日以降は3年以内に居住していた事実があるので図表−1の❶、及び❷に該当し家なき子になりません。【同上】

⑼　家なき子のフローチャート

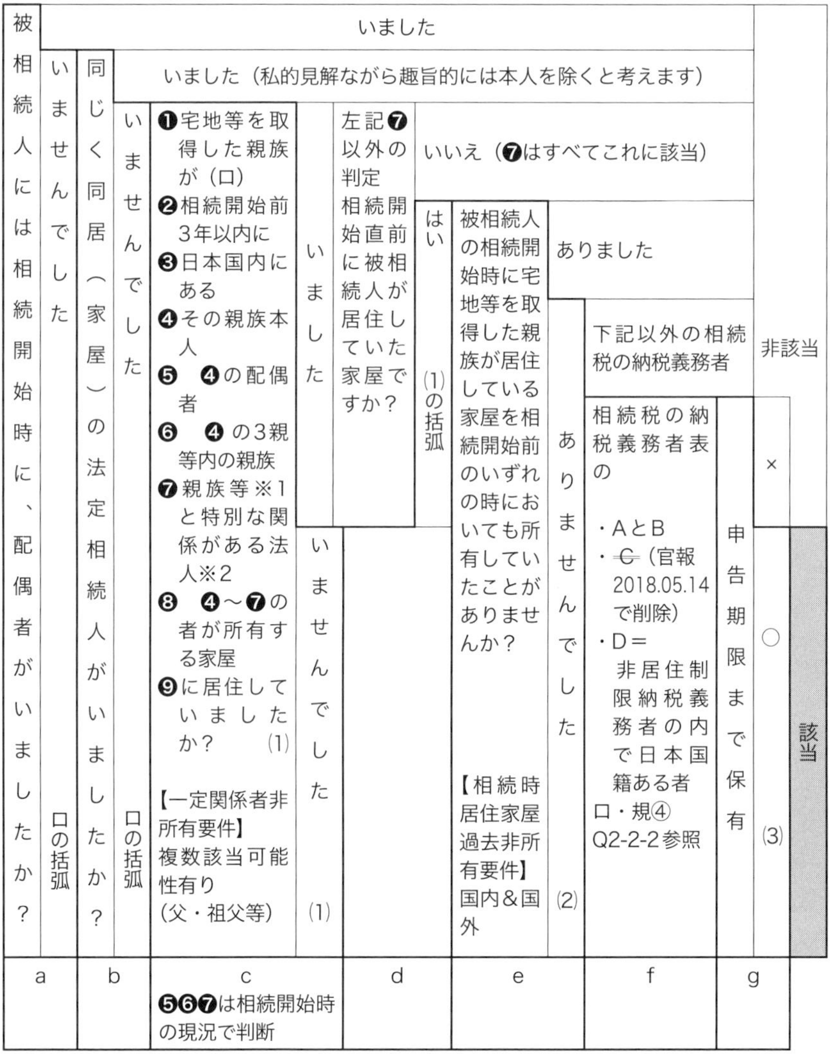

a	被相続人には相続開始時に、配偶者がいましたか？	いました → b いませんでした　ロの括弧
b	同じく同居（家屋）の法定相続人がいましたか？	いました（私的見解ながら趣旨的には本人を除くと考えます） → c いませんでした　ロの括弧
c	❶宅地等を取得した親族が（ロ） ❷相続開始前3年以内に ❸日本国内にある ❹その親族本人 ❺　❹の配偶者 ❻　❹の3親等内の親族 ❼親族等※1と特別な関係がある法人※2 ❽　❹～❼の者が所有する家屋 ❾に居住していましたか？　⑴ 【一定関係者非所有要件】複数該当可能性有り（父・祖父等） ❺❻❼は相続開始時の現況で判断	いました → d いませんでした　⑴ → e
d	左記❼以外の判定 相続開始直前に被相続人が居住していた家屋ですか？	いいえ（❼はすべてこれに該当） → e はい　⑴の括弧
e	被相続人の相続開始時に宅地等を取得した親族が居住している家屋を相続開始前のいずれの時においても所有していたことがありませんか？ 【相続時居住家屋過去非所有要件】国内＆国外	ありました → 非該当 ありませんでした　⑵ → f
f	下記以外の相続税の納税義務者	非該当
f	相続税の納税義務者表の ・AとB ・~~C~~（官報2018.05.14で削除） ・D＝非居住制限納税義務者の内で日本国籍ある者 ロ・規④ Q2-2-2参照	→ g
g	申告期限まで保有	×　→ 非該当 ○　⑶ → 該当

※1＆※2はQ3-3-1参照

	★＝相続開始時点　●＝相続税の申告期限時点（すべて○➡家なき子に該当）		
	方法	時	？
a	被相続人の戸籍（未婚・離婚・死別『同時死亡含む』○）別居×・※行方不明？ ※民法30①➡7年経過時死亡・②➡危難が去った時死亡／と民法31でみなす	★	
b	被相続人の住民票・質問等で調べる（一時同居の場合は事実認定）いない➡○	★	
c	①親族の相続開始前3年間の住所調査（住民票・異動している場合は戸籍の附票） ②上記の家屋の登記事項証明書（所有者を調べる） ❶自己・配偶者（★）❷3親等内の親族（血族【自然・法定】・姻族★） ❸一定の関係法人（複雑に付き留意）※複数可能性有り　❶～❸非該当➡○		
d	被相続人の★の住所と家屋の関係を調べる。　はい➡○	★	
e	★の親族居住用家屋の登記事項証明書／過去『現在除く』所有者履歴　ない➡○	★	
f	相法1の3条一号・二号・日本国籍ある四号該当者（三号除く）　➡○	★	
g	登記事項証明書（申告期限前に譲渡契約しても）申告期限まで保有してれば　➡○	●	

コラム10　同時死亡と小規模宅地等の特例

⑴　民法　（同時死亡の推定）32条の2

数人の者が死亡した場合において、そのうちの一人が他の者の死亡後になお生存していたことが明らかでないときは、これらの者は、同時に死亡したものと推定する。

⑵　法定相続人　　民法（子及びその代襲者等の相続権）887条

①　被相続人の子は、相続人となる。

②　被相続人の子が、**相続の開始以前**に死亡したとき、又は891条の規定に該当し、若しくは廃除によって、その相続権を失ったときは、その者の子がこれを代襲して相続人となる。

⑶　同時死亡と相続権（民法上、相続能力に関する同時存在の原則あり）

相続能力＝被相続人が死亡した時点で生存していることが相続人の要件

父Ａと子Ｂが災害によって同時に死亡したと推定された場合は、Ｂの子供（Ａの孫）ＣがＢに代わって祖父（父Ａ）の相続人となります。

つまり「**相続の開始以前**」という表現は同時死亡も含んだ規定です。

⑷　家なき子と同時死亡

父母と、子供Ａ（5年前から東京で借家住まい）の家族

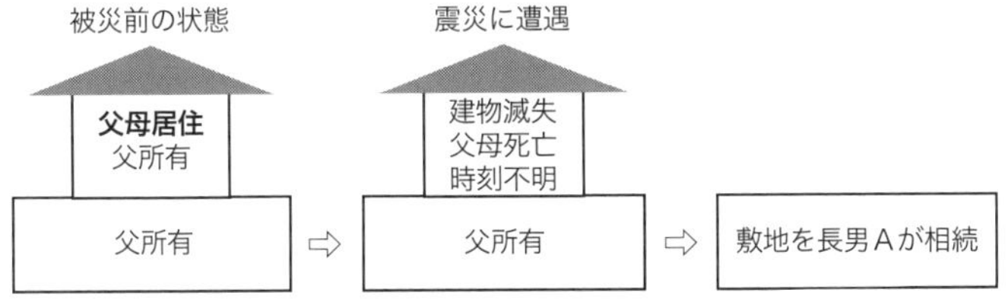

措法69の4③二号ロ（家なき子の条文の抜粋）

…（当該被相続人の配偶者、又は相続開始の直前において被相続人の居住の用に供されていた家屋に居住していた配偶者以外の親族（二号柱書）で、被相続人の法定相続人（令⑭）がいない場合に限る。）。

⑸　小規模宅地等（家なき子）の適用上の問題点

この条文では父が死亡したときには、配偶者及び配偶者以外の同居法定相続人が存在しないことが前提となるが、同時死亡の時には法定相続人にはなれないのですから、条文の趣旨（配偶者及び同居法定相続人が優先的に相続権を行使することを期待）から、子Ａは家なき子に該当すると思われます。

父甲とＡが同居（母は他界）し同時死亡の場合もＢは家なき子に該当。

相続開始直前まで父母が居住していた家屋を、Ａが申告期限までに取り壊し❶構築物のある貸駐車場にした場合❷空地にした場合でも、「文理解釈」上「宅地等」の要件は「相続開始時点」のみと思われます。

Q3-3-12「家なき子」の例外

「家なき子」の例外について説明してください。

A 「家なき子」には次に掲げるような例外的規定があります。

配偶者以外の親族が、被相続人の居住用宅地等を取得する場合、原則としてその宅地等に居住することが「特定居住用宅地等」に該当するための要件となっていますが、Q3-3-11で説明したとおり「家なき子」は居住継続要件がありません。

そういう意味では「家なき子」は特例的規定といえるでしょう。

では次のような場合はどうなるでしょうか。

❶ 被相続人の宅地等の上に、5年前に親孝行の長男Aが家屋を建築しました。

※中で行き来ができる場合は建物と家屋はイコールです。

❷ その家屋に長男A夫婦家族が被相続人と同居していました。

❸ 相続開始2年前に会社の都合で長男A夫婦家族は地方に転勤となってしまい、社宅住まいをしていました。

❹ 被相続人は、上記家屋に相続開始直前まで一人で居住していました。

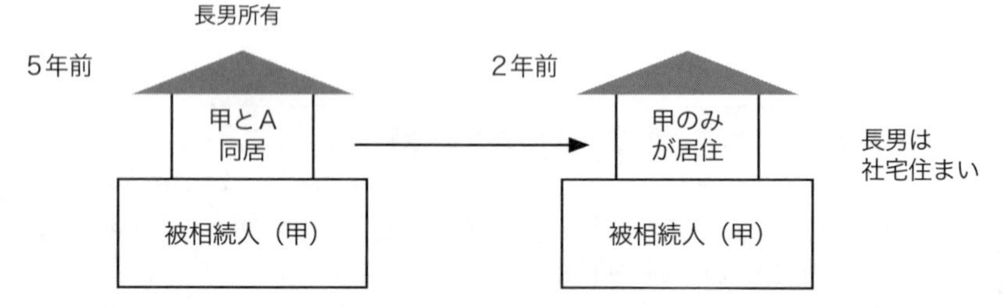

「特定居住用宅地等」に該当しないと思われがちですが、措法69条の4第3項2号ロの「…家屋（相続開始の直前において当該被相続人の居住の用に供されていた家屋を除く。）…」とあり、結果としてこの場合は「特定居住用宅地等」に該当します。

つまり筆者の個人的表現ですが、「家なき子の例外的規定」であるといえます。

これはQ3-3-11(3)の趣旨とも合致します。

Q3-3-13「家なき子」の例外に該当しない場合 7事例

「家なき子」の例外に該当しない場合

相続人Aは、自己所有の二世帯住宅（一の建物で構造上各独立部分に区分されている家屋）に居住していたが、2年前に地方へ転勤して現在は空室です（会社の社宅に家族とともに居住）。

父甲（母は既に死亡し、父は二世帯住宅の別家屋に独りで居住していた。）の死亡により、相続人Aが二世帯住宅の敷地を相続等により取得した場合には、相続人Aは措置法69条の4第3項2号ロに規定する親族に該当し、その敷地は特定居住用宅地等である小規模宅地等に該当しますか。

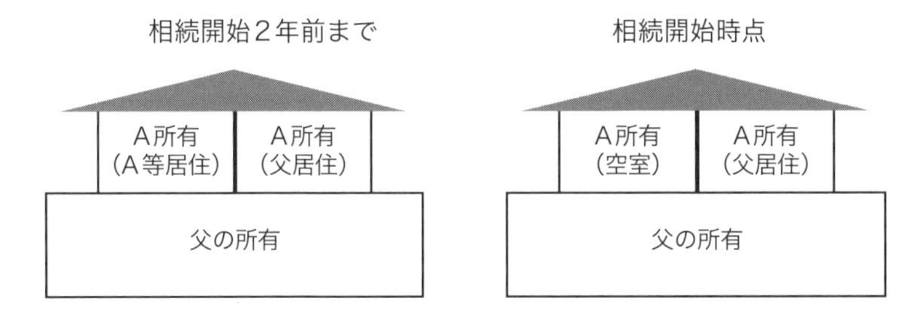

A　措法69の4③二号ロの文理解釈上【被相続人である父が居住していた家屋は右側であり、Aは左側の家屋に3年以内に居住しており、括弧書きの中の家屋には該当しない】ことになり、Aは俗称「家なき子」に該当しないことになります。

事例6種類を解説

<table>
<tr><th colspan="2">居住者
居住期限</th><th>左側の家屋</th><th>右側の家屋</th><th>❶父の居住用宅地等の判定（令④）
❷家なき子の判定（法③二ロ）</th></tr>
<tr><td colspan="2">3年超以前まで居住・事例6</td><td>Aが居住</td><td>父○</td><td>❶右側
❷家なき子に該当</td></tr>
<tr><td colspan="2">3年以内前まで居住</td><td>Aが居住</td><td>父</td><td>下記の事例別に判定する</td></tr>
<tr><td rowspan="5">相続開始直前の状況</td><td>事例1</td><td>空室×</td><td>父×</td><td>❶右側❷家なき子非該当</td></tr>
<tr><td>事例2</td><td>父○</td><td>父×</td><td>❶左側❷家なき子括弧書きでOK（注1）</td></tr>
<tr><td>事例3</td><td>父○</td><td>空室×</td><td>❶左側❷家なき子括弧書きでOK</td></tr>
<tr><td>事例4</td><td>貸付</td><td>父×</td><td>❶右側❷家なき子に該当せず</td></tr>
<tr><td>事例5</td><td>父○</td><td>貸付</td><td>❶左側❷家なき子括弧書きでOK</td></tr>
</table>

×はAが取得した場合、父の居住用宅地等に該当したとしても（書類審査合格）、家なき子の判定（法③二ロ）で『入学試験不合格』になるということです。

(注1) ただし父が主として左側の家屋を居住の用に供していた場合です。

(注2) 貸付には賃貸借、使用貸借を含みます。

以上は相続開始時点の要件で、申告期限時点の保有要件も当然あります。

なお、宅地等の取得者がA以外の家屋を所有していない親族（例　次男B）の場合は、相続開始時点の父居住分（右側）は特定居住用宅地等に該当します。

※相続開始前にA等が元の家屋に戻ってきていた場合は法③二イ適用可能です。

Q3-3-14「家なき子」の配偶者等の範囲

「家なき子」の配偶者、3親等内の親族等について説明してください。

A　「家なき子」の配偶者、3親等内の親族、又は当該親族の一定支配法人については次のように考えます。

国民的アニメのサザエさんの家系図で解説します。

マスオさんの父（母は既に他界。）は一人で持ち家に居住している。

以下の者は全員同居

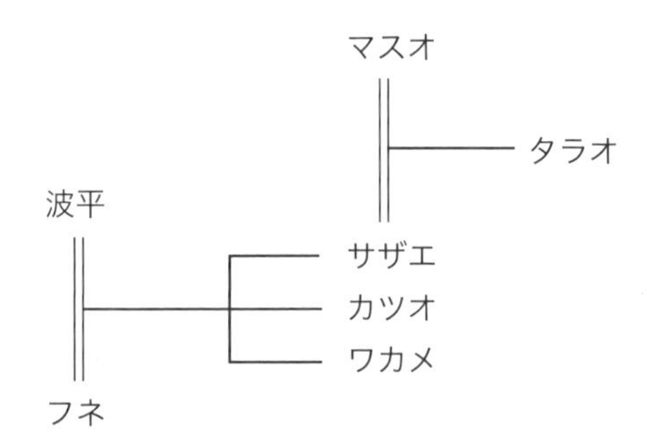

⑴「当該親族、当該親族の配偶者、当該親族の3親等内の親族又は親族等が一定の支配をする法人が所有する家屋」とあります。

そのためどの時点でそれらの者に該当するかどうかの判定が必要となります。

⑵ そしてそれらに該当するかどうかは、相続の開始の直前に「その親族等」との関係があるかどうかで判定します（通−22)。

（配偶者）の判定

正式な婚姻関係にある者のみをいいます。

（波平さんが数年前に死亡し、サザエさんが家屋を取得していたと仮定)

マスオさんの父（母は既に他界）が一人で別の場所に居住していたが今回死亡し、マスオさんが父の居住用宅地等を取得した場合、下記のように判断します。

⑴ マスオさんの父が死亡した時点で、サザエさんと婚姻関係が継続し

ていた場合は「マスオさんの配偶者」に該当します。

⑵　マスオさんの父が死亡した時点で、サザエさんと婚姻関係が解消していた場合は「マスオさんの配偶者」に該当しません。

（三親等内の親族）の判定

相続開始数年前までは三親等内の親族だったが相続開始時点で下記に該当した場合、三親等内の親族に該当しないことになります。

⑴　三親等内の自然血族

親子関係不存在確認訴訟が提起され、確定している場合

波平さんがサザエさんを自分の子供ではないと訴訟を提起し、確定した場合、マスオさんと波平さんは三親等内の親族関係にないことになります。（訴訟がなければ、一親等の姻族関係になります。）

⑵　三親等内の法定血族

養子縁組の離縁による親族関係の終了

⑶　三親等内の姻族

（離婚・姻族関係終了届出・⑴確定時のマスオさんと波平さんの関係）

参考法令　民法728条

①姻族関係は、離婚によって終了する。

②夫婦の一方が死亡した場合において、生存配偶者が姻族関係を終了させる意思を表示【姻族関係終了届出。戸籍法96】したときも、前項と同様とする。

（戸籍の身分事項欄に記載されます。推定相続人の廃除も同じです。）

波平さんはまだ存命だが、サザエさんと離婚している場合、又はサザエさんが既に死亡しており、マスオさんが姻族関係終了届出を提出している場合、マスオさんと波平さんの姻族関係はありません。

（親族等が一定の支配をする法人）の判定

相続の開始の直前で親族等及び一定法人が「発行済株式総数等（自己株式等除く）」の50％超を有する法人をいいます。

詳細はQ3-3-1を参照してください。

Q3-3-15 被相続人（又は相続人等）が単身赴任していた場合 5事例

被相続人（又は相続人等）が単身赴任していた場合はどうなりますか。

被相続人甲（又は相続人等）は、相続開始の数年前から単身赴任し社宅に居住していました。妻子は従来の自宅に居住していました。

甲に相続が開始したことにより、自宅建物と敷地を妻が相続しましたが特定居住用宅地等として80%の減額はできるのでしょうか。

A 次のように考えます。

⑴　生活の拠点

妻子が居住していた自宅が、甲の居住の用に供されていたかどうかは、甲がそこに生活の拠点を置いていたかどうかにより判定することになります。

⑵　具体的な基準

❶　甲の日常生活の状況

❷　その建物への入居目的

❸　その建物の構造及び設備

❹　その他の状況を総合勘案します。

⑶　最終判定

単身赴任の場合、転勤が解除されたら自宅に戻るのが普通であり、通常の場合、自宅が生活の拠点となり、妻が相続したのですから「特定居住用宅地等」に該当することになります（法③二柱書）。

⑷　生計一親族

特殊な家庭の事情により、社宅が生活の本拠と判定されたとしてもこの事例では、妻子が従来の自宅に居住していますので、「生計を一にする親族の居住用」ということになりますから、同じく「特定居住用宅地等」に該当することになります（法③二柱書）。

なお、単身赴任の場合の特例適用の是非を次の頁に一覧しました。

1 被相続人が　　　　　　　相続開始時点で　　　単身赴任中
2 宅地等を取得した同居等親族が　　　申告期限までに単身赴任中
3 宅地等を取得した親族が　　　相続開始時点で　　　単身赴任中
4 宅地等を取得した生計一の親族が相続開始時点で　　　単身赴任中
5 宅地等を取得した生計一の親族が　　申告期限までに単身赴任中

の事例をまとめて一覧にしました。

事例	事実認定	該当判定
1 相続開始時点で被相続人甲が、単身赴任中	甲の配偶者・子等が元の場所に居住	元の場所が生計一の親族の居住用宅地等
2 同居親族が被相続人甲の居住用宅地等を取得したが、申告期限までに別の場所に単身赴任中	同居親族の家族である配偶者・子等が、元の場所に居住	居住継続要件を満たしていると判定 特定居住用宅地等
3 相続開始時点で別の場所に単身赴任中であった親族Bが被相続人甲の居住用宅地等を取得	Bの家族である配偶者・子等が甲と同居していた場合	措法69の4③二イの同居親族と判定
4 相続開始時点で別の場所に単身赴任中であった生計一の親族Aが自己の居住用宅地等を取得	Aの家族である配偶者・子等が引き続き居住していた場合	措法69の4③二ハの生計一親族と判定
5 生計一の親族Aが自己の居住用宅地等を取得したが、申告期限までに別の場所に単身赴任	Aの家族である配偶者・子等が引き続き居住していた場合	居住継続要件を満たしていると判定 特定居住用宅地等

1 『小規模宅地等の特例の税務』平成18年12月発刊（一財）大蔵財務協会128頁（生計一の親族の居住用と考える。）

甲の居住用
- 元の場所（拠点だが本拠地でない）⇨故に適用できない。
- 赴任先「主として居住の用に供している」本拠地

生計一の親族の居住用⇦元の場所（ここに適用する。）

2 2025.1.1現在国税庁のHP 質疑応答事例➡小規模宅地等の特例 13

特定居住用宅地等の要件の一つである「相続開始時から申告期限まで引き続き当該建物に居住していること」の意義

【照会要旨】

被相続人甲と同居していた相続人Aは、被相続人の居住の用に供されていた宅地を相続しましたが、相続税の申告期限前に海外支店に転勤しました。

なお、相続人Aの配偶者及び子は、相続開始前から相続税の申告期限まで引き続き当該宅地の上に存する家屋に居住しています。

この場合当該宅地は特定居住用宅地等である小規模宅地等に該当しますか。

【回答要旨】

相続人Aの配偶者及び子の日常生活の状況、その家屋への入居目的、その家屋の構造及び設備の状況からみて、当該建物がAの生活の拠点として利用されている家屋といえる場合、すなわち、転勤という特殊事情が解消したときは、家族と起居を共にすることになると認められる家屋といえる場合については、甲に係る相続開始の直前から申告書の提出期限までAの居住の用に供していた家屋に該当するものとみるのが相当ですから、Aの取得した宅地は特定居住用宅地等である小規模宅地等に該当します。

なお、相続人Aの配偶者及び子が、相続税の申告期限前に当該宅地の上に存する家屋に居住しないこととなった場合には、当該宅地は特定居住用宅地等である小規模宅地等に該当しません。

【関係法令通達】 租税特別措置法第69条の4第3項第2号

③　2025.1.1現在　国税庁のHP質疑応答事例➡小規模宅地等の特例　14

単身赴任中の相続人が取得した被相続人の居住用宅地等についての小規模宅地等の特例

【照会要旨】

被相続人甲は、自己の所有する家屋に、長男A、その配偶者B及びその子Cと同居していました（甲の配偶者は既に死亡しています。）。令和○年にAが転勤で大阪へ単身赴任となり、その後、この家屋には、甲、B及びCが居住していましたが、令和○＋1年1月に甲が死亡したため、Aがこの家屋及びその敷地を相続により取得しました。

なお、Aは相続税の申告期限において引続き単身赴任の状態にあります。

この場合、Aが取得した敷地は特定居住用宅地等である小規模宅地等に該当しますか。

【回答要旨】

Aの配偶者及び子の日常生活の状況、その家屋への入居目的、その家屋の構造及び設備の状況からみて、当該家屋がAの生活の拠点として利用されている家屋といえる場合、すなわち、転勤という特殊事情が解消したときは、その相続人の配偶者等と起居をともにすることになると認められる家屋といえる場合については、甲に係る相続開始の直前から申告書の提出期限までAの居住の用に供していた家屋に該当するものとみることができますから、Aの取得した宅地は特定居住用宅地等である小規模宅地等に該当することとなります。

【関係法令通達】　租税特別措置法第69条の4第3項第2号イ

④⑤は筆者の私的見解です。

（注）①・③・④は相続開始時点での判定であり、
②・⑤は相続税の申告期限時点での判定です。

Q 3-3-16 病気等で病院に入院していた場合

被相続人が相続開始時に病気等で入院していたため空家となっていた建物の敷地はどうなりますか。

A 次のように考えます。

(1) 病院は、病気又は怪我を治療するための施設ですし、又入院の目的も病気等の治療のためですから、患者は病気等が治ったら、入院前に居住していた建物に戻るのが通常であると考えられます。

(2) 入院後、建物を他の用途に供されたような特段の事情がない限り、入院期間の長短を問わず、生活の拠点はなお入院前のその建物にあると見るのが実情に即していると考えられます。

平成25年度税制改正の解説（財務省）590～591頁では次のように解説しています。

（備考）被相続人が病院に入院したことにより、それまで被相続人が居住していた家屋が相続開始の直前には居住の用に供されていなかった場合であっても、入院により被相続人の生活の拠点は移転していないと考えられることから、従前からその建物の敷地の用に供されている宅地等は被相続人の居住の用に供されていた宅地等に該当するものとして、この特例の適用対象とされています。

また、**病院である介護療養型医療施設及び療養介護を受ける施設**に入っていた場合にも病院と同様、この特例の適用対象とされています。

※上記の太字の施設は2024.3.31で廃止されて現在は介護医療院と名称が変更され、老人ホーム等に該当します（介護保険法8㉙）。

Q 3-3-17 老人ホーム等に入所等していた場合

被相続人が相続開始時に老人ホーム等に入所等していた場合はどうなりますか。

A ⇨第5章に詳細に解説しています。

Q3-3-18 申告期限までに配偶者贈与の特例を受けるために贈与した場合

甲と同居の長男Aが居住用宅地等を相続し、申告期限前にその一部を婚姻期間20年以上の妻に贈与しました。このように特定居住用宅地等の特例の適用を受けた者が、申告期限までに配偶者贈与の非課税規定を受けるため贈与した場合、どのような取扱いになるのでしょうか。

A 例えば、長男Aが相続税の申告書を申告期限の相当前に提出し、その後、同じく申告期限前に、妻に贈与税評価額で2,000万円相当分を贈与した場合などが考えられます。

⑴ 平成22年3月31日までの相続

同居親族には特定居住用宅地等に該当するためには、申告期限まで「保有継続要件」及び「居住継続要件」を満たす必要があります（旧法③二イ）。

しかし、保有継続要件は全部を保有していなくてもよく、申告期限までに居住していれば、たとえその一部を贈与したとしても、全部特定居住用宅地等に該当し、80％減額することができます（特定居住用宅地等は**全部概念**のため）。

もちろん全部贈与した場合は、保有継続要件を満たさなくなるため、80％でなく50％の減額しか認められないのはいうまでもありません。

⑵ 平成22年4月1日以後の相続

申告期限までその一部を贈与した場合には、その贈与した居住用宅地等の面積分は「保有継続要件」を満たさないことになりますので、その面積分については「特定居住用宅地等」に該当せずその分については特例適用はできません（特定居住用宅地等も他と同じく**部分概念**に変更されました。コラム16参照）。

（600㎡を相続等で取得し、申告期限までに妻に40％贈与した場合）

600㎡ ×60％（夫の持分）＝360㎡分が特定居住用宅地等に該当

限度面積である330㎡分に80％の減額適用できます。

まだ業界誌や書籍で全部適用できないと解説している方もありますが、適用できます。Q6-3-10を参照してください。

（2020.7.7資産課税課情報第17号で同様の見解を国税庁は解説しています。）

Q 3-3-19 相続開始前に配偶者贈与の特例を受けている宅地等の取扱い

店舗併用住宅等の贈与税評価額は、全体で4,000万円で、２年前に甲は配偶者である乙（婚姻期間20年以上）に全体の50%を贈与しました(2,000万円相当)。その申告の際に、居住用を先取りするために「相基通21の6–3ただし書以後」の特例を適用しました。

今回、甲に相続が開始し、残りを乙が相続しましたが、生前に贈与税の配偶者控除の適用を受けていた宅地等への適用関係はどうなりますか。

A 上記の場合、50％贈与したわけですから、居宅及び貸付けの建物及びその宅地の50％分を贈与したことになり、貸付け分は贈与税が課税されます。

しかし、相続税法基本通達21の6–3ただし書以後では、居住用の先取りを申告した場合、それを認めるとありますので、結果としては非課税となります。

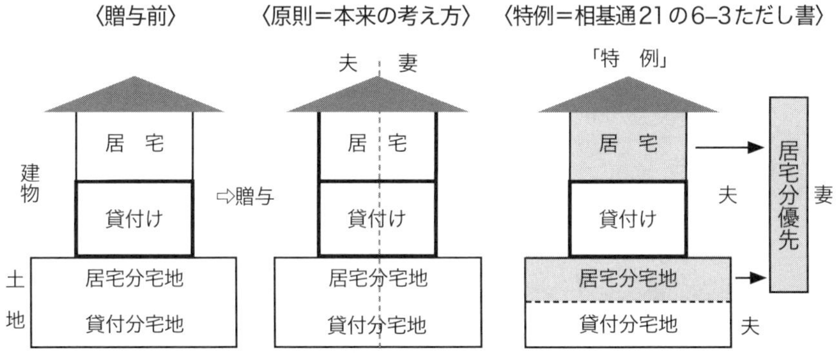

〈贈与前〉　〈原則＝本来の考え方〉　〈特例＝相基通21の6–3ただし書〉

夫　妻　「特　例」
居　宅　居　宅　居　宅　居宅分優先
建物　⇨贈与　夫　妻
貸付け　貸付け　貸付け
土地　居宅分宅地　居宅分宅地　居宅分宅地
貸付分宅地　貸付分宅地　貸付分宅地　夫

上記の贈与税の取扱いからすると、甲の居住用宅地等は、既に贈与によりなくなっていると考えられますが、上記の規定は贈与税の配偶者控除の特例を適用する場合の計算に限り特別に認められているものであり、それ以外の課税関係（贈与税・所得税・相続税等）は本来の考え方のとおりになります（通–9)。

したがって、乙（妻）が甲の居住用宅地等を相続しかつ、貸付分も相続したことになり、居住用宅地分は「特定居住用宅地等」に該当し、貸付分は2つの継続要件を満たすと「貸付事業用宅地等」に該当します。

(注) 「相基通21の6-3ただし書」は緩和通達の代表的なものです。

1 **相続税法21条の6の贈与税 ………………特例**
2 上記1以外の贈与税………………………… 原則に戻ります。
3 相続税………………………………………… 原則に戻ります。
4 所得税（不動産所得・譲渡所得等）………… 原則に戻ります。

Q 3-3-20 同一敷地上に居住用建物が２つある場合 ６事例

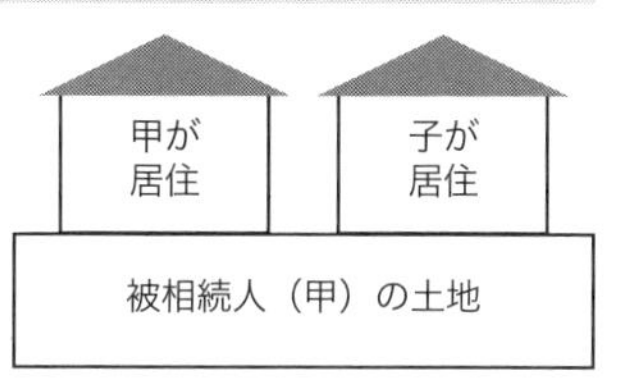

全体で200㎡の面積の宅地で、甲は、一人で左の建物に居住し、この宅地を右の子が相続した場合のような同一敷地上に居住用建物が２つある場合はどのように取り扱うことになりますか。（敷地利用割合各50%）（家賃・地代支払いなし）

A 次のように考えます。

⑴　建物の所有者が、両方とも甲の場合

（生計が別の場合）事例❶

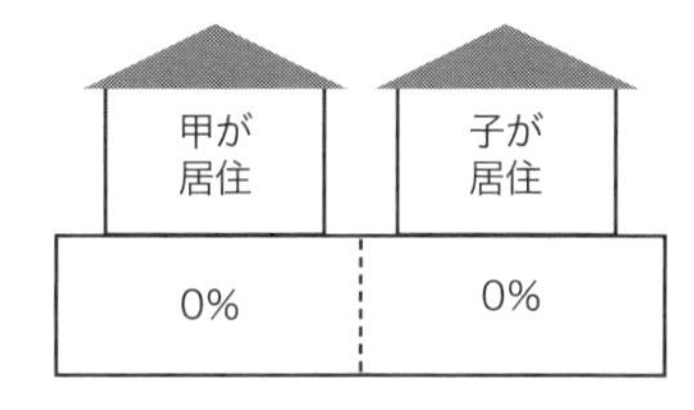

（生計が一の場合）事例❷

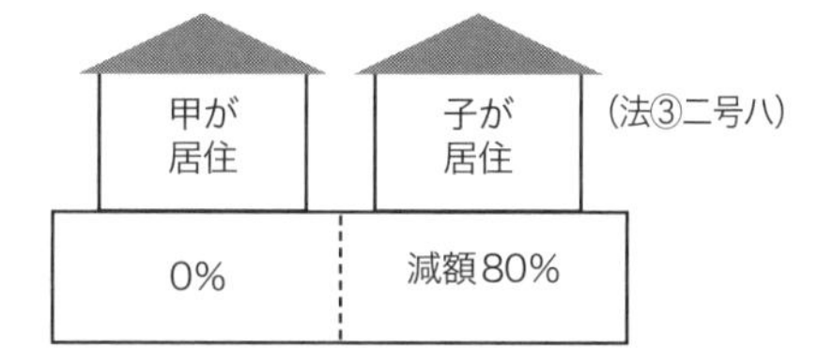

⑵　建物の所有者が各居住者である場合

（生計が別の場合）事例❸

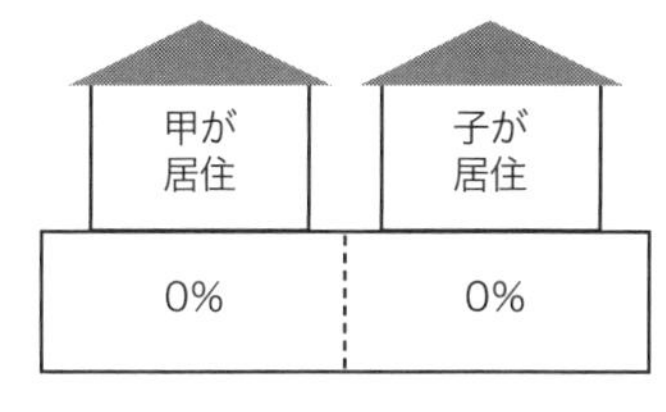

（生計が一の場合）事例❹

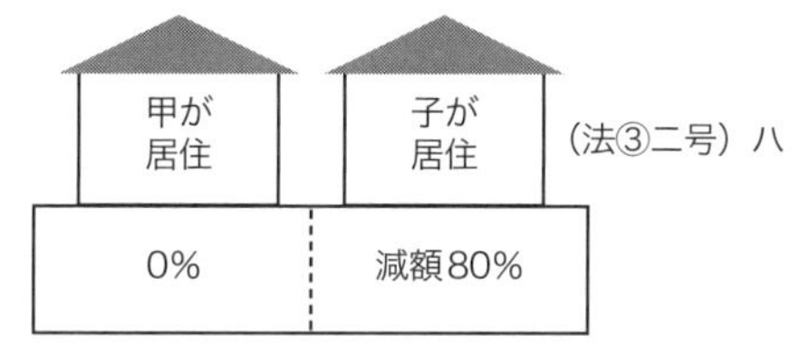

⑶　建物の所有者が両方とも子である場合

（生計が別の場合）事例❺

甲が居住　子が居住

0%　0%

（生計が一の場合）事例❻

甲が居住　子が居住　(法③二号）ハ

0%　減額80%

※子は全ての事例で家なき子に該当しません。

Q3-3-21 居住用宅地等が2つ以上ある場合についての詳細

居住用宅地等が2つ以上ある場合についての詳細を説明してください。

A 被相続人甲は、従来からY町にある土地建物を居住の用に供していましたが、死亡の約1年前に隣接のZ町に所有していた土地上に建物を新築しました。

死亡直前の利用状況は、平日を新居で過ごし、週末は旧居宅で過ごす(これは、別荘的使用ではなく、例えば、庭の手入れのためとか、週末にゲートボール同好会があるなどの理由で使用する)という状態でした。(配偶者乙・子A等も同じ。)

前提条件等	主たる居住用	従たる居住用
甲＝被相続人	E宅地等	F宅地等（複数も）
乙＝被相続人と生計を一にしていた親族	G宅地等	H宅地等（複数も）
A等＝被相続人と生計を一にしていた親族	I宅地等	J宅地等（複数も）

(1) 平成22年改正の図表（一・二・三は令⑪の各号数）

<table>
<tr><th>号</th><th colspan="2">措令40の2⑪</th><th>主</th><th>従</th><th colspan="3">適用宅地等</th></tr>
<tr><td>一</td><td colspan="2">被相続人甲の居住用（下記三を除く）</td><td>E</td><td>F</td><td colspan="3">E</td></tr>
<tr><td rowspan="2">二</td><td colspan="2">生計を一にしていた親族乙の居住用（同上）</td><td>G</td><td>H</td><td colspan="3">G</td></tr>
<tr><td colspan="2">乙の外にA等の居住用がある場合（三に同じ）</td><td>I</td><td>J</td><td colspan="3">G・I</td></tr>
<tr><td rowspan="5">三</td><td colspan="4">イ　EとG（又はEとI）が同一⇨E（G・I）に適用</td><td colspan="3">E＝G（I）</td></tr>
<tr><td colspan="4">ロ　EとG（又はI）が別⇨E&G&Iに適用可能</td><td colspan="3">E・G・I</td></tr>
<tr><td>事例</td><td>❶</td><td>❷</td><td>❸</td><td>❶</td><td>❷</td><td>❸</td></tr>
<tr><td>被相続人甲の居住用</td><td>E</td><td>EF</td><td>EF</td><td rowspan="2">E
G
I</td><td rowspan="2">E
G
I</td><td rowspan="2">E
G
I</td></tr>
<tr><td>生計一親族乙（A等はI・J）</td><td>GH</td><td>G</td><td>GH</td></tr>
</table>

三号は被相続人及び生計一親族が居住用宅地等を二以上所有している場合です。

結論として、被相続人、被相続人と生計を一にする各親族別に「主として居住の用に供されていた一の宅地等」を小規模宅地の対象宅地等にするということです。

したがって、理論的には何カ所でも「特定居住用宅地等」に該当することになります。もちろん限度面積要件の範囲（330㎡）内ですが。

第4節　特定同族会社事業用宅地等（13事例）

Q3-4-1 特定同族会社事業用宅地等とは

特定同族会社事業用宅地等について説明してください。

A　特定同族会社事業用宅地等とは、被相続人等の事業用宅地等に第一次審査である「書類審査＝被相続人等の事業（貸付ではなく、貸付事業）」に合格したもののうち、次に掲げるすべての要件に該当するものをいいます。

❶　相続開始直前から相続税の申告期限までにおいて、

❷　特定同族会社（相続開始の直前に被相続人及び当該被相続人の親族その他当該被相続人と措置法施行令40条の2第16項で定める特別の関係がある者（同族関係のある法人を含む。）が

❸　有する株式の総数又は出資（自己株式又は出資は除く。）の総数又は総額が当該株式又は出資に係る法人の発行済株式の総数又は出資の総額の十分の五を超える法人（清算中の法人を除きます。）【相続開始時のみの要件です】の

❹　事業（一般の事業をいう。）の用に供されていた宅地等であること（50％超）。

（注）株式若しくは出資又は発行済株式には、議決権に制限のある株式又は出資として「措置法規則23条の2第6項、7項」で定めるものは含まれません。

❺　その宅地等を取得した人が、次の要件のすべてに該当する被相続人の親族であること

①　申告期限において特定同族会社の役員であること（法人税法2条十五に該当する役員「清算人を除く」をいいます。）（株式等の取得要件はなし）

②　その宅地等を申告期限まで保有、かつ当該法人の事業の用に供していること（当該は「法人」の2文字だけに係り、「法人の事業」の5文字には係りません。つまり、事業の同一性は要求していませ

ん【貸付事業への変更はだめです】。）

（注）　相続開始後は同族法人から賃貸料（家賃・地代）を収受することは（一部の税理士は申告期限まで必要と解説しているが）条文上要件になっていません。

❻　上記の「相続税の申告期限」は、相続税の申告期限までにその宅地等の取得者である被相続人の親族が死亡した場合は、その死亡の日とします(法③一ロ)。

※特別の関係がある者とは下記の者です。

❶　被相続人と婚姻の届出をしていないが事実上婚姻関係と同様の事情にある者

❷　被相続人の使用人

❸　被相続人の親族及び前二号に掲げる者以外の者で被相続人から受けた金銭その他の資産によって生計を維持しているもの

❹　前三号に掲げる者と生計を一にするこれらの者の親族

❺　下記に掲げる法人

同族関係のある法人

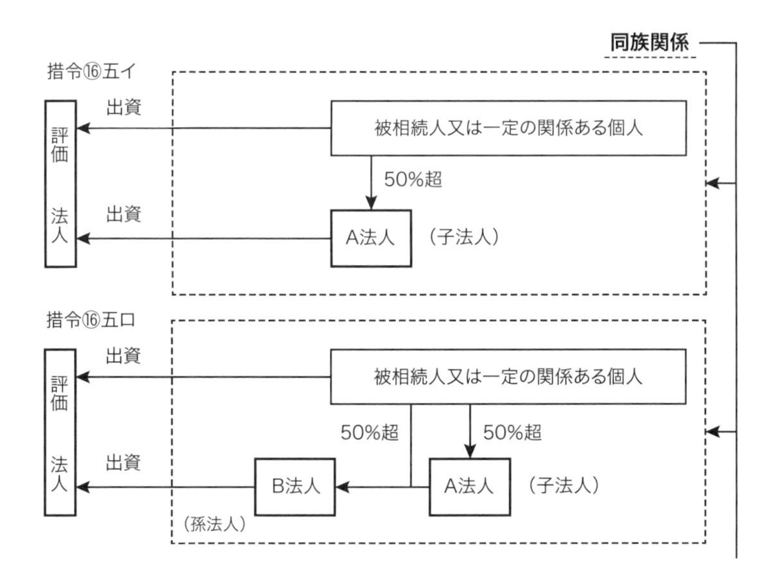

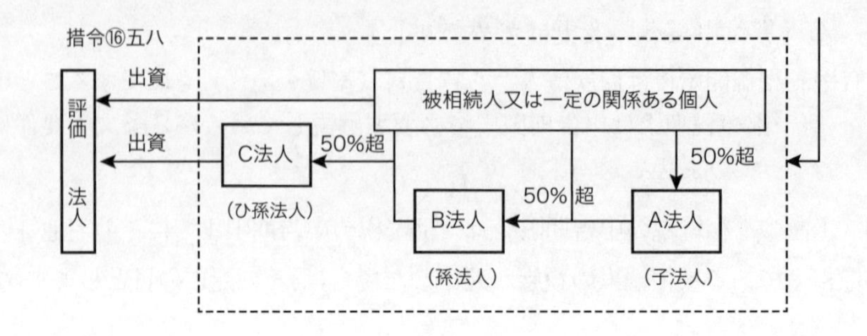

以上の関係を図示すると次のようになります。

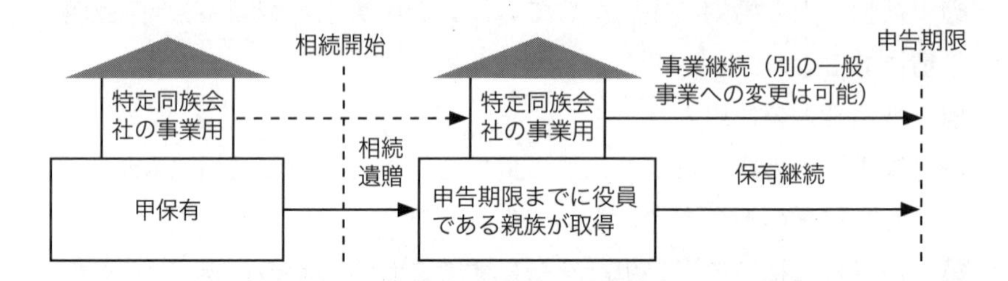

（注） 申告期限までに宅地等の所有者が売却契約を締結&引渡しした場合（法③三）、又は特定同族会社（相続開始直前の保有割合要件のみ。Q3-4-5参照）が申告期限において清算中（令⑱）である場合、0%減額になります。

Q3-4-2　Q3-4-1の宅地等の範囲についての説明8事例

特定同族会社の事業の用に供されていた宅地等の範囲について説明してください。

A　次の❶～❽の事例のうち「事業継続要件」と「所有継続要件」をした場合の減額割合が80％に該当する宅地等（❷・❻・❽）をいいます。

事業主	特定同族会社・丙法人								
建物等の所有者	⇣	↓	⇣	⇣	↓	↓			⇦家賃の有無
	甲		A				丙法人		
宅地等の所有者			⇣	↓	↓	⇣	⇣	↓	⇦地代の有無
	被相続人（甲）								
減額割合の判定（%）	0	80	0	50	50	80	0	80	
事例	❶	❷	❸	❹	❺	❻	❼	❽	

A：甲と生計一の親族、B：甲と生計別の親族
——▶：相当の対価、- - - - - -▶：無償、と表現しています。

（注1）　❹と❺は甲の不動産貸付業等になります。2つの継続要件を満たせば「貸付事業用宅地等」に該当し減額割合は50％になります。

（注2）　❻の場合において、建物所有者が甲と生計別の親族Bであれば減額割合は0%になります（通−23(2)）。

Q3-4-3 従業員の社宅の敷地の取扱い

特定同族会社の社員等の社宅敷地用の宅地等は適用がありますか。

A 特定同族会社の社員等のための社宅等は、特定同族会社の営む事業の事業用施設に該当するものとして取り扱われます（福利厚生の一環）。

しかも、同族会社が社宅等の使用者から使用料を徴収しているかどうかに関係なく、特定同族会社の事業用宅地等に該当します（通−24の逐条解説）。

同族会社の事業を分類すると次の２つに区分できます。

1 不動産貸付業等を営んでいた場合

特定同族会社事業用宅地等に該当しません。

ただし、被相続人等が同族会社に対して３年超継続的に貸し付けて、かつ相当の対価（地代又は家賃）を得ていれば、不動産貸付業等になりますので２つの継続要件を満たせば「貸付事業用宅地等」に該当します。

2 上記の**1**以外の事業（便宜上「一般の事業」という。）を営んでいた場合

社員等の社宅等の敷地は、一般の事業の事業用施設となります。

したがって、一定の要件に該当すれば減額割合は80％です。

（注） 親族のみが使用していた社宅の敷地は、適用できません（通−24）。

「参考」

同族法人が**1**と**2**の事業を兼業していた場合は条文上規定がありませんが、第9章「特定同族会社事業用宅地等の面積算定表」（筆者のオリジナル）で

❶売上高基準　❷床面積基準　❸従業員数基準

などの合理的な基準を自分で見つけて、

1に対応する宅地等の面積を計算「貸付事業宅地等に該当可能性」

2に対応する宅地等の面積を計算「特定同族会社事業用宅地等に該当可能性」

を判断する必要があります。

Q3-4-4 役員の社宅の敷地の取扱い

役員社宅として使用している部分がある場合についての取扱いはどのようになるのでしょうか。

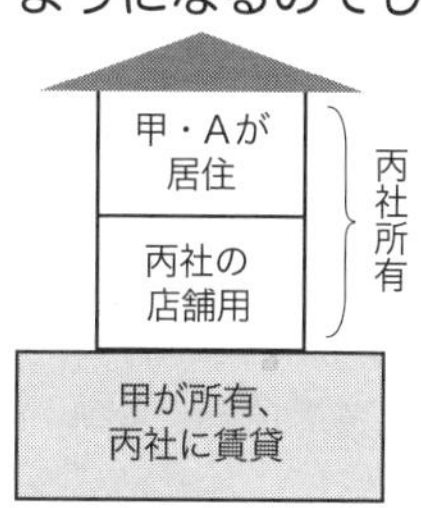

1. Aは甲の子供である。
2. 丙社の株式は甲が100%所有している。
3. 2階は役員社宅としている。
4. この宅地は、申告期限までにAが相続し、丙社の代表取締役社長となった。
5. 宅地の面積は400㎡で、各階の床面積は同じである。
6. 甲は丙社に継続的に貸し付け、かつ、相当の対価を得ている。（土地の無償返還の届出は提出済み。借地権の設定等に丸をしている。）

A 1階に相当する部分については、特定同族会社事業用宅地等に該当し、400㎡÷2＝200㎡までの部分について80%の減額ができます。

2階に相当する部分については、被相続人等の親族のみが使用していた社宅であり、Q3-4-3で解説したとおり、特定同族会社事業用宅地等には該当しません。

しかし、甲が丙社に対して継続的に貸し付けて、かつ、相当の対価を得ているので、その部分は不動産貸付業等になります。

2つの継続要件を満たせば「貸付事業用宅地等」に該当します。

ただし、「縮み計算」が必要です。

200㎡－200㎡×200／400＝100㎡までの分について50%の減額になります。

●生前対策

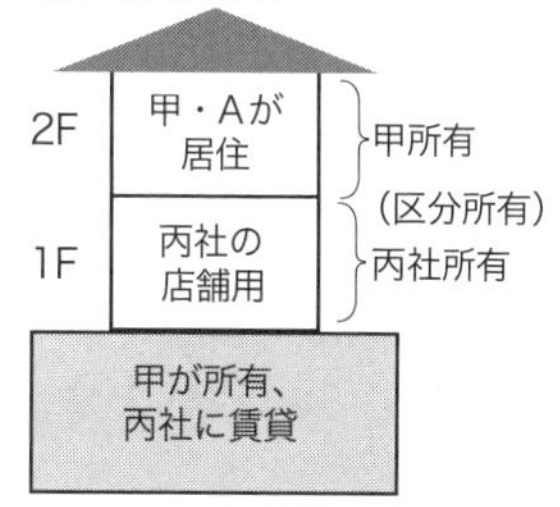

1. 建物を区分所有し、2Fを甲に譲渡。
2. 甲と丙社との賃貸借契約を、当然に1階部分のみに変更します。
3. 上記の対策をし、かつ、それ以外の一定要件を満たせば、2階部分は「特定居住用宅地等」に該当し、下記のようになります。

200㎡（特定同族会社事業用宅地等）＋200㎡（特定居住用宅地等）＝400㎡全部について80%の減額になります。

Q3-4-5 特定同族会社の持株割合等の判定時期

特定同族会社の持株割合等の判定時期について説明してください。

A社の株式保有割合は、表のとおりです。

株主＼相続	開始前	開始後
被相続人甲	60%	
妻　乙	20%	50%
第三者　丙	20%	50%

A 特定同族会社事業用宅地等に該当するための要件として、その宅地等を事業の用に供している同族会社の株式又は出資を被相続人及び当該被相続人の親族その他当該被相続人と特別な関係がある一定の者で50%超保有していることが必要とされています（法③三）。

しかし、この株式等の保有割合の判定は、相続開始直前だけか、相続税の申告期限まで考慮して判定するのかという問題があります。

なぜなら、措置法69条の4第3項3号で「相続開始直前に…50%超である法人…かつ、申告期限まで引き続き当該法人の事業の用に供されている…」と規定しており、申告期限まで50%超保有の特定同族会社でなければならない継続要件があるようにも読めるからです。

これに関して平成7年7月31日号週刊「税務通信」で国税庁資産税課の村中修氏が「この特例が円滑な事業承継を目的とした制度の趣旨から見れば当該法人は、相続開始直前に…50%以上（現在は50%超）である法人と解釈するのが相当と思われます。」と解説しており、実務的には結論が出ています。

『小規模宅地等の税務』（一財）大蔵財務協会平成8年2月5日発刊154頁でも「相続開始直前」で判定すると書いています。つまり【書類審査】の段階です。

『小規模宅地等の特例の税務』2006（平成18）年12月発刊（一財）大蔵財務協会からは、この分が削除されていますが【申告期限まで必要と言及した訳でもありません】、考え方の変更はないものと思われます。

文理解釈上も相続開始時点のみの要件と読めます。

【国税庁のU氏が某業界誌で下記の記事直前に、申告期限まで必要と発言】

【国税庁の村中修氏がH7.7.31週刊税務通信で☞相続開始直前と変更発言】

Q3-4-6 特定同族会社事業用宅地等の取得者要件

特定同族会社事業用宅地等に該当するための、事業の用に供している宅地等を取得する者の要件について説明してください。

A 特定同族会社事業用宅地等の要件として、特定同族会社が事業の用に供している宅地等を相続等により取得した親族が、相続税の申告期限においてその同族会社の役員（清算人を除きます。）であることが要件になっています。

しかし、上記の親族が被相続人と生計を一にしていたことや、その同族会社の株式等を相続等により取得することは要件になっていません。

宅地等の取得者の要件を表にすると次のとおりです（親族に限ります。）。

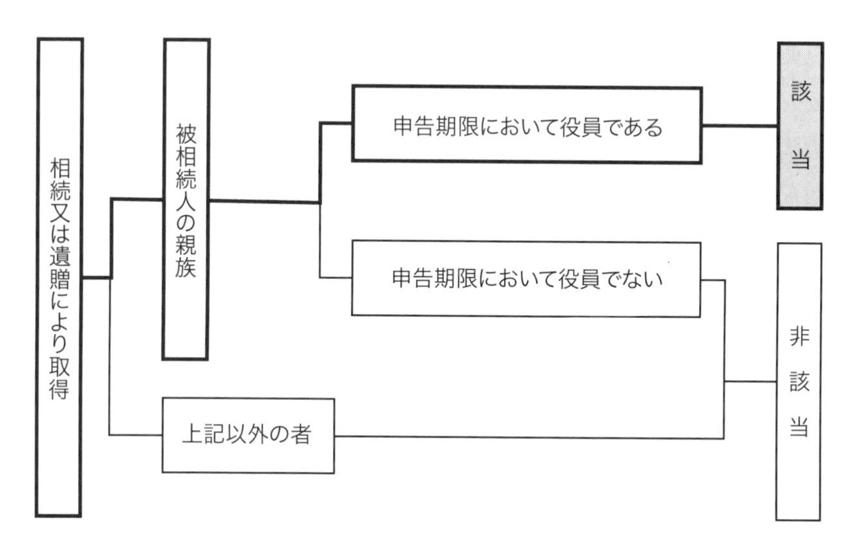

（注）　宅地等の取得者については、上記以外の要件はありません。

Q3-4-7 「通常の地代」と「相当の地代」による貸付けの取扱い

特定同族会社に対し、建物の敷地として、「通常の地代」又は「相当の地代」による貸付けを行っていた場合の取扱いはどうなりますか。

A ●「相当の地代」と「通常の地代」

1 「相当の地代」…原則として土地の更地価額の過去3年間の平均×年6%程度

(注)「土地の更地価額」は、①原則　更地としての通常の取引価額（時価）しかし課税上弊害がない限り、②当該土地につきその近傍類地の公示価格等又は③「財産評価基本通達」の例により計算した価額によることができます。

2 「通常の地代」…その地域の通常の地代をいいますが、路線価等で計算した貸宅地(底地)の過去3年間の平均×年6%でも認められます。

具体的には、相当の対価を得て、継続的に貸し付けることが要件となりました。相当の対価等については、Q3-2-3を参照してください。

近隣の相場どおり賃貸していれば、必ずしも相当の利益がなくても、問題ないものと思われます。

上記のとおり、「通常の地代」は近隣の相場ですし、いわんや「相当の地代」はそれよりも高額ですから、相当の対価（相当の地代と言葉が似ていますが、両者の意味するところは異なりますから混同しないでください。）の要件は満たしています。蛇足ながら、継続的に貸し付けるという要件は、設問の場合は建物の敷地ということですので、通常は該当するでしょう。

Q 3-4-8「無償返還届出」を提出している場合（使用貸借）

特定同族会社との土地の貸借について、固定資産税等程度の地代を授受し「無償返還の届出」を提出している（使用貸借契約に丸をしている。）場合の取扱いはどうなりますか。

A　宅地等の利用状況は次のようになっています。

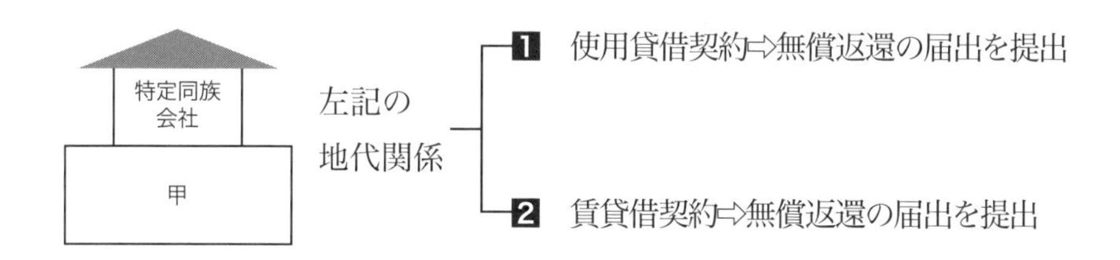

設問の「固定資産税等程度の地代」の場合は、小規模宅地等の判定においては「無償＝使用貸借」による貸付けと同様に考えられています（通−4）。

つまり、上記の2ではなく、1に該当することになるのです。

そうしますと「相当の対価」の要件に該当しないことになり、被相続人の事業の用に供していたものということはできません。

結論として、80％減額はおろか50％の減額もできないということです。

この宅地は、使用貸借と判断されます（民法595）ので税務上、土地の評価は、自用地評価となり、借地権等の権利分の減額等は一切ありません。

Q3-4-9「無償返還届出」を提出している場合（借地権等の設定）

特定同族会社との土地の貸借について、通常の地代を授受し、権利金の授受をせずに「無償返還の届出」を提出している（借地権の設定等）場合の取扱いはどうなりますか。

A 宅地等の利用状況は次のようになっています。

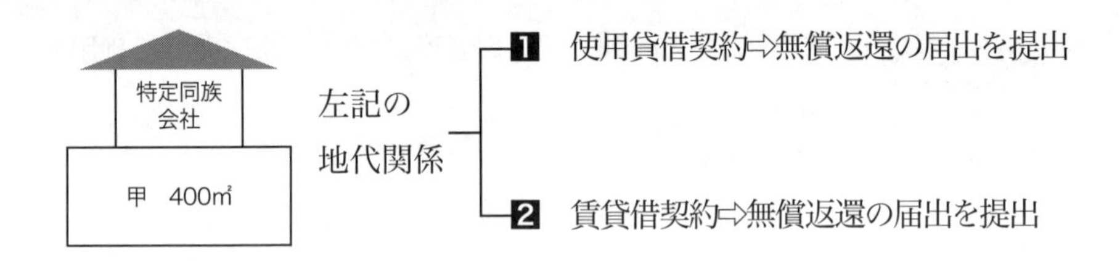

設問の「通常の地代」の場合は、上記の2に該当し、かつ、「相当の対価」にも該当しますから、他の要件を満たせば80%の減額ができます。

この土地の評価等は次の手順で行います。

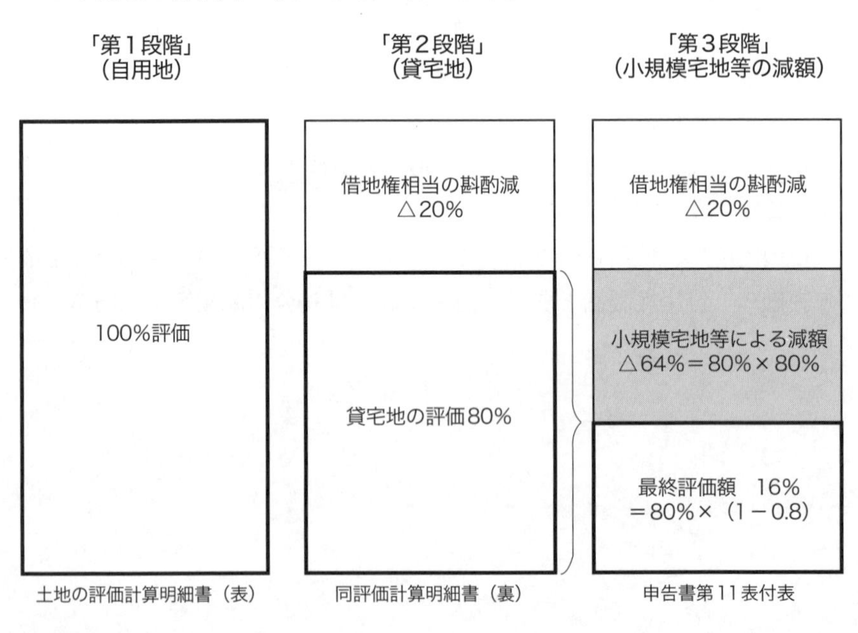

Q3-4-10 事業用建物を申告期限までに建て替えた場合

特定同族会社に賃貸していた建物と土地を乙が相続し、その建物を相続開始後、申告期限までに建て替えた場合の取扱いはどのようになりますか。

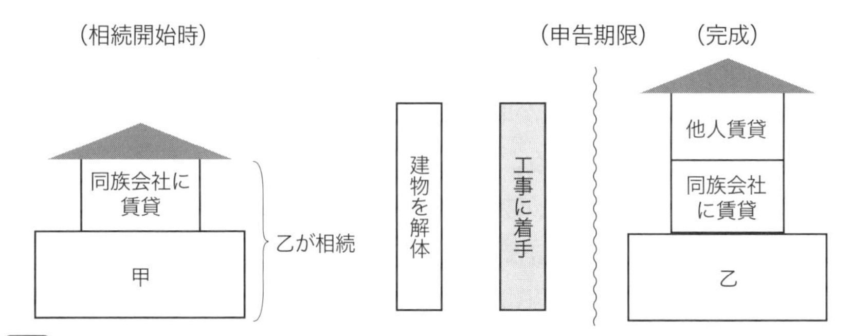

A 詳しくは第2節Q3-2-11と同じ考え方ですので参照してください。

1階の床面積の割合に相当する敷地については、80％の減額ができますが、2階部分に相当する敷地については0％減額となります。

しかし「書類審査」では甲の（貸付）事業用ですから、2階部分については措置法69条の4③四号の要件を満たせば「貸付事業用宅地等」に該当するものとも考えられます。2階部分に相当する敷地については50％減額となると考えられます。

Q3-4-11 建物を配偶者が、宅地等は子供が相続等で取得した場合　その1

甲は自己の所有する建物を同族会社に対して貸し付けていたが今年1月に亡くなった。

甲の相続により、建物については配偶者乙が取得し、土地については配偶者とは生計が別の長男Aが取得することとなり、以後、配偶者（建物所有者)は土地を使用貸借することにした。

建物は従来から同族会社に相当の対価で継続的に貸し付けられていたものであり（書類審査)、申告期限においても引き続き貸し付けられている。

このような場合、小規模宅地等の特例の適用上、特定同族会社の事業用宅地等として80%の減額ができるか。

なお、この法人については、相続開始直前において被相続人等が株式の50%超を保有しており、申告期限において、長男は当該法人の役員となっている。

また、当該法人は不動産貸付業以外の事業を行っており甲の相続開始後も当該建物を引き続き事務所の用に供している。(他の要件は具備前提Q12・13同じ)

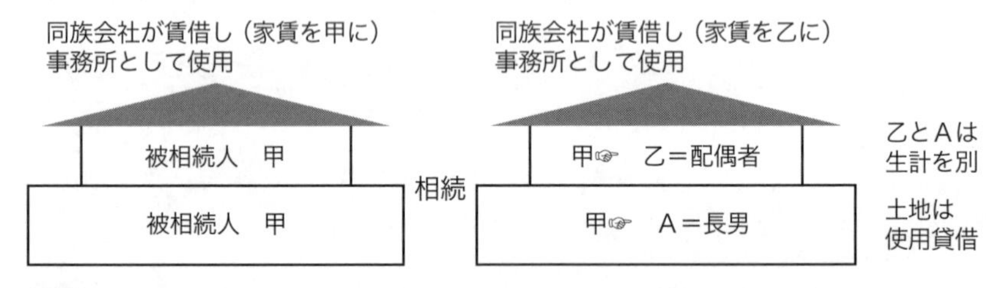

A 特定同族会社事業用宅地等として80%の減額ができる。

（理由）※根拠情報　H 13.7.19　東京国税局資産税審理研修資料

⑴ 「法人の事業の用に供されていた宅地等」に該当するかどうかについては、被相続人等が建物を同族会社に相当の対価を得て継続的に貸し付けているときには、次のいずれかの場合に限られている（措通69の4-23(法人の事業の用に供されていた宅地等の範囲))。【書類審査の話】

①　当該建物を被相続人が所有している場合
②　被相続人と生計を一にしていた親族が敷地を無償で借り受けて建物を所有してる場合

⑵　設問の場合について検討すると、甲は相続開始直前において自己の所有する建物を同族会社に対して相当の対価で継続的に貸し付けていたので、「法人の事業の用に供されていた」という要件は満たしている。

一方、相続の結果、相続税の申告期限においては、建物については土地を取得した長男とは生計を別にする配偶者が取得し、同族会社に貸し付けを行っていることから上記通達に照らして考えると、「申告期限までに引き続き当該法人の事業の用に供されている」といえるかどうか疑問があるところである。

⑶　しかし、特定同族会社事業用宅地等の要件である、相続開始直前に「法人の事業の用に供されていた宅地」に該当するかどうかの判定において、建物所有者が被相続人又は被相続人と生計を一にしていた親族（敷地は無償で借り受けている。）に限られているのは、同条1項でそもそも、当該宅地が被相続人又は生計を一にする親族の事業の用に供されていることを前提としているためである。

すなわち、【書類審査】については、同族会社事業用宅地等である前に被相続人等の貸付事業用宅地等であることが要件とされていると考えられる。

一方、「申告期限までに引き続き当該法人の事業の用に供されている場合」【入学試験＆卒業試験】は、宅地等が単に同族法人の事業の用に供されているという相続開始時の状態がそのまま申告期限まで継続していれば足り、申告期限において宅地等の取得者である親族の貸付事業の用に供されていることまでを求めているとは文理解釈上読めない。

したがって、設問の場合には、当該宅地を相続した長男が申告期限まで引続き当該宅地等を有し、しかも当該建物は特定同族会社の事業の用に供されていることから、当該宅地は上記要件を満たすものと解される。

Q3-4-12 建物を配偶者が、宅地等は子供が相続等で取得した場合　その2

Q3-4-11 の場合で配偶者乙が家賃を収受しない場合はどうなりますか

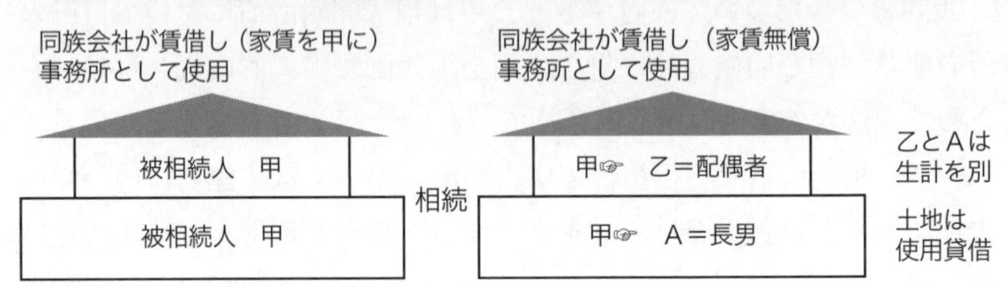

A 特定同族会社事業用宅地等として80％の減額ができる。

Q3-4-11の解説…一方、「申告期限までに引き続き当該法人の事業の用に供されている場合」【入学試験＆卒業試験】は、宅地等が単に同族法人の事業の用に供されているという相続開始時の状態がそのまま申告期限まで継続していれば足り、申告期限において宅地等の取得者である親族の貸付事業の用に供されていることまでを求めているとは文理解釈上読めない。

したがって結論は　前問と同じになると思われます。

Q3-4-13 建物と宅地等を子供が相続等で取得、家賃の収受をやめた場合　その3

A 特定同族会社事業用宅地等として80％の減額ができる。

（理由）※根拠情報　H 13.7.19　資産税審理研修資料　**Q 3-4-11参照**

第5節　貸付事業用宅地等（12事例）

Q3-5-1 貸付事業用宅地等とは

貸付事業用宅地等について説明してください。

A　減額割合が50％適用できる「貸付事業用宅地等」は

1　被相続人等の事業（不動産貸付業等に限る。以下「貸付事業」という。）の用に供されていた宅地等で、

2　次に掲げる要件(1)と(2)のいずれかを満たす当該被相続人の親族が

3　相続等により取得したもの

4　特定同族会社事業用宅地等及び相続開始前3年以内に新たに貸付事業の用に供された宅地等を除く

5　上記**4**…宅地等（相続開始の日まで3年を超えて引き続き【措令40条の2⑲】で定める貸付事業を行っていた被相続人等の当該貸付事業の用に供されたものを除きます。）【貸付事業から除くを除くから、貸付事業になるということ。】

(1)　**被相続人（甲）の貸付事業用宅地等**（本人が事業主である場合です。）（法③四イ）

1　被相続人の親族がその宅地等を相続等により取得し、（第4節の「特定同族会社事業用宅地等」及び第6節の「郵便局舎の事業用宅地等」に該当する場合を除きます。「承継までの休業可」）

2　その親族が相続開始時から申告期限までの間に、

3　その宅地等の上で営まれていた被相続人の貸付事業を承継し、

4　かつ申告期限までその貸付事業を継続し、「途中休業不可。実務的には希有」

5　申告期限までその宅地等を継続保有

した場合の宅地等を「貸付事業用宅地等」といいます。

（注）　その親族が申告期限までに死亡した場合、その者の相続人が上記の要件を満たした場合も「貸付事業用宅地等」といいます（通−15）。

⑵　生計を一にしていた親族の貸付事業用宅地等（法③四ロ）

❶　貸付事業を営んでいた被相続人の親族が、その宅地等を相続等により取得し、

❷　その親族が相続開始直前から申告期限まで（申告期限までに死亡した場合、その死亡の日まで。❹も同じ）、「途中休業不可。実務的には希有でしょう」

❸　その宅地等の上で営まれていた自己の貸付事業を継続し、

❹　申告期限までその宅地等を継続保有

した場合を「貸付事業用宅地等」といいます。

⑶　一部取得の場合

上記⑴⑵の規定はその貸付事業を承継（又は自己継続）する者が、貸付事業用宅地等を取得し、2つの継続要件を満たせば特例の適用を受けられます。

しかし、一部取得した場合、残りの貸付事業用宅地等を取得した親族が貸付事業を承継しなかった場合、又は承継したが2つの継続要件を満たさない場合はその親族は特例の適用を受けられません。以上の関係を図示すると次になります。

①　被相続人（甲）の貸付事業用宅地等（法③四イ）

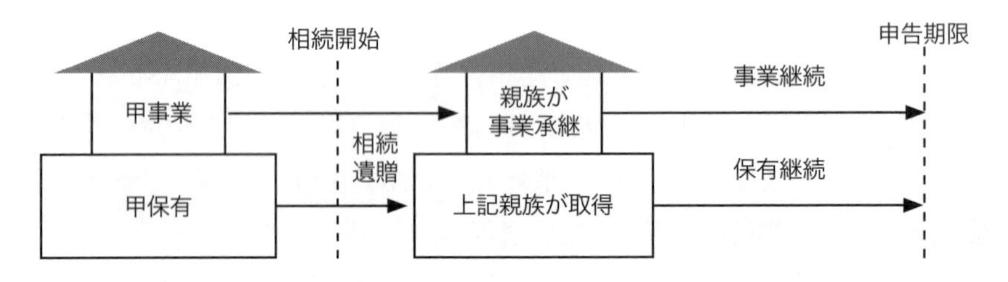

②　生計を一にしていた親族の貸付事業用宅地等（法③四ロ）

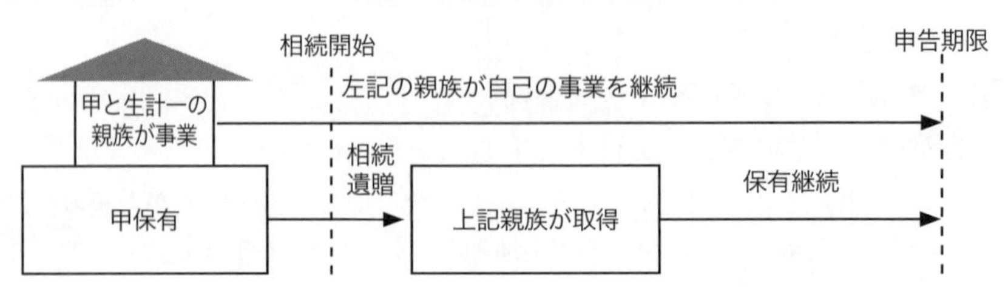

③　一部取得の場合

例えば次の場合、乙の取得した宅地等だけ「貸付事業用宅地等」に該当し、A・Bの取得した宅地等は「貸付事業用宅地等」に該当しません。

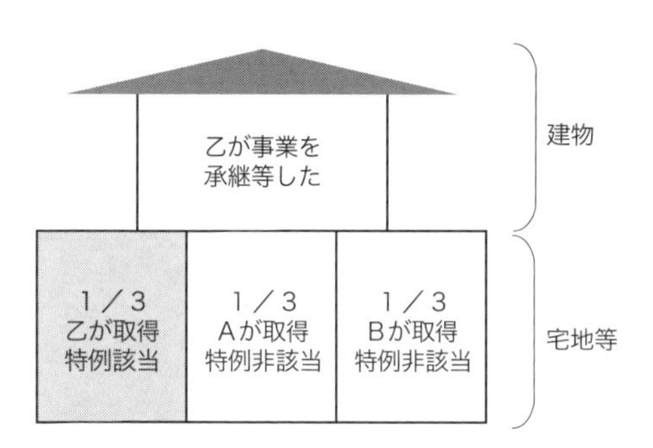

⑷　貸付事業（法①）は、狭義の特定貸付事業（令⑲）と準事業（令①）あり

貸付事業宅地等（の対象）が	事業として行われている	事業以外
駐車場・自転車駐車場で、自己の責任において他人の物を保管するものである場合（措通69の4-24の4）	事業所得を生ずべきものとして行われている ➡特定貸付事業　※2	雑所得を生ずべきもの ➡準事業
不動産の貸付けである場合(同上)	➡特定貸付事業　※1	➡準事業

※1・所基通26−9《建物の貸付けが事業として行われているかどうかの判定》

※2・所基通27−2《有料駐車場等の所得》の取扱いがある。

貸付事業とは＝特定貸付事業＋準事業の総称です。

・2018年4月以降の相続で

・特定貸付事業を（所基通26−9）形式基準の10室で判定と仮定

★＝相続開始前3年　　2018.3.31 ｜ 4.1　　●＝相続開始日　　**図表**

事例		下線分に適用できない		判定
①	8室　　★＋1室等賃貸	（9室）	●	○
②	8室	★＋1室等賃貸（9室）	●	×
③	9室	★＋1室等賃貸（10室）	●	×
④	9室	＋1室等賃貸（10室）★	●	○
⑤	10室	★　＋1室等賃貸（11室）	●	○
⑥	★　10室	＋1室等賃貸（11室）	●	×
⑦		10室　★　＋1室等賃貸（11室）	●	○
⑧		★　10室＋1室等賃貸（11室）	●	×
⑨		9室　★　＋1室等賃貸（10室）	●	×
⑩		★　9室　＋1室等賃貸（10室）	●	×

※判定の欄の×は相続開始前３年以内に貸付を開始した宅地等を小規模宅地等の特例適用対象から除く（相続開始前３年超時点から相続開始時点まで特定貸付事業の場合を除く。）という意味。

⑸　Q&A

前記　図表を具体例で解説します。

特定貸付事業に該当した場合、相続開始時まで継続していると仮定しています。

事例①

Q　被相続人（以下『甲』といいます。）は従来アパート経営（8室）（以下『従来貸付事業』といいます。）をしており2018年3月31日（以下『同日』といいます。）までに都内のアパートを購入し貸付け（以下『新規貸付事業』といいます。）を開始しましたが、その3年以内に相続が開始しました。

A　『従来貸付事業』も『新規貸付事業』も他の継続要件を満たせば（以

下事例②以降は要件具備していると仮定して解説）「貸付事業用宅地等」になります。

（理由）『従来貸付事業』も『新規貸付事業』も『同日』以前に貸付けているからです。

事例②

Q　甲は従来アパート経営（8室）をしており、『同日』の後に都内のアパートを購入し貸付を開始しましたが、その3年以内に相続が開始しました。

A　『従来貸付事業』は「貸付事業用宅地等」になりますが『新規貸付事業』は該当しません。

（理由）相続開始前3年超以前は「特定貸付事業」ではなく『新規貸付事業』は『同日』の後、相続開始前3年以内に貸付けているからです。

事例③

Q　甲は従来アパート経営（9室）をしており、『同日』の後に都内のアパートを購入し貸付を開始しましたが、その3年以内に相続が開始しました。

A　『従来貸付事業』は「貸付事業用宅地等」になりますが『新規貸付事業』は該当しません。

（理由）相続開始時点には「貸室10室以上＝特定貸付事業」ですが、その判定は相続開始前3年超以前から相続開始までの期間で判定しますから、判定時点では準事業です。

事例④

Q　甲は従来アパート経営（9室）をしており、『同日』の後に都内のアパートを購入し貸付を開始しましたが、その3年超後に相続が開始しました。

A　『従来貸付事業』も『新規貸付事業』も「貸付事業用宅地等」になります。

（理由）相続開始前3年超以前に『特定貸付事業』しているからです。

事例⑤

Q　甲は相続開始前３年超以前からアパート経営(10室)をしており、『同日』の後に都内のアパートを購入し貸付を開始しましたが、その３年以内に相続が開始しました。

A『従来貸付事業』も『新規貸付事業』も「貸付事業用宅地等」になります。

(理由)『従来貸付事業』の段階で相続開始前３年超以前「特定貸付事業」ですから、新規貸付事業の３年以内に相続が開始しても『新規貸付事業』も「貸付事業用宅地等」になります。

事例⑥

Q　甲は従来アパート経営（10室）をしており、『同日』の後に都内のアパートを購入し貸付を開始しましたが『従来貸付事業』の３年以内に相続が開始しました。

A『従来貸付事業』は「貸付事業用宅地等」になりますが『新規貸付事業』は該当しません。

(理由)『従来貸付事業』は同日以前であり「貸付事業用宅地等」になりますが相続開始前３年超以前は「特定貸付事業」ではないから『新規貸付事業』は該当しません。

事例⑦

Q　甲は（同日の後）従来アパート経営（10室）をしており、『同日』の後、更に都内のアパートを購入し貸付を開始しましたが『従来貸付事業』の３年超後及び『新規貸付事業』３年以内に相続が開始しました。

A『従来貸付事業』も『新規貸付事業』も「貸付事業用宅地等」になります。

(理由)『従来貸付事業』の段階で相続開始前３年超以前が「特定貸付事業」ですから『新規貸付事業』も「貸付事業用宅地等」になります。

事例⑧

Q　甲は（同日の後）従来アパート経営（10室）をしており、『同日』の後更に都内のアパートを購入し貸付を開始しましたが『従来貸付事業』の3年以内に相続が開始しました。

A　『従来貸付事業』も『新規貸付事業』も「貸付事業用宅地等」になりません。

(理由) 相続開始前3年超以前はそもそも貸付事業をしていませんから『従来貸付事業』も『新規貸付事業』も「貸付事業用宅地等」になりません。

事例⑨

Q　甲は（同日の後）従来アパート経営（9室）をしており、『同日』の後更に都内のアパートを購入し貸付を開始しましたが『新規貸付事業』の3年以内に相続が開始しました。

A　『従来貸付事業』は「貸付事業用宅地等」になりますが『新規貸付事業』は「貸付事業用宅地等」になりません。

(理由) 相続開始前3年超以前は「準事業」ですから『新規貸付事業』は「貸付事業用宅地等」になりません。

事例⑩

Q　甲は（同日の後）従来アパート経営（9室）をしており、『同日』の後更に都内のアパートを購入し貸付を開始しましたが『従来貸付事業』の3年以内に相続が開始しました。

A　『従来貸付事業』も『新規貸付事業』も「貸付事業用宅地等」になりません。

(理由) 相続開始前3年超以前はそもそも貸付事業をしていませんから『従来貸付事業』も『新規貸付事業』も「貸付事業用宅地等」になりません。

※甲が自分所有の宅地等に関係会社が従来（同日以前）からアパート経営『従来貸付事業』（10室）をしており、無償返還の届け出をして地代をもらっていた『従来貸付事業』が、今回（同日の後に）別の宅地等に甲自らアパート経営（8室）を開始『新規貸付事業』した。

　その数年後に甲に相続が開始した場合「特定貸付事業」の判定はどのようにするかというと、10室＋8室＝18室とするのではなく、貸地1÷5（0.2室相当※）＋8室＝8.2室と判定しますからご留意ください。

※土地の貸付の場合、貸付件数5＝1室と判定し、所基通26–9の形式基準を準用すると国税庁は取り扱っています（平成6年1月26日付けの事務連絡）。

以上の事例の考え方を総括すると下記の表になります。

❶=2018.03.31　❷=2018.04.01

❷以後に新たに貸付事業の用に供された宅地等については、相続開始前3年以内分を除く（貸付事業用宅地等には該当しないという意味）。

～❶		❷～　事業＝新たに貸付事業の用に供された宅地等	
事例1	～事業	～3年以内相続開始　【3年縛りはなし】	○
事例2		事業　～　3年以内に相続開始　【※1➡○】	×
事例3		事業　～　3年超に相続開始	○
事例4	別の（特定貸付）事業を従来（相続開始前3年超）から継続　【※2】		○
		（新）事業　～　3年以内相続開始	○
事例5	別の（準）事業を従来（相続開始前3年超）から継続		○
		（新）事業　～　3年以内相続開始	×

※1　相続開始前3年以内相続取得分は新規貸付事業用宅地等ではない（令⑨事業用➡⑳貸付事業に準用）。

※2　3年以内相続の場合、先代の特定貸付期間＋被相続人の特定貸付期間で判定（令㉑）

Q3-5-2 不動産貸付業・駐車場業・自転車駐車場業の範囲

不動産貸付業、駐車場業、自転車駐車場業の範囲を教えてください。

A 小規模宅地等の特例の適用上「一般の事業」と「不動産貸付業等」は区別されています。さらに「準事業」という考え方もあります。

措法69条の4第1項、措令40条の2第1項、7項、19項の規定においては下図のように分類されます。しかし、実務的には下図の区分はあまり意味がありません。

つまり不動産貸付業等の用に供されていた宅地等については、その規模、設備の状況及び営業形態等を問わず、すべて「特定事業用宅地等」に該当せず、「貸付事業用宅地等」に該当することになります（通-13）。

したがって、200㎡　50％減額となります。

（注）同族会社に貸し付けている場合、「特定同族会社事業用宅地等」に該当し80％の減額が受けられる場合があります。

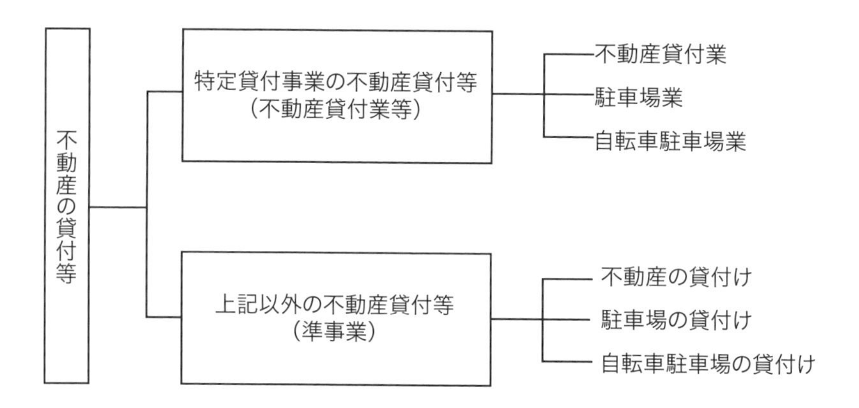

Q3-5-3 貸駐車場を事業的規模で行っている場合

時間貸駐車場を管理人も置き、事業的規模で行っていますが、80%減額はできないのでしょうか。

A 所得税法では、有料駐車場・有料自転車置場等（措置法上では、自転車駐車場といっていますが同義語でしょう。）の所得については、自己の責任において他人の物を保管する場合の所得は事業所得又は雑所得に該当し、そうでない場合の所得は不動産所得に該当するものとされています（所基通27−2）。

区　分	自己の責任で	経営の規模	所得の区分	小規模宅地等上の区分
駐車場及び自転車駐車場	他人の物を保管している	特定貸付事業	事業所得	1駐車場業 2自転車駐車場業
		上記以外	雑所得	準事業
	他人の物を保管してない	特定貸付事業	不動産所得	1駐車場業 2自転車駐車場業
		上記以外	不動産所得	準事業

上記の所得区分では不動産所得から除かれていますので、当然、措置法69条の4第3項四号で規定する「貸付事業用宅地等」に該当しないのではないかと考えられなくもありません。

しかし、措法では、「特定事業用宅地等」の対象から除かれる事業の範囲を、駐車場業・自転車駐車場業及び準事業の業種と規定しているのみであり（令⑦）、被相続人等の事業が不動産貸付業等に該当する場合、その他の状態等を問わず、「特定事業用宅地等」の対象となる事業から除かれています。

したがって上記の場合、80％減額はできず、50％減額となります。

Q3-5-4 一部が空室となっている場合

甲は不動産貸付業（貸室10室）を3年超前から営んでいましたが、相続開始時点にたまたま3室が空室でした。空室の3室分も小規模宅地等の特例の適用を受けることはできますか。

A 被相続人甲が死亡した時点では、たまたま3室が空室になっていたとしても、

1 その賃貸に関して、募集広告や不動産仲介業者等に入居者の募集を依頼する等そのアパートを賃貸する意思があったことが客観的に認められるものである場合は、貸室と考えるのが相当だと思われます。

したがって、小規模宅地等の特例の適用があります（通−24の2）。

2 蛇足ながら、評価の手順としては逆になりますが、宅地等の評価をする場合は、平成11年7月19日付けで改正された財産評価基本通達26（貸家建付地の評価）によると、平成11年1月1日の相続等からは「継続的に賃貸されていた各独立部分で、課税時期において、一時的に賃貸されていなかったと認められるものを含むことにして差し支えない。」とあり、空室の3室分も含めた10室全部、貸家建付地評価となります。

（注）参考　貸家建付地評価できるか否かの判断で注目の裁決・判決下記に紹介

※高松国税不服審判所　平成20年6月12日　裁決（空家期間1年11月で容認）
※大阪高等裁判所　平成29年5月11日　判決（空家期間5月で否認）

3 上記の考え方の図解（❶の評価をしてから❷を適用）

借地権割合70%　借家権割合30%　宅地等200㎡と仮定

❶　貸家建付地の評価減　70%×30%＝21%
❷　小規模宅地等の特例の適用 79%×50%＝39.5%
最終評価額 100%－21%－39.5%＝39.5%

200㎡

Q3-5-5 財産管理人を選任した場合の事業の判定

小規模宅地等の特例の対象となる宅地等の範囲（財産管理人の事業）

民法25条の規定により家庭裁判所は失踪者甲の財産管理人Hを選任しました。

Hは、甲の財産保全のため、従来、空き地であった土地にアスファルト舗装等を施し駐車場経営を開始しました。その後、甲が失踪してから7年が経過したため、甲の親族は家庭裁判所に対して失踪宣告を申立て、認められました。

この場合、その駐車場の敷地の用に供されている土地は、甲の事業用宅地として小規模宅地等の特例の対象に該当しますか。

A 不在者の財産管理人は失踪者甲の法定代理人に当たり、その行為の効果は甲に帰属することとなります。したがって、駐車場用地は甲の貸付事業用宅地等として小規模宅地等の特例の対象になります。

⑴ 民法25条（不在者の財産の管理）1項

従来の住所又は居所を去った者（以下「不在者」という。）がその財産の管理人（以下「管理人」という。）を置かなかったときは、家庭裁判所は、利害関係人又は検察官の請求により、その財産の管理について必要な処分を命ずることができます。本人の不在中に管理人の権限が消滅したときも、同様とされます。

⑵ 民法30条（失踪の宣告）

❶ 不在者の生死が7年間明らかでないときは、家庭裁判所は、利害関係人の請求により、失踪の宣告をすることができます。

❷ 戦地に臨んだ者、沈没した船舶の中に在った者その他死亡の原因となるべき危難に遭遇した者の生死が、それぞれ、戦争が止んだ後、船舶が沈没した後又はその他の危難が去った後1年間明らかでないときも、前項と同様とされます。

⑶ 民法31条（失踪の宣告の効力）

前条1項の規定により失踪の宣告を受けた者は同項の期間が満了した

時に、同条2項の規定により失踪の宣告を受けた者はその危難が去った時に、死亡したものとみなされます。

⑷　相続人が行方不明時の①遺産分割協議と・②同意要件（令⑤三）

（不在者の財産の管理）民法25⇨（管理人の権限。民法103超える行為）民法28法定代理人として許可を得て①遺産分割協議②小規模宅地の同意要件の行為可能

Q3-5-6 新たに貸付事業用に供されたか否かの判定

新たに貸付事業用に供されたか否かの判定はどうするのですか。

A （措通69の4-24の3）を要約すると下記の通りです。

⑴ 措法69の4③四号『…3年以内に新たに貸付事業の用に供された宅地等（新規貸付事業）』とは、下記❶又は❷に該当する場合をいいます。

❶ 貸付事業用以外【自宅・使用貸借等】の用に供されていた宅地等が貸付事業用【賃貸借契約】に供された場合

❷ 宅地等や上にある建物等につき『何らの利用がされていない場合』【空地・空家等】のその宅地等が貸付事業の用【賃貸借契約】に供された場合

⑵ 新規貸付事業に該当しない場合

賃貸借契約等につき更新がされた場合

⑶ 「何らの利用がされていない場合」に該当しない場合

下記❶～❸の場合のように、貸付事業に係る建物等が一時的に賃貸されていなかったと認められるとき

❶ ①継続賃貸建物等➡②賃借人が退去➡③退去後速やかに新たな賃借人の募集が行われ➡④賃貸されていたとき（②～④までの間、その建物等を貸付事業用以外【自宅・使用貸借等】の用に供していないときに限る。）

❷ ①継続賃貸建物等➡②建物等建替え➡③建物等の建替え後速やかに新たな賃借人の募集が行われ➡④賃貸されていたとき（建替え後の建物等を貸付事業の用以外【自宅・使用貸借等】の用に供していないときに限る。）

❸ ①継続賃貸建物等➡②災害により損害を受けた➡③貸付事業を休業した➡④貸付事業の再開のための建物等の修繕その他の準備が行われた➡⑤貸付事業【措通69の4-24の2の原則】が再開されていたとき（休業中に建物等を貸付事業の用以外【自宅・使用貸借等】の用に供

していないときに限る。)

(注1)

・建替中に相続が開始した場合➡措通69の4-5を参照してください。

・災害による損害のための休業中に相続が開始した場合➡措通69の4-17を参照してください。

(注2) ❶～❸に該当する場合には、「新たに貸付事業の用に供された」時は、[1] ❶の退去前、[2] ❷の建替え前、[3] ❸の休業前、の賃貸に係る貸付事業用に供された時となります（つまり従来継続して貸付事業用と判定します)。

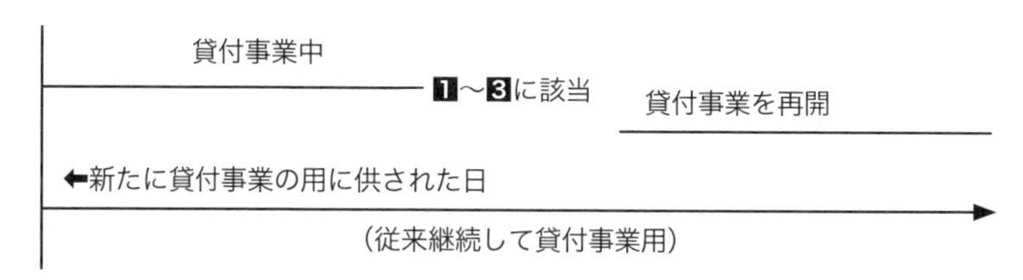

(注3) ❷の建替え後の建物等の敷地判定

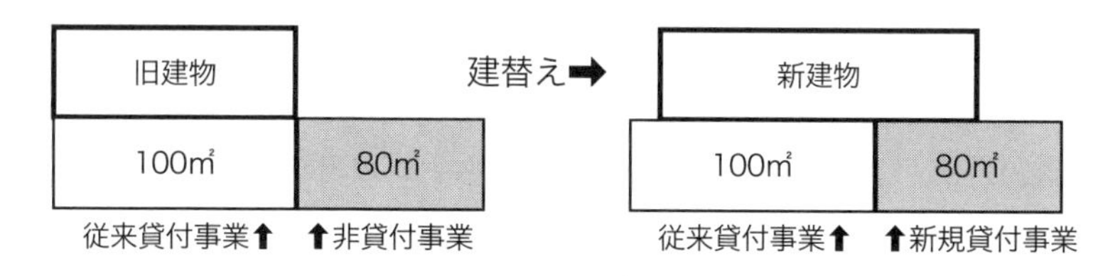

建替え後の建物等の敷地の用に供された宅地等のうちに、建替え前の建物等の敷地の用に供されていなかった宅地等が含まれるときは、当該供されていなかった宅地等については、新たに貸付事業の用に供された宅地等に該当します。

Q3-5-7 特定貸付事業の意義

特定貸付事業の意義を教えてください。

A （措通69の4−24の4）を要約すると下記の通りです。

⑴　貸付事業が不動産の貸付けである場合

❶　不動産所得を生ずべき事業として行われている【俗称、事業的規模】➡特定貸付事業

❷　事業以外のものとして行われている【俗称、非事業的規模】➡準事業

⑵　貸付事業の対象が駐車場又は自転車駐車場であって自己の責任において他人の物を保管するものである場合

❶　事業所得を生ずべきものとして行われている➡特定貸付事業

❷　雑所得を生ずべきものとして行われている➡準事業

（注）⑴又は⑵の判定を行う場合においては、「所得税基本通達」

❶　26−9《建物の貸付けが事業として行われているかどうかの判定》

❷　27−2《有料駐車場等の所得》の取扱いがあります。

『参照条文』

（建物の貸付けが事業として行われているかどうかの判定）

所基通26−9　建物の貸付けが不動産所得を生ずべき事業として行われているかどうかは、社会通念上事業と称するに至る程度の規模で建物の貸付けを行っているかどうかにより判定すべきであるが、次に掲げる事実のいずれか一に該当する場合又は賃貸料の収入の状況、貸付資産の管理の状況等からみてこれらの場合に準ずる事情があると認められる場合には、特に反証がない限り、事業として行われているものとする。

⑴　貸間、アパート等については、貸与することができる独立した室数がおおむね10以上であること。

⑵　独立家屋の貸付けについては、おおむね5棟以上であること。

（有料駐車場等の所得）

所基通27−2　いわゆる有料駐車場、有料自転車置場等の所得については、自己の責任において他人の物を保管する場合の所得は事業所得又は雑所得に該当し、そうでない場合の所得は不動産所得に該当する。

Q3-5-8 特定貸付事業が引き続き行われていない場合 3事例

特定貸付事業が引き続き行われていない場合どうなるのですか。

A　(措通69の4−24の5) を要約すると下記の通りです。

相続開始前3年超以前	相続開始前3年以内	相続開始
	(中抜け等状態は×)	

	A・相続開始前3年超以前	B・相続開始前3年以内貸付事業分	判定
1	10室	+6室=16室　➡　8室	6×
2	10室	+6室=16室➡6室(中抜け)➡10室	6×
3	10室	+6室=16室　➡　10室	6○

1 「相続開始前3年超以前」は特定貸付事業であり、「相続開始前3年以内」の途中までも特定貸付事業であるが、相続開始時点で準事業であるため、「相続開始前3年以内」の貸付事業である6室分は小規模宅地等の特例対象外になります。

「相続開始前3年超以前」から貸付事業を行っていた10室の内、相続開始時に貸付事業をしていた部屋の分(必ずしも8室ではない)が特例対象になります。

2 「相続開始前3年超以前」は特定貸付事業であり、「相続開始前3年以内」の途中まで特定貸付事業であるが、中抜け(準事業)状態があるため、相続開始時点で特定貸付事業であっても、「相続開始前3年以内」の貸付事業である6室分は小規模宅地等の特例対象外になります。

「相続開始前3年超以前」から貸付事業を行っていた10室の内、相続開始時に貸付事業をしていた部屋の分(必ずしも10室ではない)が特例対象になります。

3 「相続開始前3年超以前」は特定貸付事業であり、かつ相続開始時まで継続して特定貸付事業であるため、「相続開始前3年以内」の貸付事業である6室分は小規模宅地等の特例対象になります。この場合は、相続開始時に貸付事業をしていた部屋の分(10室)が小規模宅地等の特例対象宅地等になります。

※中抜け状態が特定貸付事業か準事業かの判定は事実認定の問題となります。

Q3-5-9 特定貸付事業を行っていた「被相続人等の当該貸付事業の用に供された」の意義

特定貸付事業を行っていた「被相続人等の当該貸付事業の用に供された」の意義を教えてください。

A （措通69の4-24の6）を要約すると下記の通りです。

「被相続人等の当該貸付事業の用に供された」とは、被相続人等が宅地等をその自己が行う特定貸付事業の用に供した場合をいうのであって、次に掲げる場合はこれに該当しません。

1 被相続人である甲は相続開始10年前から特定貸付事業➡相続開始前3年以内に生計一親族（例　妻）に建物等を譲渡・贈与し、その親族がその敷地である宅地等を自己の貸付事業の用に供したとき（特定貸付事業者の交代）

2 被相続人である甲と生計一の親族（例　妻）が相続開始5年前から特定貸付事業➡相続開始前3年以内に甲又はその親族以外の甲と生計一にする親族（例　同居している長男A）に建物等を譲渡・贈与し、その親族がその敷地である宅地等を自己の貸付事業の用に供したとき（特定貸付事業者の交代）又は生計一の親族が甲の宅地等で貸付事業を行った場合

つまり甲又は生計一親族間で事業の移動（相続以外）があっても、個人単位で考えるということです。

（注1）

❶ 第1次相続の被相続人Aは、10年前から特定貸付事業（第1次相続人B）

❷ 第2次相続の被相続人Bは、Aの特定貸付事業を取得していたが、Bの相続開始前3年以内にAの特定貸付事業用に供されていた宅地等を相続等により取得していた場合にはAの第一次相続があった日まで引き続き特定貸付事業を行っていた期間（10年－3年＝7年）はBが特定貸付事業を行っていた期間（3年以内）に合算します（合計10年以上特定貸付事業を行っていたこと）。

先代が特定貸付事業を行ってきた期間は、被相続人が特定貸付事業の用

に供していた期間と通算されます（令㉑）（『改正税法のすべて　平成30年版』642頁）。

(注2)

3年超前から、被相続人甲と他の者が貸室10室以上を共有している場合は生計一・生計別に関係なく共有分の換算はしないで➡所基通26-9を適用し、特定貸付事業に該当すると思われます【平成5年までは通達で換算していました。】。

(注3)

❶　第1次相続の被相続人Aは10年前から貸付事業(準事業。第1次相続人B)

❷　第2次相続の被相続人Bは、Aの貸付事業を取得していたが、Bの相続開始前3年以内にAの貸付事業用に供されていた宅地等を相続等により取得していた場合にはAの第一次相続があった日まで引き続き貸付事業を行っていた期間（10年－3年=7年）はBが貸付事業を行っていた期間（3年以内）に合算するかどうかは条文上不明である。

つまり3年以内にBが相続で取得した分は「3年以内新規事業供用」となるか、Aの事業供用期間を通算するか不明である。

❸　措令第21項は、『特定貸付事業を行っていた被相続人（第一次相続人）が、…第一次相続人の死亡に係る相続開始前3年以内に相続等（第一次相続）により第一次相続に係る被相続人の特定貸付事業の用に供されていた宅地等を取得していた場合には、…法③四号の規定の適用については、第一次相続に係る被相続人が第一次相続があった日まで引き続き特定貸付事業を行っていた期間は、当該第一次相続人が特定貸付事業を行っていた期間に該当するものとみなす。』と規定しているのみであり、準事業まで通算するとは規定していない。

文理解釈上は通算できないと思われます。

しかし、文理解釈上は通算できなくとも、Bは相続で取得したのであり、改正の趣旨（節税目的の短期事業供用防止＝目的論解釈）からは、3年以内新規事業供用宅地等に該当しないと思われる。

❹　3年縛りは2018.4.1から適用されましたが、法令解釈上は上記の点に関して明確化されていませんでした。しかしQ3-5-11をご覧ください。

Q3-5-10 相続開始前３年を超えて引き続き貸付事業の用に供されていた宅地等の取扱い

相続開始前３年を超えて引き続き貸付事業の用に供されていた宅地等の取扱いはどうするのですか。

A （措通69の4–24の7）を要約すると下記の通りです。

３年を超えて引き続き被相続人等の貸付事業の用に供されていた宅地等については、特定貸付事業のみならず準事業であっても、措法③４号イ又はロに掲げる要件を満たす当該被相続人の親族が取得した場合には、貸付事業用宅地等に該当します。

(注) 被相続人等の貸付事業の用に供されていた宅地等がQ3-5-6（通–24の3）に掲げる場合に該当する場合には、当該宅地等は引き続き貸付事業の用に供されていた宅地等に該当することになります。

Q 3-5-11 2018年改正の3年縛りの例外（相続等の取得）

2018年改正の3年縛りの例外について説明してください。

A ⑴　相続等による取得の解釈の明確化

被相続人が相続開始前3年以内に開始した相続等により法第69条の4第3項第1号に規定する事業の用に供されていた宅地等を取得し、かつ、その取得の日以後当該宅地等を引き続き同号に規定する事業の用に供していた場合における当該宅地等は、同号の新たに事業の用に供された宅地等に該当しないものとする（令⑨を➡貸付事業用宅地等にも準用⑳）。

※適用時期は2019.4.1からと規定されています（2019年措令附則1）。

⑵　コラム17「するものとする」を参照してください。

この法令用語は、解釈の明確化という意味も含んでいますから、2019.4.1から適用とありますが、従来の規定では「相続等による取得」が、新たに事業の用に供された宅地等に該当するともしないとも法令上は読み切れませんでした。

そのため下記の説があります。

甲説　措令40の2⑨の適用時期は2019.4.1 ～（2019年措令附則。第1条）

乙説　措令40の2⑨の適用時期は2018.4.1 ～（国税当局の考え方を明確にしただけ）

【週刊税務通信2019.5.27ショウ・ウインドウ　同日前に生じた相続も同様の取り扱いの模様】の記事があります。つまり乙説ということです。

A=祖父　　B=親（第1次相続人）　　C=孫（第2次相続人）

❶の前からAが準事業の貸付事業を経営　　❶=2018.4.1　　❷=2019.3.31

A貸室9	←❶以降A死亡B相続　❷以前B死亡C相続➡	
甲説		新たに貸付事業に該当
乙説		新たに貸付事業に非該当

筆者は従来乙説を主張していました。

Q 3-5-12 「5棟10室」が生計を別にする親族間で共有の場合

「5棟10室」が生計を別にする親族間で共有の場合、換算するのですか。

例　12室のアパート親族共有　夫甲1/3　妻乙1/3　長男A（両親と生計別）1/3

A

「生計一」のみならず「生計別」の場合も換算の必要はありません。

旧措法通達69の3-1（注）2（～平成5年）

生計一親族間は合計する　甲・乙　12室×（1/3+1/3＝2/3）＝8室

⑵　現在の考え方（平成6年～）所得税法上の事業規模判定でＯＫ

親族間（生計一・別無関係）は合計する。

※親族以外でも（区分所有登記以外）の共有の場合は合計する。

甲・乙・A　12室×（1/3+1/3+1/3＝3/3）＝12室☞特定貸付事業に該当

※「週刊・税務通信」（H7.9.18号2頁～3頁）

措通69の4-24の4（注）…所基通26-9及び27-2の取扱いがあることに留意

第6節　郵便局舎の事業用宅地等（3事例）

Q3-6-1 郵便局舎の事業用宅地等の範囲

郵便局舎の敷地の用に供されている特定宅地等の範囲について説明してください。

A 特例の適用対象となる郵便局舎の事業用宅地等とは、Q3-6-3で説明しており、日本郵便株式会社法である郵便局舎の建物の敷地の用に供されている宅地等をいいます（郵民法180①、通−27～37）。

貸付関係を分類すると次のように区分できます。

	事例1	事例2	事例3
建物の賃借人 「家賃」	日本郵便（株） 「支払い有」		
建物の所有者（注1） 「地代」	甲	甲の相続人（注2） 「支払い有」	甲の相続人（注2） 「支払い無」
宅地等の所有者 （注3）	被相続人甲		

（注1）　建物の所有者は郵便局舎を平成19年10月1日前から有していた場合に限り適用されます（通−31）。

（注2）「甲の相続人」には、相続を放棄した者及び相続権を失った者を含まないことに留意する。なお、「相続を放棄した者」及び「相続権を失った者」の意義については、相続税法基本通達3−1《「相続を放棄した者」の意義》及び3−2《「相続権を失った者」の意義》をそれぞれ準用する（通−29）。

（注3）　郵便局舎の敷地用土地等を被相続人が平成19年10月1日前から相続の開始の直前まで引き続き有している場合に限り適用されます（通−30）。

Q3-6-2 郵便局舎敷地用宅地等とは

郵便局舎の敷地が「特定事業用宅地等」とみなされる場合の郵便業務について説明してください。

A 次のように考えます。

(1) 「図表1」郵便局の建物の敷地の用に供されている宅地等の範囲

郵株法4①（②に規定する業務を兼業している場合②を含む）の業務
① 会社は、その目的を達成するため、次に掲げる業務を営むものとする。 一 郵便法（昭和二十二年法律第百六十五号）の規定により行う郵便の業務 二 銀行窓口業務 三 前号に掲げる業務の健全、適切かつ安定的な運営を維持するために行う、銀行窓口業務契約の締結及び当該銀行窓口業務契約に基づいて行う関連銀行に対する権利の行使 四 保険窓口業務 五 前号に掲げる業務の健全、適切かつ安定的な運営を維持するために行う、保険窓口業務契約の締結及び当該保険窓口業務契約に基づいて行う関連保険会社に対する権利の行使 六 国の委託を受けて行う印紙の売りさばき 七 前各号に掲げる業務に附帯する業務 ② 会社は、前項に規定する業務を営むほか、その目的を達成するため、次に掲げる業務を営むことができる。 一 お年玉付郵便葉書等に関する法律（昭和二十四年法律第二百二十四号）第一条第一項に規定するお年玉付郵便葉書等及び同法第五条第一項に規定する寄附金付郵便葉書等の発行 二 地方公共団体の特定の事務の郵便局における取扱いに関する法律（平成十三年法律第百二十号）第三条第五項に規定する事務取扱郵便局において行う同条第一項第一号に規定する郵便局取扱事務に係る業務 三 前号に掲げるもののほか、郵便局を活用して行う地域住民の利便の増進に資する業務 四 前三号に掲げる業務に附帯する業務 ③ 会社は、前二項に規定する業務のほか、前二項に規定する業務の遂行に支障のない範囲内で、前二項に規定する業務以外の業務を営むことができる。

⑵ 「図表2」下記以外の事項の変更がない賃貸借契約が必要（郵民法180①）

	契約事項の変更が認められる一定の事項（郵民施20③・通−34）
1	**日本郵便株式会社**の支社等の名称、所在地又は支社等の長
2	被相続人又は当該被相続人の相続人の氏名又は住所
3	契約の期間
4	特定宅地等及び郵便局舎の所在地の行政区画、郡、区、市町村内の町、字若しくはこれらの名称又は地番
5	郵政民営化法180条1項1号に規定する旧公社との間の賃貸借契約においてあらかじめ契約条項として盛り込まれた賃貸借料算出基準に基づく賃貸借料の改定又は賃貸借契約の目的物に変更がないと認められる面積に増減が生じない郵便局舎の修繕、耐震工事若しくは模様替え

⑶ 総務大臣の証明の申請・照会窓口（Q3-6-3の⑵3参照）

総務省情報流通行政局郵政行政部企画課　電話番号　03（5253）5968
〒100−8926　東京都千代田区霞が関2−1−2

2025年1月1日現在の日本郵政グループの組織図を掲載しました。

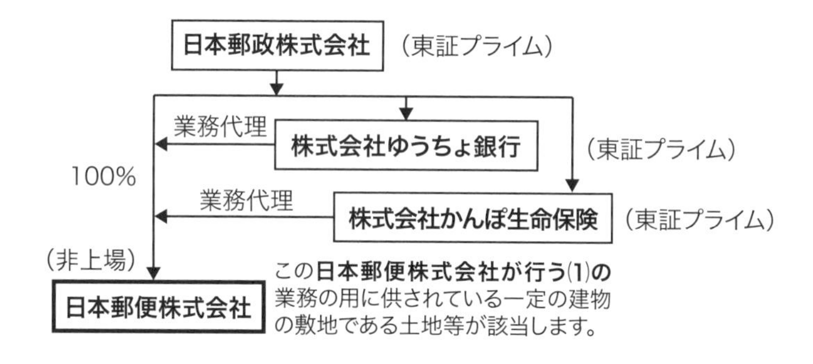

Q3-6-3 郵便局舎における一定の建物の敷地の用に供されているものの定義

郵便局舎の事業の用に供されている宅地等で、一定の建物の敷地の用に供されているものとは具体的にはどのようなものをいいますか。

A ⑴　特例の概要（郵民法180①）

個人が相続等により取得した財産のうちに、その相続等に係る被相続人が平成19年10月1日前から相続開始の直前まで引き続き有していた次に掲げる適用要件のすべてを満たす土地又は土地の上に存する権利(棚卸資産を除きます。以下同じです。)（以下「土地等」といいます。）のうち一定の業務の用に供する部分（以下「特定宅地等」といいます。）がある場合には、その特定宅地等を小規模宅地等の特例の適用対象となる特定事業用宅地等に該当する特例対象宅地等とみなして、400㎡までの部分について80%の減額を受けることができます。

⑵　適用要件

❶　平成19年10月1日前から被相続人又はその被相続人の相続人と旧日本郵政公社との間の賃貸借契約に基づき、郵便窓口業務等を行う郵便局の用に供するため旧日本郵政公社に貸し付けられていた建物（その賃貸借契約の当事者である被相続人又はその被相続人の相続人が有していた建物に限ります。）の敷地の用に供されていた土地等であること。

❷　平成19年10月1日から被相続人に係る相続開始の直前までの間において上記❶の賃貸借契約（平成19年10月1日の直前に効力を有するものに限ります。）の契約事項に一定の事項以外の事項について変更がない賃貸借契約に基づき引き続き日本郵便株式会社に対し貸し付けられていた建物（その賃貸借契約の当事者である被相続人又はその被相続人の相続人が有していた建物に限ります。）（以下「郵便局舎」といいます。）の敷地の用に供されていた土地等（以下「宅地等」といいます。）であること。

❸　相続等によりその宅地等を取得した相続人から、その相続の開始の

日以後5年以上上記❷の郵便局舎を日本郵便株式会社が引き続き借り受けることにより、その土地等を同日以後5年以上その郵便局舎の敷地の用に供する見込みであることについて、総務大臣の証明がなされたものであること。

❹　その宅地等について、既にこの特例（郵民法180条《相続税に係る課税の特例》）の規定の適用を受けていない（一代限りしか特例の適用を受けられないという意味です。）ことです。

（注）　なお、上記要件を満たさない場合であっても、当該宅地等は、不動産貸付業等（不動産貸付業、駐車場業、自転車駐車場業及び事業と称するに至らない不動産の貸付等）に該当するため、2つの継続要件を満たせば「貸付事業用宅地等」として小規模宅地等の特例（200㎡　50％減額）が受けられます。

郵便局の建物の敷地の用に供されている宅地等の範囲の詳細はQ3-6-2を参照。

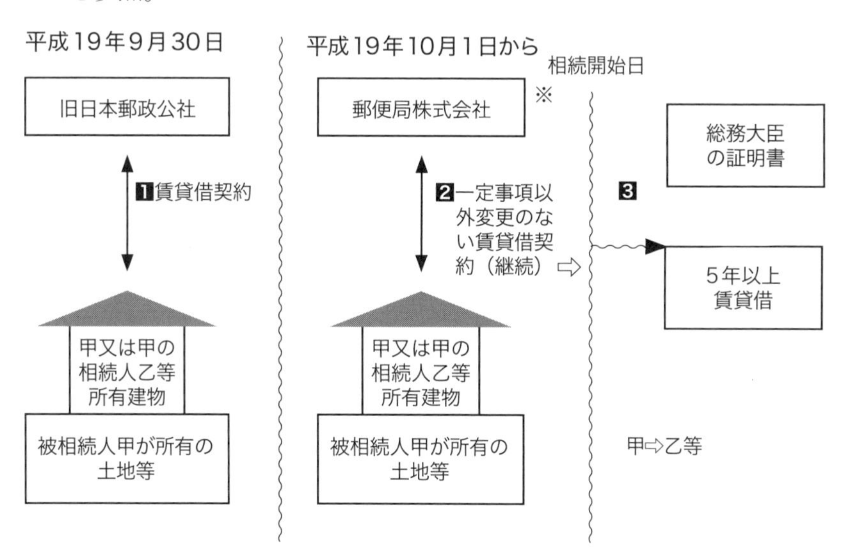

※平成24年10月1日に「日本郵便株式会社」に改名されました。

第7節　第3章の2節・4節・5節の小規模宅地等の事業用関係総括一覧表

法① 相続開始直前事業要件	法③【相続税の申告期限まで】下記の要件			
	承継	事業継続要件（転業時も）	保有継続要件	参考事項
被相続人が**一般事業**を経営 例　酒小売業経営	の間にその事業を引き継ぎ	❶同一の**一般事業**　⇨○ ❷全く別の（**一般・貸付**）事業　⇨× ❸一部同一の**一般事業**継続時は全部（**貸付事業分**除く）　⇨○ 例　コンビニ（酒販売有）に変更	❶全部譲渡　⇨× ❷一部譲渡、 譲渡分　⇨× 残り分　⇨○	令①⇨全事業 法③一号イ 令①から令⑦を除く事業
生計一の親族が**一般事業**を経営		❶同一の一般事業　⇨○ ❷全く別の**一般事業**⇨私的見解ながら文理解釈上　⇨○ ❸一部同一の**一般事業**継続時は全部（**貸付事業分**除く）　⇨○	❶全部譲渡　⇨× ❷一部譲渡、 譲渡分　⇨× 残り分　⇨○	令①⇨全事業 法③一号ロ 令①から令⑦を除く事業
同族法人が**一般事業**を経営しかつ被相続人（建物の所有者が生計一親族の場合は生計一親族）が賃貸料収受**議決権過半数要件**		**同族法人の継続要件** ❶全く別の一般事業　⇨○ ※同一事業要件はなし ❷貸付事業への変更　⇨× ★四号適用は可能性あり ❸申告期限時清算中は非該当 **取得者の継続要件** ❶役員要件のみで、 ❷**賃貸料収受＆議決権過半数要件なし**	❶全部譲渡　⇨× ❷一部譲渡、 譲渡分　⇨× 残り分　⇨○	令①⇨全事業 法③三号 令①から令⑦を除く事業
被相続人が**貸付事業**を経営	の間にその事業を引き継ぎ	❶私的見解ながら日本標準産業分類の691と692の中で移動　⇨○ ❷一部同一の**貸付事業**継続時は全部（**一般事業分**除く）　⇨○	❶全部譲渡　⇨× ❷一部譲渡、 譲渡分　⇨× 残り分　⇨○	令①全事業 法③四号イ 令①のうち 令⑦のみの事業
生計一の親族が**貸付事業**を経営		❶私的見解ながら日本標準産業分類691＆692＆693の中で移動 ⇨○ ❷**一般事業**への変更 ⇨×	❶全部譲渡　⇨× ❷一部譲渡、 譲渡分　⇨× 残り分　⇨○	令①全事業 法③四号ロ 令①のうち 令⑦のみの事業

第8節　第4章と第5章理解のための解説

小規模宅地等特例の判定は第1次審査【書類審査】、第2次審査【入学試験】、第3次審査【卒業試験】がありますので、【書類審査】について解説します。

⑴　措法69の4①

個人が相続等により取得した財産のうちに、当該相続の開始の直前において、当該相続若しくは遺贈に係る被相続人又は当該被相続人と生計を一にしていた当該被相続人の親族（…「被相続人等」という。）の居住の用（居住の用に供することができない事由として政令【措令40の2②】で定める事由により相続の開始の直前において当該被相続人の居住の用に供されていなかった場合（政令【措令40の2③】で定める用途に供されている場合を除く。）における当該事由により居住の用に供されなくなる直前の当該被相続人の居住の用を含む。）に供されていた宅地等で財務省令で定める建物又は構築物の敷地の用に供されているもののうち政令【措令40の2④】で定めるもの…。

⑵　令③の要件はクリアで、令③括弧書きと通達の解説

令③の括弧の外側は、平成25年5月31日に公表、通達は平成25年12月に公表、令③の括弧の内側は平成26年3月31日に急遽追加され、改正された経緯があります。

措令③…被相続人等（被相続人と前項各号の入居又は入所の直前において生計を一にし、かつ、同条第一項の建物に引き続き居住している当該被相続人の親族を含む。）以外の者の居住の用とする。

上記の括弧の中で、外の「被相続人等＝生計一親族の定義」を拡大規定した。

措通69の4−7⑵…新たに被相続人等以外の者の居住の用に供された宅地等を除く。

被相続人が老人ホーム等に入所等する前に、同じ建物（家屋でない）に一緒に居住（同居「同じ家屋」・別居を問わない）していた者で相続

開始時点では留守家族の居住用宅地等を「被相続人の居住用宅地等」と判定するかどうかです。

結論は入所等直前で生計を一の親族（同居OK）が、被相続人が老人ホーム等に入所等後も（第1項の）建物【当該建物と規定をしていません。個別判断が必要ですが（古くなれば当然建替しますから）建替も原則OKと私見します。】に居住している期間は生計一親族と判定するということです。

これに関しては国税当局にいた方で著名な方が、甲説ＮＯ、乙説ＯＫと意見が真っ二つに分かれています。

相続開始前に引越ししたため相続開始時点では空家になっていても、措令③に抵触する使用はしていないため、「被相続人の居住用宅地等」と判定します。

※入所等前生計別で相続開始直前に生計一は令③括弧書きの外の解釈で該当します。

※「週刊・税務通信」（R7.2.3号）6頁～7頁では乙説の記事あり。

第4章

二世帯住宅等の特集編

小規模宅地等の減額特例（正しくは【相続税の課税価格計算の特例】）に関して税理士や一般の方に講演したり、業界誌の記事を見たりして感じることは多くの方が「特定居住用宅地等」の範囲で悩んでいるということです。

一流経済誌といわれる雑誌も最近は「相続税特集」を頻繁に取り扱っていますが、誌面の関係や一般読者向けの記事のため簡潔に書かれていますので誤解を招きやすい記事が散見されます。

明らかに間違いの記事もあります。

特に二世帯住宅等については、完全分離型二世帯住宅等でも区分所有登記していなければ、親族の居住用部分も含めて「被相続人等の居住用宅地等」にと判定されることになりましたが、法令と通達の条文等の言い回しが大変複雑であり、読みこなすのには相当の法律的知識を必要とし、多くの税理士が混乱しているのが現状です。

「親子編」

Ⅰ・甲が死亡し、甲の配偶者（乙）が生存している場合

⑴　建物を甲が所有していた場合　（11事例）

⑵　建物を甲以外が所有していた場合　（6事例）

Ⅱ・甲が死亡し、甲の配偶者（乙）がいない場合

⑴　建物を甲が所有していた場合　（11事例）

⑵　建物を甲以外が所有していた場合　（6事例）

「親子以外編」　（14事例）

合計で48事例あります。

Q4 特定居住用宅地等の法令及び通達の相互関係

特定居住用宅地等の法令及び通達の相互関係を教えてください。

A 両者の相互関係を図解すると下記のようになります。

相続が平成26年1月1日以後に開始した場合

措法69の4③二号　法律の規定ぶり		通達の規定
柱書	配偶者	
イ	配偶者以外の「一棟の建物に被相続人と居住している」親族が取得。①同じ家屋に居住＝同居　②同じ建物の（被相続人居住家屋と）別の家屋に居住＝「拡大同居」	旧69の4−21は廃止
ロ	3年以内日本国内の家なき子が取得⇨配偶者及び被相続人が居住していた**家屋**に同居法定相続人がいないこと	69の4−21 69の4−22
ハ	被相続人と生計を一の親族で、…。基本的には別居を想定していると思われますが、イと重複しています。	

旧通達69の4−21の「同居の考え方」は当然に廃止されましたが、「本来の同居」も廃止され、同居の有無に関係がなく「区分所有登記のない一棟の建物に被相続人と居住」していればその敷地である宅地等は全部被相続人の居住用宅地等に該当することになりました【拡大同居】。

しかし、平成26年1月1日からの相続では、措法69の4③二号ロで「…、当該被相続人の居住の用に供されていた家屋に居住していた（同居）法定相続人もいない場合で一定の者」と規定を改正し、【一定の者】が、一棟の建物に【拡大同居】の親族がいても、被相続人には配偶者も同じ独立部分（の家屋）にともに起居（同居）していた法定相続人（通−21）もいない場合には…」と規定していますので、「家なき子」の規定では同居の考え方が変更されてはいません。

コラム11　独立部分（地価税通達7-20参考）平成3年12月18日発出

独立部分＝建物でその構造上区分された数個の部分の各部分
（各独立部分の範囲）大蔵財務協会平成４年『地価税通達逐条解説』より

令第９条第１項第１号に規定する「各独立部分」とは、建物の構成部分である隔壁、扉、階層（天井及び床）等によって他の部分と完全に遮断されている部分で、独立した出入口を有するなど独立して住居その他の用途に供することができるものをいい、これに該当するかどうかの判定に当たっては、当該部分につき建物の区分所有等に関する法律第２条第１項に規定する区分所有権の目的とする旨の登記がされているかどうかは考慮する必要がないことに留意する。
「評基通26（貸家建付地の評価）にも同様の記載があります。」
（注）
1　例えば、ふすま、障子又はベニヤ板等の堅固でないものによって仕切られている部分及び階層で区分されていても独立した出入口を有しない部分は「各独立部分」には該当しない。
2　外部に接する出入口を有しない部分であっても共同で使用すべき廊下、階段、エレベーター等の共用部分のみを通って外部と出入りすることができる構造となっているものは、上記の「独立した出入口を有するもの」に該当する。

【要点】
「各独立部分」とは、建物の構成部分である隔壁、扉、階層（天井及び床）等によって他の部分と完全に遮断されている部分で独立した出入口を有するなど独立して賃貸その他の用途に供することができるものをいう。

コラム12　法令用語としての「又は」と「及び」

日本評論社『法令用語の常識』8頁～12頁　林修三氏（元内閣法制局長官）

「又は」は選択的接続詞、「及び」は併合的接続詞で、はっきり意味がちがうから、そのどちらを使うかということについて、「又は」と「若しくは」の場合のように迷うことはないはずだということが一応考えられようが、実際の立法にあたってみると、はたしてそのどちらを使ったらよいか、考えさせられることがすこぶる多い。まず第一は、英語の「and (or)」にあたる場合、すなわち、「又は」と「及び」の両方の意味を与えようとする場合はどうするかという問題があるが、現在の立法例では、この場合には、原則として、「又は」を使うことになっている。

したがって、実定法上の「又は」ということばは、場合によっては「and (or)」の意味で使われていることもあることに注意しなければならない。

「又は」と「若しくは」の使い分けのやり方は、内閣法制局参事官としての立法技術修習の課程では、いわば第一課に属することがらである。ところで、この「又は」という接続詞と、次に述べる「及び」という接続詞とをどう使い分けるかという問題になると、これはまた、法制局参事官の卒業論文になるくらい中々難しい点を含んでいる。…

法制執務用語研究会『条文の読み方』（有斐閣）35頁

例えば、「Aもしてはいけないし、Bもしてはいけない」というとき、どちらもしてはいけないのだから、「A及びBをしてはならない」と書くのだと思われるかもしれません。

しかし、このような場合には「又は」を用い、「A又はBをしてはならない」と規定します。

「A及びBをしてはならない」とすると、AとBの両方をすることだけが禁じられ、Aだけ、あるいはBだけをすることは許される、と読まれてしまう可能性があるからです。

Q4-1 二世帯住宅等の場合の各種パターン【親子編】34事例

二世帯住宅等の場合の各種パターンを教えてください。

A 図解すると下記のようになります。全部で34事例あります。

⑴　前提条件

・甲＝被相続人⇨宅地等の所有者　乙＝甲の配偶者

・子A＝甲の宅地等上の共同住宅に3年以上前から居住しています。

・子B＝甲とは別の場所で3年以上前から他人の借家住まいしています。

・1階等に甲（又は甲乙）居住　2階等に子A等が居住しています。

・敷地全体　340㎡　1階対応分170㎡　2階対応分170㎡

・宅地等と建物の所有者が異なる場合は、相続開始前まで家賃及び地代の支払いはありません。

⑵　被相続人等（被相続人・生計一親族【配偶者を含む】）の居住用宅地等

被相続人等の居住用宅地等 ／ 取得者		被相続人	生計一親族
措法69の4③（二号柱書）＝配偶者		○	○
同法③（二号イ）	（本当の同居親族）	○	×
	拡大同居（平成26年1月1日以後の相続）	○	×
同法③（二号ロ）＝家なき子		○	×
同法③（二号ハ）＝生計一親族（配偶者除く） ※上記家なき子に該当する可能性もあり併用可能		○	◎

条文中に「ただし（但し）」で始まる文があるときは、その文を「**ただし書**（ただしがき）」と呼び、それに対する主文を「**本文**」と呼びます。

「号」がある条項のうち各号以外の部分を、立法技術上は「各号列記以外の部分」と呼び、一般的には「**柱書**（はしらがき）」と呼びます。

※家屋の所有者が一定の関係者以外の場合です。

完全分離型二世帯住宅等の場合

特定居住用宅地等の限度面積は平成27年以降は330㎡ですが、事例の面積は340㎡としています。

その理由は特定居住用宅地等の定義上は、面積制限はないからです。選択できる限度面積が330㎡までということです。

(注1) 波線〰〰は**建物は区分所有登記　宅地等は敷地権登記を表しています。**

(注2) 太字の**子A**は被相続人と生計一、普通の字の子Aは生計別を表しています。

(注3) 子B＝甲とは別の場所で3年以上前から他人【過去所有者要件非該当】の家屋に借家住まいしています。

(注4) 原則　建物と表現しましたが、区分所有登記している建物の場合、個々の**居住分は家屋**と表現しています。

Ⅰ・甲が死亡し、配偶者（乙）が生存している場合

(1)　建物を甲が所有していた場合

例	乙配偶者	建物所有	甲とAは生計一？	相続等で宅地等を取得した者	敷地権の登記	区分登記
1 Q4-1-1	生存	甲	生計別	乙100%	なし	なし
2 Q4-1-2	生存	甲	生計別	A100%	なし	なし
3 Q4-1-3	生存	甲	生計別	乙・A各50%	なし	なし
4 Q4-1-4	生存	甲	生計別	乙・A各50%	**あり**	**あり**
5 Q4-1-5	生存	甲	生計別	乙・A各50%	なし	**あり**
6 Q4-1-6	生存	甲	生計一	乙100%	なし	なし
7 Q4-1-7	生存	甲	生計一	A100%	なし	なし
8 Q4-1-8	生存	甲	生計一	乙・A各50%	なし	なし
9 Q4-1-9	生存	甲	生計一	乙・A各50%	**あり**	**あり**
10 Q4-1-10	生存	甲	生計一	乙・A各50%	なし	**あり**
11 Q4-1-11	生存	甲	※生計別のAと、生計一のBの二世帯住宅			

法①・令④を書類審査（合格）とします。例 ①令④⇨（入学試験へ）③二号柱書

Q&A ／書類審査（相続開始直前）⇨入学試験（相続開始時点）
甲は死亡しているが右の図は理解の為に【甲居住】としている。以下同じ

1 建物　甲100% 2F 子A等居住 1F 甲・乙居住 甲　340㎡	**＊説明ない場合、2階は外階段でしか利用できない又は内扉なし（別居）＆便宜上建物を横にして解説する。（以下同じ）** 1F 甲居住／2F A居住 乙○／乙○ ❶取得⇨乙宅地等・建物100% ❷判定⇨乙340㎡（1F・2F全部） ❸根拠⇨（①令④⇨③二号柱書） ❹解説⇨被相続人が居住していた一棟の建物（被相続人・配偶者・親族の居住用）（以下「一棟の建物」）に該当
2 建物　甲100% 2F 子A等居住 1F 甲・乙居住 甲　340㎡	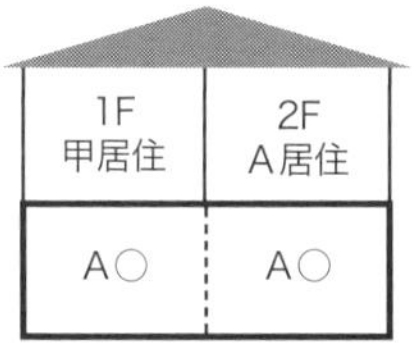 1F 甲居住／2F A居住 A○／A○ ❶取得⇨A宅地等・建物100% ❷判定⇨A340㎡（1F・2F全部） ❸根拠⇨（①令④⇨③二号イ令⑬二） ❹解説⇨「一棟の建物」にAも居住していたから。
3 建物　甲100% 2F 子A等居住 1F 甲・乙居住 甲　340㎡	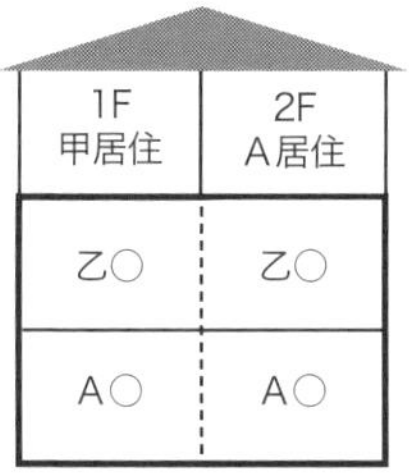 1F 甲居住／2F A居住 乙○／乙○ A○／A○ ❶取得⇨乙・A宅地等・建物各50% ❷判定⇨乙170㎡ ⇨A170㎡ ❸根拠⇨乙（①令④⇨③二号柱書） ⇨A（①令④⇨③二号イ令⑬二） ❹解説⇨「一棟の建物」にAも居住していたから。
4 建物　甲100% 2F 子A等居住 1F 甲・乙居住 甲　340㎡	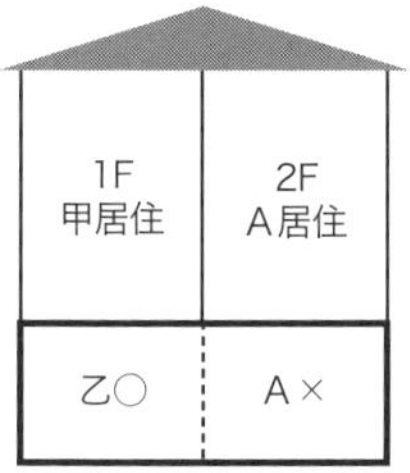 1F 甲居住／2F A居住 乙○／A× ❶取得 ⇨乙1階対応分の宅地等・家屋 A2階対応分の宅地等・家屋 ❷判定⇨乙　1F　170㎡ ⇨A　　0㎡ ❸根拠⇨乙（①令④⇨③二号柱書） ⇨A（規定なし） ❹解説⇨（令④・令⑬一） 注⇨甲とAが生計一の場合⇨9

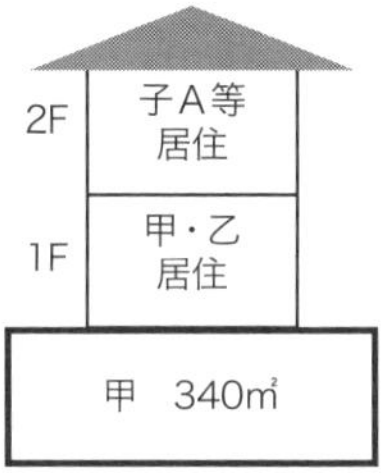

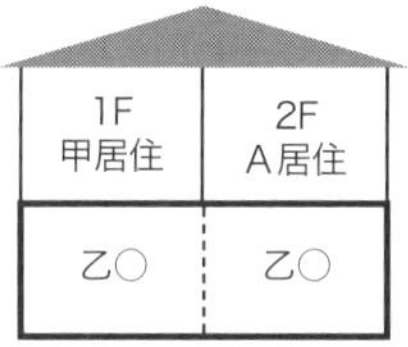

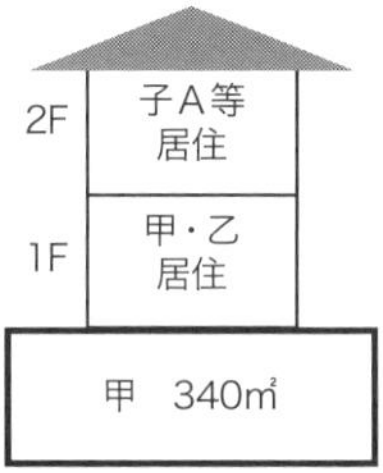

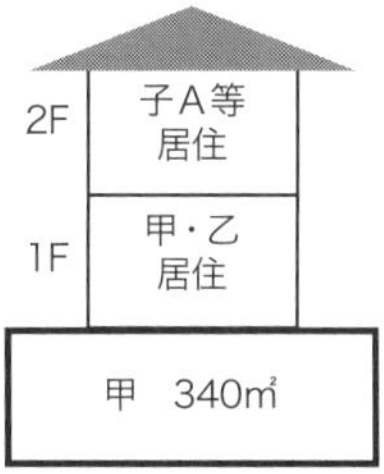

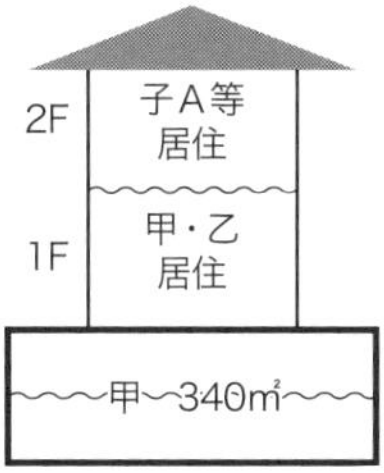

Q&A／書類審査（相続開始直前）⇨入学試験（相続開始時点）	
5　建物　甲100% 2F　子A等居住 1F　甲・乙居住 甲　340㎡	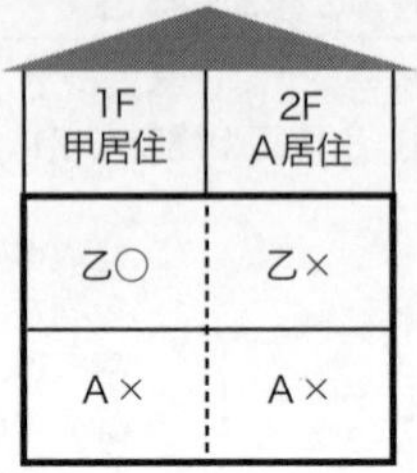 1F 甲居住　2F A居住 乙○　乙× A×　A× ❶取得⇨乙１階の家屋と宅地等50% A２階の家屋と宅地等50% ❷判定⇨乙1F　85㎡　⇨A　0㎡ ❸根拠⇨乙1F(①令④⇨③二号柱書) ⇨A2F（規定なし） ❹解説⇨乙1F分は被相続人甲の居住用敷地 **H26年（1/15）資産課税課情報１事例２**
6　建物　甲100% 2F　**子A**等居住 1F　甲・乙居住 甲　340㎡	＊甲とAは生計を一（立証責任は納税者。以下同じ） 1F 甲居住　2F **A**居住 乙○　乙○ ❶取得⇨乙宅地等・建物100% ❷判定⇨乙1F170㎡　2F170㎡ 計340㎡ ❸根拠⇨（①令④⇨③二号柱書） ❹解説⇨１・2F分は1の❹と同じ 2F分は生計一親族Aの居住用敷地にも該当（③二号柱書）
7　建物　甲100% 2F　**子A**等居住 1F　甲・乙居住 甲　340㎡	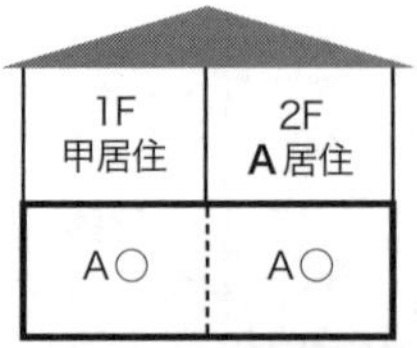 1F 甲居住　2F **A**居住 A○　A○ ❶取得⇨A宅地等・建物100% ❷判定⇨A1F　170㎡ 2F　170㎡　計340㎡ ❸根拠⇨(①令④⇨③二号イ令⑬二) ❹解説⇨「一棟の建物」にAも居住していたから。
8　建物　甲100% 2F　**子A**等居住 1F　甲・乙居住 甲　340㎡	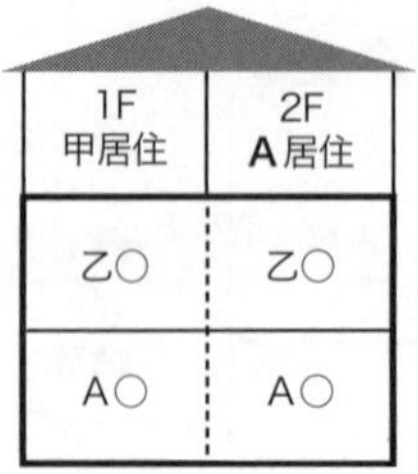 1F 甲居住　2F **A**居住 乙○　乙○ A○　A○ ❶取得⇨乙・A宅地等・建物各50% ❷判定⇨乙1F　85㎡　2F　85㎡ 計170㎡ ⇨A1F　85㎡　2F　85㎡ 計170㎡ ❸根拠⇨乙（①令④⇨③二号柱書） ⇨A(①令④⇨③二号イ令⑬二) ❹解説⇨「一棟の建物」にAも居住していたから。

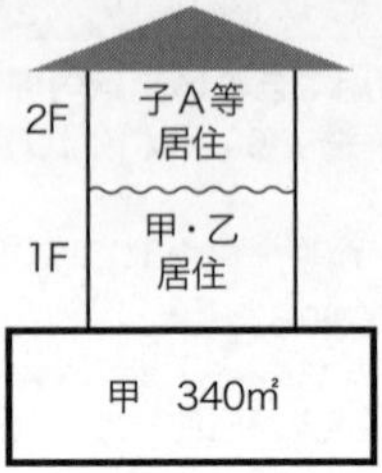

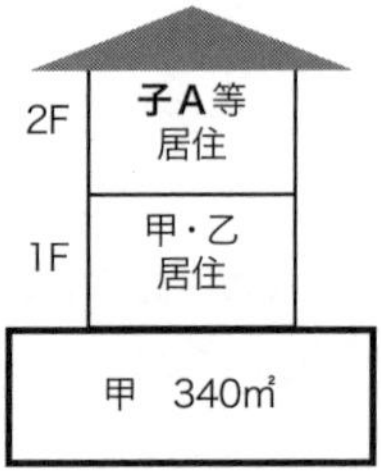

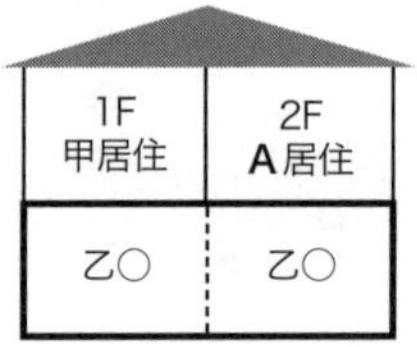

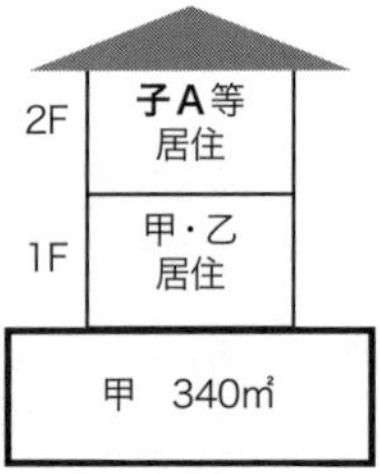

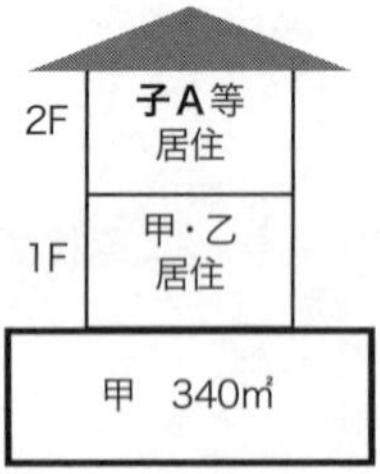

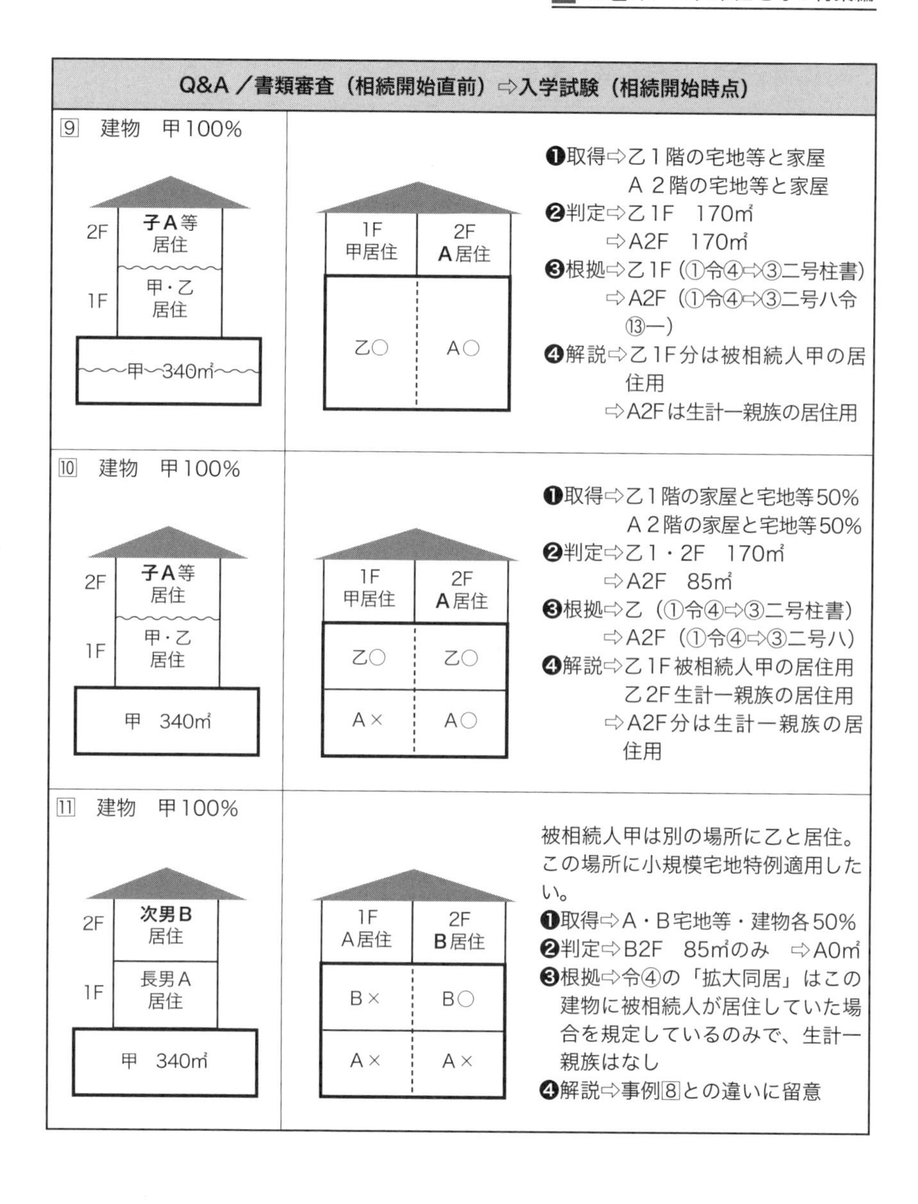

Q&A／書類審査（相続開始直前）⇨入学試験（相続開始時点）	
9　建物　甲100% 2F　子A等居住 1F　甲・乙居住 甲　340㎡ 1F 甲居住／2F A居住 乙○　A○	❶取得⇨乙１階の宅地等と家屋 A ２階の宅地等と家屋 ❷判定⇨乙1F　170㎡ ⇨A2F　170㎡ ❸根拠⇨乙1F（①令④⇨③二号柱書） ⇨A2F（①令④⇨③二号ハ令⑬一） ❹解説⇨乙1F分は被相続人甲の居住用 ⇨A2Fは生計一親族の居住用
10　建物　甲100% 2F　子A等居住 1F　甲・乙居住 甲　340㎡ 1F 甲居住／2F A居住 乙○　乙○ A×　A○	❶取得⇨乙１階の家屋と宅地等50% A２階の家屋と宅地等50% ❷判定⇨乙1・2F　170㎡ ⇨A2F　85㎡ ❸根拠⇨乙（①令④⇨③二号柱書） ⇨A2F（①令④⇨③二号ハ） ❹解説⇨乙1F被相続人甲の居住用 乙2F生計一親族の居住用 ⇨A2F分は生計一親族の居住用
11　建物　甲100% 2F　次男B居住 1F　長男A居住 甲　340㎡ 1F A居住／2F B居住 B×　B○ A×　A×	被相続人甲は別の場所に乙と居住。この場所に小規模宅地特例適用したい。 ❶取得⇨A・B宅地等・建物各50% ❷判定⇨B2F　85㎡のみ　⇨A0㎡ ❸根拠⇨令④の「拡大同居」はこの建物に被相続人が居住していた場合を規定しているのみで、生計一親族はなし ❹解説⇨事例8との違いに留意

⑵　建物を甲以外が所有していた場合

例	乙配偶者	建物所有者	甲が家賃支払い	甲が地代受取り	書類審査	参考
①Q4-2-1	生存	甲の親族	なし	なし	合格	入学試験へ
②Q4-2-2	生存	甲の親族	あり	あり	不合格	上記不可
③Q4-2-3	生存	甲の親族	あり	なし	不合格	上記不可
④Q4-2-4	生存	甲の親族	なし	あり	不合格	上記不可
⑤Q4-2-5	生存	親族外個人	無関係	無関係	不合格	上記不可
⑥Q4-2-6	生存	個人以外	無関係	無関係	不合格	上記不可

Q&A／書類審査（相続開始直前）⇨入学試験（相続開始時点）

① 建物 甲の親族100%

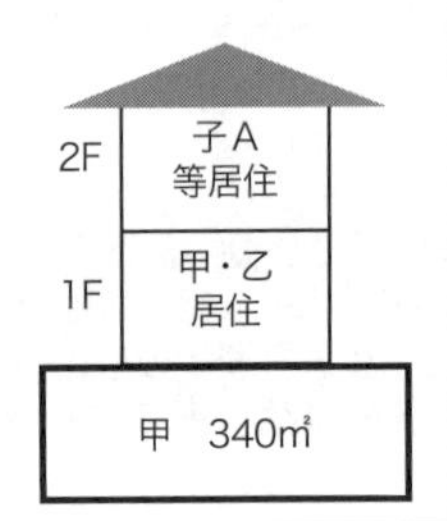

建物の所有者（例B）と居住者（甲A）が異なるが、家賃の支払い無く建物の所有者は甲に地代の支払いない場合には【書類審査】合格

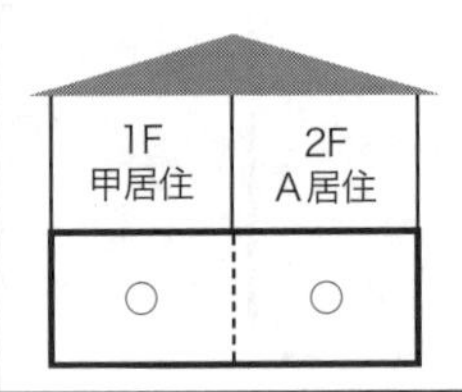

※区分所有登記している場合1F部分のみ【書類審査】に合格
これ以降の【入学試験】&【卒業試験】は前記⑴で判定

② 建物 甲の親族100%

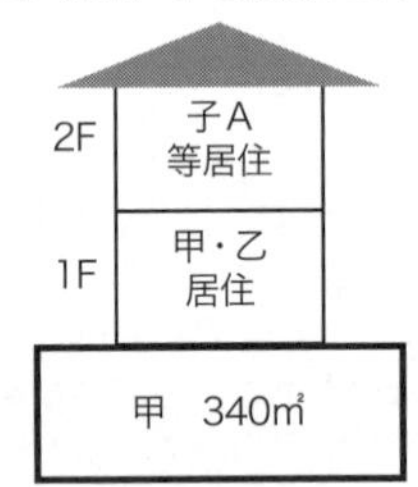

建物の所有者と居住者が異なるので家賃支払いあり、かつ建物の所有者は甲に地代の支払いある場合には【書類審査】不合格

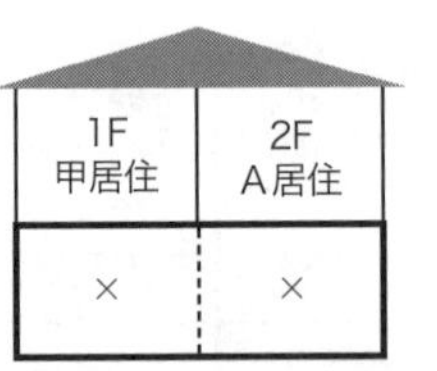

不合格なのでこれ以降の【入学試験】&【卒業試験】はできない。
以下③～⑥に同じ
※【貸付事業用宅地等】に該当する可能性があるが【卒業試験】を合格できないケースが多い。

③ 建物 甲の親族100%

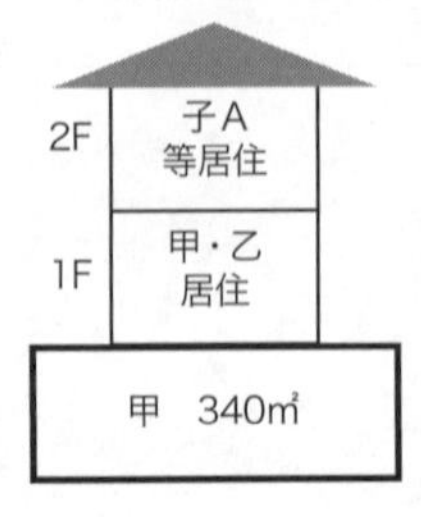

建物の所有者と居住者が異なるので家賃支払いある場合、建物の所有者は甲に地代の支払いなくても【書類審査】不合格

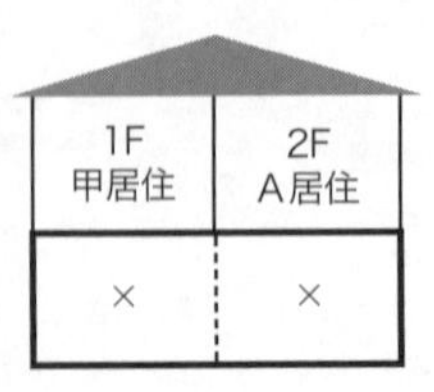

Q&A ／書類審査（相続開始直前）⇨入学試験（相続開始時点）

④　建物 甲の親族100%

2F　子A等居住
1F　甲・乙居住
甲　340㎡

建物の所有者と居住者が異なるが家賃の支払い無く建物の所有者は甲に地代の支払いある場合には【書類審査】不合格

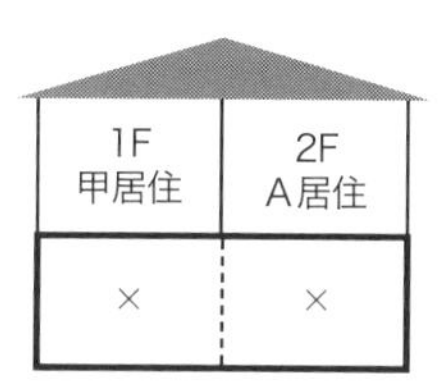

不合格なのでこれ以降の【入学試験】&【卒業試験】はできない。
※【貸付事業用宅地等】に該当する可能性があるが【卒業試験】に合格できないケースが多い。

⑤　建物 親族以外100%

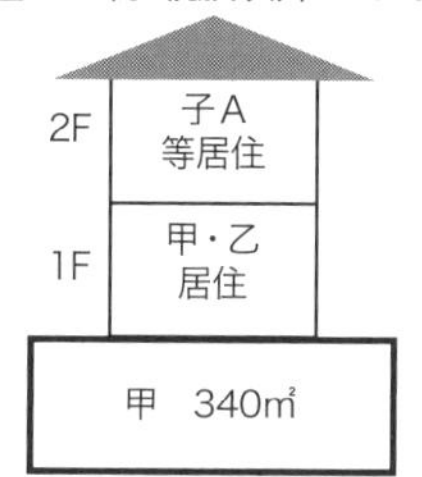

家賃の支払い及び地代の支払いの有無に関係なく【書類審査】不合格

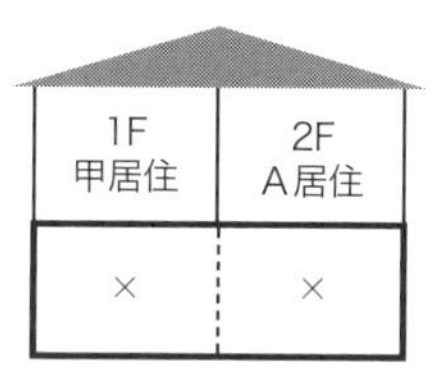

※甲が地代を収受していた場合、申告期限まで地代を収受すれば【貸付事業用宅地等】に該当する可能性があります。

⑥　建物 個人以外100%

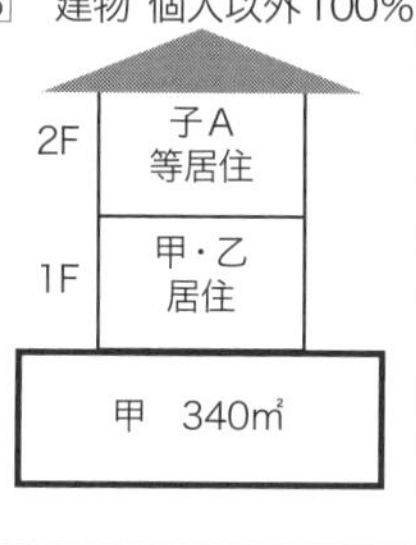

家賃の支払い及び地代の支払いの有無に関係なく【書類審査】不合格

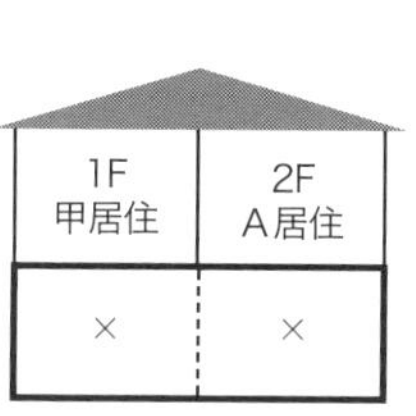

※甲が地代を収受していた場合、申告期限まで地代を収受すれば【貸付事業用宅地等】に該当する可能性があります。
※一定の関係法人が家屋を所有している一定の場合、法令的には読めますが通達上は読めません。

※事例①の家賃・地代の授受がないことは相続開始直前までの要件（通−7⑴）（この通達は書類審査です）であり相続税の申告期限までの継続要件とは、条文上読めません。
　相続開始後に家賃・地代の授受があると『被相続人の居住の用に供していた宅地等。措通69の4−7』に該当しなくなると思われている方がいますが、筆者とは見解を異にしています。

Ⅱ・甲が死亡し、配偶者（乙）がいない場合（未婚・離婚・死別）

⑴ 建物を甲が所有していた場合

例	乙配偶者	建物所有	甲とAは生計一？	相続等で宅地等を取得した者	敷地権の登記	区分登記
1 Q4-3-1	死亡	甲	生計別	A100%	なし	なし
2 Q4-3-2	死亡	甲	生計別	B100%	なし	なし
3 Q4-3-3	死亡	甲	生計別	A・B各50%	なし	なし
4 Q4-3-4	死亡	甲	生計別	A・B各50%	**あり**	**あり**
5 Q4-3-5	死亡	甲	生計別	A・B各50%	なし	**あり**
6 Q4-3-6	死亡	甲	生計一	A100%	なし	なし
7 Q4-3-7	死亡	甲	生計一	B100%	なし	なし
8 Q4-3-8	死亡	甲	生計一	A・B各50%	なし	なし
9 Q4-3-9	死亡	甲	生計一	A・B各50%	**あり**	**あり**
10 Q4-3-10	死亡	甲	生計一	A・B各50%	なし	**あり**
11 Q4-3-11	死亡	甲	生計別	A・B各50%	なし	なし

※11は三世帯住宅

Q&A／書類審査（相続開始直前）⇨入学試験（相続開始時点）	
1　建物　甲100% 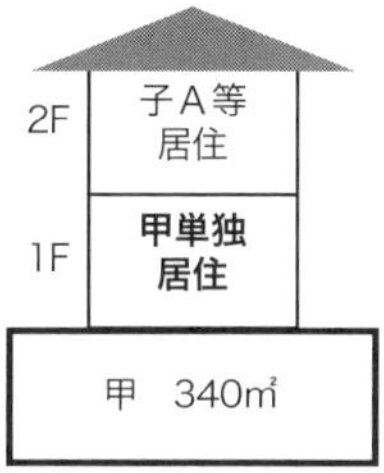 2F　子A等居住 1F　甲単独居住 甲　340㎡	甲単独居住＝同居法定相続人がいないということ（以下同じ） 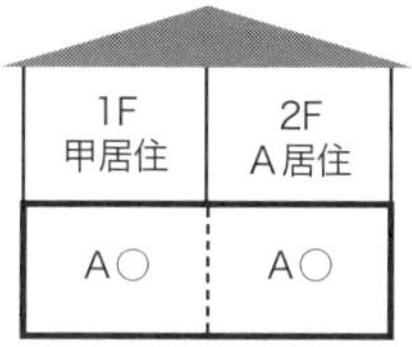 1F 甲居住　2F A居住 A○　A○ ❶取得⇨A宅地等・建物100% ❷判定⇨A340㎡ ❸根拠⇨(①令④⇨③二号イ令⑬二) ❹解説⇨「一棟の建物」にAも居住していたから。
2　建物　甲100% 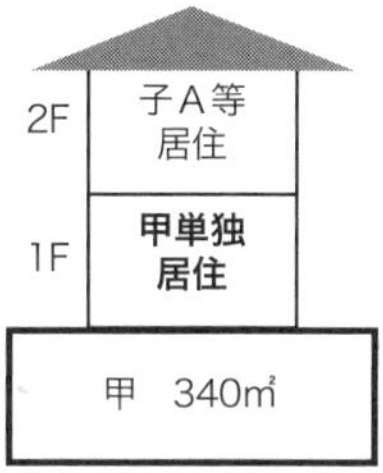 2F　子A等居住 1F　甲単独居住 甲　340㎡	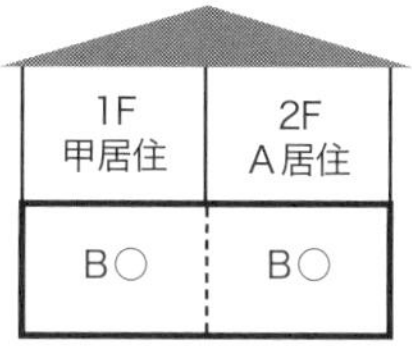 1F 甲居住　2F A居住 B○　B○ ❶取得⇨B宅地等・建物100% ❷判定⇨B1F・2F合計340㎡ ❸根拠⇨（①令④⇨③二号ロ、措通69の4-21） ❹解説⇨Bは家なき子で適用可能 注⇨申告期限保有要件のみ（以下同じ）
3　建物　甲100% 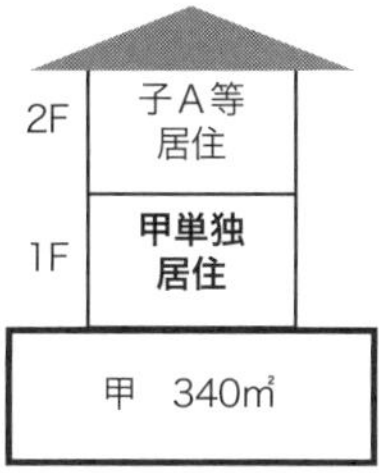 2F　子A等居住 1F　甲単独居住 甲　340㎡	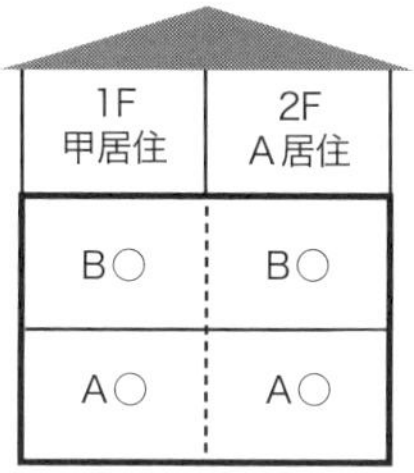 1F 甲居住　2F A居住 B○　B○ A○　A○ ❶取得⇨A・B宅地等・建物　各50% ❷判定A⇨170㎡（1F・2F） B⇨170㎡（1F・2F） ❸根拠⇨A(①令④⇨③二号イ令⑬二) ⇨B（①令④⇨③二号ロ、通-21） ❹解説⇨Bは家なき子で適用可能
4　建物　甲100% 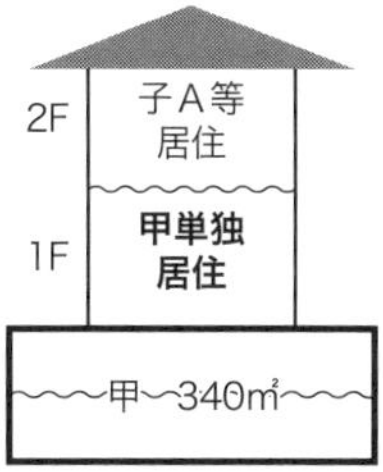 2F　子A等居住 1F　甲単独居住 甲　340㎡	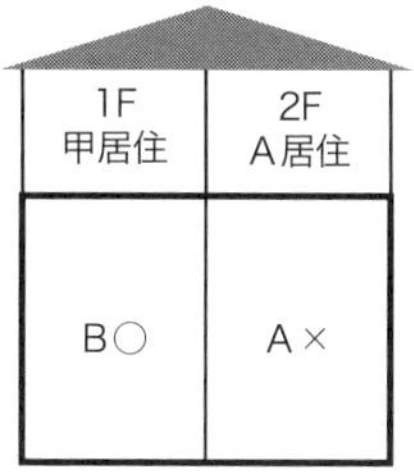 1F 甲居住　2F A居住 B○　A× ❶取得⇨B1階対応分の宅地等・建物 A2階対応分の宅地等・建物 ❷判定⇨A0㎡　⇨B⇨170㎡（1F） ❸根拠⇨A（規定なし） ⇨B（①令④⇨③二号ロ、通-21） ❹解説⇨建物を区分登記しているため、Aは2F170㎡に適用できないが、1Fは家なき子のBが取得しているため適用できる。

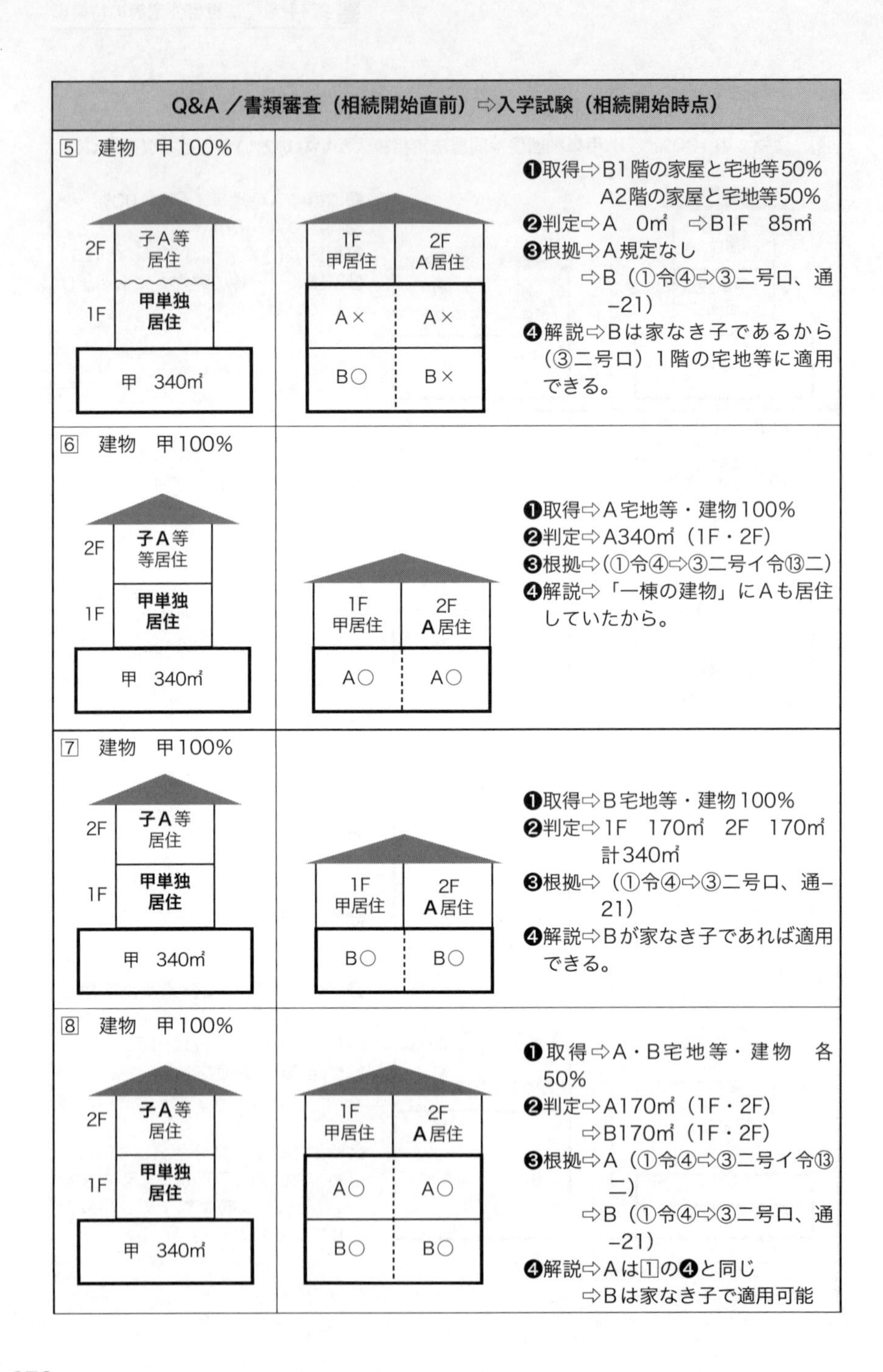

Q&A ／書類審査（相続開始直前）⇨入学試験（相続開始時点）	
5 建物 甲100% 2F 子A等居住 1F 甲単独居住 甲 340㎡	1F 甲居住 ／ 2F A居住 A× ／ A× B○ ／ B× ❶取得⇨B1階の家屋と宅地等50% A2階の家屋と宅地等50% ❷判定⇨A 0㎡ ⇨B1F 85㎡ ❸根拠⇨A規定なし ⇨B（①令④⇨③二号ロ、通−21） ❹解説⇨Bは家なき子であるから（③二号ロ）1階の宅地等に適用できる。
6 建物 甲100% 2F 子A等等居住 1F 甲単独居住 甲 340㎡	1F 甲居住 ／ 2F A居住 A○ ／ A○ ❶取得⇨A宅地等・建物100% ❷判定⇨A340㎡（1F・2F） ❸根拠⇨（①令④⇨③二号イ令⑬二） ❹解説⇨「一棟の建物」にAも居住していたから。
7 建物 甲100% 2F 子A等居住 1F 甲単独居住 甲 340㎡	1F 甲居住 ／ 2F A居住 B○ ／ B○ ❶取得⇨B宅地等・建物100% ❷判定⇨1F 170㎡ 2F 170㎡ 計340㎡ ❸根拠⇨（①令④⇨③二号ロ、通−21） ❹解説⇨Bが家なき子であれば適用できる。
8 建物 甲100% 2F 子A等居住 1F 甲単独居住 甲 340㎡	1F 甲居住 ／ 2F A居住 A○ ／ A○ B○ ／ B○ ❶取得⇨A・B宅地等・建物 各50% ❷判定⇨A170㎡（1F・2F） ⇨B170㎡（1F・2F） ❸根拠⇨A（①令④⇨③二号イ令⑬二） ⇨B（①令④⇨③二号ロ、通−21） ❹解説⇨Aは1の❹と同じ ⇨Bは家なき子で適用可能

Q&A／書類審査（相続開始直前）⇨入学試験（相続開始時点）		
9　建物　甲100% 2F　**子A**等居住 1F　**甲単独居住** 甲　340㎡	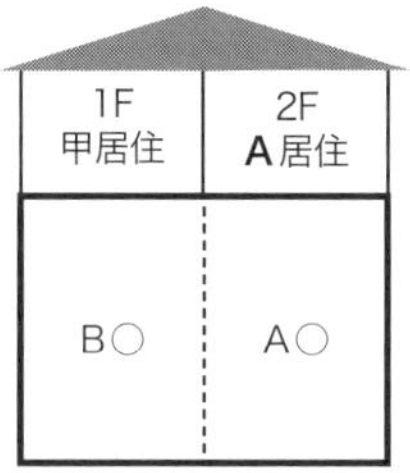 1F 甲居住　2F **A**居住 B○　A○	❶取得⇨B1階の宅地等と家屋 A2階の宅地等と家屋 ❷判定⇨A2F　170㎡ ⇨B1F　170㎡ ❸根拠⇨A（①令④⇨③二号ハ） ⇨B（①令④⇨③二号ロ、通−21） ❹解説⇨Aは生計一親族であるから（③二号ハ）を適用し、Bは家なき子であるから（③二号ロ）を適用できる。
10　建物　甲100% 2F　**子A**等居住 1F　**甲単独居住** 甲　340㎡	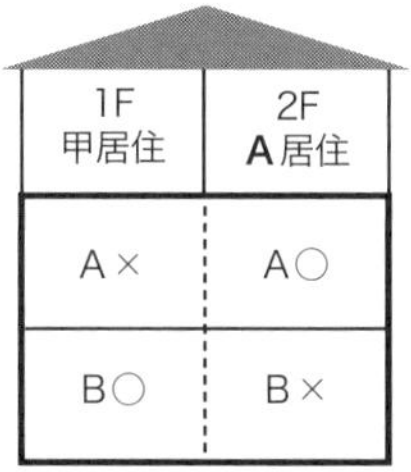 1F 甲居住　2F **A**居住 A×　A○ B○　B×	❶取得⇨B1階の家屋と宅地等50% A2階の家屋と宅地等50% ❷判定⇨A2F　85㎡ ⇨B1F　85㎡ ❸根拠⇨A（①令④⇨③二号ハ） ⇨B（①令④⇨③二号ロ、通−21） ❹解説⇨Aは生計一親族であるから（③二号ハ）を適用し、Bは家なき子であるから（③二号ロ）を適用できる。
11　建物　甲100% 3F　子B等居住 2F　子A等居住 1F　**甲単独居住** 甲　340㎡	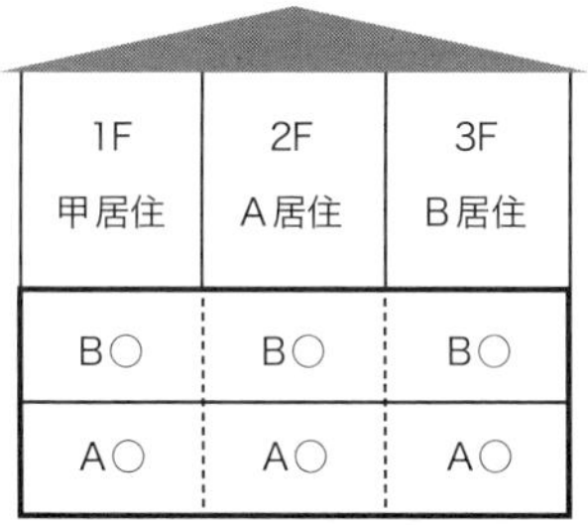 1F 甲居住　2F A居住　3F B居住 B○　B○　B○ A○　A○　A○	**三世帯住宅です** ❶取得⇨A・B 宅地等・建物各50% ❷判定⇨A170㎡ ⇨B170㎡ ❸根拠⇨A・B共（①令④⇨③二号イ令⑬二） ❹解説⇨「一棟の建物」にAもBも居住していたから。

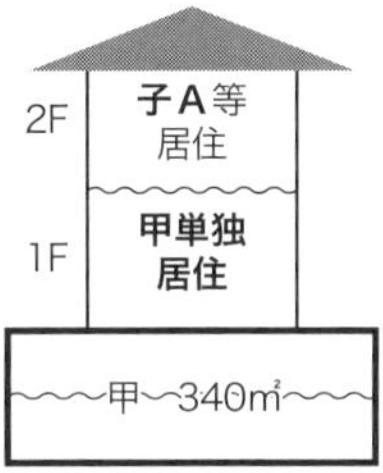

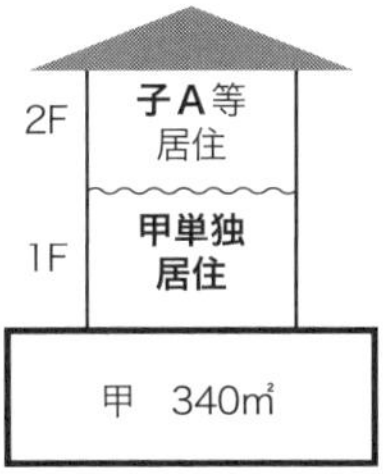

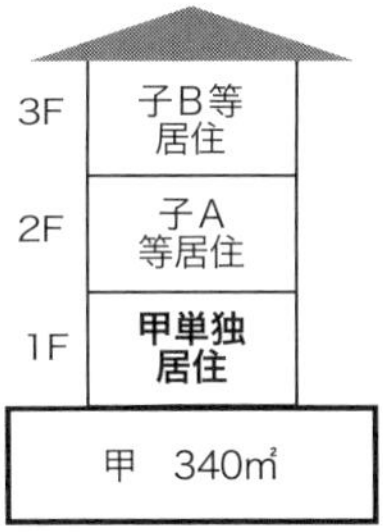

⑵　建物を甲以外が所有していた場合

例	乙配偶者	建物所有者	甲が家賃支払い	甲が地代受取り	書類審査	参考
① Q4-4-1	死亡	甲の親族	なし	なし	合格	入学試験へ
② Q4-4-2	死亡	甲の親族	あり	あり	不合格	上記不可
③ Q4-4-3	死亡	甲の親族	あり	なし	不合格	上記不可
④ Q4-4-4	死亡	甲の親族	なし	あり	不合格	上記不可
⑤ Q4-4-5	死亡	親族外個人	無関係	無関係	不合格	上記不可
⑥ Q4-4-6	死亡	個人以外	無関係	無関係	不合格	上記不可

Q&A／書類審査（相続開始直前）⇨入学試験（相続開始時点）

① 建物 甲の親族100%

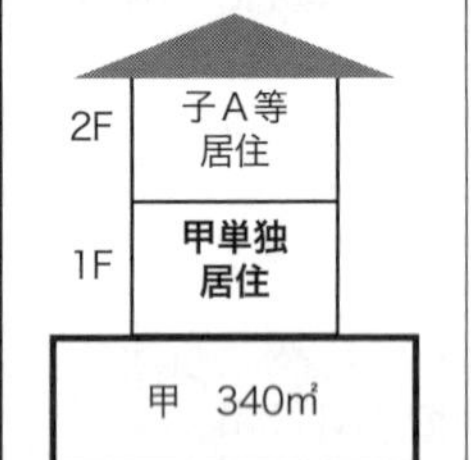

建物の所有者と居住者が異なるが家賃の支払いなく、建物の所有者は甲に地代の支払いがない場合には【書類審査】合格

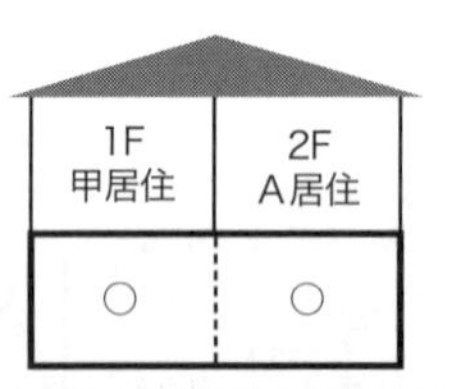

※区分所有登記している場合1F部分のみ【書類審査】を合格
これ以降の【入学試験】＆【卒業試験】は前記⑴で判定

② 建物 甲の親族100%

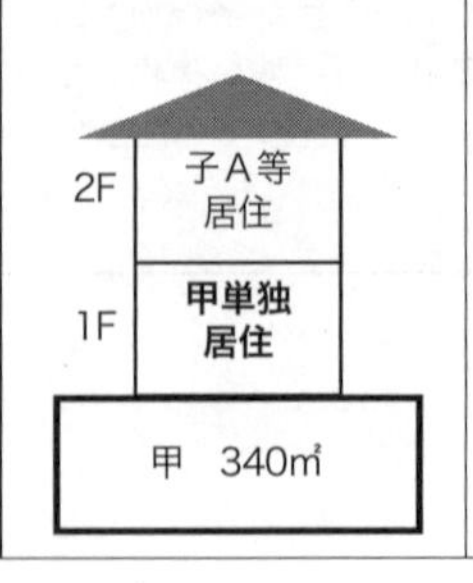

建物の所有者と居住者が異なるので家賃支払いあり、かつ建物の所有者は甲に地代の支払いある場合には【書類審査】不合格

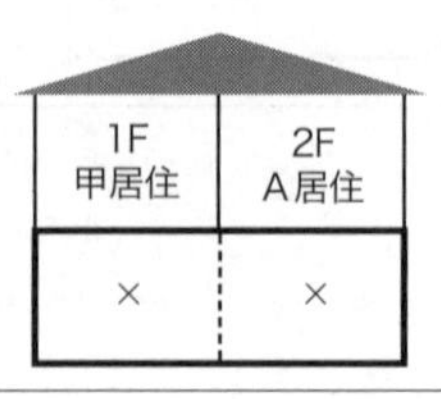

不合格なのでこれ以降の【入学試験】＆【卒業試験】はできない。
※【貸付事業用宅地等】に該当する可能性があるが【卒業試験】に合格できないケースが多い。

<table>
<tr><th colspan="2">Q&A ／書類審査（相続開始直前）⇨入学試験（相続開始時点）</th></tr>
<tr><td>③　建物 甲の親族100%
2F 子A等居住
1F 甲単独居住
甲　340㎡</td><td>建物の所有者と居住者が異なるので家賃支払いある場合、建物の所有者は甲に地代の支払いなくても【書類審査】不合格
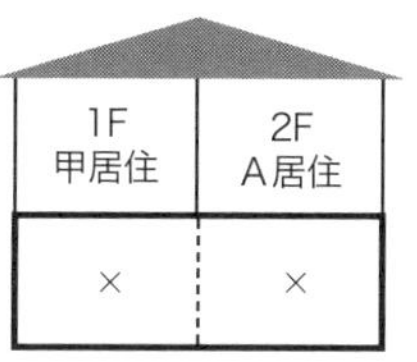</td></tr>
<tr><td>④　建物 甲の親族100%
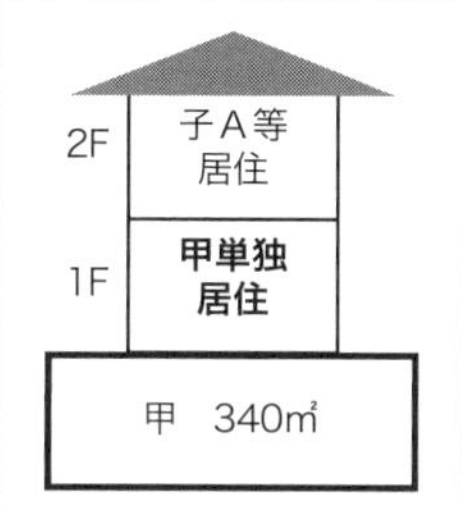</td><td>建物の所有者と居住者が異なるが家賃の支払い無く建物の所有者は甲に地代の支払いある場合には【書類審査】不合格
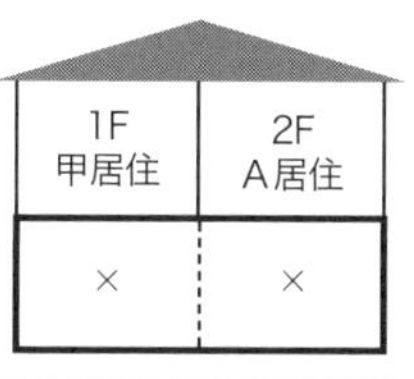
不合格なのでこれ以降の【入学試験】＆【卒業試験】はできない。
※【貸付事業用宅地等】に該当する可能性があるが【卒業試験】に合格できないケースが多い。</td></tr>
<tr><td>⑤　建物 親族以外100%
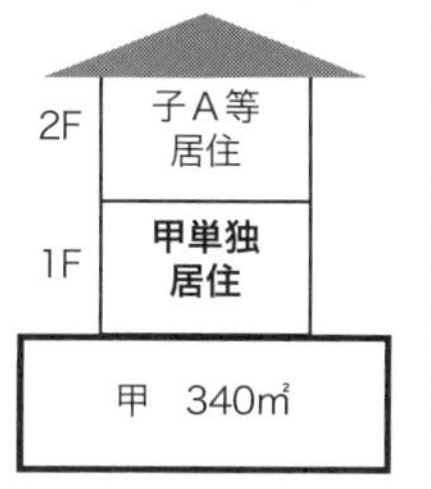</td><td>家賃の支払い及び地代の支払いの有無に関係なく【書類審査】不合格
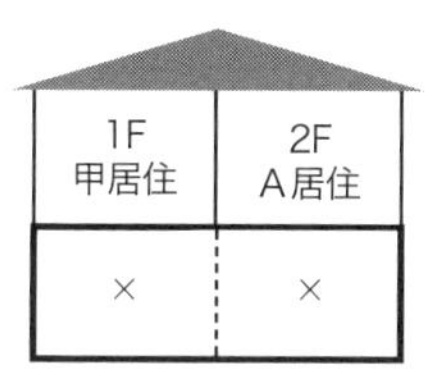
※甲が地代を収受していた場合【貸付事業用宅地等】に該当する可能性がある。</td></tr>
<tr><td>⑥　建物 個人以外100%
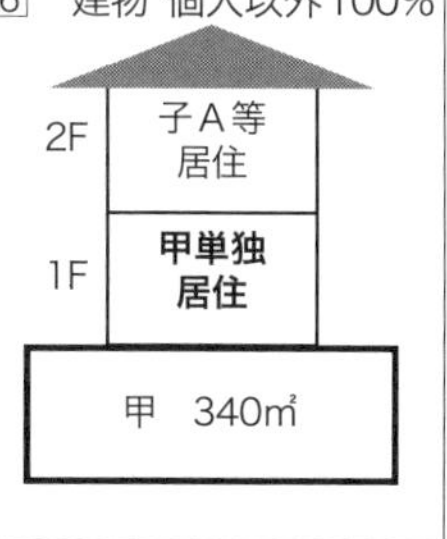</td><td>家賃の支払い及び地代の支払いの有無に関係なく【書類審査】不合格
1F 甲居住　2F A居住
×　×
※甲が地代を収受していた場合【貸付事業用宅地等】に該当する可能性がある。
※一定の関係法人が家屋を所有している一定の場合、法令的には読めますが通達上は読めません。</td></tr>
</table>

Q4-5 二世帯住宅等の場合の各種パターン【親子以外編】14事例

二世帯住宅等の場合の各種パターンを教えてください。

A 図解すると下記のようになります。全部で14事例あります。

※経過措置は考慮していません。

家屋所有者親族要件（通-7）と二世帯住宅等居住者親族要件（令④）の２つの要件を充足する必要があります。

❶ 被相続人甲が建物を所有

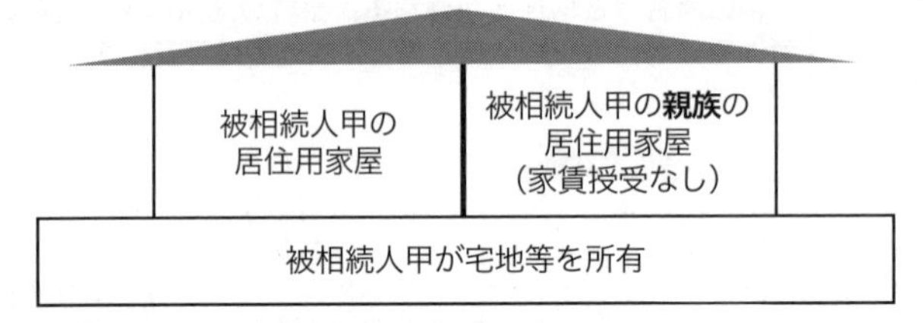

❷ 被相続人甲の**親族**が建物を所有

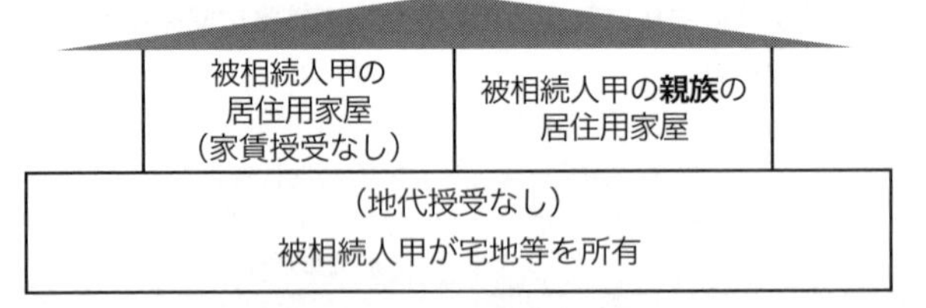

❸ 被相続人甲と被相続人甲の**親族**が建物を共有（区分所有登記なし）

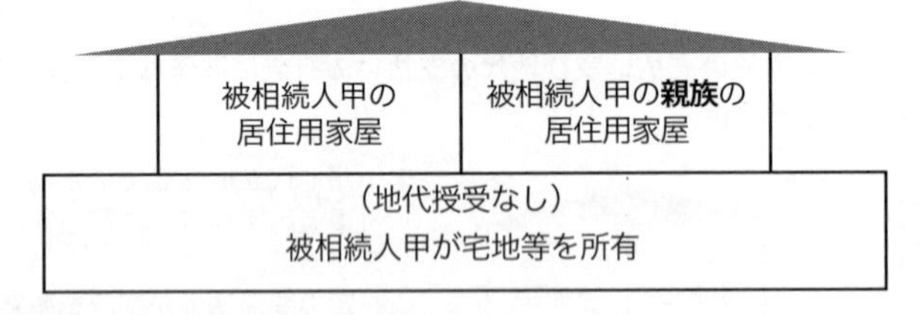

上記❶〜❸までに該当しない場合、

■1 被相続人の**親族以外**が建物の全所有者の場合⇨敷地全部に適用できません。

■2 被相続人（又は親族）と、親族以外の者が共有の場合（区分所有登記除く）⇨二世帯住宅等の被相続人が居住していた家屋とは別の、独立部分である家屋に親族以外の者が居住していた場合は被相続人の居住用敷地部分にしか適用することはできません。

被相続人の親族（例　孫C）と、被相続人にとって親族以外の者（長男の妻の親）が同居していた場合は条文上明確な規定はありませんが、共有とはいえ全部を薄まった状態で所有していることになり全部適用可能ではないかと思われます（甲とCは2親等の親族です。）。

(1)　後妻の宅地等に前記❶〜❸の建物が建築されており、左側家屋には**後妻**が居住、右側家屋には**先妻の子A**が居住していたが、後妻が遺言でAに宅地等を遺贈した場合を解説します。

Q&A 4-5-1 後妻が夫（Aの父）と結婚した際にAと養子縁組をしていた場合

夫と死別又は離婚していようと、Aは後妻の相続人であり、当然に親族であるから、2つの継続要件をクリアすれば特定居住用宅地等に該当します。

※後妻が夫（Aの父）と結婚した際に、Aと養子縁組をしていない場合勘違いして養子縁組していない場合が多いです。相続人にはなれません。

Q&A 4-5-2 夫が生存している（養子縁組していない）場合

相続人にはなれませんが、後妻とAは一親等の姻族（コラム1参照）で親族です。

Q&A 4-5-3 夫と離婚している場合

民法728条第1項で、夫と離婚した際（コラム7参照）にAとの姻族関係は終了していますから、親族関係はありません。

Q&A 4-5-4 夫と死別している場合（死亡届出のみ提出）

夫の血族との関係（姻族）は終了していませんので、後妻とAは一親等の姻族で親族です。

Q&A 4-5-5 夫と死別している場合（戸籍法96条の書類を提出）

民法728条第2項で生存配偶者が姻族関係を終了させる意思を表示した場合は離婚の場合と同じで「姻族関係は終了」します（コラム7参照）から、親族関係はありません。

以上の関係を図解すると下記のようになります。

<table>
<tr><th colspan="4">各種事例</th><th>判定</th></tr>
<tr><td colspan="3">Aと養子縁組している（1親等の血族）</td><td>1</td><td>相続人＆親族</td></tr>
<tr><td rowspan="4">夫と結婚しただけ</td><td colspan="2">夫は生存している（1親等の姻族）</td><td>2</td><td>親族</td></tr>
<tr><td colspan="2">夫とはその後離婚している（民法728①）</td><td>3</td><td>親族でない</td></tr>
<tr><td rowspan="2">夫と死別</td><td>死亡届出書を提出したのみ（1親等の姻族）</td><td>4</td><td>親族</td></tr>
<tr><td>後妻が死亡配偶者の姻族との関係を終了させる手続をしている（民法728②）。コラム7参照</td><td>5</td><td>親族でない</td></tr>
</table>

⑵　おばの宅地等に建物（所有者は姪Aの夫B）が建築されていた場合

左側家屋にはおばが居住、右側家屋には姪（おばから見て姉の子供）A家族が居住していたが、おばが遺言でAに宅地等を遺贈した場合を解説します。

被相続人の姪Aの夫Bが建物を所有

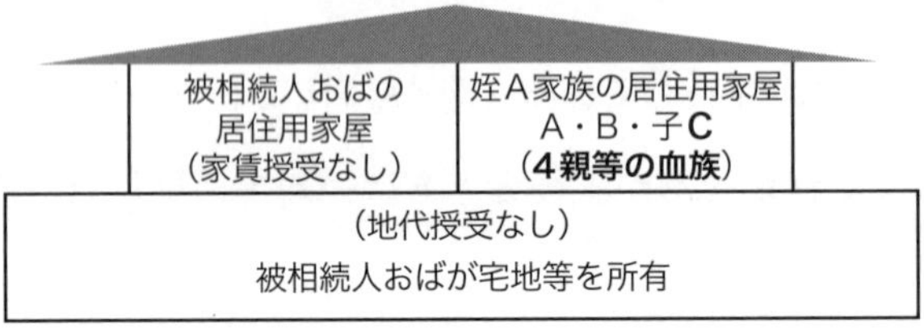

被相続人おばの居住用家屋（家賃授受なし）	姪A家族の居住用家屋 A・B・子C **（4親等の血族）**

（地代授受なし）
被相続人おばが宅地等を所有

Q&A 4-5-6 前記の状態でおばが死亡した場合

おばからみて姪は3親等の血族であり、その夫は3親等の姻族ですから、親族に該当します。

Q&A 4-5-7 おばが死亡する以前に、姪と夫が離婚していた場合

民法728第1項により姻族関係は終了していますので親族にはなりません。

Q&A 4-5-8 Q4-5-7で姪が離婚による財産分与で建物を取得している場合

建物の所有者である姪は当然に親族に該当します。

Q&A 4-5-9 おばが死亡する以前に、姪の夫が死亡していた場合

姪A又はその子Cが建物を取得（未分割状態も含みます。遺産共有状態）した場合、Aは3親等、Cは4親等の血族（血族は6親等まで）親族に該当します。

Q&A 4-5-10 おばが死亡する以前に、姪が死亡していた場合①

建物の所有者が夫Bのままでも、Bはおばと親族です。

Q&A 4-5-11 おばが死亡する以前に、姪が死亡していた場合②

民法728条第2項で生存配偶者Bが姻族関係を終了させる意思を表示した場合は離婚の場合と同じで「姻族関係は終了」します（コラム7参照）から、親族関係はありません。

以上の関係を図解すると下記のようになります。

<table>
<tr><th colspan="3">各種事例</th><th>建物の所有者</th></tr>
<tr><td colspan="2">そのままでおばが死亡　（3親等の姻族）</td><td>6</td><td>B⇨親族</td></tr>
<tr><td rowspan="2">姪が夫と離婚の場合</td><td>建物の所有者が夫のまま（民法728①）</td><td>7</td><td>B⇨親族でない</td></tr>
<tr><td>姪が離婚による財産分与で建物を取得</td><td>8</td><td>A⇨親族</td></tr>
<tr><td>夫死亡</td><td>姪又はその子Cが建物を取得</td><td>9</td><td>A＆C⇨親族</td></tr>
<tr><td rowspan="2">姪死亡</td><td>建物の所有者が夫のまま　（3親等の姻族）</td><td>10</td><td>B⇨親族</td></tr>
<tr><td>夫が姪の姻族との関係を終了（民法728②）</td><td>11</td><td>B⇨親族でない</td></tr>
</table>

⑶　甲の宅地等に建物（所有者は甲とDの共有）が建築された場合

今までは甲の宅地上に甲の建物が建っていた（甲・乙・A・B・C同居）が、古くなったので甲が建て替えを計画したところ、Bから「お義父さんお願いがあります。うちの母が亡くなって3年が経ち、父が一人で寂しく暮らしています。

子供は私一人ですので引き取りたいと考えています。今父が住んでいる自宅を売却すると3千万円になると近所の不動産屋が言っています。」

「その売却代金を新築代金の一部に充当してもらえないか。つまり、新しい建物は父とお義父さんの50％共有名義にお願いしたいと言ってました。」

「建物は二世帯住宅で、中で行き来ができない構造にして、父が一人で居住します」「父が死亡したら相続人は私一人ですから面倒な事にはなりません」

この提案を甲は快諾して下記の状態の建物を建築した場合

「親族関係等の図」

D（Bの父）　甲（被相続人）＝＝ 乙（配偶者）

B（Aの妻）＝＝ A（長男）

C（孫）（小学生？高校生？）

甲とDが共有（各50％）で建物を建築

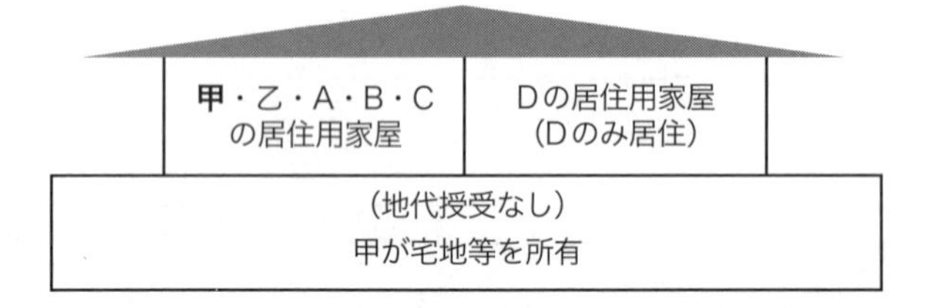

Q&A 4-5-12 前記の状態で甲が死亡した場合

少子高齢化社会ですので、これからはこのような事例が多数発生しそうです。

親孝行な娘で大変ほほえましい案件ですが、残念ながらこの事例では甲とDは民法上の親族にはなりませんので、少なくても右側の家屋の敷地分は「二世帯住宅等居住者親族等要件」に該当しません。

ただし、甲の家族が居住している左側の家屋の敷地分は、甲の居住用宅地等として書類審査は合格するのではないかと思われます。

確かに50％分しか建物の所有権はありませんが、50％と薄まっているだけであり、全体の権利を所有（共有状態ではあるが）していることには変わりませんので左側の敷地分は該当すると思われます。

※事例は異なりますが、Dが建物全部の所有者の場合は敷地全部が甲の居住用宅地等になりません。

右側の家屋には甲の親族でないDのみが居住しているため、「二世帯住宅等居住者親族要件」に該当しませんから、被相続人甲の居住用宅地等である左側の敷地分しか書類審査には合格しません。

Q&A 4-5-13 その後Dが娘Bに建物を贈与した後に甲が死亡した場合

甲とBは1親等の姻族ですから「家屋所有者親族要件」に該当します。

しかし、Dのみ居住していますから「二世帯住宅等居住者親族要件」には該当しませんから、左側の家屋敷地分しか書類審査には合格しません。

Q&A 4-5-14 事例を一部変更、AとDが共有（各50％）で建物を建築

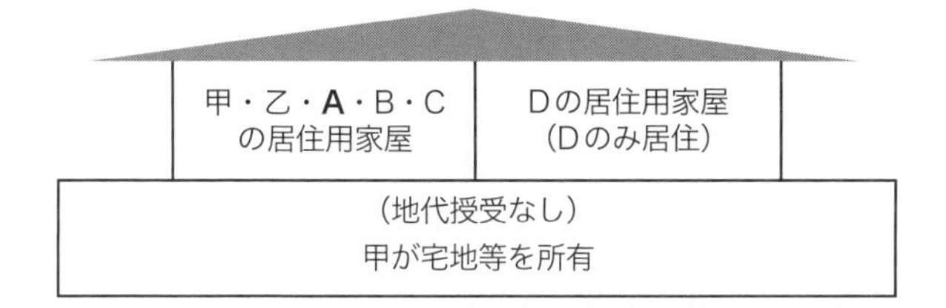

同じく宅地等の所有者甲とDは民法上の親族にはなりませんので、少なくても右側の家屋の敷地分は「二世帯住宅等居住者親族等要件」に該当しません。

以上の関係を図解すると下記のようになります。

各種事例		建物の所有者	右側の居住者D
そのままで甲が死亡	12	D⇨親族でない	D⇨親族でない
Dが娘Bに建物を贈与後に甲が死亡	13	B⇨親族○	D⇨親族でない
AとDが共有で建物を建築	14	D⇨親族でない	D⇨親族でない

コラム13（被相続人甲単身居住）二世帯住宅等の申告期限までに貸付の適否

（コラム16参照）　　4事例

事例⑴　建物　A100%　　　事例⑵　建物　甲100%

甲と子A生計別

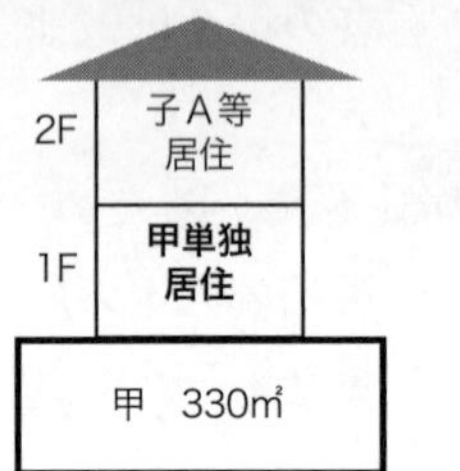

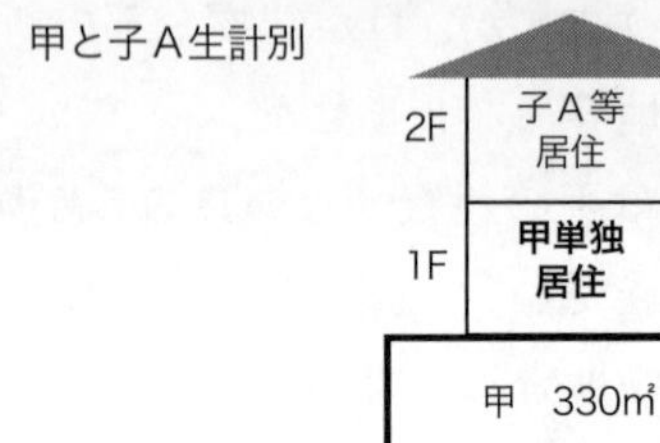

事例⑶　建物　A100%　　　事例⑷　建物　甲100%

甲と子A生計一

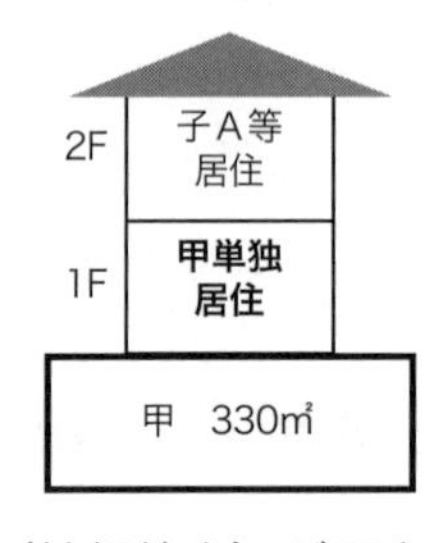

2F　子A等居住
1F　甲単独居住
甲　330㎡

甲（被相続人）が死亡し1F部分が空室（家屋）となったため、この宅地等・建物を相続等により取得した子供Aが、相続税の申告期限（10カ月）前に賃貸した場合、特定居住用宅地等に該当するかどうかの判定（Aは申告期限まで2F部分に居住を継続するし、宅地等は継続保有する）

事例⑴　2F部分330㎡×50%＝165㎡は該当するが、1F部分165㎡は該当しないと思われがちだが、全体330㎡が該当します（法③二号イ）。

Aは卒業試験の①申告期限まで2Fに居住を継続し（1Fに居住要件はなし）②宅地等全体を保有継続しているから、卒業試験に合格。

事例⑵　事例⑴と同じ。

事例⑶　事例⑴と同じ。Aは同法イにもハにも該当するがイでなくハを適用すると、2F部分330㎡×50%＝165㎡のみ該当し不利

事例⑷　事例⑵と同じ。ハを適用すると165㎡のみ該当し不利

※「週刊・税務通信」（平成26年8月4日号）にも同様の記事あり

第5章

老人ホーム等入所等の特集編

(1) 要介護認定等（&基本チェックリスト該当）の時期の問題　6事例
(2) 老人ホーム等に入所等直前の居住用宅地の問題　7事例
(3) 夫婦で老人ホーム等に入所等した場合の問題　3事例
(4) 老人ホーム等に入所等直前の居住用宅地等の家族の使途
❶ 空家となった（区分登記ありの完全分離型二世帯住宅等含む）　5事例
❷ 被相続人が入所等したため本来の同居（留守）家族が居住継続　4事例
❸ その後相続開始時点まで空家状態　4事例
❹ その後1階に丙（又はB）が相続開始時点まで居住継続　2事例
❺ その後1階に丙が相続開始時点まで居住継続　4事例

合計35事例あります。

老人ホーム等入所等時のフローチャート

(下記に該当しなければ書類審査→入学試験→卒業試験に不合格)
(一般的な場合を想定していますから詳細は35事例を参照してください。)

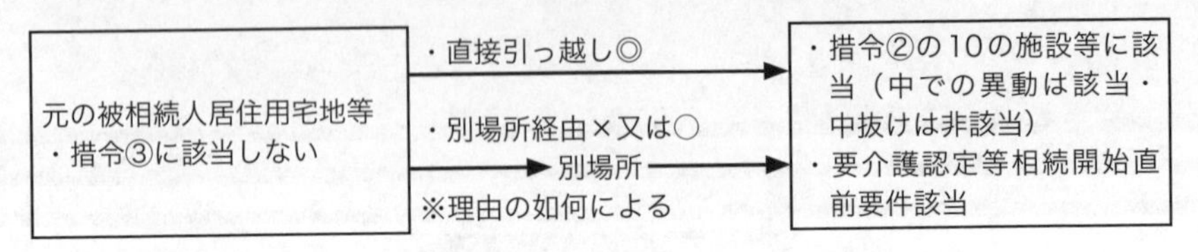

(1) 書類審査

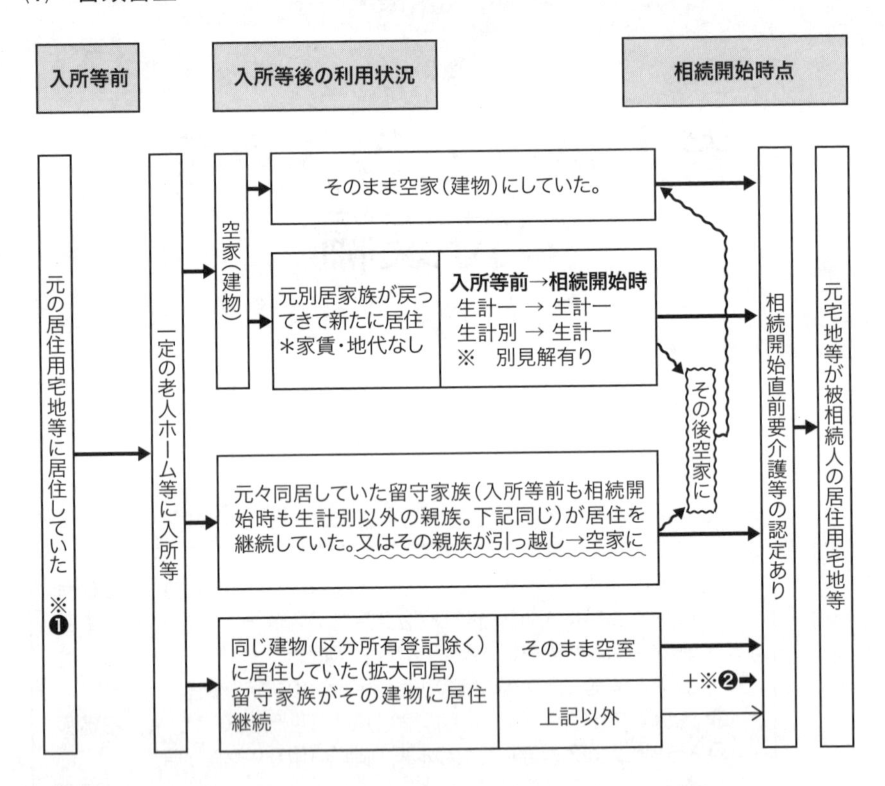

※❶図表−2参照（289頁）
※❷平成27年4月1日からは相続開始直前に要介護認定等を受けていなくても、基本チェックリストに該当する者も認定を受けた者と同様に特例対象とされました。

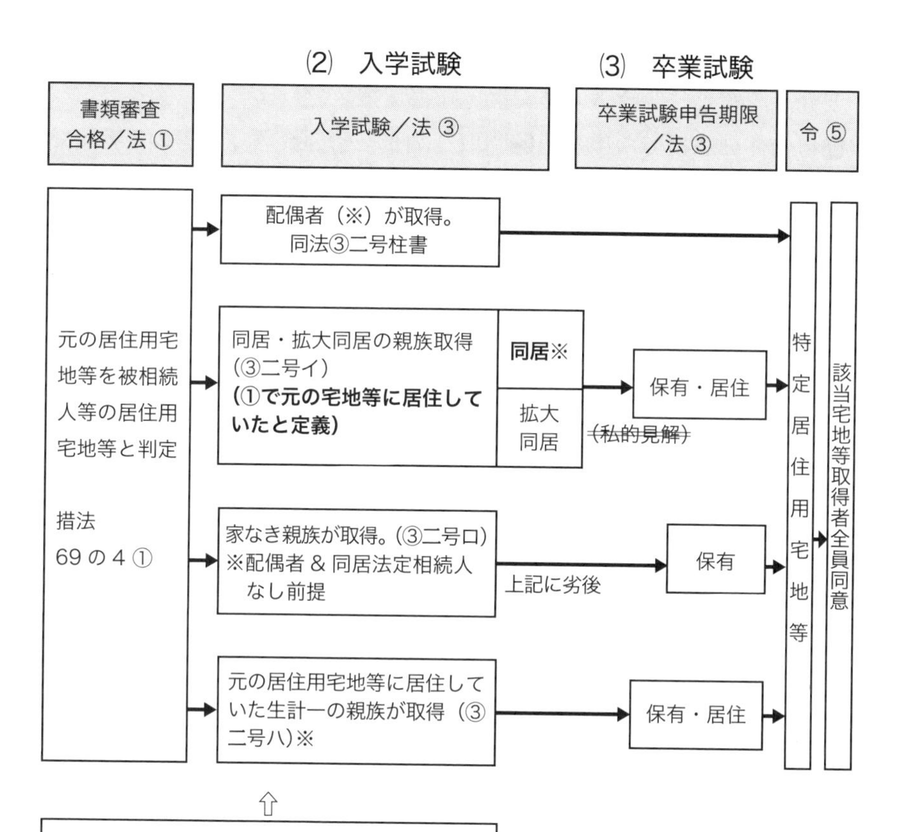

前頁の書類審査を合格しなかった場合でも、元（又は別）宅地等が被相続人と相続開始時点で生計一（立証責任は納税者等にあり）の親族の居住用に供されていた場合、生計一親族の居住用宅地等として『書類審査』に合格することになる。

※『令③括弧書き…被相続人等（…同居していた親族＝生計一親族)』と理解し、入学試験も合格と思われます。

⑴ 要介護認定等の時期の問題

要介護認定等（要介護・要支援・障害支援区分）は

❶自治体の窓口での申請→❷聞取り調査→❸要介護認定等の３手順で行われます。

Q&A 5-1《事例１》認定後に死亡した場合

❸の認定後に死亡した場合「措通69の4−7の3」に該当し適用可

> 「措通69の4−7の3」…認定を受けていたかどうかは、当該被相続人が、当該被相続人の相続の開始の直前において当該認定を受けていたかにより判定するのであるから留意する。

Q&A 5-2《事例2》聞取り調査後、要介護等の認定の途中で死亡した場合

❷の聞取り調査後、❸の要介護等の認定には通常１ヶ月程度要し、その途中で死亡した場合（認定はされる）。

国税庁は平成27年11月の質疑応答事例　小規模宅地等　11でOKと見解。

「週刊・税務通信」（H26.6.2号）５頁に同様の下記の見解があります。

> 死亡した後に要介護認定を受けた場合でも、相続開始の直前に認定を受けていたものとして、特例の適用対象になることが取材でわかった。
> …本人が死亡しているので被保険者証が発行されないことがあるようだが、認定の結果通知書などを添付して申告すればよい（規⑧三ハ）。
> 【※根拠条文の一つ　介護保険法。左記がなくても認めると思われます。】
> （要介護認定）第27条⑧要介護認定は、その申請のあった日にさかのぼってその効力を生ずる。
> （要支援認定）第32条⑦要支援認定は、その申請のあった日にさかのぼってその効力を生ずる。
>
> ※この規定がなくても死亡後認定されれば認めたと２Ｆの貴重な意見あり

Q&A 5-3《事例3》窓口申請後、❷の聞取り調査前に死亡した場合

❶の窓口申請後、❷の聞取り調査前に死亡した場合

Q&A 5-4《事例4》窓口申請前に死亡した場合

❶の窓口申請前に死亡した場合、どちらも認定されるべき被相続人がすでに死亡しており、介護認定は「厚生労働省が定めた介護保険法の【74の調査事項】を本人に確認して認定するので、本人がいない段階では調査されないから認定はない」はずです。従って適用は不可です。

Q&A 5-5《事例5》被相続人は要介護認定を受けていないことに気付いた場合

要介護状態で老人ホーム等に入所等している者の家族が、顧問税理士に「父が要介護3程度の状態で老人ホーム等に入所等しているんですけど、何か生前に対策はないかご指導ください」

税理士「わかりました。これこれの対策をしましょう」

対策終了、その後相続が発生して、相続税の申告の依頼を受けた税理士が、被相続人は要介護認定を受けていないことに気付いた場合「損害賠償事件」に発展する可能性があります。

Q&A 5-6《事例6》厚生労働省が作成した「基本チェックリスト」該当者

相続開始直前まで要支援又は要介護の認定を受けていなかったが、厚生労働省が作成した「基本チェックリスト」該当者は、平成27年4月1日からの相続の場合、前記の認定を受けていた者と同様に取り扱うとされました（令②、規②）。

（参考1）介護保険法（地域支援事業）　第115条の45第1号

（参考2）介護保険法施行規則（法第115条の45第1項第1号の厚生労働省令で定める被保険者）　第140条の62の4第2号

巻末（第10章　法令・通達編）参照

※基本チェックリストとは、各自治体が行う介護予防事業について、近い将来、要支援・要介護状態となるおそれがある高齢者（65歳以上）

の方で、介護認定を受けていない方（特定高齢者・二次予防対象者）を選定するために、厚生労働省が作成したものです。

それぞれの自治体は、このチェックリストを対象である高齢者に送付し、介護予防が必要となる人には、各自治体独自のプログラムを実施しています。

詳しくは各自治体の担当部署にお問い合わせください。

⑵ 該当する老人ホーム等に入所等する直前の居住用宅地の問題

（**措法69の4①**）…被相続人の居住の用（居住の用に供することができない事由として政令【**措令40条の2②**】で定める事由により相続の開始の直前において当該被相続人の居住の用に供されていなかった場合（政令【**措令40条の2③**】で定める用途に供されている場合を除く。）における当該事由により居住の用に供されなくなる直前の当該被相続人の居住の用を含む。）

【令②に該当の施設に入る直前の元の居住用も本来の居住用とみる】の意味

前提【元の居住用】

A＝元からの引越先　BDE＝令②該当　C＝令②非該当

Q&A 5-7《事例1》縁起を担いで「方違え」で【元の居住用】から仮住居に引越し

縁起を担いで「陰陽道(おんみょうどう)の方違え(かたたが)」で【元の居住用】から仮住居（A）に引っ越し、すぐに該当する老人ホーム等に入所等する場合は、Aは仮住居（事実認定の判定は必要）ですから、【直前の当該被相続人の居住の用】は【元の居住用】と判定され適用対象となります。

Q&A 5-8《事例2》一旦該当しない老人ホーム等（C）に入所等した場合

一旦該当しない老人ホーム等（C）に入所等し、最終的に該当する老人ホーム等に入所等していても適用は不可です。

【元の居住用】⇨C⇨B

Q&A 5-9《事例3》途中で該当しない老人ホーム等（C）に入所等した場合

最初に該当する老人ホーム等に、途中で該当しない老人ホーム等（C）に、最終的に該当する老人ホーム等に入所等しても適用は不可です。

【元の居住用】⇨B⇨C⇨D（中抜け状態）

Q&A 5-10《事例4》最後に該当しない老人ホーム等に入所等した場合

最初に該当する老人ホーム等に入所等し、最後に該当しない老人ホーム等（C）等に入所等していても適用は不可です。

【元の居住用】⇨B⇨D⇨C

Q&A 5-11《事例5》一時的に子供の家に仮住居した場合

一時的（親の痴呆がひどくなったので子供が老人ホーム等を探したが、空部屋が2月待ちなどのため）に子供の家に仮住居（事実認定の判定は必要）し、その後該当する老人ホーム等に入所等する場合は適用可

【元の居住用】⇨A⇨B

Q&A 5-12《事例6》子供の家に同居し、その数年後に該当する老人ホーム等に入所等

子供の家に同居する目的で居住し、その数年後に該当する老人ホーム等に入所等する場合は適用不可です。（数ヶ月なら事実認定の判定が必要）

【元の居住用】⇨A⇨B

Q&A 5-13《事例7》老人ホーム等を転々としていても、すべて該当する老人ホーム等

老人ホーム等を転々としていても、すべて該当する老人ホーム等に入所等する場合は適用可

【元の居住用】⇨B⇨D⇨E

⑶　夫婦（甲・乙）で該当する老人ホーム等に入所等する場合の問題

Q&A 5-14《事例1》甲と乙が二人で該当する老人ホーム等に入所等した場合

甲と乙が二人で該当する老人ホーム等に入所等し、その後甲が死亡し乙が取得すれば書類審査も入学試験も合格し「特定居住用宅地等」に該当する。

Q&A 5-15《事例2》その後乙が老人ホーム等で死亡した場合

しかし、その後乙が老人ホーム等で死亡した場合、乙は所有者となった時(遺産分割した場合には相続開始時点にさかのぼって所有者となる)元の場所には住んでおらず、その後一度も居住したことがない状態で死亡したのであるから元の宅地等は乙の居住用宅地等にはなり得ないとも思われます。

※民法909　遺産の分割は、相続開始の時にさかのぼってその効力を生ずる。

※しかし老人ホーム等に入所等は「病院入院」に準ずると考えると、甲と乙は元の居住用に住んでいたことになり甲の相続開始（分割取得）後も乙は元の居住用に住んでいたことになるので書類審査には合格することになるという説もあります。

※病院に準ずると考えるのではなく、「措法69の4①（…当該事由により居住の用に供されなくなる（老人ホーム等に入所等）直前の（所有の有無に関係なく）当該被相続人の居住の用を含む。」と文理解釈すれば書類審査には合格（妻の居住用宅地等に該当）します（この書籍の平成26年11月版212頁で既に言及）。

その後、東京国税局の審理事務研修資料で同様の結論と仄聞しています。

国税庁はHPで2018.12.07に公表した東京国税局の文書回答事例で➡老人ホームに入居中に自宅を相続した場合の小規模宅地等についての相続税の課税価格の計算の特例（租税特別措置法69条の4）の適用について➡というタイトルで同様の回答をしています。

Q&A 5-16《事例3》甲が死亡した後に乙が該当する老人ホーム等に入所等した場合

甲が死亡した後に乙が該当する老人ホーム等に入所等し、遺産分割をし乙が取得した場合は、仮に遺産分割協議が老人ホーム等に入所等後であっても相続開始時点に遡及し乙の所有権となり、その時点では乙の居住用宅地であるから、被相続人である乙の「居住用宅地等」に該当します。

⑷　老人ホーム等に入所等直前の居住用宅地等の家族の使途

図表−1

（常識）　　　　　　　　　　　　　　　　　　　　　　　　　（判定）

<table>
<tr><td rowspan="5">被相続人の居住用
X</td><td>◎</td><td>明らか</td><td colspan="4">法①…**被相続人等の居住用**
不完全分離型二世帯住宅等含む</td><td>◎</td></tr>
<tr><td rowspan="3">△
?</td><td rowspan="3">完全分離型二世帯住宅等</td><td rowspan="3">区分登記が</td><td>無</td><td colspan="2">法①→令④…一棟の建物→親族居住分も含む</td><td>◎</td></tr>
<tr><td rowspan="2">有</td><td rowspan="2">法①→
令④…一棟の建物
（区分登記除く）</td><td>→被相続人居住分のみ</td><td>◎</td></tr>
<tr><td>→親族居住分</td><td>×</td></tr>
<tr><td>?
×</td><td>老人ホーム等入所等</td><td colspan="4">法①**居住の用**（居住の用に供することができない事由（**令**②に該当し、**令③該当**を除く【図表−2】）により居住の用に供されなくなる直前の**被相続人の居住の用を含む**）</td><td>◎</td></tr>
<tr><td rowspan="6">生計一親族の居住用
Y</td><td rowspan="2">○</td><td rowspan="2">明らか</td><td>同居</td><td colspan="4">同じ家屋に起居→被相続人の居住用Xに包含</td></tr>
<tr><td>別居</td><td colspan="3">別の建物に起居しているが生計一証明可</td><td>◎</td></tr>
<tr><td rowspan="3">△
?</td><td rowspan="3">完全分離型二世帯住宅等</td><td rowspan="3">区分登記が</td><td>無</td><td colspan="2">法①→令④一棟の建物→被相続人の居住用X**包含**
・被相続人が非居住➡生計別長男（拡大同居）×
・生計一次男も（拡大同居）×　しかし法③二ハ
※拡大同居は被相続人が一棟の建物に居住を要件</td><td>×
◎</td></tr>
<tr><td rowspan="2">有</td><td rowspan="2">法①→
令④…一棟の建物
（区分登記除く）</td><td>→被相続人居住分</td><td>×</td></tr>
<tr><td>生計一証明可→
生計一親族分</td><td>◎</td></tr>
<tr><td>?
×</td><td>老人ホーム等入所等</td><td colspan="4">法①…**居住の用**（…【令②】に該当し（【令③】を除く）
…**被相続人の居住の用【被相続人の分に限定】**</td><td>×</td></tr>
</table>

措令40の2②の要件はクリアで、令③括弧書きと通達の解説

措令③…被相続人等（被相続人と前項各号の入居又は入所の直前において生計を一にし、かつ、同条第一項の建物に引き続き居住している当該被相続人の親族を含む。）以外の者の居住の用とする。

措通69の4−7⑵…**新たに**被相続人等以外の者の居住の用に供された宅地等を除く。

被相続人が老人ホーム等に入所等する前に、同じ建物（家屋でない）に一緒に居住（同居「同じ家屋」・別居を問わない）していた者で相続開始時点では留守家族の居住用宅地等を「被相続人の居住用宅地等」と判定するかどうかです。

結論は入所等直前で生計を一の親族（同居OK）が、被相続人が老人ホーム等に入所等後も建物【当該建物と規定をしていません。個別判断が必要ですが建替も原則OKと私見します】に居住している期間は生計一親族と判定するということです。

相続開始前に引っ越ししたため相続開始時点では空家になっていても、措令③に抵触する使用はしていないため、「被相続人の居住用宅地等」と判定します。

※入所等前生計別で相続開始直前に生計一は令③括弧書きの外の解釈で該当します。

図表−2 措令40の2③と措通69の4−7⑵の判定表

被相続人が入所等したため	その後の使用 相続開始時点	入所等前生計	入所等後生計	書類審査⇨被相続人の居住用宅地等の可否
❶ 空家となった（区分所有登記ありの完全分離型二世帯住宅等含む）	そのまま空家	無関係	無関係	未使用→Xに該当
	別居家族が戻ってきて**新たに**居住を開始した。 ※家賃なし。 以下同じ	**生計別** **生計別** 生計一 生計一	**生計別** 生計一 生計別 生計一	非該当 Xに該当（Yにも） 非該当（実務的は？） Xに該当（Yにも）
❷ 本来の同居（留守）家族が居住継続	乙・丙は居住 甲→ホーム	生計別 生計別 **生計一** **生計一**	生計別 生計一 **生計別** 生計一	令③括弧書きで非該当 Xに該当（Yにも） Xに該当 Xに該当（Yにも）
❸ 拡大同居の（留守）家族が居住継続（区分所有登記なしの完全分離型二世帯住宅）	2階乙・丙 1階甲→ホーム その後 ❶空家 ❷丙（又はB）が**新たに**居住	**生計別** **生計別**	**生計別** **生計別**	❶Xに該当 ❷非該当
		生計別 **生計別**	生計一 生計一	❶Xに該当（Yにも） ❷Xに該当（Yにも）
		生計一 生計一	生計別 生計別	❶Xに該当 ❷丙⇨Xに該当 ❷B⇨Xに非該当
		生計一 生計一	生計一 生計一	❶Xに該当（Yにも） ❷Xに該当（Yにも）
❹ 同居留守家族がその後別家屋に引越し、空家継続	甲→ホーム・乙等→引越し（空家）	無関係	無関係	未使用→Xに該当

（注1）被相続人が老人ホーム等に入所等する前に、同居の長男家族が転勤等で自宅を離れた場合は❶で判定することになります。

（注2）被相続人が老人ホーム等に入所等後に、同居の長男家族が転勤等で自

宅を離れ、相続開始前に戻ってきた場合、下記理由で上記❷（「生計一⇨生計別」Xに該当）しなくなります（…、かつ、同条第一項の建物に引き続き居住している…親族を含む。）。ただし、上記の（「生計一⇨生計一」Xに該当になれば適用可能です。相続開始まで空家の場合は❶で判定することになります。

書類審査の段階の話です。

❶　被相続人が入所等したため空家となった場合（区分所有登記ありの完全分離型二世帯住宅等含む）

Q&A 5-17

そのまま相続開始時点まで空家状態⇨**被相続人の居住用宅地等（X）**

Q&A 5-18

別居家族が戻ってきて新たに居住を開始し相続開始時まで居住継続（入所等前⇨生計別・相続開始直前⇨生計別）⇨非該当（書類審査不合格）

Q&A 5-19

別居家族が戻ってきて新たに居住を開始し相続開始時まで居住継続（入所等前⇨生計別・相続開始直前⇨**生計一**）

⇨**被相続人の居住用宅地等（X）**

Q&A 5-20

別居家族が戻ってきて新たに居住を開始し相続開始時まで居住継続（入所等前⇨生計一・相続開始直前⇨生計別）⇨非該当（書類審査不合格）

Q&A 5-21

別居家族が戻ってきて新たに居住を開始し相続開始時まで居住継続（入所等前⇨生計一・相続開始直前⇨**生計一**）

⇨**被相続人の居住用宅地等（X）**

❷　被相続人が入所等したため元々同居していた（留守）家族が居住継続

Q&A 5-22

（入所等前⇨生計別・相続開始直前⇨生計別）⇨非該当（書類審査不合格）

Q&A 5-23

（入所等前⇨生計別・相続開始直前⇨生計一）

⇨被相続人の居住用宅地等（X）

Q&A 5-24

（入所等前⇨生計一・相続開始直前⇨生計別）

⇨被相続人の居住用宅地等（X）

※現実的には生計別ですが、措令40の2③の括弧書きで生計一親族と規定しましたからQ&A5-25になります。

Q&A 5-25

（入所等前⇨生計一・相続開始直前⇨生計一）

⇨被相続人の居住用宅地等（X）

措通69の4−7⑵と、措令40の2③の括弧書きで該当することになりました。

つまり、元々の同居留守家族の居住用宅地等は該当するということです。

❸−1　被相続人が入所等したため拡大同居（留守）家族が居住継続

（区分登記なしの完全分離型二世帯住宅）

1階に甲が居住、2階に乙・丙が居住していたが、甲が該当施設に入所

Q&A 5-26

その後相続開始時点まで空家状態

（入所等前⇨生計別・相続開始直前⇨生計別）

⇨被相続人の居住用宅地等（X）

Q&A 5-27

その後相続開始時点まで空家状態

（入所等前⇨生計別・相続開始直前⇨生計一）

⇨被相続人の居住用宅地等（X）

Q&A 5-28

その後相続開始時点まで空家状態

（入所等前⇨生計一・相続開始直前⇨生計別）

⇨被相続人の居住用宅地等（X）

Q&A 5-29

その後相続開始時点まで空家状態

（入所等前⇨生計一・相続開始直前⇨生計一）

⇨被相続人の居住用宅地等（X）

❸−2　その後１階に丙（又はB）が相続開始時点まで居住継続

Q&A 5-30

（入所等前⇨生計別・相続開始直前⇨生計別）

⇨非該当（書類審査不合格）

Q&A 5-31

（入所等前⇨生計別・相続開始直前⇨生計一）

⇨被相続人の居住用宅地等（X）

Q&A 5-32

その後１階に丙が相続開始時点まで居住継続

（入所等前⇨生計一・相続開始直前⇨生計別）

⇨被相続人の居住用宅地等（X）

Q&A 5-33

その後1階に（違う建物に居住していたB）が相続開始時点まで居住継続
（入所等前⇨生計一・相続開始直前⇨生計別）

⇨非該当（書類審査不合格）

Q&A 5-34

その後1階に丙（又はB）が相続開始時点まで居住継続
（入所等前⇨生計一・相続開始直前⇨生計一）

⇨被相続人の居住用宅地等（**X**）

❹　同居留守家族がいる場合

Q&A 5-35

同居留守家族がその後別の家屋に引越し、相続開始時まで空家継続
そのまま相続開始時点まで空家状態

⇨被相続人の居住用宅地等（**X**）

※同居していた留守家族が相続開始直前までに戻ってきた場合、又は別居家族が戻ってきて新たに居住を開始し相続開始時まで居住継続した場合は、❶の事例Q&A5-18 ～ 21で判定します。

コラム14　建物の建築中

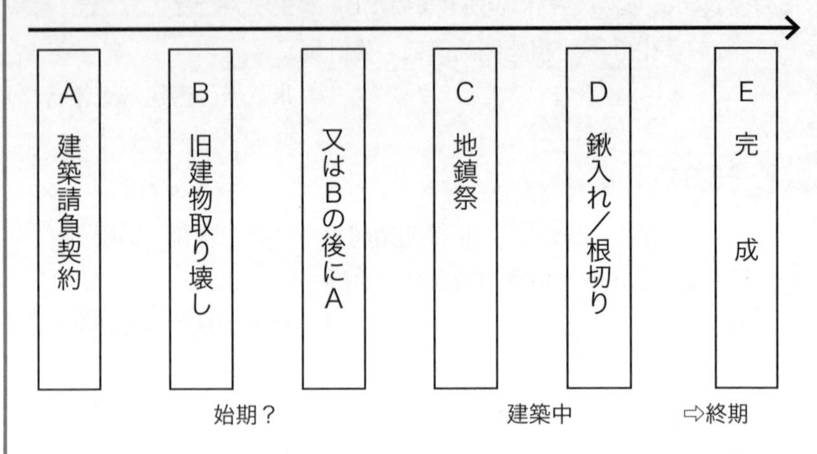

租税特別措置法69の4の中に「建築中」という文言は規定していないが措通69の4–5（事業用建物等の**建築中**等に相続が開始した場合）と措通69の4–8（居住用建物の**建築中**等に相続が開始した場合）では、「建築中」という用語を使用しています。

これに関して（東京地裁H8.3.22　東京高裁H9.2.26　最高裁H10.6.25）で同一見解を示しています。

上記図でいえば「鍬入れ・根切り」の段階で工事着手と判断しています。

この案件は初めて居住用の宅地を購入し、請負契約を締結し、その2日後に死亡しました。その2ヶ月後に着工されて相続税の申告期限前に完成し親族が入居していました。

しかし古い建物を取り壊して新しい建物を建築する契約を同一業者と行ったが「鍬入れ・根切り」の前で死亡の場合も同じ判決になるのであろうか。

建て替え途中で死亡した場合は「運が悪かった」だけで済まされる問題ではないと思われます。

制度の趣旨から（従来、建物を所有していた）場合は「着手」にはその準備段階も含まれると、通達の解説で言及すべきと提案します。

第6章

配偶者居住権と小規模宅地等

Q6-1 敷地利用権としての配偶者居住権＆宅地等の所有権

敷地利用権としての配偶者居住権＆宅地等の所有権について教えてください。

A 配偶者居住権についての詳しい内容を知りたい方は、本書の姉妹版ぎょうせい『Q&A　実例から学ぶ　配偶者居住権のすべて』（監修　高橋安志）をご覧ください。

配偶者居住権が2020年4月1日から施行されました。

⑴　民法改正により配偶者居住権が創設（2分類）

被相続人を甲（夫）・配偶者を乙（妻）として以下解説します。

❶　配偶者短期居住権

乙が遺産分割が終了するまでの間といった比較的短期間に限りこれを保護するための制度です（小規模宅地等の特例とは無関係なので以下省略します）。

❷　配偶者（長期）居住権（以下「配偶者居住権」といいます。）

乙がある程度長期間（終身又は一定期間）その居住建物を使用することができるようにするための制度です。

妻乙が相続開始時に居住していた夫甲所有の建物（宅地等が夫所有の場合にはその宅地等も含む）を対象として終身又は一定期間、乙にその使用、又は収益（建物取得者の承諾が必要）を認める（処分権は認められていません。）ことを内容とする法定の権利（配偶者居住権）を取得させることができることになりました。

居住建物が甲と、乙以外の者との共有だった場合は取得できません。

例　甲と子供の共有の場合はできません。甲と乙の共有の場合はできます。

【取得方法】

1　遺産分割協議によって取得します。

2　遺贈の目的とされたとき取得します。

※2020.4.1以後に作成された遺言書に限ります（2018年附則10

条②)。

③　遺産分割の審判で取得します。

❸　改正により配偶者居住権が創設された（民法1028）ことに伴い、居住権を取得した配偶者は当然にその敷地である宅地等に対して終身等の期間、賃借権類似の法定の債権（借地権ではないが、土地の上に存する権利です。）を取得します。

⑵　被相続人と相続開始時点で同居又は拡大同居していた配偶者

そして被相続人と相続開始時点で同居又は拡大同居していた配偶者が取得した被相続人の居住用宅地等（配偶者居住権分）は当然に特定居住用宅地等に該当することになります。

⑶　被相続人と同居又は拡大同居していた配偶者以外の宅地等取得者

また、被相続人と相続開始時点で同居又は拡大同居していた配偶者以外の親族が取得した被相続人の居住用宅地等（配偶者居住権が設定された宅地等）もその親族が卒業試験を合格すると特定居住用宅地等に該当することになります。

⑷　配偶者が被相続人と同居又は拡大同居していなかった場合

配偶者が被相続人と相続開始時点で同居又は拡大同居していなかった場合、配偶者が取得した被相続人の宅地等（配偶者居住権分）は、被相続人の居住用宅地等（書類審査）に該当しないことになります。

しかし配偶者が被相続人と生計一を証明できれば、「被相続人等の居住用宅地等（書類審査）」に該当することになり、配偶者が取得するのですから特定居住用宅地等に該当することになります（法③二柱書)。

⑸　配偶者居住権及びその負担付き所有権の評価方法（相法23の2）

❶　（建物に対する）配偶者居住権【相法23の2①】

建物の相続税評価額A（固定資産税評価額）【①一号】=A－❷

❷　（負担付き）建物所有権【相法23の2②】

$$A \times \frac{(\text{法定耐用年数} \times 1.5 - \text{築後年数}) - \text{居住権の存続年数} = 【①二号イ】※1}{\text{法定耐用年数} \times 1.5 - \text{築後年数} = 【①二号ロ】} \times B【①三号】= ❷$$

B＝配偶者居住権の存続年数に応じた民法の法定利率による（年3%の）複利

現価率　※2

❸（敷地に対する）配偶者居住権（土地の上に存する権利）【相法23の2③】

土地等の相続税評価額C（路線価等）【③一号】＝C－C×B【③二号】

❹（負担付き）敷地所有権【相法23の2④】＝C－❸

※1　イ【❷の分子】、ロ【❷の分母】の年数が零以下➡零（事例4）（配偶者居住権100%）

※2　存続年数は、配偶者の平均余命年数（厚生労働省の完全生命表）を上限

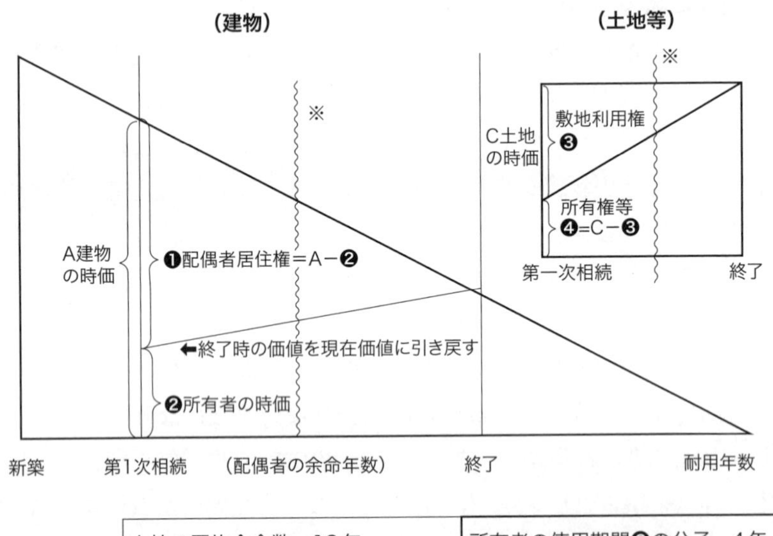

<table>
<tr><td></td><td>女性の平均余命数　19年
（配偶者居住権の存続年数）</td><td>所有者の使用期間❷の分子　4年
（所有者の財産価値分）</td></tr>
<tr><td>事例1</td><td colspan="2"></td></tr>
<tr><td>築後年数・10</td><td colspan="2">残存年数・23　　　上記算式❷の分母</td></tr>
<tr><td colspan="3">法定耐用年数（例・木造）22年×1.5=33年（居住用建物の耐用年数）</td></tr>
</table>

（金額は　単位：円）	事例1	事例2
建物の固定資産税評価額	5,000,000円	5,000,000円
建物の法定耐用年数	33年（22×1.5=33）	33年（22×1.5=33）
建物の新築後の経過年数	10年	10年
宅地等の評価額	30,000,000円	30,000,000円
配偶者の相続開始時の年齢	70歳	80歳
女性の平均余命数	19年	11年
分子	（33－10）－19=4年	（33–10）－11=12年
分母	33－10=23年	33－10=23年

（金額は　単位：円）	事例3	事例4
建物の固定資産税評価額	5,000,000円	5,000,000円
建物の法定耐用年数	33年（22×1.5=33）	33年（22×1.5=33）
建物の新築後の経過年数	10年	33年
宅地等の評価額	30,000,000円	30,000,000円
配偶者の相続開始時の年齢	90歳	80歳
女性の平均余命数	5年	11年
分子	（33－10）－5=18年	（33–33）－11=0年
分母	33－10=23年	33－33=0年

存続期間	1	2	3	4	5	10	11	18	19	20	21	22
複利現価率	0.97	0.94	0.92	0.89	**0.86**	0.74	**0.72**	0.59	**0.57**	0.55	0.54	0.52

（金額は　単位：円）		事例１　70歳	事例２　80歳
建物	建物の所有権（配偶者居住権付建物の価額）	5,000,000×4／23 ×**0.57**≒500,000	5,000,000×12／23 ×**0.72**≒1,880,000
	配偶者居住権	500万－50万=450万	500万－188万=312万
宅地等	宅地等の所有者の価額	30,000,000×**0.57** =17,100,000	30,000,000×**0.72** =21,600,000
	敷地利用権の価額	30,000,000－同上 =12,900,000	30,000,000－同上 =8,400,000
配偶者の取得財産価額 対所有権価額割合/3500万		4,500,000＋12,900,000 =17,400,000（49.71%）	3,120,000＋8,400,000 =11,520,000（32.91%）

（金額は　単位：円）		事例３　90歳	事例４　80歳
建物	建物の所有権（配偶者居住権付建物の価額）	5,000,000×18／23 ×**0.86**≒3,365,000	5,000,000×0／0 ×**0.72**=0
	配偶者居住権	500万－3,365,000=1,635,000	500万－0=5,000,000
宅地等	宅地等の所有者の価額	30,000,000×**0.86** =25,800,000	30,000,000×**0.72** =21,600,000
	敷地利用権の価額	30,000,000－同上 =4,200,000	30,000,000－同上 =8,400,000
配偶者の取得財産価額 対所有権価額割合/3500万		1,635,000＋4,200,000 =5,835,000（16.67%）	5,000,000＋8,400,000 =13,400,000（38.29%）

⑹　具体的な小規模宅地等の特例の計算例（令⑥）

前提条件　地積500㎡　自用地評価100,000,000円

❶　甲と宅地等の取得者Aが別居（配偶者は同居又は拡大同居）の場合

乙配偶者の敷地利用権／例70%
A敷地所有権等　　／例30%

⑵の場合
⬅小規模宅地等の特例適用可能
【みなし特例対象宅地等の面積】
乙500㎡×70%=350㎡
※330㎡が限度面積

70,000,000円×限度面積330㎡/みなし全体面積350㎡×80%
=減額52,800,000円

❷　甲と乙及び宅地等の取得者Aが同居又は拡大同居の場合

乙配偶者の敷地利用権／例70%	⑶の場合 ⬅小規模宅地等の特例適用可能
A敷地所有権等　　／例30%	⬅小規模宅地等の特例適用可能

【みなし特例対象宅地等の面積】★共有持分的な考え方を導入(Q1-14参照)

乙【500㎡】×70%=350㎡　　　A【500㎡】×30%=150㎡

自用地の場合　100,000,000円×330㎡/500㎡×80%=52,800,000円

乙　70,000,000円×180㎡/350㎡×80%=28,800,000円

A　30,000,000円×150㎡/150㎡×80%=24,000,000円

乙Aの同意要件あり（A優先の例）計52,800,000円

⑺　⑶・⑷・⑸の図解（建物・宅地等をすべて甲所有と前提）

建物と宅地等の所有権をAが全部取得した場合（同居等=同居+拡大同居）

	甲と乙同居等	甲乙+子Aと同居等	乙のみ居住（夫と別居）
敷地利用権の価額	特定居住用宅地等適用可	特定居住用宅地等適用可	原則　適用不可※夫と生計一を証明できれば措法69の4③二柱書で適用可　※
上記の敷地所有権等	特定居住用宅地等適用不可	卒業試験に合格すると特定居住用宅地等適用可	特定居住用宅地等適用不可（配偶者が存在しているので家なき子非該当）

※妻が別居の夫の居住用宅地等を取得した場合はそれに特定居住用宅地等適用可

★なお相続税法基本通達に(配偶者居住権が合意等により消滅した場合)として9-13の2が新設されました（贈与税の課税あり・相続税の課税なし）。

Q6-2 配偶者居住権関係の定義又は略称規定の解説

配偶者居住権関係の定義又は略称規定の解説をしてください。

A 次のように民法及び相続税法で定義しています。【❻❼は筆者の定義です】

定義又は略称規定	意　　義
❶居住建物	配偶者居住権の目的となっている建物
❷配偶者居住権者	被相続人から配偶者居住権を取得した被相続人の配偶者
❸配偶者居住権	民法1028の配偶者居住権【短期居住権を除く、居住建物❶の利用権】
❹敷地利用権	相法23の2③の居住建物❶の敷地の用に供される土地（土地の上に存する権利含む）を配偶者居住権に基づき使用する権利
❺敷地所有権者	敷地所有権等❻を所有する者
❻敷地所有権等	相法23の2④の居住建物❶の敷地の用に供される土地（土地の上に存する権利含む）
❼配偶者居住権など	❸配偶者居住権＋❹敷地利用権
❽配偶者居住権等	❸配偶者居住権＋❹敷地利用権＋❶居住建物＋❻敷地所有権
❾１次相続	配偶者居住権の設定に係る相続
❿２次相続	敷地所有権者又は配偶者居住権者の相続

配偶者居住権と小規模宅地等の特例

前提条件　（断りがある場合を除き、全部のQに同じです。）

甲＝被相続人　乙＝甲の配偶者（甲所有の建物に甲と居住）

A＝甲の長男（甲乙と同居）　B＝甲の二男（甲と別の建物で別居）

・下記の罫線はそれぞれ下記の意味です。

　━━━━＝所有権

　------------＝利用権等の区分

　〰〰〰＝使用形態（居住・店舗・貸付事業）

　――――＝共有

小規模宅地等の特例を受けることができる者が複数いる場合はお互いの同意要件があります（令⑤三）。

設問以外の他の小規模宅地等の対象宅地等はないと仮定しています。

特定事業用宅地等と貸付事業用宅地等の3年縛りの要件は具備しているものとします。

(Q6-3-1～Q6-3-10までは第1次相続（甲に相続が開始）の場合です。)

Q6-3-1　相続人が土地を共有で取得した場合

下図のとおり、甲は自己の所有する土地の上に建物1棟を所有し、その建物を甲、乙、Aが居住の用に供していました。

甲の相続に係る遺産分割により、乙は配偶者居住権を、Aは居住建物及び敷地所有権等の共有持分2分の1を取得し、引き続き居住の用に供しています。

また、甲と生計を別にするBは、その敷地所有権等の共有持分2分の1を相続により取得したが、自己が所有する建物に居住しています。

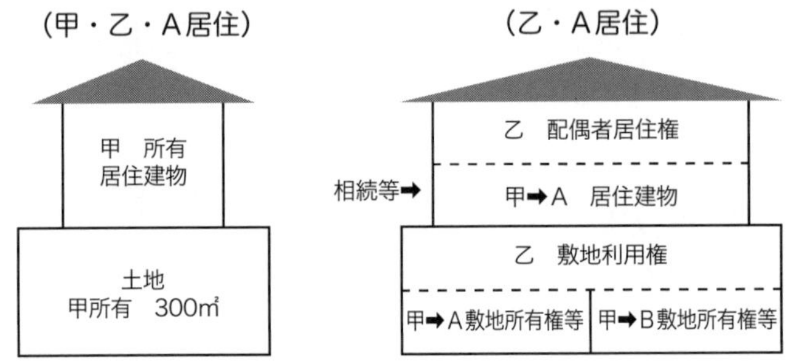

この場合、小規模宅地等の特例の適用対象となるのはどの部分ですか。

配偶者居住権の設定がない場合の土地の相続税評価額 90,000,000円

・敷地利用権の相続税評価額　30,000,000円（1/3）

・敷地所有権等の相続税評価額 60,000,000円（2/3）

※相続税法第23条の2で評価した金額（以下同じ）です。

A　次のように考えます。

(1)　個人が相続等により取得した宅地等（法①）

敷地利用権及び敷地所有権等

特例の適用を受けようとする特例対象宅地等が敷地利用権又は敷地所有権等である場合におけるそれらの面積は、措置法令第40条の2第6項の規定を踏まえ、次のとおり、それらの価額に基づき計算された面積となります（以下同じ。)。【著者命名➡みなし面積計算】

❶　敷地利用権の面積

300㎡（土地の面積）×30,000,000円（敷地利用権の相続税評価額）／90,000,000円（土地の相続税評価額）＝100㎡

❷　敷地所有権等の面積

300㎡（土地の面積）×60,000,000円（敷地所有権等の相続税評価額）／90,000,000円（土地の相続税評価額）＝200㎡

⑵　取得者ごとの特例対象宅地等の区分（法①③）

❶　乙が取得した宅地等のうち特定居住用宅地等に該当する部分

敷地利用権 30,000,000円（100㎡）

❷　Aが取得した宅地等のうち特定居住用宅地等に該当する部分

200㎡（敷地所有権等の面積）×1/2（Aの持分）＝100㎡

60,000,000円（敷地所有権等の価額）×1/2（Aの持分）＝30,000,000円

❸　Bが取得した居住用部分の宅地等

200㎡（敷地所有権等の面積）×1/2（Bの持分）＝100㎡

60,000,000円（敷地所有権等の価額）×1/2（Bの持分）＝30,000,000円

※Bが取得した敷地所有権等は特定居住用宅地等の要件を満たしていません（甲と同居していませんし、配偶者＆別の同居法定相続人がいます）から、小規模宅地等の特例の適用はありません。

⑶　限度面積要件の判定等（法①②）

図の網掛け部分が対象宅地等です（以下同じ）。

❶　乙は敷地利用権100㎡（他の要件はありません。）

❷　Aは敷地所有権等100㎡について、他の要件（申告期限までの保有要件と居住継続要件）を満たす限り、小規模宅地等の特例の適用を受けることができます。

限度面積330㎡以下ですから200㎡全部適用できます。

※なお前提条件の乙とAの同意要件はあります（令⑤三）。

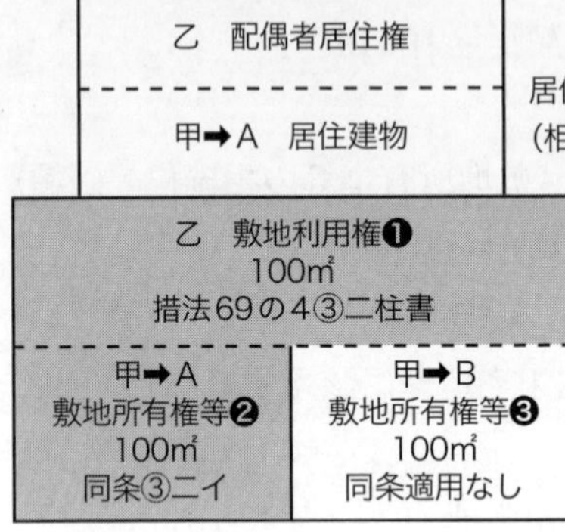

居住者　乙・A
（相続開始前から甲と同居）

土地取得者　AB各50%
地積計300㎡
❶⬅100㎡＝
300㎡×30,000,000/90,000,000
⬅200㎡＝
300㎡×60,000,000/90,000,000
❷A100㎡
❸B100㎡

Q6-3-2 被相続人が土地を共有していた場合

下図のとおり、甲及び乙が土地及び建物を共有し、その建物を甲、乙及びAが居住の用に供していました。

甲の相続に係る遺産分割により、乙は配偶者居住権を取得しAは居住建物の共有持分及び敷地所有権等の共有持分を取得し、引き続き居住の用に供しています。

この場合、小規模宅地等の特例の適用対象となるのはどの部分ですか。

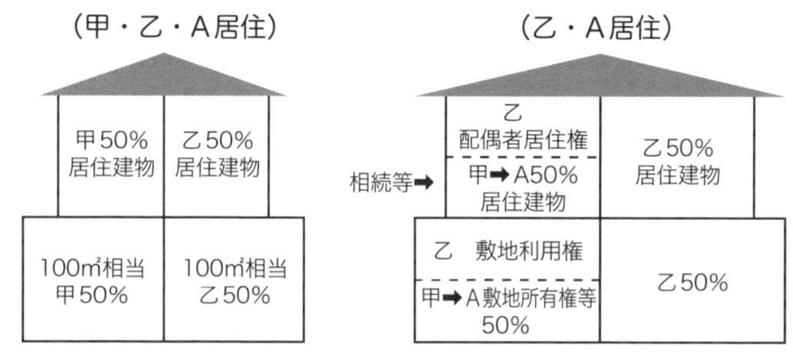

配偶者居住権の設定がない場合の土地の相続税評価額 60,000,000円

・敷地利用権の相続税評価額　15,000,000円（25%）

・敷地所有権等の相続税評価額 45,000,000円（75%）

A 次のように考えます。

(1)　個人が相続等により取得した宅地等（法①）

敷地利用権及び敷地所有権等

❶　敷地利用権の面積

100㎡(甲の土地等の持分面積)×15,000,000円(敷地利用権の相続税評価額)/60,000,000円（土地等の相続税評価額）＝25㎡

❷　敷地所有権等の面積

100㎡（甲の土地等の持分面積）×45,000,000円（敷地所有権等の相続税評価額）/60,000,000円（土地等の相続税評価額）＝75㎡

⑵　取得者ごとの特例対象宅地等の区分等（法①③）

❶　乙が取得した宅地等のうち特定居住用宅地等に該当する部分
敷地利用権 15,000,000円（25㎡）

❷　Aが取得した宅地等のうち特定居住用宅地等に該当する部分
敷地所有権等の持分 45,000,000円（75㎡）

⑶　限度面積要件の判定等（法①②）

❶　乙は敷地利用権25㎡（他の要件はありません。）

❷　Aは敷地所有権等75㎡について、他の要件（申告期限までの保有要件と居住継続要件）を満たす限り、小規模宅地等の特例の適用を受けることができます。
限度面積330㎡以下ですから100㎡全部適用できます。

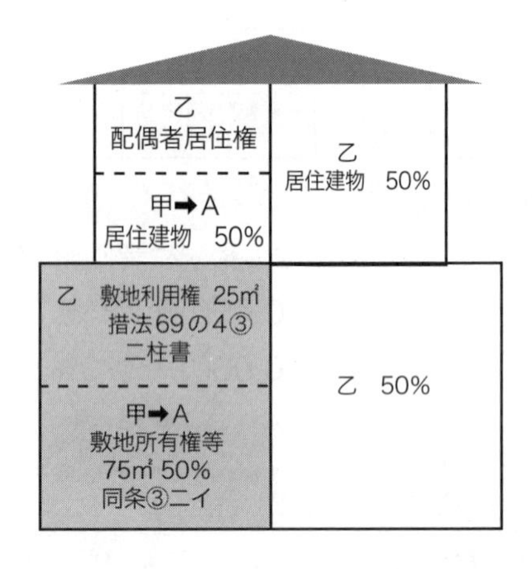

Q6-3-3 配偶者が配偶者居住権と土地の所有権を取得した場合

下図のとおり、甲は、自己の所有する土地の上に建物１棟を所有し、その建物を甲及び乙が居住の用に供していました。

甲の相続に係る遺産分割により、Ａは居住建物を取得し、乙は配偶者居住権及びその建物の敷地の用に供されている土地の所有権を取得し、引き続き居住の用に供しています（Ａは自己の所有する別の建物に居住しています）。

この場合、小規模宅地等の特例の適用対象となるのはどの部分ですか。

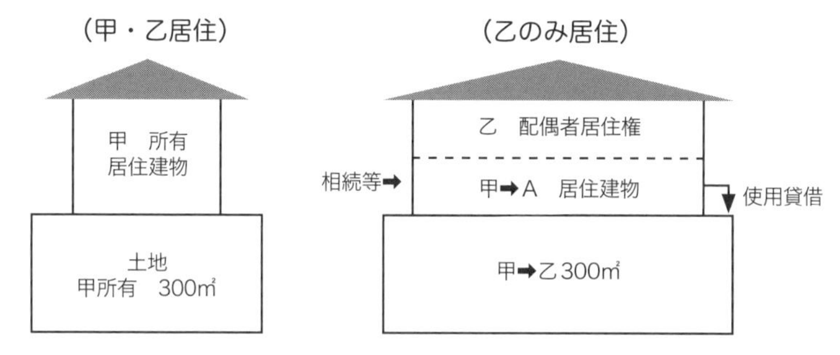

・土地の相続税評価額 40,000,000円

A 次のように考えます。

⑴　個人が相続等により取得した宅地等（法①）

土地（所有権）

乙は、土地の所有権を相続等により取得していることから、特例の対象となる宅地等は（敷地利用権及び敷地所有権等ではなく）土地（300㎡）そのものとなります。

※乙は建物については、配偶者居住権に基づいて使用・収益することとなるが、その敷地については、相続等により自己が所有することとなった土地の所有権に基づき使用・収益できることとなります（民法206）。したがってみなし面積計算の適用はありません【調整計算は不要という意味です。小規模宅地等の特例が適用不可というのではありません】（令⑥・通−1の2）。

⑵　限度面積要件の判定等（法①②）

・乙は土地所有権300㎡（他の要件はありません。）全部について限度面積330㎡以下ですから小規模宅地等の特例の適用を受けることができます。

※乙のみ取得していますから同意要件もありません（令⑤三）。

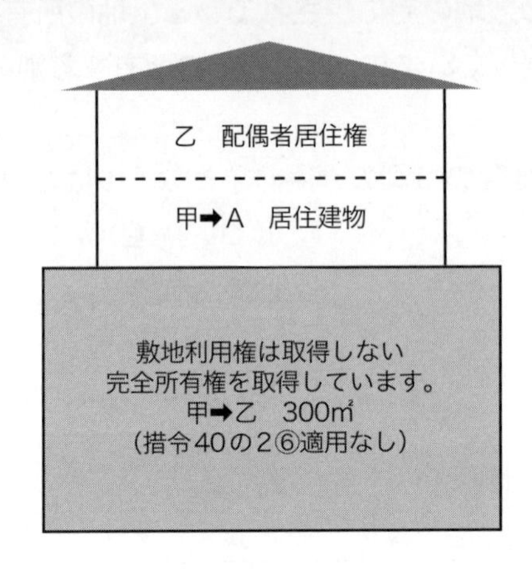

Q6-3-4 被相続人が借地権を有していた場合

下図のとおり、甲は、自己の有する借地権の上に建物１棟を所有し、その建物を甲、乙及びＡが居住の用に供していました。

甲の相続等に係る遺産分割により、乙は配偶者居住権を、Ａは居住建物及び借地権を取得し、引き続き居住の用に供しています。

この場合、小規模宅地等の特例の適用対象となるのはどの部分ですか。

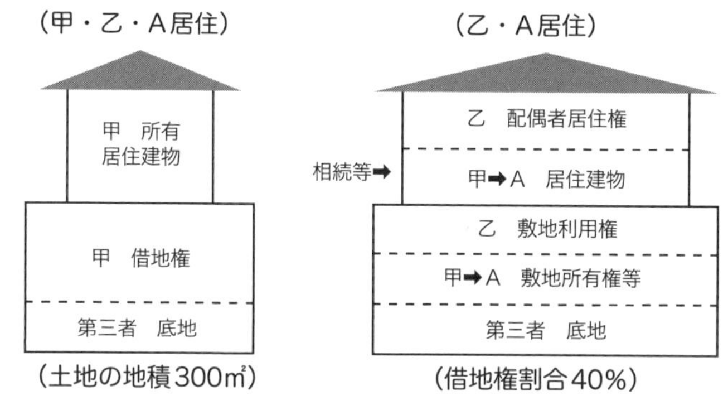

❶　配偶者居住権の設定がない場合の土地の相続税評価額 20,000,000円
❷　配偶者居住権の設定がない場合の借地権の相続税評価額 8,000,000円
・（借地権）敷地利用権の相続税評価額　4,000,000円（50％）
・（借地権）敷地所有権等の相続税評価額　4,000,000円（50％）

A 次のように考えます。

⑴　個人が相続等により取得した宅地等（法①）

借地権に係る敷地利用権及び当該居住建物の敷地の用に供する土地を目的とする借地権（敷地所有権等）

❶　借地権に係る敷地利用権の面積

300㎡（借地権の面積）×4,000,000円（敷地利用権の相続税評価額）/8,000,000円（（通常の）借地権の相続税評価額）＝150㎡

（注）300㎡×40％（借地権割合）＝120㎡という換算はしません。

※乙が配偶者居住権に基づき土地を使用する権利（敷地利用権）は、居住建物の所有者が有する敷地の利用権（本事例では借地権）に従属し、

その範囲内で行使されるにすぎないものと解されます。

❷　当該土地を目的とする借地権の面積

300㎡（借地権の面積）×4,000,000円（当該土地を目的とする借地権の相続税評価額）/8,000,000円（(通常の）借地権の相続税評価額）＝150㎡

⑵　**取得者ごとの特例対象宅地等の区分等（法①③）**

❶　乙が取得した宅地等のうち特定居住用宅地等に該当する部分

借地権に係る敷地利用権 4,000,000円（150㎡）

❷　Aが取得した宅地等のうち特定居住用宅地等に該当する部分

当該土地を目的とする借地権に係る敷地所有権等 4,000,000円（150㎡）

⑶　**限度面積要件の判定等（法①②）**

❶　乙は敷地利用権150㎡（他の要件はありません。）

❷　Aは敷地所有権等150㎡について、他の要件（申告期限までの保有要件と居住継続要件）を満たす限り、小規模宅地等の特例の適用を受けることができます。

限度面積330㎡以下ですから300㎡全部適用できます。

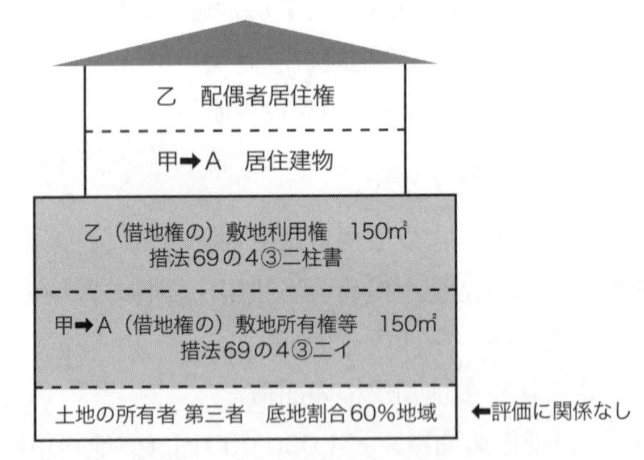

※<u>下記のようなみなし面積計算は、借地権には適用しません。</u>

300㎡×借地権割合40%（仮定）＝120㎡

・敷地利用権　　120㎡×4,000,000/8,000,000＝60㎡

・敷地所有権等 120㎡×4,000,000/8,000,000＝60㎡

Q6-3-5 店舗併用住宅の場合

下図のとおり、甲は、自己の所有する土地の上に建物1棟を所有し、その建物のうち2階を甲及び乙が居住の用に、1階を甲が事業の用に供していました。

甲の相続に係る遺産分割により、乙は配偶者居住権を、B（甲と生計別の子）は居住建物及び敷地所有権等を取得し、乙は居住建物に引き続き居住しているほか、甲の事業を引き継ぎ、申告期限まで引き続き営んでいます（Bは自己の所有する別の建物に居住しています。）。

この場合、小規模宅地等の特例の適用対象となるのはどの部分ですか。

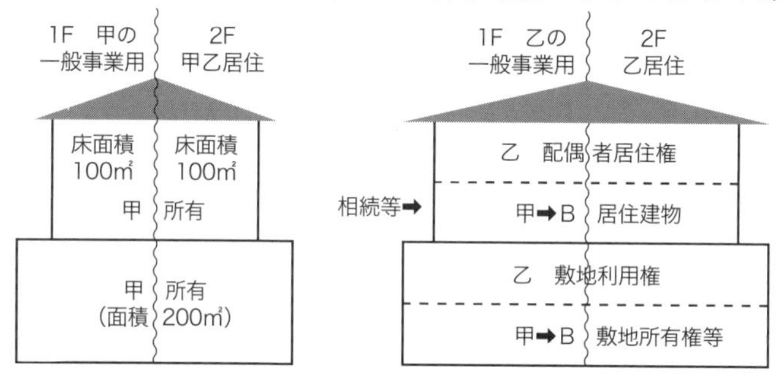

配偶者居住権の設定がない場合の土地の相続税評価額 20,000,000円

・敷地利用権の相続税評価額　5,000,000円（25%）

・敷地所有権等の相続税評価額　15,000,000円（75%）

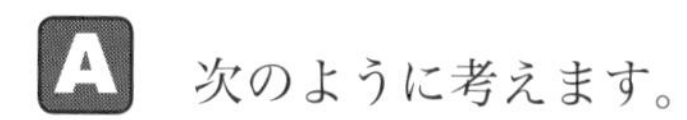

A 次のように考えます。

⑴　個人が相続等により取得した宅地等（法①）

敷地利用権及び敷地所有権等

これらの面積については、みなし面積計算の規定を踏まえて次のとおり、土地の利用区分ごとに計算します（令⑥）。

⑵　当該宅地等の利用区分

❶　居住の用に供していた部分

【評価額】

・200㎡（土地の面積）×100㎡（居住用部分の床面積）/200㎡（建物

の総床面積）

＝100㎡（土地の居住用部分の面積）

・20,000,000円（土地の評価額）×100㎡（土地の居住用部分の面積）/200㎡（土地の面積）＝10,000,000円（土地の居住用部分の評価額）

《権利ごとの評価額》

配偶者居住権者の使用収益権が及ぶ範囲は、居住建物の全部とされており（民法1028①）、配偶者居住権者は、従前の用法に従い、居住建物の使用・収益をしなければならないこととされています（ただし、居住の用に供するため従前の用法を（店舗等から居住へ）変更することは認められています（民法1032①）。

したがって、居住建物の居住用の部分に加え事業用の部分についても配偶者が配偶者居住権に基づき使用・収益することが可能であることから、当該配偶者居住権に基づく敷地利用権については、居住の用に供していた部分と事業の用に供していた部分とがあるものと解されます。

・敷地利用権の居住用部分の評価額

5,000,000円（敷地利用権の評価額）×100㎡（土地の居住用部分の面積）/200㎡（土地の面積）＝2,500,000円…Ⓐ

・敷地所有権等の居住用部分の評価額

10,000,000円（土地の居住用部分の評価額）－2,500,000円（敷地利用権の居住用部分の評価額）＝7,500,000円…Ⓐ’

【面積】

・100㎡（土地の居住用部分の面積）

《権利ごとの面積》

・敷地利用権の居住用部分の面積

100㎡（土地の居住用部分の面積）×2,500,000円（敷地利用権等の居住用部分の評価額）/10,000,000円（土地の居住用部分の評価額）＝25㎡…Ⓑ

・敷地所有権等の居住用部分の面積

100㎡（土地の居住用部分の面積）×7,500,000円（敷地所有権等の

居住用部分の評価額）/10,000,000円（土地の居住用部分の評価額）
＝75㎡…Ⓑ'

❷　事業の用に供していた部分

【評価額】

・200㎡（土地の面積）×100㎡（事業用部分の床面積）/200㎡（建物の総床面積）
＝100㎡（土地の事業用部分の面積）

・20,000,000円（土地の評価額）×100㎡（土地の事業用部分の面積）/200㎡（土地の面積）＝10,000,000円（土地の事業用部分の評価額）

《権利ごとの評価額》

・敷地利用権の事業用部分の評価額
5,000,000円（敷地利用権の評価額）×100㎡（土地の事業用部分の面積）/200㎡（土地の面積）＝2,500,000円…Ⓒ

・敷地所有権等の事業用部分の評価額
10,000,000円（土地の事業用部分の評価額）－2,500,000円（敷地利用権の事業用部分の評価額）＝7,500,000円…Ⓒ'

【面積】

・100㎡（土地の事業用部分の面積）

《権利ごとの面積》

・敷地利用権の事業用部分の面積
100㎡（土地の事業用部分の面積）×2,500,000円（敷地利用権の事業用部分の評価額）/10,000,000円（土地の事業用部分の評価額）＝25㎡…Ⓓ

・敷地所有権等の事業用部分の面積
100㎡（土地の事業用部分の面積）×7,500,000円（敷地所有権等の事業用部分の評価額）/10,000,000円（土地の事業用部分の評価額）
＝75㎡…Ⓓ'

⑶　取得者ごとの特例対象宅地等の区分等（法①③）

❶　乙が取得した敷地利用権

・特定居住用宅地等に該当する部分Ⓐ（Ⓑ）…2,500,000円（25㎡）
・特定事業用宅地等に該当する部分Ⓒ（Ⓓ）…2,500,000円（25㎡）

❷　Bが取得した敷地所有権等Ⓐ’（Ⓑ’）、Ⓒ’（Ⓓ’）

Bが取得した敷地所有権等については、特定居住用宅地等の要件及び特定事業用宅地等の要件を満たしていないため、小規模宅地等の特例の適用はありません。

⑷　限度面積要件の判定等（法①②）

❶　乙は敷地利用権（居住部分）25㎡（他の要件はありません。）

❷　乙は敷地利用権（事業部分）25㎡について、他の要件（申告期限までの保有要件と事業継続要件）を満たす限り、小規模宅地等の特例の適用を受けることができます。

❶は限度面積330㎡以下ですから25㎡全部適用できます。

❷は限度面積400㎡以下ですから25㎡全部適用できます。

※乙は、B（特例対象宅地等を取得していません。）の同意を得る必要はありません。

（参考）取得者ごとの建物・宅地等の区分等（イメージ）

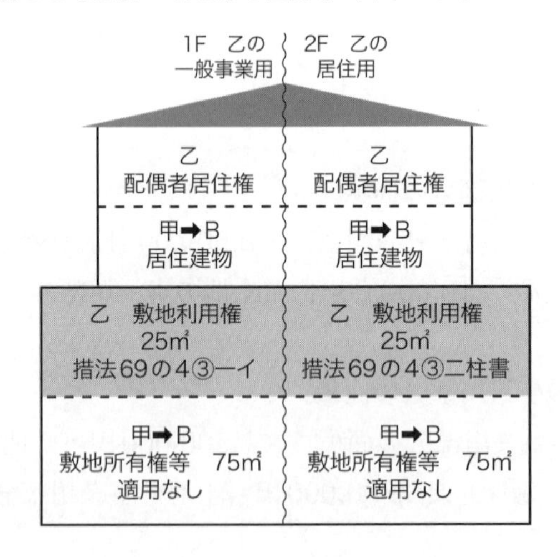

Q6-3-6 賃貸併用住宅の場合

下図のとおり、甲は、自己の所有する土地の上に建物１棟を所有し、その建物のうち２階を甲及び乙が居住の用に、１階を甲が貸付事業の用にそれぞれ供していました。

甲の相続に係る遺産分割により、乙は配偶者居住権を取得して居住建物を引き続き居住の用に供し、B（甲と生計別の子）は居住建物及び敷地所有権等を取得した上で甲の貸付事業を引き継ぎ、申告期限まで引き続き貸付事業の用に供しています（Bは自己の所有する別の建物に居住しています。）。

この場合、小規模宅地等の特例の適用対象となるのはどの部分ですか。

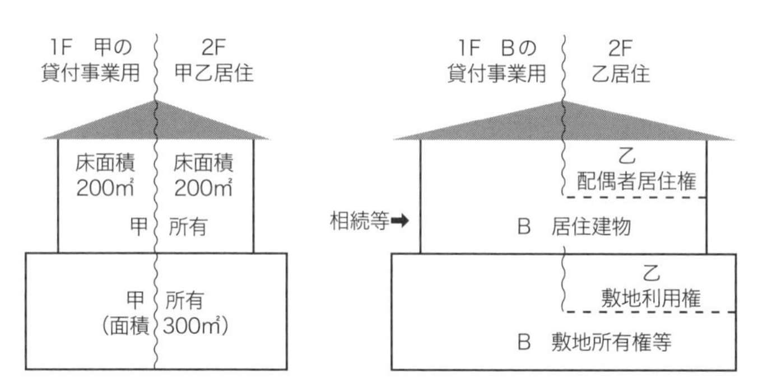

❶　配偶者居住権の設定がない場合の土地の相続税評価額 28,200,000円

・甲と乙の居住の用に供されていた部分　15,000,000円

・甲の貸付事業の用に供されていた部分　13,200,000円

❷　敷地利用権の相続税評価額　5,000,000円

❸　敷地所有権等の相続税評価額　23,200,000円

A　次のように考えます。

⑴　個人が相続等により取得した宅地等（法①）

敷地利用権及び敷地所有権等

⑵　当該宅地等の利用区分

下表のとおりであり、具体的な計算は次のとおり。

宅地等	全体	28,200,000円（300㎡）	
		敷地利用権	乙：5,000,000円（50㎡）
		敷地所有権等	B：23,200,000円（250㎡）
	居住用部分	15,000,000円（150㎡）	
		敷地利用権	乙：5,000,000円（50㎡）Ⓐ （Ⓑ）
		敷地所有権等	B：10,000,000円（100㎡）Ⓐ'（Ⓑ'）
	貸付用部分	13,200,000円（150㎡）	
		敷地利用権	―
		敷地所有権等	B：13,200,000円（150㎡）Ⓒ （Ⓓ）

※太枠部分は、特例の対象となる部分。

❶ 居住の用に供していた部分

【評価額】

・15,000,000円（土地の居住用部分の評価額）

《権利ごとの評価額》

・敷地利用権の居住用部分の評価額 5,000,000円…Ⓐ

※当該建物のうち貸付事業の用に供されている部分について配偶者居住権者は当該相続の開始前から当該部分を賃借している賃借人に権利を主張することができないため（対抗できないため）、当該配偶者居住権に基づく敷地利用権はないものと考えられます（借地借家法31・通−24の2）。以下同様です。

（参考）

なお、居住建物等の一部が貸し付けられている場合には、配偶者居住権者は相続開始前からその居住建物等を賃借している賃借人に権利を主張することができない（対抗できない）ことから、配偶者居住権及び配偶者居住権に基づく敷地利用権の相続税法における評価では、実質的に配偶者居住権に基づき使用・収益をすることができない部分を除いてその価額を算出することとされている（相法23の2、相令5の7、『令和元年度税制改正の解説』（財務省、499 頁））。

・敷地所有権等の居住用部分の評価額

15,000,000円（土地の居住用部分の評価額）－5,000,000円（敷地利用権

の評価額）＝10,000,000…Ⓐ’

【面積】

・300㎡（土地の面積）×200㎡（居住用部分の床面積）／400㎡（建物の総床面積）＝150㎡（土地の居住用部分の面積）

《権利ごとの面積》

・敷地利用権の居住用部分の面積
150㎡（土地の居住用部分の面積）×5,000,000円（敷地利用権の居住用部分の評価額）／15,000,000円（土地の居住用部分の評価額）＝50㎡…Ⓑ

・敷地所有権等の居住用部分の面積
150㎡（土地の居住用部分の面積）×10,000,000円（敷地所有権等の居住用部分の評価額）／15,000,000円（土地の居住用部分の評価額）＝100㎡…Ⓑ’

❷　貸付事業の用に供していた部分

【評価額】

・13,200,000円（土地の貸付用部分の評価額）

《権利ごとの評価額》

・敷地利用権の貸付用部分の評価額　なし
・敷地所有権等の貸付用部分の評価額　13,200,000円…Ⓒ

【面積】

・300㎡（土地の面積）×200㎡（貸付用部分の床面積）／400㎡（建物の総床面積）＝150㎡（土地の貸付用部分の面積）

《権利ごとの面積》

・敷地利用権の貸付用部分の面積　なし
・敷地所有権等の貸付用部分の面積　150㎡…Ⓓ

⑶　取得者ごとの特例対象宅地等の区分等（法①③）

❶　乙が取得した敷地利用権

特定居住用宅地等に該当する部分　　Ⓐ　（Ⓑ）…5,000,000円（50㎡）

❷　Bが取得した敷地所有権等

⑴　貸付事業用宅地等に該当する部分　Ⓒ　(Ⓓ)…13,200,000円(150㎡)

⑵　居住用部分に相当する部分　　　　Ⓐ’（Ⓑ’）

Bが取得した敷地所有権等のうち「2F部分（居住用部分）」に相当する部分は、特定居住用宅地等の要件を満たしていないため、当該部分について、小規模宅地等の特例の適用はありません。

⑷　限度面積要件の判定等（法①②）

・乙が取得した特定居住用宅地等に該当する敷地利用権（50㎡）

・Bが取得した敷地所有権等のうち貸付事業用宅地等に該当する「1F部分（貸付用部分）に相当する部分」（150㎡）については、次の算式のとおり、限度面積要件を満たすため、他の要件（申告期限までの継続保有＆継続事業）を満たす限り、小規模宅地等の特例の適用を選択することができます。

（算式）

50㎡（特定居住用宅地等の面積）×200/330＋150㎡（貸付事業用宅地等の面積）＝180.30㎡≦200㎡（法②）

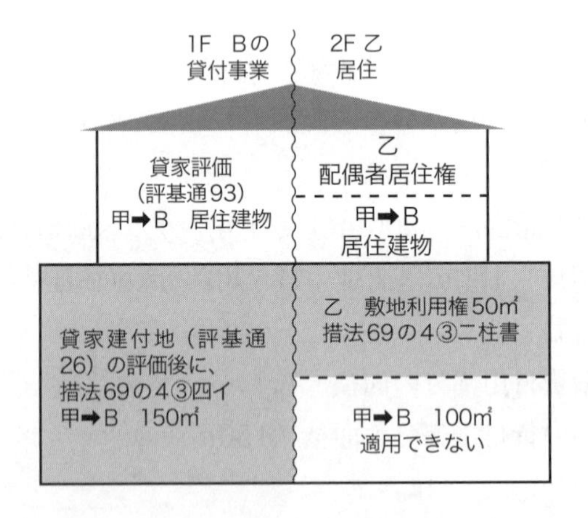

Q6-3-7 賃貸併用住宅（空室あり）の場合

下図のとおり、甲は、自己の所有する土地の上に建物１棟を所有し、その建物のうち１階を甲及び乙が居住の用に、２階を甲が貸付事業の用にそれぞれ供していました（空室部分については新規の入居者の募集をしておらず、今後貸し付ける予定はありません。）。

甲の相続に係る遺産分割により、乙は配偶者居住権を取得して引き続き居住建物に居住し、B（甲と生計別の子）は居住建物及び敷地所有権等を取得した上で甲の貸付事業を引き継ぎ、申告期限まで引き続き貸付事業の用に供しています（Bは自己の所有する別の建物に居住しています。）。

この場合、小規模宅地等の特例の適用対象となるのはどの部分ですか。

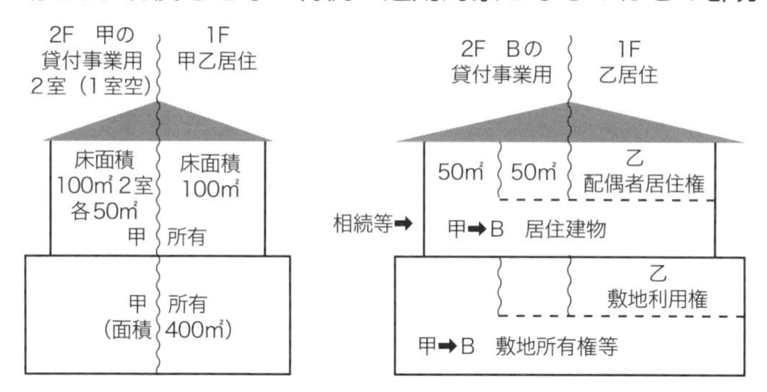

❶　配偶者居住権の設定がない場合の土地の相続税評価額 58,200,000円
- 甲と乙の居住の用に供されていた部分　　30,000,000円
- 甲の貸付事業の用に供されていた部分　　28,200,000円

❷　敷地利用権の相続税評価額　　15,000,000円

❸　敷地所有権等の相続税評価額　　43,200,000円

路線価 150,000円/借地権割合40% 借家権割合 30%

A　次のように考えます。

(1)　個人が相続等により取得した宅地等（法①）

敷地利用権及び敷地所有権等

⑵　当該宅地等の利用区分

下表のとおりであり、具体的な計算は次のとおり。

<table>
<tr><td rowspan="10">宅地等</td><td rowspan="3"></td><td rowspan="3">全体</td><td colspan="3">58,200,000円（400㎡）</td></tr>
<tr><td>敷地利用権</td><td colspan="2">乙：15,000,000円（100㎡）</td></tr>
<tr><td>敷地所有権等</td><td colspan="2">B：43,200,000円（300㎡）</td></tr>
<tr><td rowspan="4">貸付用部分</td><td colspan="4">28,200,000円（200㎡）
15,000,000円×（1－0.4×0.3=0.88）
⬇</td></tr>
<tr><td rowspan="3"></td><td></td><td>空室部分15,000,000円（100㎡）</td><td>賃貸部分13,200,000円（100㎡）</td></tr>
<tr><td>敷地利用権（33.33…㎡）5,000,000円</td><td>乙：5,000,000円（33.33…㎡）Ⓐ（Ⓐ'）</td><td>—</td></tr>
<tr><td>敷地所有権等（166.66…㎡）23,200,000円</td><td>B：10,000,000円（66.66…㎡）Ⓑ（Ⓑ'）</td><td>B：13,200,000円（100㎡）Ⓒ（Ⓒ'）</td></tr>
<tr><td rowspan="3">居住用部分</td><td colspan="4">30,000,000円（200㎡）</td></tr>
<tr><td rowspan="2"></td><td>敷地利用権</td><td colspan="2">乙：10,000,000円（66.66…㎡）Ⓓ（Ⓓ'）</td></tr>
<tr><td>敷地所有権等</td><td colspan="2">B：20,000,000円（133.33…㎡）Ⓔ（Ⓔ'）</td></tr>
</table>

※太枠部分は、特例の対象となる部分。

❶　貸付事業の用に供していた部分

・400㎡（土地の面積）×100㎡（2F部分の床面積）/200㎡（建物の総床面積）＝200㎡（土地の貸付用部分の面積）

・28,200,000円（土地の貸付用部分の評価額）

（内訳）

⑴　空室部分

400㎡（土地の面積）×50㎡（2F部分（空室）の床面積）/200㎡（建物の総床面積）＝100㎡（土地の空室部分の面積）

@150,000円×100㎡（土地の空室部分の面積）＝15,000,000円（土地の空室部分の評価額）

⑵　賃貸部分

400㎡（土地の面積）×50㎡（2F部分（賃貸中）の床面積）/200㎡（建物の総床面積）＝100㎡（土地の賃貸部分の面積）

@150,000円×100㎡（土地の賃貸部分の面積）×（1－0.4借地権割合×0.3借家権割合）＝13,200,000円（土地の賃貸部分の評価額）

❷　居住の用に供していた部分

・400㎡（土地の面積）×100㎡（1F部分の床面積）/200㎡（建物の総床面積）＝200㎡（土地の居住用部分の面積）

・30,000,000円（土地の居住用部分の評価額）

⑶　**敷地利用権及び敷地所有権等ごとの利用区分**

【評価額】

❶　貸付事業の用に供していた部分

⑴　敷地利用権

イ　空室部分

15,000,000円（敷地利用権の評価額）×100㎡（土地の空室部分の面積）/300㎡（土地の空室・居住用部分の面積）

＝5,000,000円（敷地利用権の空室部分の評価額）…Ⓐ

※配偶者居住権は建物全体に及ぶところ、空室部分については、賃借人に権利を主張できないということもないため、配偶者は配偶者居住権に基づき使用・収益することが可能と解されます。

　したがって、当該配偶者居住権に基づく敷地利用権についても「2F部分（空室部分）」の用に供されているものと考えられます。

ロ　賃貸部分　なし

⑵　敷地所有権等

イ　空室部分

15,000,000円（土地の空室部分の評価額）－5,000,000円（敷地利用権の空室部分の評価額）＝10,000,000円（敷地所有権等の空室部分の評価額）…Ⓑ

ロ　賃貸部分　13,200,000円…Ⓒ

❷　居住の用に供していた部分

⑴　敷地利用権

15,000,000円（敷地利用権の評価額）×200㎡（土地の居住用部分の面積）/300㎡（土地の空室・居住用部分の面積）＝10,000,000円（敷地利用権の居住用部分の評価額）…Ⓓ

⑵　敷地所有権等

30,000,000円（土地の居住用部分の評価額）－10,000,000円（敷地利用権の居住用部分の評価額）＝20,000,000円（敷地所有権等の居住用部分の評価額）…Ⓔ

【面積】

❶　貸付事業の用に供していた部分

⑴　敷地利用権

イ　空室部分

100㎡（土地の空室部分の面積）×5,000,000円（敷地利用権の空室部分の評価額）/15,000,000円（土地の空室部分の評価額）＝33.33㎡…Ⓐ’

ロ　賃貸部分　なし

⑵　敷地所有権等

イ　空室部分

100㎡（土地の空室部分の面積）×10,000,000円（敷地所有権等の空室部分の評価額）/15,000,000円（土地の空室部分の評価額）＝66.66…㎡…Ⓑ’

ロ 賃貸部分　100㎡…Ⓒ’

❷　居住の用に供していた部分

⑴　敷地利用権

200㎡（土地の居住用部分の面積）×10,000,000円（敷地利用権の居住用部分の評価額）/30,000,000円（土地の居住用部分の評価額）＝66.66…㎡…Ⓓ’

⑵　敷地所有権等

200㎡（土地の居住用部分の面積）×20,000,000円（敷地所有権等の居住用部分の評価額）/30,000,000円（土地の居住用部分の評価額）＝133.33…㎡…Ⓔ’

⑷　取得者ごとの特例対象宅地等の区分等（法①③）

❶　乙が取得した敷地利用権

⑴　空室部分に相当する部分Ⓐ（Ⓐ'）

乙が取得した「2F部分（空室部分）」に相当する部分については、相続開始の直前において被相続人の貸付事業の用に供されていないことから、小規模宅地等の特例の適用の対象とならない（通−24の2）。

⑵　特定居住用宅地等に該当する部分Ⓓ（Ⓓ'）…10,000,000円（66.66…㎡）

❷　Bが取得した敷地所有権等

⑴　空室部分及び居住用部分に相当する部分Ⓑ（Ⓑ'）、Ⓔ（Ⓔ'）

Bが取得した「2F部分（空室部分）」に相当する部分については、上記❶のとおり相続開始の直前において被相続人の貸付事業の用に供されておらず、「1F部分（居住部分）」に相当する部分については、特定居住用宅地等の要件を満たしていないことから、これらの宅地等は小規模宅地等の特例の適用の対象となりません。

⑵　貸付事業用宅地等に該当する部分Ⓒ（Ⓒ'）…13,200,000円（100㎡）

⑸　限度面積要件の判定（法①②）

乙が取得した特定居住用宅地等に該当する敷地利用権（66.66…㎡）及びBが取得した貸付事業用宅地等に該当する敷地所有権等（賃貸中の部分：100㎡）については、次の算式のとおり、限度面積要件を満たすため、

・乙が取得した特定居住用宅地等に該当する敷地利用権（66.66…㎡）
・Bが取得した貸付事業用宅地等に該当する敷地所有権等（賃貸中の部分：100㎡）については、他の要件（申告期限までの継続保有＆継続事業）を満たす限り、

小規模宅地等の特例の適用を受けることができます。

（算式）

66.66…㎡（特定居住用宅地等の面積）×200/330＋100㎡（貸付事業用宅地等の面積）＝140.40㎡≦200㎡

下図は敷地のみです。

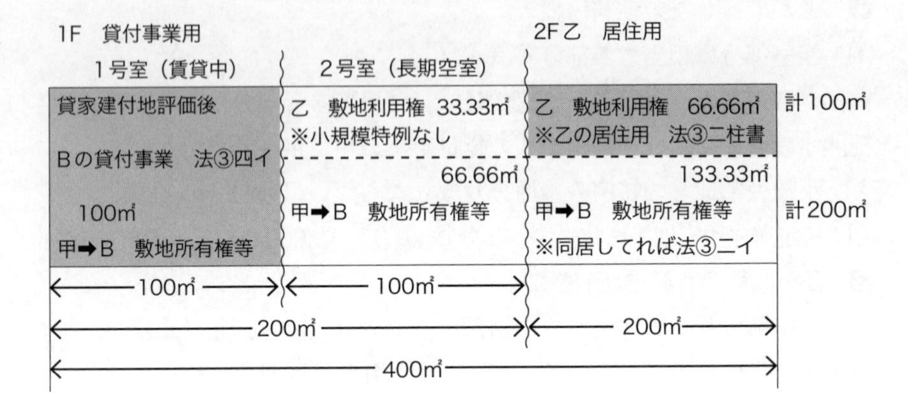
1F　貸付事業用
1号室（賃貸中）
2号室（長期空室）
2F乙　居住用
貸家建付地評価後
Bの貸付事業　法③四イ
100㎡
甲➡B　敷地所有権等
乙　敷地利用権 33.33㎡
※小規模特例なし
66.66㎡
甲➡B　敷地所有権等
乙　敷地利用権　66.66㎡
※乙の居住用　法③二柱書
133.33㎡
甲➡B　敷地所有権等
※同居してれば法③二イ
計100㎡
計200㎡
100㎡
100㎡
200㎡
200㎡
400㎡

Q6-3-8 区分所有建物の登記がされている一棟の建物の場合

下図のとおり、甲は、自己の所有する土地の上にB（甲と生計別の子）とそれぞれ建物を所有し、その建物を甲及び乙並びにBがそれぞれ居住の用に供していました（建物は区分所有建物である旨の登記があり、甲及びBはそれぞれの専有部分について、区分所有権を登記し居住の用に供しています。）。

甲の相続に係る遺産分割により、乙は配偶者居住権を、Bは居住建物（2F部分）及び敷地所有権等（2F部分）及び土地（1F部分）を取得し、それぞれ引き続き居住の用に供しています。

この場合、小規模宅地等の特例の適用対象となるのはどの部分ですか。

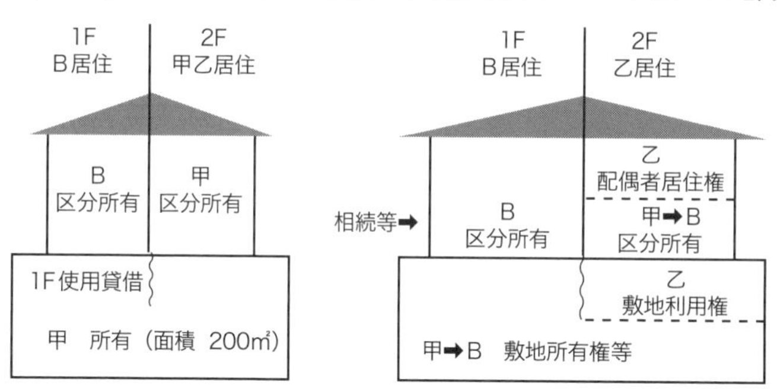

配偶者居住権の設定がない場合の1F・2F部分の土地（各100㎡）の相続税評価額 各10,000,000円

・2F部分に係る敷地利用権の相続税評価額　4,000,000円

・2F部分に係る敷地所有権等の相続税評価額 6,000,000円

A 次のように考えます。

(1) 個人が相続等により取得した宅地等（法①）

敷地利用権及び敷地所有権等

❶ 敷地利用権の面積

100㎡（2F部分の土地の面積）×4,000,000円（2F部分の敷地利用権の相続税評価額）/10,000,000円（2F部分の土地の相続税評価額）＝40㎡

❷　敷地所有権等の面積

100㎡（2F部分の土地の面積）×6,000,000円（2F部分の敷地所有権等の相続税評価額）/10,000,000円（2F部分の土地の相続税評価額）＝60㎡

⑵　取得者ごとの特例対象宅地等の区分等（法①③）

❶　乙が取得した敷地利用権

特定居住用宅地等に該当する部分4,000,000円（40㎡）

❷　Bが取得した宅地等

⑴　甲の居住用部分（2F）の宅地等　敷地所有権等6,000,000円（60㎡）

⑵　Bの居住用部分（1F）の宅地等　土地 10,000,000円（100㎡）

Bが取得した上記⑴の宅地等については、特定居住用宅地等の要件を満たしておらず、上記⑵の宅地等については、被相続人等の居住の用に供されていた宅地等に該当しないため、これらの宅地等について、小規模宅地等の特例の適用はありません。

⑶　限度面積要件の判定等（法①②）

乙が取得した敷地利用権の面積（40㎡）は330㎡以下であるため、限度面積要件（330㎡以下）を満たすこととなります。

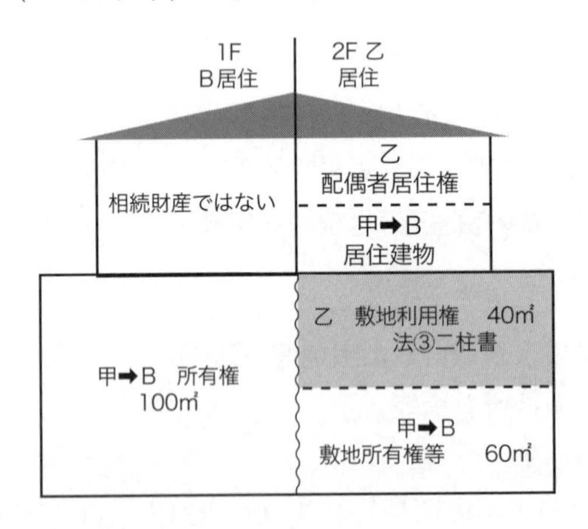

※同一敷地内に2棟の建物があると想定して考えると理解しやすいです。

Q6-3-9 被相続人が宅地等を無償で借り受けていた場合

下図のとおり、甲は、親族から無償で借り受けていた土地の上に建物を建築し、甲、乙及びAが居住の用に供していました。

甲の相続に係る遺産分割により、乙は配偶者居住権を、Aは居住建物を取得し、引き続き居住の用に供しています。

この場合、乙は小規模宅地等の特例の適用を受けることはできますか。

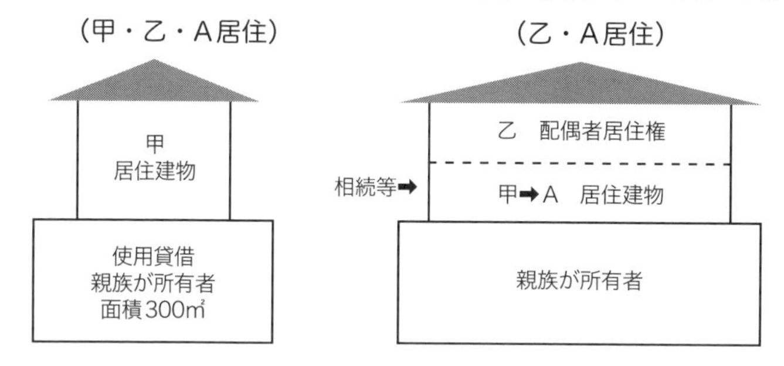

配偶者居住権の設定がない場合の土地の相続税評価額20,000,000円

A 次のように考えます。

本事例において、甲は使用貸借により土地を使用しており、自ら土地を所有していないことから、乙は当該相続により宅地等を取得していないため、特例の対象となる財産はありません。

当然にAも特例の対象となる財産はありません。

※甲の土地の使用借権については、甲の死亡により当該親族との使用貸借が終了する（民法597③）ため、相続されません。

なお、遺産分割後における乙が有する配偶者居住権に基づき土地を使用する権利（敷地利用権）は、居住建物所有者（A）が有する敷地の利用権（本事例では使用借権）に従属し、その範囲内で行使されるにすぎないものと解され、また、土地の使用借権者である建物所有者の敷地の利用権の価額は零とされることから（使用貸借通達）、本事例における配偶者居住権に基づき土地を使用する権利の価額についても零になるものと解されます。

《参考条文》

○民法（抄）

（使用貸借）**第593条**

① 使用貸借は、当事者の一方がある物を引き渡すことを約し、相手方がその受け取った物について無償で使用及び収益をして契約が終了したときに返還をすることを約することによって、その効力を生ずる。

（期間満了等による使用貸借の終了）**第597条**

① 省略

② 省略

③ 使用貸借は、借主の死亡によって終了する。

【旧民法599…その効力を失う。】であったが、立案担当者の解説書では「実質的な改正はしていない」とあります（商事法務『一問一答民法（債権関係）』306頁）。

税務には関係ありませんが参考のため下記の裁判例を紹介します。

借主が死亡しても遺族等に使用借権が認められた事例です。

❶東京地裁（S31.10.22。S56.3.12。H5.9.14）・❷大阪高裁（S55.1.30）

使用貸借は、無償契約であり、不動産その他重要な動産や財産について無償契約である使用貸借がなされることは、世上あまりないことであり、それが締結されるのはよくよくの何らかの事情があってのことである。ところが民法の使用貸借の規定は、そのような当事者間の具体的特殊事情を抽象して規定している。その故に、使用貸借の規定の適用にあたっては、当事者間のかかる特殊具体的関係事情に基づく特別の規範原理による使用貸借の規定の修正や否定が働くことがあり得ることに注意せねばならない。（契約締結に至った事情・経緯・当事者の間柄・契約目的・その他考慮）

特に（建物の所有を目的とする）土地の使用貸借は生活の基礎にも関わることでもあり重要。

民法593条ないし600条は全部任意法規であり補充法規である。

『新版注釈民法／有斐閣⒂』（88～89頁）

※しかし税務では（夫婦間の使用貸借に贈与があったと税務当局は主張していましたが昭和43年11月25日大阪地裁で敗訴し、その後取り扱いは「反対側の方向に振り子が向き」現在の取り扱いは一貫して使用貸借はゼロ評価で統一し、法務には対応していません。

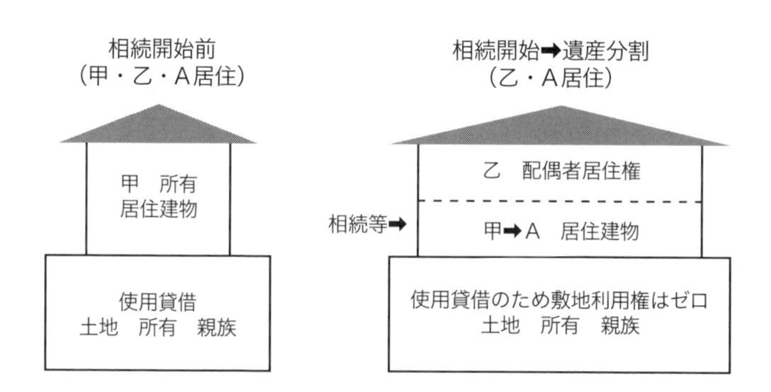

Q6-3-10 申告期限までに宅地等の一部の譲渡があった場合【庭先譲渡】

下図のとおり、甲は、自己の所有する土地の上に建物1棟を所有し、その建物を甲、乙及びAが居住の用に供していた。

甲の相続に係る遺産分割により、乙は配偶者居住権及び敷地所有権等の共有持分の4分の1を、Aは居住建物及び敷地所有権等の共有持分の4分の3を取得し、引き続き乙及びAが居住の用に供している。

乙及びAは、この土地の一部（50㎡）について隣地所有者から譲渡してほしいとの申込みを受けたことから、相続税の申告期限が到来する前に譲渡契約を締結し、引渡しを完了した。

この場合、小規模宅地等の特例の適用対象となるのはどの部分ですか。

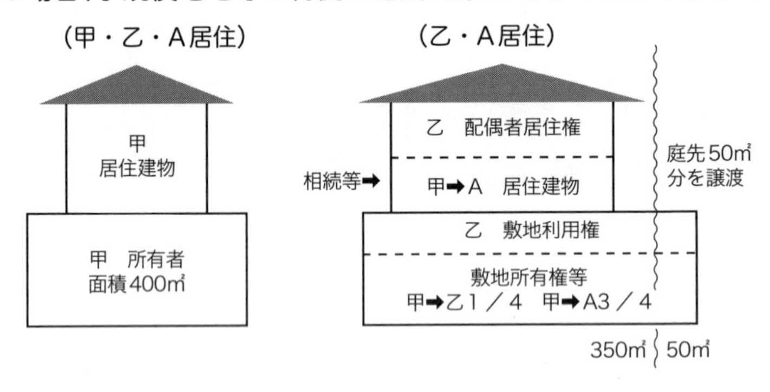

配偶者居住権の設定がない場合の土地の相続税評価額 40,000,000円

・敷地利用権の相続税評価額　10,000,000円

・敷地所有権等の相続税評価額 30,000,000円

A 次のように考えます。

⑴　個人が相続等により取得した宅地等（法①）

敷地利用権及び敷地所有権等

⑵　取得者ごとの特例対象宅地等の区分等（法①③）

❶　乙が取得した宅地等のうち特定居住用宅地等に該当する部分

⑴ 敷地利用権
・10,000,000 円（敷地利用権の評価額）
・400㎡（土地の面積）×10,000,000円（敷地利用権の相続税評価額）
/40,000,000円（土地の相続税評価額）
＝100 ㎡ 敷地利用権の面積
⑵ 敷地所有権等
・30,000,000円（敷地所有権等の評価額）×1/4（乙の持分）
＝7,500,000円（乙の敷地所有権等の評価額）
・400㎡（土地の面積）×30,000,000円（敷地所有権等の相続税評価額）
/40,000,000円（土地の相続税評価額 ）× 1/4（乙の持分）
＝75 ㎡（乙の敷地所有権等の面積）
※乙が取得した敷地所有権等の持分は、甲の所有していた土地が相続により乙とAの共有に属することとなったものであるため、土地の所有権の全てを取得した場合（Q6-3-3参照）とは異なり、措置法令第40条の2第6項の規定により、上記の面積のみなし面積計算を行うこととなります（通−1の2）。
❷ Aが取得した宅地等のうち特定居住用宅地等に該当する部分
⑴ 取得した敷地所有権等
30,000,000円（敷地所有権等の評価額）×3/4（Aの持分）
＝22,500,000円（Aの敷地所有権等の評価額）
・400㎡（土地の面積）×30,000,000円（敷地所有権等の相続税評価額）
/40,000,000円（土地の相続税評価額）× 3/4（Aの持分）
＝225㎡（Aの敷地所有権等の面積）
⑵ 譲渡した敷地所有権等の面積
・225㎡（敷地所有権等の面積）×50㎡（譲渡した土地の面積）
/400㎡（土地の面積）＝28.125㎡（譲渡した敷地所有権等の面積）
⑶ 特定居住用宅地等に該当する部分
・225㎡（敷地所有権等の面積）－28.125㎡（譲渡した敷地所有権等の面積）

＝196.875㎡（継続保有する敷地所有権等の面積）

・22,500,000円（Aの敷地所有権等の評価額）×196.875㎡（保有する敷地所有権等の面積）/225㎡（Aの敷地所有権等の面積）
＝19,687,500 円（継続保有する敷地所有権等の評価額）

※被相続人の親族（配偶者を除きます。）の取得した宅地等が特定居住用宅地等に該当するためには、当該親族は相続税の申告期限まで引き続き当該宅地等を有している必要（継続保有要件）があります（措法69 の4③二）。

※その他に家なき子以外の親族には継続居住要件もあります。

したがって、本事例における当該親族Aについては、相続税の申告期限までに相続により取得した宅地等の一部を譲渡しているため、当該譲渡した部分は特定居住用宅地等に該当しないことになりますが、申告期限まで所有している残りの部分については、他の要件を満たしている限り、特定居住用宅地等に該当することとなります。【この件に関しては誤解している方が多いです。】

なお、被相続人の配偶者である乙については、この継続保有（及び継続居住）要件がないため、申告期限までに譲渡した部分も含めて特定居住用宅地等に該当することとなります。

⑶　限度面積要件の判定等（法①②）

上記⑵❶の面積の計（175㎡）と⑵❷ ⑶の面積（196.875㎡）との合計（371.875㎡）は 、限度面積である330㎡を超えるが、330㎡以下の部分を選択した場合には他の要件を満たす限り、当該選択した部分について、小規模宅地等の特例の適用を受けることができます。

・乙が取得した宅地等（法③二号柱書）　175㎡計

全体面積400㎡	保有部分350㎡（87.5%）	譲渡部分50㎡（12.5%）
敷地利用権 400㎡×１千万円/4千万円 ＝100㎡	×87.5%＝87.5㎡	×12.5%＝12.5㎡
敷地所有権等 400㎡×３千万円/4千万円×1/4＝75㎡	×87.5%＝65.625㎡	×12.5%＝9.375㎡

計　153.125＋21.875㎡＝175㎡

・Aが取得した宅地等（法③二号イ）⬇　　　卒業試験不合格部分⬇

敷地所有権等
400㎡×３千万円/4千万円
×3/4＝225㎡

×87.5%＝196.875㎡	×12.5%＝28.125㎡

【検算用】

・乙の分

敷地利用権＋敷地所有権等 400㎡×Aの持分3/4＝300㎡ 300㎡×１千万円/4千万円 ＝75㎡敷地利用権分	400㎡×乙の持分1/4＝100㎡ 所有権部分
×87.5%＝65.625㎡保有	×87.5%＝87.5㎡保有
×12.5%＝9.375㎡譲渡	×12.5%＝12.5㎡譲渡

計　75㎡＋100㎡＝175㎡

※配偶者乙には申告期限までの保有要件も居住要件もありませんから上記のような結論になります。

しかし配偶者以外の（法③二号イに該当する）親族には申告期限までの保有要件も居住要件もありますから、上記のような結論になります。

申告期限までに一部でも譲渡したら全部の面積に適用できないという意見が税理士業界で散見されていますが『国税庁は2020年7月7日資産課税課情報第17号の事例1-10』で著者と同じ解説をしています。Q＆A8-2-8を参照してください。

・Aの分

敷地所有権等　400㎡×Aの持分3/4＝300㎡
300㎡×１千万円/4千万円＝225㎡敷地所有権等分

225㎡×87.5%＝196.875㎡　保有
225㎡×12.5%＝ 28.125㎡　譲渡

敷地全体（400㎡）に敷地利用権等が及んでいると申告した場合の問題

<table>
<tr><th colspan="2"></th><th>措法69の4③二</th><th>配偶者居住権等に関する贈与税又は譲渡税の課税問題</th></tr>
<tr><td rowspan="2">譲渡が相続税の申告期限</td><td>まで</td><td>乙
・敷地利用権 75㎡
・敷地所有権 100㎡
A196.875㎡
適用可能</td><td>❶譲渡前に相続税申告した場合、期限内に訂正申告をして350㎡のみに変更は可能と思われます
❷訂正申告が間に合わない場合は下記❸と同じ
※当初の期限内申告で350㎡に適用（庭先の50㎡分は除外）した場合は問題なし</td></tr>
<tr><td>後と仮定</td><td>乙
・敷地利用権 75㎡
・敷地所有権 100㎡
A225.000㎡
適用可能</td><td>❸Aの庭先部分の譲渡代金には乙の敷地利用権部分も含まれているため配偶者居住権の消滅対価が支払われていない場合は、乙からAへの贈与の課税関係、また支払われていた場合は乙の総合譲渡所得として課税関係が生じます。</td></tr>
</table>

※当然に限度面積（330㎡）要件と同意要件（乙・A）はあります。

（Q6-3-11 ～ Q6-3-14までは第2次相続の場合です。）

Q6-3-11 敷地所有権等者の相続⑴複数の利用区分がある場合

A（甲と乙の子：被相続人）は、自己の所有する敷地所有権等の上に居住建物1棟を所有し、その建物を下図のように利用していました※。

Aの相続に係る遺産分割により、生計を別にするB（Aの子。自己の所有する別の建物に居住しています。）が居住建物及び敷地所有権等を取得し、Aの貸付事業を引き継ぎ、申告期限まで引き続き当該貸付事業の用に供しています。

また、Aがこの建物で営んでいた事業についても、Bが引き継ぎ、申告期限までに営んでいます。

乙は、申告期限まで引き続き居住建物に居住しています。

この場合、小規模宅地等の特例の適用対象となるのはどの部分ですか。

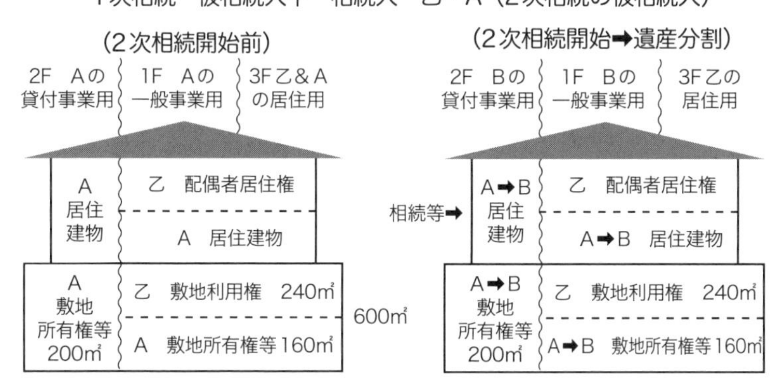

❶　配偶者居住権の設定がない場合の土地の相続税評価額　58,200,000円

・乙とAの居住の用に供されていた部分　20,000,000円

・Aの貸付事業の用に供されていた部分　18,200,000円

・Aの事業の用に供されていた部分　20,000,000円

❷　敷地利用権の相続税評価額　24,000,000円

❸　敷地所有権等の相続税評価額　34,200,000円

※当該配偶者居住権は、当該土地の所有者であった甲（1次相続の被相

続人）が所有していた建物に設定され、当該１次相続において、乙が配偶者居住権を、Ａが居住建物及び敷地所有権等を取得しました。

なお、Ａは１次相続時に甲の事業及び貸付事業を引き継ぎ、２次相続の開始直前まで引き続き事業及び貸付事業の用に供していました。

A 次のように考えます。

⑴ 個人が相続等により取得した宅地等（法①）

敷地所有権等

※敷地利用権は引き続き乙が有しておりＡの相続財産ではないため、特例の対象にもなりません。

⑵ 当該宅地等の利用区分

❶ 居住の用に供していた部分

【評価額】

・20,000,000 円（土地の居住用部分の評価額）

《権利ごとの評価額》

・敷地利用権の居住用部分の評価額

600㎡（土地の面積）×200㎡（居住用部分の床面積）/600㎡（建物の総床面積）＝200㎡（土地の居住用部分の面積）

24,000,000円（敷地利用権の評価額）×200㎡（土地の居住用部分の面積）/400㎡（貸付以外の部分に相当する土地の面積）

＝12,000,000円

・敷地所有権等の居住用部分の評価額

20,000,000円（土地の居住用部分の評価額）－12,000,000円（敷地利用権の居住用部分の評価額）＝8,000,000円…Ⓐ

【面積】

・200 ㎡（土地の居住用部分の面積）

《権利ごとの面積》

・敷地所有権等の居住用部分の面積

200㎡（土地の居住用部分の面積）×8,000,000円（敷地所有権等の居住用部分の評価額）/20,000,000円（土地の居住用部分の評価額）

＝80 ㎡…（Ⓐ’）

敷地利用権の居住用部分の面積

200㎡（土地の居住用部分の面積）×12,000,000円（敷地利用権の居住用部分の評価額）/20,000,000円（土地の居住用部分の評価額）＝120㎡

❷　貸付事業の用に供していた部分

【評価額】

・18,200,000 円 土地の貸付用部分の評価額

《権利ごとの評価額》

・敷地利用権の貸付用部分の評価額　なし

・敷地所有権等の貸付用部分の評価額　　18,200,000円…Ⓑ

【面積】

・600㎡（土地の面積）×200㎡（貸付用部分の床面積）/600㎡（建物の総床面積）＝200㎡（土地の貸付用部分の面積）

《権利ごとの面積》

・敷地所有権等の貸付用部分の面積 200 ㎡…Ⓑ’

敷地利用権の貸付用部分の面積　なし

❸　事業の用に供していた部分

【評価額】

・20,000,000 円 土地の事業用部分の評価額

《権利ごとの評価額》

・敷地利用権の事業用部分の評価額

600㎡（土地の面積）×200㎡（事業用部分の床面積）/600㎡（建物の総床面積）

＝200㎡（土地の事業用部分の面積）

24,000,000円（敷地利用権の評価額）×200㎡（土地の事業用部分の面積）/400㎡（貸付以外の部分に相当する土地の面積）

＝12,000,000 円

・敷地所有権等の事業用部分の評価額

20,000,000円（土地の事業用部分の評価額）－12,000,000円（敷地利用権の事業用部分の評価額）8,000,000 円…Ⓒ

【面積】

・200㎡（土地の事業用部分の面積）

《権利ごとの面積》

・敷地所有権等の事業用部分の面積

200㎡（土地の事業用部分の面積）×8,000,000円（敷地所有権等の事業用部分の評価額）/20,000,000円（土地の事業用部分の評価額）＝80㎡…Ⓒ'

敷地利用権の事業用部分の面積

200㎡（土地の事業用部分の面積）×12,000,000円（敷地利用権の事業用部分の評価額）/20,000,000円（土地の事業用部分の評価額）＝120 ㎡

⑶　Bが取得した敷地所有権等の特例対象宅地等の区分等（法①③）。

❶　居住用部分 に相当する部分（3F部分）…Ⓐ（Ⓐ'）

Bが取得した敷地所有権等のうち「3F部分（居住用部分）」に相当する部分は、特定居住用宅地等の要件を満たしていないため、当該部分について、小規模宅地等の特例の適用はありません。

❷　貸付事業用宅地等に該当する部分（2F部分）Ⓑ（Ⓑ'）

…18,200,000円（200㎡）

❸　特定事業用宅地等に該当する部分（1F部分）Ⓒ（Ⓒ'）

…8,000,000 円（80㎡）

⑷　限度面積要件の判定等（法①②）

Bが取得した敷地所有権等のうち、「2F部分（貸付用部分）」に相当する部分（200㎡）については貸付事業用宅地等として、「1F部分（事業用部分）」に相当する部分（80㎡）については特定事業用宅地等として、小規模宅地等の特例の適用を選択することができます。

他の相続人が対象宅地等を取得していないので同意要件はありません

が、限度面積要件があるため、下記の選択肢があります。

❶ 貸付事業用宅地等を優先する方法

限度面積200㎡−貸付事業用宅地等面積200㎡＝0

※特定事業用宅地等には適用できません。

❷ 特定事業用宅地等を優先する方法

限度面積200㎡－特定事業用宅地等面積80㎡×200/400＝160㎡

※貸付事業用宅地等に160㎡適用できます。

❸ 減額が大きくなる方を選択すると有利になります。

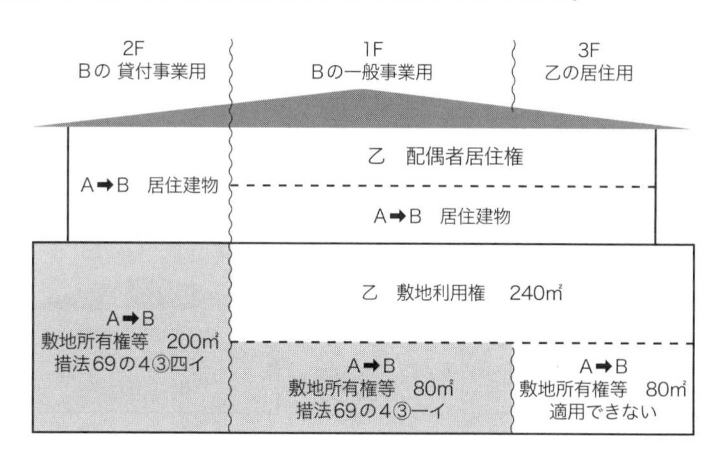

Q6-3-12 敷地所有権等者の相続(2)

1次相続に係る被相続人が無償で借り受けていた宅地等の上の建物について配偶者居住権が設定されていた場合

甲の相続（1次相続）において、甲がA（甲と乙の子）から無償で借り受けていた土地の上に建築し所有していた建物に配偶者居住権が設定され、乙が配偶者居住権を、B（甲と乙の子）が居住建物を取得した上で、下図のとおり、建物を利用していました。

Aの相続（2次相続）に係る遺産分割により、C（Aの子）が敷地所有権等を取得し、申告期限まで引き続き居住の用に供しています。

この2次相続の場合において、小規模宅地等の特例の適用対象となるのはどの部分ですか。

1次相続　被相続人甲　相続人乙・A（2次相続の被相続人）・B

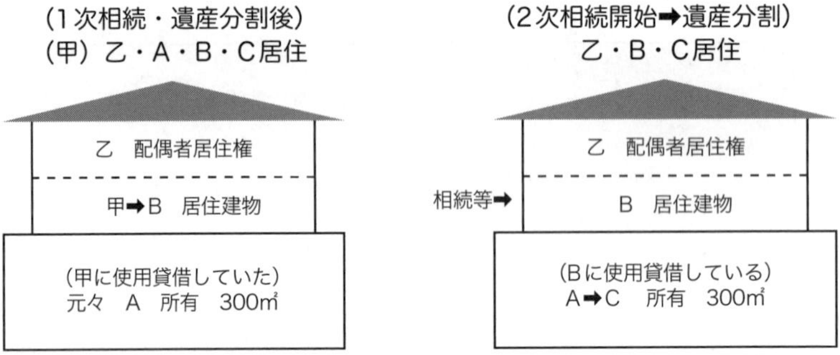

（1次相続・遺産分割後）
（甲）乙・A・B・C居住

乙　配偶者居住権
甲➡B　居住建物
（甲に使用貸借していた）
元々　A　所有　300㎡

相続等➡

（2次相続開始➡遺産分割）
乙・B・C居住

乙　配偶者居住権
B　居住建物
（Bに使用貸借している）
A➡C　所有　300㎡

配偶者居住権の設定がない場合の土地の相続税評価額　20,000,000円

A 次のように考えます。

(1)　個人が相続等により取得した宅地等（法①）

敷地所有権等

配偶者居住権者が配偶者居住権に基づき土地を使用する権利（敷地利用権）は、居住建物の所有者が有する敷地の利用権（本事例では使用借権）に従属し、その範囲内で行使されるにすぎないものと解されます。

また、土地の使用借権者である建物所有者の敷地の利用権の価額は零とされることから（使用貸借通達）、配偶者居住権に基づき土地を使用する権利の価額についても零になるものと解されます。

したがって、本事例においては敷地所有権等の価額 20,000,000円（300㎡）が小規模宅地等の特例の対象となりうる。

⑵　限度面積要件の判定等（法①②）

上記1の面積（300㎡）は､限度面積要件（330㎡）を満たしています。

したがって、Cは敷地所有権等300㎡ついて、他の要件（申告期限までの継続保有と継続居住）を満たす限り、小規模宅地等の特例の適用を受けることができる。

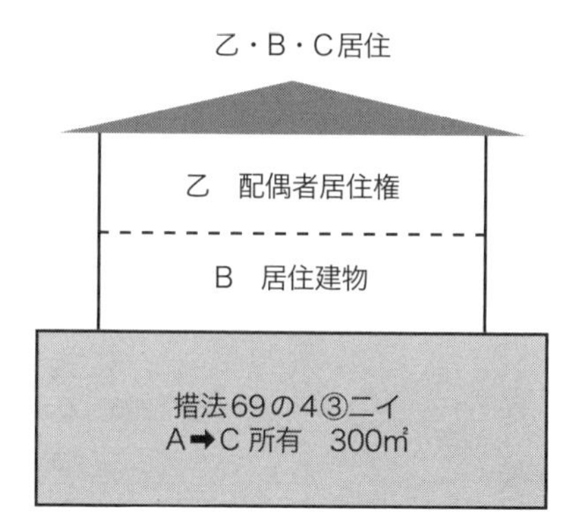

Cは被相続人Aと同居していましたから他の要件（申告期限までの継続保有と継続居住）を満たす限り特定居住用宅地等の適用を受けることができます。

Q6-3-13 敷地所有権等者の相続(3)

居住建物所有者の承諾を得て居住建物を貸し付けていた場合（複数の利用区分がある場合）

下図のとおり、居住建物に居住していた配偶者居住権者※である乙は、居住建物及び敷地所有権等を有するA（乙の子。2次相続の被相続人）の承諾を得て、相当の対価を得て継続的に当該居住建物のうち1階部分を第三者に貸し付け、2F部分については乙、A、B（Aの子）の居住の用に供していました。

Aの相続（2次相続）に係る遺産分割により、Bが居住建物及び敷地所有権等を取得しました。

この場合、Bが取得した当該敷地所有権等は小規模宅地等の特例の適用対象となりますか。

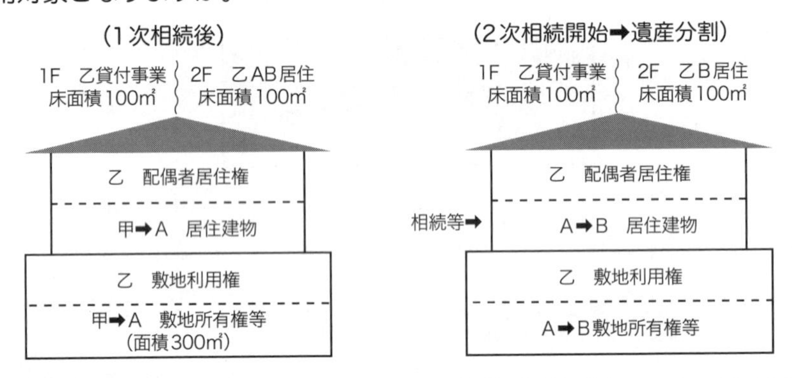

配偶者居住権の設定がない場合の土地の相続税評価額30,000,000円

・敷地利用権の相続税評価額　10,000,000円

・敷地所有権等の相続税評価額 20,000,000円

※当該配偶者居住権は、当該土地の所有者であった甲（1次相続の被相続人）が所有していた建物に設定され、当該1次相続において、乙は配偶者居住権を取得し、当該建物（1F部分）について当該第三者に貸し付けるまで引き続き居住の用に供しており、Aは居住建物及び敷地所有権等を取得して2次相続開始まで引き続き所有していました。

A　次のように考えます。

⑴　個人【B】が相続等により取得した宅地等（法①）

敷地所有権等

※敷地利用権は、引き続き乙が有しており、Aの相続財産ではないため、特例の対象にもならない。

⑵　当該宅地等の利用区分

❶　居住の用に供していた部分

【評価額】

・300㎡（土地の面積）×100㎡（居住用部分の床面積）/200㎡（建物の総床面積）＝150㎡（土地の居住用部分の面積）

・30,000,000円（土地の評価額）×150㎡（土地の居住用部分の面積）/300㎡（土地の面積）＝15,000,000円（土地の居住用部分の評価額）

《権利ごとの評価額》

・敷地利用権の居住用部分の評価額

10,000,000円（敷地利用権の評価額）×150㎡（土地の居住用部分の面積/300㎡（土地の面積）＝ 5,000,000 円

・敷地所有権等の居住用部分の評価額

15,000,000円（土地の居住用部分の評価額）－5,000,000円（敷地利用権の居住用部分）＝10,000,000円…Ⓐ

【面積】

・150 ㎡（土地の居住用部分の面積）

《権利ごとの面積》

・敷地所有権等の居住用部分の面積

150㎡（土地の居住用部分の面積）×10,000,000円（敷地所有権等の居住用部分の評価額）/15,000,000円（土地の居住用部分の評価額）＝100 ㎡…Ⓐ’

・敷地利用権の居住用部分の面積

150㎡（土地の居住用部分の面積）×5,000,000円（敷地利用権の居住用部分の評価額）/15,000,000円（土地の居住用部分の評価額）

＝50㎡

❷　貸付事業の用に供していた部分

【評価額】

・300㎡（土地の面積）×100㎡（貸付用部分の床面積）/200㎡（建物の総床面積）＝150㎡（土地の貸付用部分の面積）

・30,000,000円（土地の評価額）×150㎡（土地の貸付用部分の面積）/300㎡（土地の面積）＝15,000,000円（土地の貸付用部分の評価額）

《権利ごとの評価額》

・敷地利用権の貸付用部分の評価額
　10,000,000円（敷地利用権の評価額）×150㎡（土地の貸付用部分の面積）/300㎡（土地の面積）＝5,000,000円

・敷地所有権等の貸付用部分の評価額
　15,000,000円（土地の貸付用部分の評価額）－5,000,000 円（敷地利用権の貸付用部分の評価額）＝10,000,000 円…Ⓑ

【面積】

・150㎡（土地の貸付用部分の面積）

《権利ごとの面積》

・敷地所有権等の貸付用部分の面積
　150㎡（土地の貸付用部分の面積）×10,000,000円（敷地所有権等の貸付用部分の評価額）/15,000,000円（土地の貸付用部分の評価額）＝100㎡…Ⓑ'

敷地利用権の貸付用部分の面積
　150㎡（土地の貸付用部分の面積）×5,000,000円（敷地利用権の貸付用部分の評価額）/15,000,000円（土地の貸付用部分の評価額）＝50㎡

⑶　Bが取得した敷地所有権等の特例対象宅地等の区分等（法①③）

❶　特定居住用宅地等に該当する部分Ⓐ（Ⓐ'）10, 000,000円（100㎡）

❷　貸付用部分に相当する部分Ⓑ（Ⓑ'）

　Bが取得した敷地所有権等のうち「1F部分（貸付用部分）」に相当す

る部分は、乙が自己の有する配偶者居住権に基づき、貸付事業の用に供していた建物の敷地の用に供されていたものであり（通−4の2)、被相続人（A）の貸付事業の用に供されたもの又はBの自己の貸付事業の用に供されたもののいずれにも該当しません。

したがって、Bが取得した当該部分については、貸付事業用宅地等の要件を満たしていないため、小規模宅地等の特例の適用対象とはなりません。

※仮に、Aと生計を一にしていた乙が 、当該敷地所有権等のうち「1F部分（貸付用部分)」を取得した場合には、当該部分について貸付事業用宅地等に該当しうることとなります（法③四ロ)。

⑷　限度面積要件の判定等（法①②）

上記⑶❶の面積（100㎡）は､限度面積要件（330㎡）を満たしています。

したがって、Bは敷地所有権等100㎡について、他の要件を満たす限り、小規模宅地等の特例の適用を受けることができます。

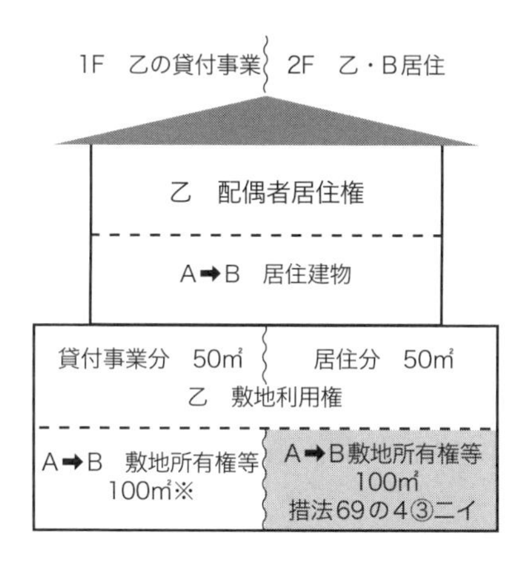

Q6-3-14 配偶者居住権者乙の相続

甲の相続（1次相続）において、土地の所有者であった甲が所有していた建物に配偶者居住権が設定され、乙は配偶者居住権を、A（甲乙の子）は居住建物及び敷地所有権等を取得して、2次相続開始まで引き続き有するとともに、乙及びAがその建物を居住の用に供していました。

今般、乙に相続（2次相続）が発生したが、Aが小規模宅地等の特例の対象として適用できる部分はありますか。

1次相続　被相続人甲　相続人乙・A

2次相続の被相続人乙　相続人A

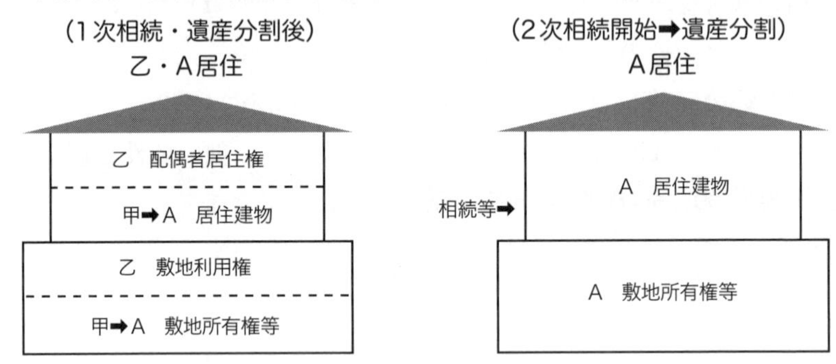

土地の相続税評価額 20,000,000円

A 次のように考えます。

被相続人である配偶者居住権者の乙は、当該居住建物や当該土地は所有しておらず、乙の相続を原因として移転する財産がないため、相続税の課税関係は生じないことから、小規模宅地等の特例の適用となる財産もないこととなります。

○財務省ホームページ「令和元年度税制改正の解説」503頁抄

「配偶者が死亡した場合には、民法の規定により配偶者居住権が消滅することとなります。この場合、居住建物の所有者はその居住建物について使用収益ができることとなりますが、民法の規定により（予定どおり）配偶者居住権が消滅するものであり、配偶者から居住建物の所有者に相続を原因として移転する財産はありませんので、相続税の課税関係は生じません（配偶者居住権の存続期間が終身ではなく、例えば10年といった有期で設定されて存続期間が満了した場合も、同様に贈与税の課税関係は生じません。）」

2次相続　乙死亡➡遺産分割不要

乙　配偶者居住権➡一身専属権のため消滅し0円になります。
A　居住建物（完全所有権になります。）
乙　敷地利用権➡一身専属権のため消滅し0円になります。
A　敷地所有権等（完全所有権になります。）

Q6-3-15 配偶者居住権の設定が申告期限後になる場合の相続税の申告等

相続税の申告期限までに遺産分割協議が成立せず、配偶者居住権の設定が申告期限後になる場合、相続税の申告はどのようにすればよいか。

また、小規模宅地等の特例の適用関係はどのようになりますか。

A 次のように考えます。

⑴ 相続税の申告手続等

相続等により財産を取得した者が相続税の申告書を提出する場合において、配偶者居住権を設定しようとする建物及びその敷地等が共同相続人等によってまだ分割されていないときは、その分割されていない財産については、各共同相続人等が民法の規定による法定相続分の割合に従ってその財産を取得したものとして課税価格を計算し、相続の開始があったことを知った日の翌日から10か月以内に当該申告書を納税地の所轄税務署長に提出する必要があります。(相法27、55)。

その後、財産の分割により 配偶者居住権が設定され、共同相続人等が当該分割により取得した財産に係る課税価格について、当該法定相続分等の割合に従って計算された課税価格と異なることとなった場合において 、既に確定した相続税額に不足を生じたときは修正申告書を、新たに相続税の申告書を提出すべき要件に該当することとなったときは期限後申告書を提出することができます（相法30、31)。

また、課税価格及び相続税額等が過大となったときは、その分割が行われた日の翌日から4か月以内に限り更正の請求をすることができます(相法32①)。

⑵ 小規模宅地等の特例の適用関係

原則として、相続税の申告期限までに分割されていない宅地等については、特例の適用対象とならないが、相続税の申告書に「申告期限後3年以内の分割見込書」を添付して提出しておき、相続税の申告期限から3年以内に分割が行われ、配偶者居住権に基づく敷地利用権又は敷地所有権等を取得した場合には、それらについて特例の適用を受けることができます。

この場合において、その課税価格及び相続税額等が過大となったときは、その分割が行われた日の翌日から４か月以内に限り更正の請求をすることができます（法④⑤、令㉖、規⑧）。

※相続税の申告期限の翌日から３年を経過する日において相続等に関する訴えが提起されているなど一定のやむを得ない事情【限定列挙Q2-4-10・Q2-4-11】がある場合において、申告期限後３年を経過する日の翌日から２か月を経過する日までに、「遺産が未分割であることについてやむを得ない事由がある旨の承認申請書」を提出（宥恕規定はありません。）し、その申請につき所轄税務署長の承認を受けた場合において、判決の確定の日など一定の日の翌日から４か月以内に分割が行われ、配偶者居住権に基づく敷地利用権又は敷地所有権等を取得したときは、それらについて特例の適用を受けることができます。

この場合において、その課税価格及び相続税額等が過大となったときは、その分割が行われた日の翌日から４か月以内に限り更正の請求をすることができます（法④⑤、令㉓㉖）。

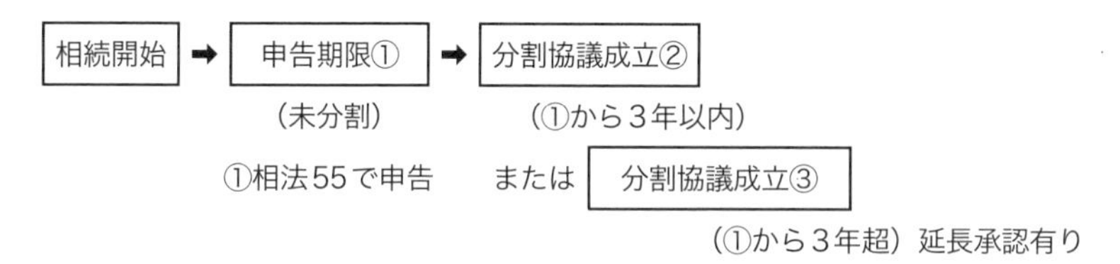

※②又は③に該当した場合、その分割が行われた日の翌日から４か月以内に限り更正の請求をすることができます（法④⑤、令㉓㉖）。

なお配偶者の相続税額軽減の規定だけは

❶　上記の４か月以内と

❷　申告期限の翌日から５年以内の

どちらか遅い日まで更正の請求をすることができます（相基通32−2）。

Q 6-3-16 配偶者居住権と小規模宅地等の特例の居住要件の異同点

配偶者居住権と小規模宅地等の特例の居住要件の異同点について教えてください。

A 次のように考えます。

下記の表をご覧ください。甲に相続が開始した時点の建物に誰が（生活の本拠として）居住していたことが要件かの区分です。

⑴ 小規模宅地等の特例の居住要件

甲の所有宅地等をその敷地として使用していた建物（甲又は甲の親族が所有（相続開始直前に無償であることが要件。通−7）した場合も含む）に甲が生活の本拠として使用していたことが、書類審査（第1次審査）要件です。

配偶者である乙が甲と同居していたかどうかは要件となっていません。

乙が上記の宅地等を相続等すると、入学試験（第2次審査）に合格し、乙には卒業試験（第3次審査）がありませんから、その宅地等は『特定居住用宅地等』に該当することになります。

⑵ 配偶者居住権の居住要件

甲の所有宅地等（※民法の条文上は、甲以外の者の所有宅地等もありえる）をその敷地として使用していた建物（甲100％又は甲と乙で100％所有が要件）に乙が生活の本拠として使用していたことが要件です。

甲が乙と同居していたかどうかは要件となっていません。

※その場合は乙は次の2つに区分できます。（建物は甲・土地は第三者）

1 宅地等の地代を甲は支払っていた（有償）場合

甲は借地権を有していたことになるので、その借地権を相続等した者に対して『借地権に対する敷地利用権』を取得することになります。

2　宅地等の地代を支払っていない（無償）場合

乙は居住建物に対する『配偶者居住権』は取得するが、『敷地利用権』は取得しません。

根拠法令＼相続開始時の要件	居住要件	
	甲	乙
小規模宅地等の減額特例（法③二柱書前段）	必要	不必要
配偶者居住権（民法1028①）	不必要	必要
配偶者短期居住権（民法1037①）	不必要	必要

コラム15　土地又は土地の上に存する権利

（不動産）＝民法第86条①　**土地**及び※**その定着物**は、**不動産**とする。	
土地	※

評基通（土地の上に存する権利の評価上の区分）9項
土地の上に存する権利の価額は、次に掲げる権利の別に評価する。
①　地上権
②　区分地上権
③　永小作権
④　区分地上権に準ずる地役権
⑤　借地権
⑥　定期借地権等
⑦　耕作権
⑧　温泉権（引湯権を含む。）
⑨　賃借権【配偶者居住権としての敷地利用権はこれに類似の法定債権】
⑩　占用権

→評基通（土地の評価上の区分）第7項　土地の価額は、次に掲げる地目の別に評価する。地目【不動産登記法による土地の用途による分類】は、課税時期の現況によって判定する。
①宅地　②田　③畑　④山林　⑤原野　⑥牧場　⑦池沼
⑧削除　⑨鉱泉地　⑩雑種地
（注）地目の判定は、不動産登記事務取扱手続準則第68条及び第69条に準じて行う。

土地の定着物 とは、継続的に土地に固着し、しかも固着して使用されることがその物の取引上の性質と認められるものをいう。（最高裁昭和37年3月29日）
（代表的なものは建物であるが、そのほか樹木や石垣・沓脱石のたぐい、さらには機械も、それが土地又は建物に造りつけられたときは定着物となる。）

第7章

相続後空家譲渡特例と小規模宅地等（3事例）

Q7-1 相続後空家譲渡特例の概要

相続後空家譲渡特例の概要を教えてください。

A (1) 空家の発生を抑制するための特例措置（国土交通省HPより）

相続時から3年を経過する日の属する年の12月31日までに、被相続人の居住の用に供していた家屋を相続した相続人が、当該家屋（耐震性のない場合は耐震リフォームをしたものに限り、その敷地を含む。）又は取壊し後の土地を譲渡した場合には、当該家屋又は土地の譲渡所得から3,000万円を特別控除します。

適用期間が2023年12月31日までに、特例の対象となる相続した家屋についても、これまで被相続人が相続の開始直前において居住していたことが必要でしたが、老人ホーム等に入所等していた場合（一定要件を満たした場合に限ります。）も対象に加わることとなりました。

さらに、令和5年度税制改正要望の結果、2023年（令和5年）12月31日までとされていた本特例措置の適用期間が2027年（令和9年）12月31日までに延長されることとなり、特例の対象となる譲渡についても、これまでは当該家屋（耐震性のない場合は耐震改修工事をしたものに限り、その敷地を含む。）又は取壊し後の土地を譲渡した場合が対象でしたが、譲渡後、譲渡の日の属する年の翌年2月15日までに当該建物の耐震改修工事又は取壊しを行った場合であっても、適用対象に加わることとなりました。この拡充については令和6年1月1日以降の譲渡が対象です。

(2) 相続後空家住宅の売却に伴う3,000万円特別控除の特例

相続等による被相続人居住用家屋及び被相続人居住用家屋の敷地等の取得をした相続人（相続人でない包括受遺者である個人を含みます。）が、2016年4月1日から2023年12月31日までの間に、その取得をした被相続人居住用家屋又は被相続人居住用家屋の敷地等について、一定の要件を満たす譲渡をした場合には、居住用財産を譲渡した場合に該当するものとみなして、居住用財産の譲渡をした場合の3,000万円特別控除を適用できることとされました（措法35③）。

<table>
<tr><td colspan="3">①譲渡対価（売却代金＋固定資産税の日割り清算など）　例　90,000,000円</td></tr>
<tr><td>②取得費＋譲渡費用
＝例　10,000,000円</td><td colspan="2">③＝①－②＝譲渡益 80,000,000円（5年超所有）
③×税率合計 20.315％＝16,252,000円（税金合計）</td></tr>
<tr><td>措置法39①⇨</td><td>④相続税の取得費加算</td><td rowspan="2">④を適用したら
⑤は適用不可</td></tr>
<tr><td>措置法35③⇨</td><td>⑤空家譲渡 30,000,000円特別控除</td></tr>
</table>

⑤の節税効果　最大6,094,500円＝⑤×20.315％（一人につき）
（主要な要件は下記の８です。）
『要件１／建築日』昭和56年５月31日までに建築（着手）された家屋
原則登記事項証明書の表示登記欄で確認（又は建築確認日）
『要件２／相続開始日』～2027年12月31日
『要件３／譲渡期間』相続開始日から３年を経過する日の属する年の年末
かつ2016年４月１日～2023年12月31日まで
『要件４／相続開始前居住要件』甲が一人で居住（一定老人ホーム等も可能）
『要件５／相続後未利用』死亡後譲渡するまで空家（又は空地）の未使用状態
『要件6』耐震リフォームをし、耐震証明書の付いた家屋と敷地を譲渡
『要件7』又は家屋を取壊し、敷地のみ譲渡（取り壊し費用は譲渡費用）
『要件8』譲渡対価（売却代金＋固定資産税の日割り清算など）１億円以下

Q7-2 相続後空家譲渡と小規模宅地等の特例の居住要件の異同点

相続後空家譲渡特例と小規模宅地等特例の異同点を教えてください。

A 次のように考えます。

《老人ホーム等に入所等した場合の空家譲渡と小規模宅地等の特例の比較》

	相続後空家譲渡の特例 (措法35③)	小規模宅地等の特例 (措法69の4)
要介護認定等の判定時期	被相続人の居住の用に供されなくなる直前 (措規18の2③、措通35-9の2)	被相続人の相続の開始の直前 (措規23の2②、措通69の4-7の3)
入所等から相続開始直前までの利用制限	事業の用、貸付けの用又は当該被相続人以外の者の居住の用に供された場合は適用不可 (措令23⑦二)	事業の用又は生計一親族（入所等直前生計一かつその建物に引き続き居住親族含む）以外の居住の用に供された場合は適用不可 (措令40の2③)

1 要介護等の認定時期については、小規模宅地等の特例については老人ホーム等に入所等する段階では要求していません（介護の必要のために入所等することと誤解している方が多くいますが、法文上そのように読むことはできません）。

相続開始直前までに要介護等の認定を受けていることが要件です。

老人ホーム等に入所等したからといって安心せずに、要介護等の状態になったら速やかに認定を受けさせてください。

認定を受けずに相続が開始したら、適用を受けることができません。

2 しかし、相続後空家譲渡の特例では被相続人の居住の用に供されなくなる直前（言い換えれば老人ホーム等に入所等する直前）までに要介護等の認定を受けていることが絶対要件ですから留意してください。

Q7-3　小規模宅地等の特例との併用適用関係について

一人暮らしをしていた甲が死亡し、その居住用家屋（昭和50年建築）と敷地等を相続人であるＡ（4年前から非同族法人の社宅（過去に一度もＡが所有したことがない家屋）に居住【家なき子】）が取得しその家屋を取り壊した後、未利用のまま翌々年に5,000万円で譲渡することを考えています。（甲の配偶者乙は既に他界しています。）

この場合、「空家譲渡の特例（措法35③）」と「小規模宅地等の特例（法③二ロ）」の両方の適用は可能でしょうか。

その他の要件は全て具備しています。

A　Ａが「空家譲渡の特例（措法35③）」と「小規模宅地等の特例（措法69の4③二ロ）」の適用要件をいずれも満たしている場合には、両方それぞれの適用を受けることができます。

第8章

総合事例・難問事例編

第1節　総合事例・（特定・特定同族会社・貸付）事業用宅地等の判定（5事例）

※条文見出しは、『特定同族会社…」ですが、本文は『法人…』です（法③三）。

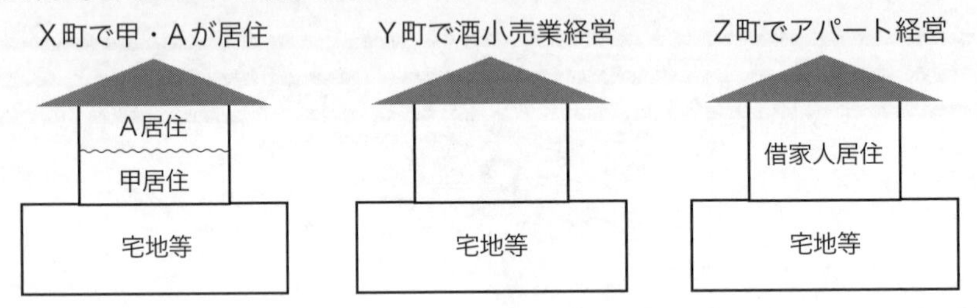

（申告期限までの保有（&居住・事業）継続要件は満たしていると仮定）

登場人物　被相続人＝甲（父）（同居時のみ、Aは甲と生計一親族と仮定）

相 続 人　長男A（同居・拡大同居）・次男B（別居・3年超社宅住い）

※相続人より親族の方が広い概念です。（相続権のない親族もいます。）

X町　宅地等　甲（被相続人）所有　家屋も甲所有

❶ 【同居】中で行き来ができる建物（家屋でもある）に甲とAが居住

❷ 【別居だが拡大同居】中で行き来ができない建物（完全分離型二世帯住宅）の1階に甲、外階段で2階にAが居住（内階段なし）→1棟の建物で家屋は別

❸ 【別居】区分所有登記ありで、完全分離型二世帯住宅（別の建物と考える）

❹ 【同居】区分所有登記ありだが中で行き来ができる建物（家屋でもある）

※他人間ではできないが親族間の場合、上記のような区分所有登記は可能です。中で行き来ができる建物なら同居と考えることができると思われます。そして**同居なら生計一と判断することも可能と思われます。（難問事例）**

措令40の2⑬では次のように規定しています。

「法第六十九条の四第三項第二号イに規定する政令で定める部分は、次の各号に掲げる場合の区分に応じ当該各号に定める部分とする。

一　被相続人の居住の用に供されていた一棟の建物が建物の区分所有

等に関する法律第1条の規定に該当する建物である場合⇨当該被相続人の居住の用に供されていた部分【中で行き来ができる建物なら、被相続人である甲は全体に居住していたとも考えられます。】

二　前号に掲げる場合以外の場合

被相続人又は当該被相続人の親族の居住の用に供されていた部分【全体】」

Y町　宅地等　甲（被相続人）が所有　家屋も甲所有　この場所で酒小売業経営

事例1　相続開始まで甲が酒小売業経営

事例2　相続開始数年前に長男A（同居・拡大同居）が酒小売業経営（家賃なし）

事例3　相続開始数年前に※同族法人が酒小売業経営（相続開始まで家賃あり）

※要件に該当していることを前提

Z町　宅地等　甲（被相続人）所有　家屋も甲所有

事例4　相続開始まで10年以上甲がアパート経営

事例5　相続開始4年前に長男Aが建物を取得してアパート経営（地代はなし）

同居・別居の有無の判定	特定居住用宅地等の該当の判定 措法69の4③二号イ	特定事業用／一号		同族／三号	貸付事業用／四号	
		イ	ロ		イ	ロ
		事例1	事例2	事例3	事例4	事例5
❶同居	○同居	○生計一無	○生計一	○生計一無	○生計一無	○生計一
❷別居	○拡大同居	○生計一無	×**生計別**	○生計一無	○生計一無	×**生計別**
❸別居	×区分所有登記	○生計一無	×**生計別**	○生計一無	○生計一無	×**生計別**
❹同居	？区分所有登記	○生計一無	**？生計一**	○生計一無	○生計一無	**？生計一**

※　生計一無＝生計一要件がないという意味

※　生計一○・生計別×（生計一要件があるから○×という意味）

※　別居＝生計別と仮定

※　同居＝生計一と仮定

（生計一要件の有無・その他要件）

Q&A 8-1-1 甲が相続開始前に酒小売業を経営

① 甲の酒小売業を承継する者の要件は（生計一無）の親族（A・B・他の親族）

② 申告期限までその酒小売業を引き継ぎ、事業継続しなければなりません。

Q&A 8-1-2 長男Aが酒小売業を経営

① 相続開始前に酒小売業を経営していた生計一親族が宅地等を取得要件（A）

② 申告期限まで酒小売業（他の一般事業『不動産貸付業以外』に変更も可）を事業継続しなければなりません。

Q&A 8-1-3 同族法人が酒小売業を経営

① その宅地等を取得する者は親族（生計一無）（A・B・他の親族）要件

② 相続開始前は、甲に同族法人から賃貸料収受要件あり（甲の貸付事業）。

※以前は法人が家賃を支払っていたが、資金繰り上のため相続開始数年前から支払っていなかった（滞納状態）が、法人の帳簿上は未払金として損金経理していた場合で、甲個人の確定申告書上も不動産所得の収入金額として計上していれば問題がないが、計上していない場合も過去数年分修正申告又は期限後申告をすれば問題ないと思われます。

※その逆で個人が未収金計上しており法人が未払金計上していなかった場合は問題がないと思われます。（法人は更正の請求が可能と思われます。）

※法人も甲個人も未計上の場合は要件を満たしていないことになります。しかし事実認定で認められる場合もあると思われます。（難

問事例）

③　相続開始後は宅地等の取得者に同族法人から賃貸料収受の要件はありません。

④　同族法人は申告期限まで酒小売業（他の一般事業『不動産貸付業以外』に変更も可）を事業継続しなければなりません。

⑤　宅地等の取得者は申告期限までに同族法人の役員就任要件あります。

Q&A 8-1-4 甲がアパート経営

①　甲のアパート経営を承継する者の要件は（生計一無）の親族（A・B・他の親族）

②　申告期限までアパート経営を引き継ぎ、事業継続しなければなりません。

Q&A 8-1-5 長男Aがアパート経営

①　相続開始前にアパート経営をしていた生計一親族が宅地等取得要件（Aのみ）

②　申告期限までアパート経営（他の不動産貸付業に変更も可。一般事業への変更はできません。）を事業継続しなければなりません。

第2節　難問事例（11事例）

『居住継続要件を満たせなかった場合』

Q&A 8-2-1《事例1》同居していた従兄弟のBに遺言で遺贈していた場合

甲の相続人：なし、3年超同居していた従兄弟のB（4親等の血族＝親族）に遺言で遺贈していた場合

（申告期限まで保有継続しているが、居住継続はしていません。）

⑴　設問とは異なるが申告期限まで居住継続していた場合は、措法69の4③二号イ（同居又は拡大同居親族「従兄弟であるBは相続人ではないが親族です」要件）に該当することになります。

⑵　しかし、申告期限までに居住を継続しなかったのであるから、措法69の4③二号イ（申告期限までの居住継続要件）に該当しないことになります。

⑶　しかし、措法69の4③二号ロ（家なき子）には該当します。

　つまり入学試験に合格したことになり、卒業試験に合格すれば「特定居住用宅地等」に該当し、他に該当する宅地等を取得した親族がいなければ「同意要件」も不要で適用可能

⑷　措法69の4③二号ロ（俗称　家なき子）は「…被相続人には配偶者も同居法定相続人もいない場合」に該当すると規定しています。

⑸　故に従兄弟は甲と相続開始前に同居していたが、相続人でないために上記⑷に該当し卒業試験にも合格したことになり、「特定居住用宅地等」に該当し、他に該当する宅地等を取得した親族がいなければ「同意要件」も不要で適用可能

Q&A 8-2-2《事例2》子供Aが同居していた場合で、申告期限までに転勤した場合

甲の相続人：子供A1名（3年超同居していた）の場合で、申告期限までに転勤した場合
(申告期限まで保有を継続しているが、居住継続はしていません。)

1　設問とは異なるが申告期限まで居住継続していた場合は、措法69の4③二号イ（同居又は拡大同居親族要件）に該当することになる。つまり卒業試験にも合格したことになり、「特定居住用宅地等」に該当し、他に該当する宅地等を取得した親族がいなければ「同意要件」も不要で適用可能

2　しかし申告期限までに居住を継続しなかったのであるから、措法69の4③二号イ（申告期限までの居住継続）に該当しないことになります。

3　措法69の4③二号ロ（俗称　家なき子）は「…被相続人には配偶者も同居法定相続人もいない場合」に該当すると規定しています。

4　しかしAは甲と相続開始直前まで同居しており、かつ法定相続人であるため上記**3**に該当しないことになり**2**の卒業試験に合格しなかったことになります。

5　はたして**4**の結論でよいのでしょうか。「同居法定相続人はAのみであり」A以外の同居法定相続人を指すと考えることはできないのでしょうか。

「家なき子」の規定は、配偶者、又は同居親族『法定相続人より範囲を拡大しています。』（法③二号イ要件）がいる場合は優先的にその者が取得し、いない場合に両者に劣後して権利を付与したものと推察されます。

したがって、A以外の同居法定相続人はいないのであるから、❸に該当すると判断することは可能と私的見解ながら思われます。

❻ 文理解釈上難しいとしても、そのAが転勤という不可抗力に近い理由（会社から転勤を要求されていたが､父の介護のために断っていた。しかし四九日経過したときに、再度転勤を打診された場合には断り切れないと思われる。）により、申告期限までの居住継続要件を満たせなかったからといって卒業試験に不合格したことになると解釈するのはあまりにも「杓子定規」過ぎるのではなかろうか。

従兄弟が適用を受けられて子供が受けられないということは、法の趣旨からもおかしいと思います。

❼ 自分の意思で積極的に転勤した場合でも、従兄弟は救われて子供は救われないというのもおかしいです。

『老人ホーム等入所等後の元の家を建替え』

Q&A 8-2-3《事例1》老人ホーム等入所等後の元の家を甲が建替え

甲の相続人：子供A1名（甲が老人ホーム等に入所等する前は同居・入所等後は元の家に妻子と同居・申告期限まで保有を継続している。）

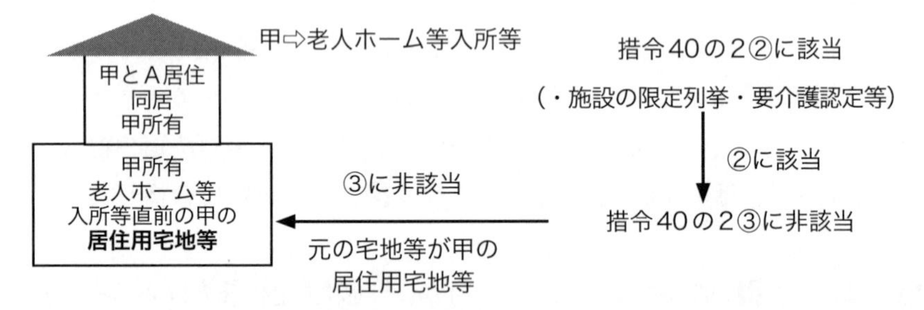

❶ 上記の事例とは異なるが「旧建物」のまま、その後甲に相続が開始した場合は元の宅地等が甲の居住用宅地等と判定され書類審査に合格したことになります。

❷ しかし、甲の正式な意思表示で「旧建物」を取り壊し、「新建物」を建替えして、その後甲に相続が開始した場合はどうなるのでしょうか。

これに関しては筆者の知る限り国税当局は正式見解を公表していないと思われます。

「当該建物」と規定しているから、建て替えたらだめという説があります。

3 しかし実務的には建物が古くなったり、耐震基準を満たしていなかった場合には建替えするのはごく自然な行為であり、甲が時々自宅に戻った場合のことを考えてバリアフリーにし、手すり等を設置することは十分考えられます。

4 ただし居住専用建物だったのを、賃貸併用建物などに建替えたりしたら判定は白から灰色に変化するものと思われます。

貴重な意見★★★

措置法69の4①では「被相続人等の居住の用に供されていた宅地等」と規定しているのみで有り「建物」には触れていない。しかし同法③二号イでは「当該親族が相続開始の直前において当該宅地等の上に存する当該被相続人の居住の用に供されていた一棟の建物（…）に居住していた者であって『相続開始時から申告期限まで引き続き』当該宅地等を有し、かつ、当該建物に居住していること。」と規定しているが、『　』部分が【当該宅地等を有し】までなのか【当該宅地等を有し、かつ、当該建物に居住していること。】まで係るのかという解釈です。

条文作成時には「建て替え」を想定してなかったのでは無いかと思います。5階（国税庁）に訊くと「建替えはだめ」とも「建て替えてもいい」とも答えない。

個人的にはいいと思いますが、国税庁は公式見解を出していません。

Q&A 8-2-4《事例2》老人ホーム等入所等後の元の家をAが建替え

前記**1**から**4**まで見解は同じです。

Q&A 8-2-5《事例3》甲の資金で建替えたが、甲の意思でないと判断された場合

甲の資金で建替えたが、甲の意思でないと判断された場合

❶　元の宅地等が甲の居住用宅地等と判定されるかどうかは微妙ですが私的見解ながら該当すると思われます。

❷　そしてその建築資金（建物の固定資産税評価額ではありません。）は甲からのAに対する貸付金・預託金又は贈与と判断されることになると思われます。

事例1から3に対する私的解釈

❶　措令40の2③「…被相続人等【生計一親族のみを指す】（被相続人と前項各号の【老人ホーム等に】入居又は入所の直前において生計を一にし【通常は同居していた留守家族】、かつ、同条第一項の建物【この場合は単に居住用建物のみを指し、建て替え前の、旧建物を指すとは読みにくい。】に引き続き居住している当該被相続人の親族を含む。）以外の者の居住の用とする。」

❷　上記の括弧書きは被相続人等（相続開始時生計一）のダブルスタンダード（二重基準）、つまり、相続開始時に生計を一にしていなくても「生計一親族」に含めるという、**このためだけの特例規定**と思われます。

❸　措令40の2③に該当しなければ、元の宅地等が甲の居住用宅地等（元の「旧建物」の敷地である宅地等とは規定していないと思われます。）と規定しているのみで、建て替えは該当するものと思われます。

※しかし、その家屋（条文は建物）を建て替えたら適用は困難と解説している方もおります（甲説）し、筆者と同じ意見の解説をしている方もおります（乙説）。

『申告期限までに一部未分割の場合の小規模宅地等特例の同意要件』

⑴　前提条件

①　相続人：A（家なき子）・B（家あり子）・C（家あり子）全員生計別

②　相続財産：X地（被相続人の居住用建物の敷地）

　　　　　　　Y地（被相続人の貸付駐車場の構築物の敷地）

Ｚ地（未利用地）

『未分割でもＺ地分に同意は不要』

③　**一部遺贈の遺言状あり（又は申告期限まで一部分割協議あり）**残りは未分割

⑵　**各種事例による同意要件の有無の図表**

Q&A 8-2-6　各種ケースによる同意要件の有無の図表

<table>
<tr><th rowspan="2"></th><th rowspan="2">相続物件</th><th>A</th><th>B・C</th><th colspan="2">Aが適用時の同意要件</th></tr>
<tr><th>（家なき子）</th><th>（家あり子）</th><th>～H22.3.31</th><th>H22.4.1～</th></tr>
<tr><td rowspan="3">事例1</td><td>Ｘ地／被相続人の居住用</td><td>分割</td><td>取得せず</td><td colspan="2" rowspan="3">ＡがＸ地に特定居住用宅地等の特例を適用する場合、BCの同意要件は必要（二人は未分割分のＹ地に対する潜在的特例適用権利があり）</td></tr>
<tr><td>Ｙ地／被相続人の貸付用</td><td>未分割／共有</td><td>未分割／共有</td></tr>
<tr><td>Ｚ地／未利用地</td><td></td><td></td></tr>
<tr><td rowspan="3">事例2</td><td>Ｘ地／被相続人の居住用</td><td>分割</td><td>取得せず</td><td colspan="2" rowspan="3">ＡがＸ地又はＹ地に小規模宅地等の特例を適用する場合、BCの同意要件は不必要（未分割分のＺ地には小規模宅地等の特例適用権利はなし）</td></tr>
<tr><td>Ｙ地／被相続人の貸付用</td><td>分割</td><td>取得せず</td></tr>
<tr><td>Ｚ地／未利用地</td><td>未分割／共有</td><td>未分割／共有</td></tr>
<tr><td rowspan="3">事例3</td><td>Ｘ地／被相続人の居住用</td><td>未分割／共有</td><td>未分割／共有</td><td rowspan="3">Ｙ地に小規模宅地等特例適用する場合、BCの同意要件は必要※1</td><td rowspan="3">同左の場合、BCの同意要件は不必要※2</td></tr>
<tr><td>Ｙ地／被相続人の貸付用</td><td>分割</td><td>取得せず</td></tr>
<tr><td>Ｚ地／未利用地</td><td></td><td></td></tr>
</table>

※1　平成22年3月31日までの相続等ではＸ地は『**特例対象宅地等。旧法69の4①**』に該当し、Ｘ地の一部でもＡ（家なき子）が取得すると、『特定居住用宅地等』となり、BC（家あり子）が残りを取得すると『特定居住用宅地等』の適用が可能だったのです。

つまり二人は未分割分のＸ地に対する潜在的特例適用権利があるから、ＡはBCの同意が必要だったのです。

（特例対象宅地等は書類審査の段階で判定していました。）

※2　しかし平成22年4月1日からの相続等ではＸ地はＡから見ると『**特例対象宅地等**（特定事業用宅地等、特定居住用宅地等、特定同族

会社事業用宅地等及び貸付事業用宅地等に限る。）新法69の4①』の「**特定居住用宅地等**」に該当する可能性がありますが、BCが取得しても『特定居住用宅地等』に該当する可能性はない（B・Cは家あり子のため）B・Cの同意要件はありません。

（**特例対象宅地等を卒業試験の段階で判定すると変更しました。**）

以上の関係を下記に条文比較しました。

～平成22年3月31日まで	現行／平成22年4月1日～
措法69の4① …政令で定めるもの（ 以下この条において「**特例対象宅地等**」という。） …	措法69の4① …政令で定めるもの（**特定事業用宅地等、特定居住用宅地等、特定同族会社事業用宅地等及び貸付事業用宅地等に限る。**以下この条において「**特例対象宅地等**」という。） …
措令40の2③ 法第六十九条の四第一項に規定する個人が相続又は遺贈により取得した法第六十九条の四第一項に規定する特例対象宅地等（以下この項及び第十二項において「**特例対象宅地等**」という。） 三　当該**特例対象宅地等**又は…を取得したすべての個人の第一号の選択についての同意を証する書類	**措令40の2⑤** 法第六十九条の四第一項に規定する個人が相続又は遺贈により取得した 同項に規定する特例対象宅地等（以下この項及び第十七項において「**特例対象宅地等**」という。） 三　当該**特例対象宅地等**又は…を取得した全ての個人の第一号の選択についての同意を証する書類

上記の他「遺留分の減殺請求があった場合の①減殺請求されたものの同意要件の問題・②減殺請求した者の同意要件の問題」など実務の難問事例は多々あります。（遺留分の減殺請求は2019.6.30までの相続等の場合であり、2019.7.1からは遺留分の侵害額請求となり、上記の問題は発生しません。）

『相続税の申告期限までに自宅の庭先を譲渡（又は貸付）した場合』

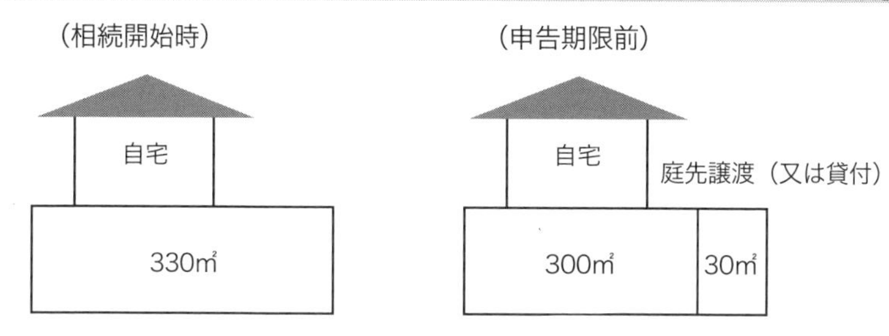

（申告期限までに宅地等の一部の譲渡又は貸付けがあった場合）措通69の4-18

措置法第69条の4第3項第1号【特定事業用宅地等】イ又はロの要件の判定については、被相続人等の事業用宅地等の一部が同号イ又はロの申告期限までに譲渡され、又は他に貸し付けられ、同号の親族（同号イの場合にあっては、その親族の相続人を含む。）の同号イ又はロに規定する事業の用に供されなくなったときであっても、当該譲渡され、又は貸し付けられた宅地等の部分以外の宅地等の部分については、当該親族について同号イ又はロの要件を満たす限り、同号に規定する特定事業用宅地等に当たるものとして取り扱う。【みなす的表現】

（注）措置法第69条の4第3項第3号【特定同族会社事業用宅地等】の要件の判定については、上記に準じて取り扱う。

【2号の特定居住用宅地等及び4号の貸付事業用宅地等には言及していない。】

【平成6年に措通69の3-15に規定され、現在は措通69の4-18であるが内容の変更は一切ない】

『税務相談事例集』（一財）大蔵財務協会（東京国税局編）平成11年版344頁～345頁（この書籍は2年に1回出版され平成29年版で絶版となっています。）

Q 本年2月に父が死亡しました。相続人は母、私及び妹の3人で、両親と私の家族は同居していました。【原文を多少変更しています。以

下同じ。】

父の遺産の自宅とその敷地は私が相続ということで遺産分割協議が調いました。

しかし、私の都合で、相続した自宅の敷地（330㎡）のうち庭先の一部（30㎡）を相続税の申告期限前に譲渡することになりました。

この場合、私は、小規模宅地等の特例の適用を受けることができるでしょうか。

A 特定事業用宅地等に関する特例的な取扱いとして、譲渡等をされた宅地等以外の宅地等については、他の要件を満たせば特定事業用宅地等に該当することとされています。【上記通達】

しかしながら、特定居住用宅地等については、このような取扱いはありませんので、特定居住用宅地等に該当するためには、被相続人が相続開始の直前において、居住の用に供していた家屋の敷地であるその宅地等の全部を申告期限まで引き続き所有し、かつ、その家屋に居住していることが必要になります。

ご質問の場合には、相続した宅地等の全部を申告期限まで所有し続けておらず、したがって居住の用にも供していませんから、特定居住用宅地等の要件を満たさないこととなります。【誤った回答です。】

Q&A 8-2-7 平成06.1.1～22.3.31

【平成06.1.1～22.3.31、居住用は全部概念・事業用は部分概念・貸付事業は継続非要求】

平成11年版344頁⇨一部30㎡でも売却したら、全部330㎡適用不可と回答。【誤った回答です。】

しかし平成13年版357頁で回答を変更（おそらく権威ある筋から指摘を受けたのでしょう）⇨一部30㎡売却しても、居住可能なので330㎡全部に適用可と回答（居住用は全部概念で考えるのが正しい）。下記の版でも同一解説

平成15年版358頁・平成17年版377頁・平成19年版388頁・平成

21年版390頁

Q&A 8-2-8　平成22.4.1 ～現行

【平成22.4.1 ～事業用も居住用も貸付事業用も部分概念に統一】

平成23年版405頁⇨OKと回答（一部30㎡売却しても、居住可能なので残地300㎡適用可)。下記の版でも同一解説

平成25年版401頁・平成27年版394頁・平成29年版384頁

【この書籍は残念ながら諸般の事情によりそれ以降は出版されていません。】

国税庁　資産課税課情報第17号2020（令和2）年7月7日　事例1-10でも同一解説

Q&A 8-2-9　被相続人の配偶者が取得した場合

※ちなみに母（被相続人の配偶者）が取得した場合は申告期限までに全部譲渡又は貸し付けても330㎡全部適用可能です。

通達を誤解のないように変更すべきではないでしょうか。

注意書きで、措置法第69条の4第3項第2号【特定居住用宅地等】と、同法第3項第4号【貸付事業用宅地等】についても言及すべきではないでしょうか。

小規模宅地等の特例における居住＆保有継続要件の検証

2017.03／尾崎三郎先生からのメール

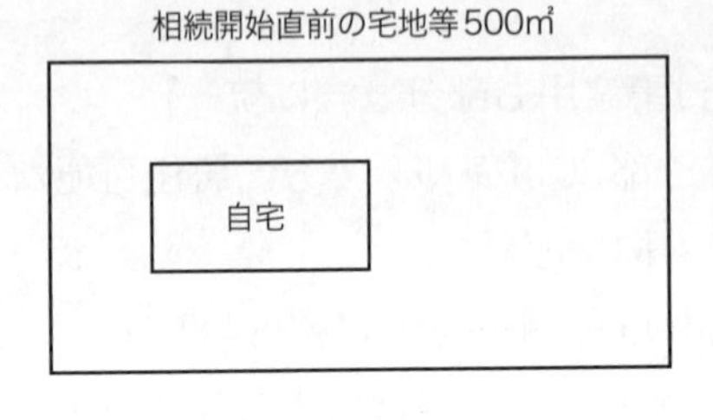

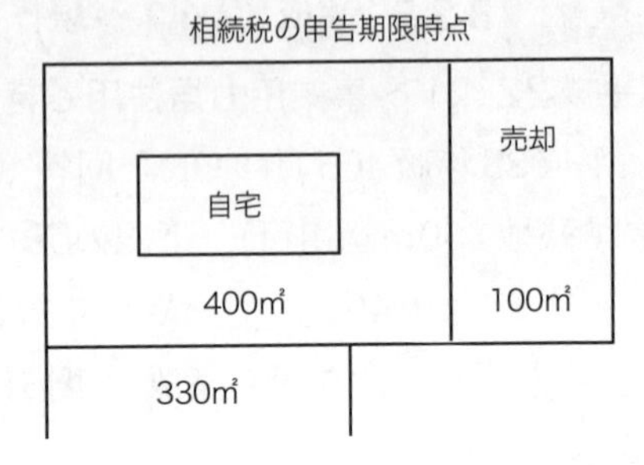

特定居住用宅地等の保有継続の要件について

(1)　相続の開始の直前において被相続人の居住の用に供されていた宅地等を同居相続人が相続等により取得した場合において、その自宅の敷地が、例えば、500㎡あったので、その自宅敷地のうち庭の部分である100㎡を相続税の納付資金に充てるために申告期限までに譲渡したときは、保有継続の要件を充足しないとして、残りの400㎡のうちの330㎡について特定居住用宅地等として選択することができるかどうかについて検討する。

(2)　ある見解として、「租税特別措置法（相続税法の特例関係）の取扱いについて」通達69の4−18（申告期限までに宅地等の一部の譲渡又は貸付けがあった場合）は、特定事業用宅地等に限って、譲渡又は貸し付けられた宅地等の部分以外の宅地等の部分については、その宅地等を取得した親族について租税特別措置法第69条の4第3項第1号イ又はロの要件を満たす限り、同号に規定する特定事業用宅地等に当たるものとして取り扱うこととされているから、この取扱いは特定事業用宅地等に限ってのもので、特定居住用宅地等の場合は、500㎡のすべてについて申告期限までの保有継続の要件があり、その一部を申告期限までに譲渡した場合は、保有継続の要件が充足されないとして残りの部分について特定居住用宅地等についての特例は受けられないものとしている。

(3)　同通達は、特に事業承継の要件として、その宅地等の上で営まれていた被相続人の事業を引き継ぎ、申告期限まで引き続き当該宅地等を有し、かつ、当該事業を営んでいることの解釈として、被相続人の事業用宅地等の一部が譲渡された場合は、その宅地等の上で営んでいた被相続人の事業を引き継いだことにはならないのではないかとも解される【措通の逐条解説】ことから定められたものであり、特定居住用宅地等の要件を規定している同条第3項第2号イは、被相続人の居住の用に供されていた建物に居住していた者であって、申告期限まで引き続き当該宅地等を有し、かつ、当該建物に居住していること、とされていることから、特定事業用宅地等の要件の一つである「被相続人の事業を引き継ぎ」に相当する「被相続人の居住を引継ぎ」という要件は規定されていないので、通達は特定事業用宅地等の場合だけ規定したもので、特定居住用宅地等の場合は通達がなくても法令解釈により、当該宅地の上にある建物に居住していれば、残りの部分のうち330㎡部分は、特定居住用宅地等として選択することができる。

(参考) 伊藤義一先生の本から抜粋（TKC出版『税法の読み方　判例の見方』）

解説や通達は、すべてのケースを網羅しているわけではない。

解説には、解説者が書きたいこと、あるいは自信を持って書けることだけが書かれています。少しでも疑問があれば、解説者はその部分には触れませんし、また、解説者が思い至らなかったことは書かれていません。

これは、自分で何らかの文章を書いてみれば、思い当たることです。

仮に、あなたが何らかの解説文を執筆するとしましょう。その際、この点は内容的にすこし怪しいとか危ないとか思ったことは、当然、書かないでしょう。

また、そのときに頭に浮かばなかった問題には、当然、触れることはないわけです。

つまり、解説に書かれていることを金科玉条（絶対的なよりどころとして守るべき規則や法律のこと）と思い込んではいけないということです。

通達も、一種の解説です。法令解釈通達は、国税庁長官が税法を自分なりに解釈したことを同庁の職員に周知させようとするものです。

もち論、それなりに権威のある解釈です。しかし当然、通達においても、国税庁が言いたいことだけしか書かれていないし、また、問題があると考えれば触れないし、通達の執筆者が思い至らなかったことは書かれていません。【法令で解釈できる場合は通達は書かない。】

Q&A 8-2-10 甲の相続開始時に外国の家屋に居住していた日本国籍のある者が家なき子に該当するか否かの検討

1 措法69の4第3項第2号ロ

当該親族（当該被相続人の居住の用に供されていた宅地等を取得した者であって財務省令で定めるものに限る。）が次に掲げる要件の全てを満たすこと（当該被相続人の配偶者又は相続開始の直前において当該被相続人の居住の用に供されていた家屋に居住していた親族で政令で定める者【同居法定相続人】がいない場合に限る。）。

2 同上(1)

相続開始前三年以内に相続税法の施行地内【日本国内を指し当分の間北方領土（歯舞群島、色丹島、国後島及び択捉島）は除きます。以下同じ。】にある当該親族、当該親族の配偶者、当該親族の３親等内の親族又は当該親族と特別な関係がある法人として政令で定める法人が所有する家屋（相続開始の直前において当該被相続人の居住の用に供されていた家屋を除く。）に居住したことがないこと。

3 同上(2)

当該被相続人の相続開始時に当該親族が居住している家屋を相続開始前のいずれの時においても所有していたことがないこと。

4 同上(3)相続開始時から申告期限まで引き続き当該宅地等を有していること。この規定は難しくないので省略します。

2と**3**の規定が大変複雑で有り、解釈が混乱していますので私的見解を述べさせていただきます。

上記の関係を図解すると下記のようになります。

1　措置法69の4③二号ロ(1)

	相続開始前3年以内に国内にある、下記の者の家屋に居住したことがないこと			
×	取得者	配偶者	3親等内の親族（血族・姻族問わない）	一定の同族法人
○	**例外**(1)括弧書き　相続開始の直前において当該被相続人の居住の用に供されていた家屋を除く。			
◎	同上　被相続人等の居住の用に供されていた宅地等の範囲			←措通69の4-7

2　措置法69の4③二号ロ(2)

	相続開始時に、宅地等を取得した者が、居住している家屋（通説　国内・国外問わない）を相続開始前のいずれの時においても所有していたことがないこと。（していたこと**3**参照　私的見解。根拠　**4**改正税法の全て）			
×	取得者	~~配偶者~~	~~3親等内の親族（血族・姻族問わない）~~	~~一定の同族法人~~

※『所有していたこと』と条文は規定しているのに『したこと』と誤解している方が見受けられます。

3　私的見解ながら甲の相続開始時は所有していないが、過去（3年以内という制限はなくエンドレスです。）に所有していた場合のみを指し、相続開始時に所有していた場合は含まないと思われます。

4　『改正税法のすべて　平成30年版』641～642頁より

上記**1**(1)と**2**(2)は要件として重複している部分がありますが、これは、上記(1)の要件だけでは規定されている者に類似する者が相続した場合（【被相続人に相続が開始する前に】家屋を親族等以外の関係者に譲渡する場合等）には対応できず、逆に上記(2)の要件だけでは孫に遺贈するような場合には対応できないことから、両方の要件が定められているものです。

事例１　被相続人甲は自己が所有する土地、建物（Aの所有）に１人で居住していました。配偶者乙は既に死亡しています。

この土地等を相続等したのは長男Aですが、A（日本国籍あり）は５年前からアメリカにあるA所有の家屋に居住し、１年前に他人に譲渡しましたが、甲の相続開始時に相変わらずその家屋に居住していました。

家なき子に該当するのは、２つの要件に該当した場合のみです。

❶(1)　日本国内にある家屋に該当しないから一つ目の要件に該当

❷(2)　過去所有家屋に甲の相続開始時に居住してるから２つ目の要件に非該当

事例２　被相続人甲は自己が所有する土地、建物（Aの所有）に１人で居住していました。配偶者乙は既に死亡しています。

この土地等を相続等したのは長男Aですが、A（日本国籍あり）は５年前からアメリカにあるA所有の家屋に居住し、甲の相続開始時にも相変わらずその家屋に居住していました。

❶(1)　日本国内にある家屋に該当しないから一つ目の要件に該当

❷(2)　過去所有家屋に甲の相続開始時に居住してるから２つ目の要件に非該当

と思っている方（甲説）が見受けれますが、相続開始時も所有していますから、文理解釈上は該当する（乙説）と考えます。

つまり家なき子に該当するということです。

上記　事例２の検証のために

事例３　被相続人甲は自己が所有する土地、建物（Aの所有）にAと２人で居住していました。配偶者乙は既に死亡しています。

この土地を相続したのは長男Aですが、Aは甲が死亡した後２か月以内に会社から転勤を命じられ、申告期限時点には宅地を保有はしていましたが、居住要件は満たしてはいません。

(子供が家を建替えて相続開始時まで同居していた事例。事例が多いと推察)

この場合、申告期限まで居住していれば措法69の4③二号イに該当しますが、

申告期限時点で居住していないので、別の根拠条文に当てはまるか検討します。

1　措法69の4第3項第2号ロ（家なき子の条文）

2　同上(1)

相続開始前三年以内に相続税法の施行地内にある当該親族、当該親族の配偶者、当該親族の3親等内の親族又は当該親族と特別な関係がある法人として政令で定める法人が所有する家屋（相続開始の直前において当該被相続人の居住の用に供されていた家屋を除く。）に居住したことがないこと。

3　同上(2)

当該被相続人の相続開始時に当該親族が居住している家屋を相続開始前のいずれの時においても所有していたことがないこと。

❶　上記**2**の括弧書きに該当し、家なき子に該当しない規定から除く規定（家なき子に該当）に該当します。

❷　しかし上記**3**の所有要件を過去のみならず相続開始時現在まで解釈すると、非該当となり、一つでも非該当ならば、家なき子の特例は適用できません。

2の括弧の中の救済規定が打ち消されることになります。

❸　しかし、所有要件を過去のみに解釈すると、2つの要件をクリアします。

❹　外国にあるか否かに拘わらず、所有要件を過去のみに解釈すると考えます。

※親の家が古くなったから子供が建て替えてあげて、相続開始まで同居し、その後会社等の都合で申告期限時点では居住していなかった（③二号イ非該当）からといって、土地は甲の所有、家屋はAの所有（甲の相続開始時点で甲が居住していた家屋）は、これ全体で一つの居住

用不動産であり、別の場所にAが所有していた訳ではないので、家なき子で救うべきであります。

Q&A 8-2-11 コラム8 更正の請求と小規模宅地等の特例の解説

貴重な意見★★★

後発的事由が生じた場合の更正の請求の期限

❶ 相法32第1項一号～九号（八号を除く） ⇨4か月

❷ 措法69の4（法①⑤➡令㉖➡相法32） ⇨4か月

❸ 相法19の2③（相法32①八・相基通32−2）⇨4か月と5年どちらか長い方

※相法32第1項八号からは一号を除くと規定しています。

(1) 結論として、相続税法32条列挙の事由（(2)参照）については、通則法23条1項の規定の適用はありません。相続税法32条列挙の事由は、通則法23条の「申告書に記載した税額等の計算が法律の規定に従っていなかったこと又はその計算に誤りがあったこと」に該当しないからです。

相続税法32条列挙の事由は、そもそも当初の申告は間違いでも何でもないのですから、仮にそのような事由が発生したとしても、相続人全員が更正の請求や修正申告をせずに済ますと合意すればそれでよいのであり、税務署長は、積極的に増額更正・減額更正をすることはありません。

ということは、逆に、早期に発生した場合の相続税法32条の更正の請求期限を徒過すれば、まだ「通則法の5年がある」ということにならないということです。

(2) この点、相続税法19条の2の規定は、3年以内等の分割への適用を認めているので、その適用があれば、当初の申告が間違いであったということになり、その場合には、通則法23条の通常の場合の更正の請求5年も適用できるということになります（相基通32−2）。

コラム16　全部概念と部分概念

相続税の申告期限までに**宅地等の一部を譲渡又は貸付（譲渡等）した場合**
※網掛け部分が適用を受けられます。

（平成22年3月31日までの相続）
居住Bは全部概念・事業Aは部分概念

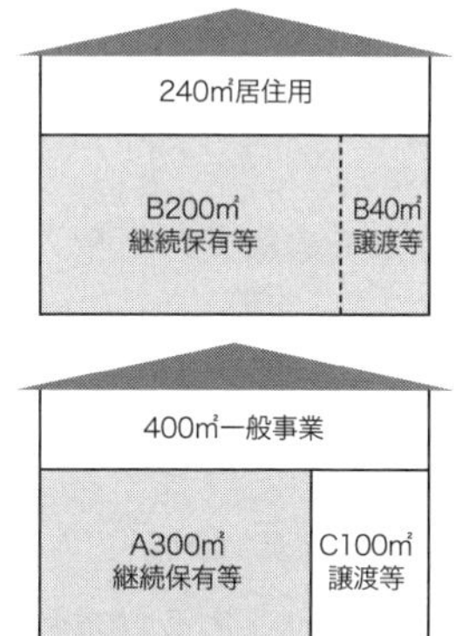

貸付事業用宅地等は申告期限までに、宅地等の一部を譲渡又は貸付以外の用（譲渡等）にしても、C200㎡50%減額できました。つまり全部概念も部分概念も関係ありませんでした。

（平成22年4月1日からの相続）
すべて部分概念

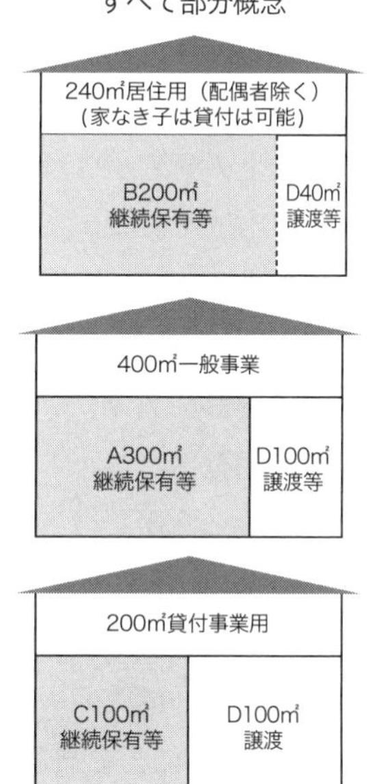

平成22年3月31日までの特定居住用宅地等は、旧措令40の2②後段括弧書きと⑥の合わせ読みで、②でDからCに格上げし、⑥で更にBに格上げしていました（全部概念）ので、宅地等の一部を譲渡又は他に転用しても、残りを継続保有等していれば、譲渡等分も特定居住用宅地等に該当したが、平成22年4月1日からは、他の規定と同様に部分概念に改正されたため、譲渡等分はD（小規模宅地等の特例対象外）になりました（貸付事業用も同じ）。

（注）400㎡の居住用宅地等の内庭先100㎡分を譲渡しても残地に特例適用可

※措通69の4–18（申告期限までに宅地等の一部の譲渡又は貸付けがあった場合）ではなぜか措法69の4③の一号（特定事業用宅地等）と三号（特定同族会社事業用宅地等）にしか言及してないが、当然に二号（特定居住用宅地等）「配偶者には適用されます。家なき子は譲渡した場合は適用されませんがそれ以外（貸付等）は適用されます。」と四号（貸付事業用宅地等）にも、申告期限迄に譲渡等した分は適用できないと文理解釈上されます。

コラム17　するものとする

伊藤義一著『税法の読み方　判例の見方』からの引用です。

⑴　三つの用法

「するものとする」は、大きく分けて、

①　原則の宣言

②　解釈の明確化

③　法文上の語感から付されるもの

の3通りの用法があるが、①の用法の場合は、その条文の名宛人が行政庁か、納税者かによって、若干解釈が異なる。

①　原則の宣言（省略）

②　解釈の明確化

次に、この法令用語は、解釈上の疑義が予想されるような場合に、紛れを避けるため、その関係を明確にするような意味でも用いられる。

例えば、「（納税地指定の処分の取消しがあった場合について）処分の取消しは、…申告（等）……の効力に影響を及ぼさないものとする。」（所得税法19条）の如きである。

③　法文上の語感

さらに、この法令用語は、法文上の語感から付されることがあるが、その場合には、「ものとする」があってもなくてもその意味が変わらない。

例えば、「国税の徴収権の時効については、……その利益を放棄することができないものとする。」（国税通則法72条2項）の如きであり、これには、場合により例外を認めるというような趣旨はない。

なお、「するものとする」が、慣用的に用いられている場合としては、例えば、準用の場合の読替規定がある。ここでは、「読み替える」といい切らないで、法文上「読み替えるものとする」と表現する慣行がある。

第9章

添付書類等編

申告期限後３年以内の分割見込書

通信日付印の年月日	（確　認）		番　号
年　月　日			

被相続人の氏名 ＿＿＿＿＿＿＿＿＿＿

申告期限後３年以内の分割見込書

相続税の申告書「第11表（相続税がかかる財産の明細書）」に記載されている財産のうち、まだ分割されていない財産については、申告書の提出期限後３年以内に分割する見込みです。

なお、分割されていない理由及び分割の見込みの詳細は、次のとおりです。

1　分割されていない理由

2　分割の見込みの詳細

3　適用を受けようとする特例等

⑴　配偶者に対する相続税額の軽減（相続税法第19条の２第１項）

⑵　小規模宅地等についての相続税の課税価格の計算の特例（租税特別措置法第69条の４第１項）

⑶　特定計画山林についての相続税の課税価格の計算の特例（租税特別措置法第69条の５第１項）

⑷　特定事業用資産についての相続税の課税価格の計算の特例（所得税法等の一部を改正する法律（平成21年法律第13号）による改正前の租税特別措置法第69条の５第１項）

（資4−21−A4統一）

（裏）

記載方法等

この書類は、相続税の申告書の提出期限までに相続又は遺贈により取得した財産の全部又は一部が分割されていない場合において、その分割されていない財産を申告書の提出期限から３年以内に分割し、①相続税法第19条の２の規定による配偶者に対する相続税額の軽減、②租税特別措置法第69条の４の規定による小規模宅地等についての相続税の課税価格の計算の特例又は③租税特別措置法第69条の５の規定による特定計画山林についての相続税の課税価格の計算の特例、④所得税法等の一部を改正する法律（平成21年法律第13号）による改正前の租税特別措置法第69条の5の規定による特定事業用資産についての相続税の課税価格の計算の特例の適用を受けようとする場合に使用してください。

1　この書類は、相続税の申告書に添付してください。

2　「1　分割されていない理由」欄及び「2　分割の見込みの詳細」欄には、相続税の申告期限までに財産が分割されていない理由及び分割の見込みの詳細を記載してください。

3　「3　適用を受けようとする特例等」欄は、該当する番号にすべてに○を付してください。

4　遺産が分割された結果、納めすぎの税金が生じた場合には、分割の日の翌日から4か月以内に更正の請求をして、納めすぎの税金の還付を受けることができます。また、納付した税金に不足が生じた場合には、修正申告書を提出することができます。

5　申告書の提出期限から３年以内に遺産が分割できない場合には、「遺産が未分割であることについてやむを得ない事由がある旨の承認申請書」をその提出期限後３年を経過する日の翌日から２か月以内に相続税の申告書を提出した税務署長に対して提出する必要があります。

　この承認申請書の提出が期間内になかった場合には、相続税法第19条の２の規定による配偶者に対する相続税額の軽減、租税特別措置法第69条の４の規定による小規模宅地等についての相続税の課税価格の計算の特例、租税特別措置法第69条の5の規定による特定計画山林についての相続税の課税価格の計算の特例及び所得税法等の一部を改正する法律による改正前の租税特別措置法第69条の5の規定による特定事業用資産についての相続税の課税価格の計算の特例の適用を受けることはできません。

遺産が未分割であることについてやむを得ない事由がある旨の承認申請書

税務署
受付印

遺産が未分割であることについてやむを得ない事由がある旨の承認申請書

＿＿年＿＿月＿＿日提出

※欄は記入しないでください。

〒
住所
(居所)＿＿＿＿＿＿＿＿

＿＿＿＿＿＿税務署長

申請者　氏名＿＿＿＿＿＿＿＿

(電話番号　　－　　－　　)

遺産の分割後、
- 配偶者に対する相続税額の軽減（相続税法第19条の２第１項）
- 小規模宅地等についての相続税の課税価格の計算の特例（租税特別措置法第69条の４第１項）
- 特定計画山林についての相続税の課税価格の計算の特例（租税特別措置法第69条の５第１項）
- 特定事業用資産についての相続税の課税価格の計算の特例（所得税法等の一部を改正する法律（平成21年法律第13号）による改正前の租税特別措置法第69条の５第１項）

の適用を受けたいので、

遺産が未分割であることについて、
- 相続税法施行令第４条の２第２項
- 租税特別措置法施行令第40条の２第23項又は第25項
- 租税特別措置法施行令第40条の２の２第８項又は第11項
- 租税特別措置法施行令等の一部を改正する政令（平成21年政令第108号）による改正前の租税特別措置法施行令第40条の２の２第19項又は第22項

に規定する

やむを得ない事由がある旨の承認申請をいたします。

1　被相続人の住所・氏名

住　所＿＿＿＿＿＿＿＿＿＿＿＿　氏　名＿＿＿＿＿＿＿＿

2　被相続人の相続開始の日　平成/令和＿＿年＿＿月＿＿日

3　相続税の申告書を提出した日　平成/令和＿＿年＿＿月＿＿日

4　遺産が未分割であることについてのやむを得ない理由

（注）やむを得ない事由に応じてこの申請書に添付すべき書類
① 相続又は遺贈に関し訴えの提起がなされていることを証する書類
② 相続又は遺贈に関し和解、調停又は審判の申立てがされていることを証する書類
③ 相続又は遺贈に関し遺産分割の禁止、相続の承認若しくは放棄の期間が伸長されていることを証する書類
④ ①から③までの書類以外の書類で財産の分割がされなかった場合におけるその事情の明細を記載した書類

○ 相続人等申請者の住所・氏名等

住　所　（　居　所　）	氏　　名	続　柄

○ 相続人等の代表者の指定　　代表者の氏名＿＿＿＿＿＿＿＿

関与税理士		電話番号	

※	通信日付印の年月日	(確認)	名簿番号
	年　月　日		

(資４－22－１－Ａ４統一)　(令3.3)

遺産が未分割であることについてやむを得ない事由がある旨の承認申請書（裏）

記載方法等

この承認申請書は、相続税の申告書の提出期限後３年を経過する日までに、相続又は遺贈により取得した財産の全部又は一部が相続又は遺贈に関する訴えの提起などのやむを得ない事由により分割されていない場合において、その遺産の分割後に①相続税法第19条の２の規定による配偶者に対する相続税額の軽減、②租税特別措置法第69条の４の規定による小規模宅地等についての相続税の課税価格の計算の特例、③租税特別措置法第69条の５の規定による特定計画山林についての相続税の課税価格の計算の特例又は④所得税法等の一部を改正する法律（平成21年法律第13号）による改正前の租税特別措置法第69条の５の規定による特定事業用資産についての相続税の課税価格の計算の特例の適用を受けるために税務署長の承認を受けようとするとき、次により使用してください。

なお、小規模宅地等についての相続税の課税価格の計算の特例、特定計画山林についての相続税の課税価格の計算の特例又は特定事業用資産についての相続税の課税価格の計算の特例の適用を受けるためにこの申請書を提出する場合において、その特例の適用を受ける相続人等が２人以上のときは各相続人等が「○相続人等申請者の住所・氏名」欄に連署し申請してください。ただし、他の相続人等と共同して提出することができない場合は、各相続人等が別々に申請書を提出することもできます。

1　この承認申請書は、遺産分割後に配偶者に対する相続税額の軽減、小規模宅地等についての相続税の課税価格の計算の特例、特定計画山林についての相続税の課税価格の計算の特例又は特定事業用資産についての相続税の課税価格の計算の特例の適用を受けようとする人が納税地（被相続人の相続開始時の住所地）を所轄する税務署長に対して、**申告期限後３年を経過する日の翌日から２か月を経過する日までに提出**してください。

　このため、提出先の「＿＿＿＿＿税務署長」の空欄には、申請者の住所地（居所）地を所轄する税務署名ではなく、被相続人の相続開始時の住所地を所轄する税務署名を記載してください。

　なお、この承認申請書は、適用を受けようとする特例の種類（配偶者に対する相続税額の軽減・小規模宅地等についての相続税の課税価格の計算の特例・特定計画山林についての相続税の課税価格の計算の特例・特定事業用資産についての相続税の課税価格の計算の特例）ごとに提出してください。このとき｛　｝内の該当しない特例の文言及び条項を二重線で抹消してください。

2　「4　遺産が未分割であることについてのやむを得ない理由」欄には、遺産が分割できないやむを得ない理由を具体的に記載してください。

3　「(注) やむを得ない事由に応じてこの申請書に添付すべき書類」欄は、遺産が分割できないやむを得ない事由に応じて該当する番号を○で囲んで表示するとともに、その書類の写し等を添付してください。

株式等保有証明書（措規23の2⑧四ハ）

	被相続人等である株主等の住所	被相続人等株主等氏名	被相続人との続柄	株数 口数 又は	出資金額等
❶			本人		
❷					
❸					
❹					
❺					
❻					
⑩	被相続人等の保有株式等合計　❶～合計				
⑳	⑩以外の株主等の保有株式等合計（株主等名省略）				
㉚	当社の発行済株式総数又は出資金額⑩＋⑳＝				
㊵	⑩÷㉚＝　・％→50％超→同族法人				

被相続人（　　　　　　）の相続開始（西暦　　年　月　日）直前における、当社の発行済株式総数又は出資金額、及び被相続人等が保有する当社の株式総数又は出資金額の合計額は、上記の通りであることを証明します。

（注）この表でいう被相続人等とは、被相続人及び当該被相続人の親族その他当該被相続人と特別の関係がある一定の者をいいます「措法69の4③三・措令40の2⑯」。

役員証明書等（措規23の2⑤）

1 当社が相続開始前から不動産貸付業等以外の、一般事業の用に供している被相続人の宅地等の面積（裏面参照）を、相続又は遺贈により取得した被相続人の親族（　　　　）は、この証明書を発行する時点で、当社の法人税法第2条第十五号に規定する役員（　　）であることを証明します。

2 相続税の申告期限まで（西暦　　年　月　日）、継続して同上役員の予定です。

3 同上期限まで、継続して上記宅地等・建物等を当社の事業の用に供する予定です。

（注）添付書類　❶役員名簿又は全部事項証明書等　❷株主（出資者）名簿等

以上

〜〜〜〜〜〜〜〜〜〜〜〜〜〜〜〜〜〜〜〜〜〜〜〜〜〜〜〜〜〜

西暦　　年　月　日

住　所＿＿＿＿＿＿＿＿＿＿＿＿＿＿＿

商　号＿＿＿＿＿＿＿＿＿＿＿＿

代　表＿＿＿＿＿＿＿＿＿＿＿＿印

特定同族会社事業用宅地等の面積算定表（措法69の4③三）

（根拠本　（一財）大蔵財務協会　平成18年版　東京国税局資産税課長『小規模宅地等の特例』189頁）

按分基準根拠証明書

前期売上高等	❶売上高	❷按分割合	❸全敷地㎡	❹按分敷地	小規模宅地等特例
不動産貸付業等分			地番		貸付事業用宅地等
上記以外の事業分					特定同族会社事業
合　計			㎡		

建物の利用状況	❶床面積等	❷按分割合	❸全敷地㎡	❹按分敷地	小規模宅地等特例
不動産貸付業等分	㎡		地番		貸付事業用宅地等
上記以外の事業分	㎡				特定同族会社事業
合　計	㎡		㎡		

従業員の従事状況	❶従業員数	❷按分割合	❸全敷地㎡	❹按分敷地	小規模宅地等特例
不動産貸付業等分	名		地番		貸付事業用宅地等
上記以外の事業分	名				特定同族会社事業
合　計	名		㎡		

被相続人（　　　　　　）の相続開始（西暦　　年　月　日）直前（期）における、当社の⑴前期売上高　⑵建物の利用状況　⑶従業員の従事状況　⑷他　は、上記の通りであることを証明します。

（注）　添付書類　❶前期決算書　❷建物の利用状況説明書

❸従業員の従事状況説明書

以上

西暦　　年　月　日

住　所

商　号

代　表　　　　　　　　　　印

被相続人等の事業用の面積算定表　(措法69の4③一＆四)

(例　1階を駐車場業、2階を太陽光パネルによる売電事業使用)

(根拠本　(一財) 大蔵財務協会　平成18年版　東京国税局資産税課長『小規模宅地等の特例』189頁)

按分基準根拠証明書

前期売上高等	❶売上高	❷按分割合	❸全敷地㎡	❹按分敷地	小規模宅地等特例
不動産貸付業等分			地番		貸付事業用宅地等
上記以外の事業分					特定事業用宅地等
合　計			㎡		

建物の利用状況(記入例)	❶床面積等	❷按分割合	❸全敷地㎡	❹按分敷地	小規模宅地等特例
不動産貸付業等分	100㎡	62.5%	地番	187.5㎡	貸付事業用宅地等
上記以外の事業分	60㎡	37.5%		112.5㎡	特定事業用宅地等
合　計	160㎡	100%	300㎡	300㎡	

従業員の従事状況	❶従業員数	❷按分割合	❸全敷地㎡	❹按分敷地	小規模宅地等特例
不動産貸付業等分	名		地番		貸付事業用宅地等
上記以外の事業分	名				特定事業用宅地等
合　計			㎡		

被相続人等(　　　　　　)の相続開始(西暦　　年　　月　　日)直前(期)における、(1)前期売上高　(2)建物（又は土地）の利用状況　(3)従業員の従事状況　(4)他　は、上記の通りであることを証明します。

(注)　添付書類　❶前期決算書　❷土地の利用状況説明書

❸従業員の従事状況説明書

以上

西暦　　年　月　日

住　所＿＿＿＿＿＿＿＿＿＿＿＿

相続人等代表＿＿＿＿＿＿＿＿＿＿印

第10章

（巻末）

法令・通達編

2022年4月1日以降の相続又は遺贈用の法令等です。

【ふとかっこ】は筆者が便宜上挿入したものであります（以下同じ)。
①②の数字は項を表しています。平方メートルは㎡に変換しています。
下記の文言は以下のように変換しています。
なつた➡なった　かつた➡かった　あつた➡あった　あつて➡あって
もつて➡もって　よつて➡よって　行つて➡行って　従つて➡従って

租税特別措置法（抄）第69条の4

（昭和32.3.31法律26号）（施行日　2022年5月1日）

① 個人【相法第66条（人格のない社団又は財団等に対する課税）及び相法第66条の2（特定の一般社団法人等に対する課税）の個人とみなす規定は適用されません。】が相続又は遺贈【みなし遺贈は含まない。】【措法69条の2で、「(贈与をした者の死亡により効力を生ずる贈与を含む。以下70条の8の2までにおいて同じ。)」とあります。】により取得した財産のうちに、当該相続の開始の直前において、当該相続若しくは遺贈に係る被相続人又は当該被相続人と生計を一にしていた当該被相続人の親族（第三項において「被相続人等」という。）の事業（事業に準ずるものとして政令【措令40条の2①】で定めるものを含む。同項【第三項】において同じ。）の用又は居住の用（居住の用に供することができない事由【理由ではなく事由】として政令【措令40条の2②】で定める事由により相続の開始の直前において当該被相続人【被相続人等ではないことに留意】の居住の用に供されていなかった場合（政令【措令40条の2③】で定める用途に供されている場合を除く。）における当該事由により居住の用に供されなくなる直前の当該被相続人の居住の用を含む【老人ホーム等に入所等直前の元の居住用宅地等に相続開始まで居住していたと税務上認めたようなもの（みなし居住だから、みなし同居又はみなし拡大同居に該当する場合あり)。時間が停止状態】。同項【第三項】第二号【特定居住用宅地等】において同じ。）に供されていた宅地等（土地又は土地の上に存する権利をいう【宅地等の定義①】。同項【第三項】及び次条第五項において同じ。）で財務省令【措規23条の2①】で定める建物又は構築物の敷地の用に供されているもののうち政令【措令40条の2④】で定めるもの（特定事業用宅地等、特定居住用宅地等、特定同族会社事業用宅地等及び貸付事業用宅地等に限る。以下この条において「特例対象宅地等【宅地等の定義②】」という。）がある場合には、当該相続又は遺贈により財産を取得した者に係る全ての特例対象宅地等のうち、当該個人が取得をした特例対象宅地等又はその一部でこの項の規定の適用を受けるものとして政令【措令40条の2⑤】で定めるところにより選

択をしたもの（以下この項及び次項において「選択特例対象宅地等【宅地等の定義③】」という。）については、限度面積要件を満たす場合の当該選択特例対象宅地等（以下この項において「小規模宅地等【宅地等の定義④】」という。）に限り、相続税法第十一条の二に規定する相続税の課税価格に算入すべき価額は、当該小規模宅地等の価額に次の各号に掲げる小規模宅地等の区分に応じ当該各号に定める割合を乗じて計算した金額とする。

一　特定事業用宅地等である小規模宅地等、特定居住用宅地等である小規模宅地等及び特定同族会社事業用宅地等である小規模宅地等　百分の二十

二　貸付事業用宅地等である小規模宅地等　百分の五十

---

②　前項に規定する限度面積要件は、当該相続又は遺贈により特例対象宅地等を取得した者に係る次の各号に掲げる選択特例対象宅地等の区分に応じ、当該各号に定める要件とする。

一　特定事業用宅地等又は特定同族会社事業用宅地等（第三号イにおいて「特定事業用等宅地等」という。）である選択特例対象宅地等

当該選択特例対象宅地等の面積の合計が400㎡以下であること。

二　特定居住用宅地等である選択特例対象宅地等

当該選択特例対象宅地等の面積の合計が330㎡以下であること。

三　貸付事業用宅地等である選択特例対象宅地等

次のイ、ロ及びハの規定により計算した面積の合計が200㎡以下であること。

イ　特定事業用等宅地等である選択特例対象宅地等がある場合の当該選択特例対象宅地等の面積を合計した面積に400分の200を乗じて得た面績

ロ　特定居住用宅地等である選択特例対象宅地等がある場合の当該選択特例対象宅地等の面積を合計した面積に330分の200を乗じて得た面積

ハ　貸付事業用宅地等である選択特例対象宅地等の面積を合計した面積

【Cに適用する場合は、A×200 ／ 400＋B×200 ／ 330＋C≦200㎡（縮み計算)】

【配偶者居住権設定宅地等の特例対象宅地等の面積の求め方➡措令40条の2⑥】

---

③　この条において、次の各号に掲げる用語の意義は、当該各号に定めるところによる。

一　特定事業用宅地等　被相続人等の事業（不動産貸付業その他政令【措令40条の2⑦】で定めるものを除く。以下この号及び第三号において同じ。）の用に供されていた宅地等で、次に掲げる要件のいずれかを満たす当該被相続人の親族（当該親族から相続又は遺贈により当該宅地等を取得した当該親族の相続人を含む。イ及び第四号（ロを除く。）において同じ。）が相続又は遺贈により取

得したもの（相続開始前三年以内に新たに事業の用に供された宅地等（政令【措令40条の2⑧・⑨】で定める規模以上の事業を行っていた被相続人等の当該事業の用に供されたものを除く。）を除き、政令【措令40条の2⑩】で定める部分に限る。）をいう。

イ　当該親族が、相続開始時から相続税法第二十七条、第二十九条又は第三十一条第二項の規定による申告書の提出期限（以下この項において「申告期限」という。）までの間に当該宅地等の上で営まれていた被相続人の事業を引き継ぎ、申告期限まで引き続き当該宅地等を有し、かつ、当該事業を営んでいること。

ロ　当該被相続人の親族が当該被相続人と生計を一にしていた者であって、相続開始時から申告期限（当該親族が申告期限前に死亡した場合には、その死亡の日。第四号イを除き、以下この項において同じ。）まで引き続き当該宅地等を有し、かつ、相続開始前から申告期限まで引き続き当該宅地等を自己の事業の用に供していること。

二　特定居住用宅地等　被相続人等の居住の用に供されていた宅地等（当該宅地等が二以上ある場合には、政令【措令40条の2⑪】で定める宅地等に限る。）で、当該被相続人の配偶者又は次に掲げる要件のいずれかを満たす当該被相続人の親族（当該被相続人の配偶者を除く。以下この号において同じ。）が相続又は遺贈により取得したもの（政令【措令40条の2⑫】で定める部分に限る。）をいう。

イ　当該親族が相続開始の直前において当該宅地等の上に存する当該被相続人の居住の用に供されていた一棟の建物【平成25年までは家屋と規定していた】（当該被相続人、当該被相続人の配偶者又は当該親族の居住の用に供されていた部分として政令【措令40条の2⑬】で定める部分に限る。）に居住していた者であって、相続開始時から申告期限まで引き続き当該宅地等を有し、かつ、当該建物に居住していること。【同じ家屋に被相続人と起居＝同居、又は（区分所有登記されていない）一棟の建物の別の家屋に被相続人と別々に居住＝非同居⇨（拡大同居又は二世帯住宅等）】

ロ　当該親族（当該被相続人の居住の用に供されていた宅地等を取得した者であって財務省令【措規23条の2④】で定めるものに限る。）が次に掲げる要件の全てを満たすこと（当該被相続人の配偶者又は相続開始の直前において当該被相続人の居住の用に供されていた家屋に居住していた親族で政令【措令40条の2⑭】で定める者【同居法定相続人】がいない場合に限る。）。

(1)　相続開始前三年以内に相続税法の施行地内にある当該親族、当該親族の配偶者、当該親族の三親等内の親族又は当該親族と特別な関係がある法人として政令【措令40条の2⑮】で定める法人が所有する家屋（相続開始の直前において当該被相続人の居住の用に供されていた家屋を除く。）に居住したことがないこと。【３年以内に居住実績があれば過去のみならず現在もだめです】

⑵ 当該被相続人の相続開始時に当該親族が居住している家屋を相続開始前のいずれの時においても所有していたことがないこと。【過去進行形Q3-3-1参照】

⑶ 相続開始時から申告期限まで引き続き当該宅地等を有していること。

ハ 当該親族が当該被相続人と生計を一にしていた者であって、相続開始時から申告期限まで引き続き当該宅地等を有し、かつ、相続開始前から申告期限まで引き続き当該宅地等を自己の居住の用に供していること。

三 特定同族会社事業用宅地等 相続開始の直前に被相続人及び【この場合は又はの意味とご理解下さい。ＴＫＣ税研杉岡氏Ｈ23.3 例 甲０％ 乙100％その逆も親族合計で50％超だからＯＫ】当該被相続人の親族その他当該被相続人と政令【措令40条の2⑯】で定める特別の関係がある者が有する株式の総数又は出資の総額が当該株式又は出資に係る法人の発行済株式【措令40条の2⑰】の総数又は出資の総額の十分の五を超える法人の事業の用に供されていた宅地等で、当該宅地等を相続又は遺贈により取得した当該被相続人の親族（財務省令【措規23条の2⑤】で定める者に限る。）が相続開始時から申告期限まで引き続き有し、かつ、申告期限まで引き続き当該法人の事業の用に供されているもの（政令【措令40条の2⑱】で定める部分に限る。）をいう。

【❶相続開始時点では甲等の貸付事業を要件（法①）、❷申告期限時点の相続人等の貸付事業は上記条文上（法③三号）読めません☞貸付事業は不要。乙説】

四 貸付事業用宅地等 被相続人等の事業（不動産貸付業その他政令【措令40条の2⑦】で定めるものに限る。以下この号において「貸付事業」という。）の用に供されていた宅地等で、次に掲げる要件のいずれかを満たす当該被相続人の親族が相続又は遺贈により取得したもの（特定同族会社事業用宅地等及び相続開始前三年以内に新たに貸付事業の用に供された宅地等（相続開始の日まで三年を超えて引き続き政令【措令40条の2⑲・㉑】で定める貸付事業を行っていた被相続人等の当該貸付事業の用に供されたものを除く。）を除き、政令【措令40条の2㉒】で定める部分に限る。）をいう。

イ 当該親族が、相続開始時から申告期限までの間に当該宅地等に係る被相続人の貸付事業を引き継ぎ、申告期限まで引き続き当該宅地等を有し、かつ、当該貸付事業の用に供していること。

ロ　当該被相続人の親族が当該被相続人と生計を一にしていた者であって、相続開始時から申告期限まで引き続き当該宅地等を有し、かつ、相続開始前から申告期限まで引き続き当該宅地等を自己の貸付事業の用に供していること。

---

④　第一項の規定は、同項の相続又は遺贈に係る相続税法第二十七条の規定による申告書の提出期限（以下この項において「申告期限」という。）までに共同相続人又は包括受遺者によって分割されていない特例対象宅地等については、適用しない。ただし、その分割されていない特例対象宅地等が申告期限から三年以内（当該期間が経過するまでの間に当該特例対象宅地等が分割されなかったことにつき、当該相続又は遺贈に関し訴えの提起がされたことその他の政令【措令40条の2㉓】で定めるやむを得ない事情がある場合において、政令【措令40条の2㉓】で定めるところにより納税地の所轄税務署長の承認を受けたときは、当該特例対象宅地等の分割ができることとなった日として政令【措令40条の2㉓】で定める日の翌日から四月以内）に分割された場合（当該相続又は遺贈により財産を取得した者が次条第一項の規定の適用を受けている場合を除く。）には、その分割された当該特例対象宅地等については、この限りでない。

---

⑤　相続税法第三十二条第一項の規定は、前項ただし書の場合その他既に分割された当該特例対象宅地等について第一項の規定の適用を受けていなかった場合として政令【措令40条の2㉔】で定める場合について準用する。この場合において、必要な技術的読替えは、政令で定める。【措令40条の2㉖】

---

⑥　第一項の規定は、第七十条の六の八第一項の規定の適用を受けた同条第二項第二号に規定する特例事業受贈者に係る同条第一項に規定する贈与者から相続又は遺贈により取得（第七十条の六の九第一項（同条第二項の規定により読み替えて適用する場合を含む。）の規定により相続又は遺贈により取得をしたものとみなされる場合における当該取得を含む。）をした特定事業用宅地等及び第七十条の六の十第一項の規定の適用を受ける同条第二項第二号に規定する特例事業相続人等に係る同条第一項に規定する被相続人から相続又は遺贈により取得をした特定事業用宅地等については、適用しない。

---

⑦　第一項の規定は、同項の規定の適用を受けようとする者の当該相続又は遺贈に係る相続税法第二十七条又は第二十九条の規定による申告書（これらの申告書に係る期限後申告書及びこれらの申告書に係る修正申告書を含む。次項において「相続税の申告書」という。）に第一項の規定の適用を受けようとする旨を記載し、同項の規定による計算に関する明細書その他の財務省令【措規23条の2⑧】で定

める書類の添付がある場合に限り、適用する。

【相法27＆29（相法４①②）の期限内申告書に、下記の申告書を含むと規定】

❶期限内申告書を提出せず、期限後申告書を提出した場合の当該申告書

❷期限内申告書を提出し、その後修正申告書を提出した場合の当該申告書

❸期限後申告書を提出し、その後修正申告書を提出した場合の当該申告書

---

⑧ 税務署長は、相続税の申告書の提出がなかった場合又は前項の記載若しくは添付がない相続税の申告書の提出があった場合においても、その提出又は記載若しくは添付がなかったことについてやむを得ない事情があると認めるときは、当該記載をした書類及び同項の財務省令【措規23条の2⑧】で定める書類の提出があった場合に限り、第一項の規定を適用することができる。

---

⑨ 第一項に規定する小規模宅地等について、同項の規定の適用を受ける場合における相続税法第四十八条の二第六項において準用する同法第四十一条第二項の規定の適用については、同項中「財産を除く」とあるのは、「財産及び租税特別措置法（昭和三十二年法律第二十六号）第六十九条の四第一項（小規模宅地等についての相続税の課税価格の計算の特例）の規定の適用を受けた同項に規定する小規模宅地等を除く」とする。

---

⑩ 第四項から前項までに定めるもののほか、第一項の規定の適用に関し必要な事項は、政令で定める。【措令40条の2㉕㉗】

★委任命令＝法律で「政令（省令）で定めるところにより…」とか、「…については、政令（省令）で定める」とかいうような規定がある場合に、その規定に基づいて規定される命令である。多くは委任命令である。

★実施命令＝法律を実施するための細目を規定した命令であって、委任命令のように法律の委任という根拠はない。故に実施命令で納税者の権利義務に関する規定を設けることはできない。

租税特別措置法施行令（抄） 第40条の2

（昭和32.3.31政令43号）（施行日　2022年4月1日）

① 法第六十九条の四第一項に規定する事業に準ずるものとして政令で定めるものは、事業と称するに至らない不動産の貸付けその他これに類する行為で相当の対価を得て継続的に行うもの（第七項及び第十九項において「準事業」という。）とする。

② 法第六十九条の四第一項に規定する居住の用に供することができない事由として政令で定める事由は、次に掲げる事由とする。

一 介護保険法第十九条第一項に規定する要介護認定又は同条第二項に規定する要支援認定を受けていた被相続人その他これに類する被相続人として財務省令【措規23条の2②】で定めるものが次に掲げる住居又は施設に入居又は入所をしていたこと。

イ 老人福祉法第五条の二第六項に規定する認知症対応型老人共同生活援助事業が行われる住居、同法第二十条の四に規定する養護老人ホーム、同法第二十条の五に規定する特別養護老人ホーム、同法第二十条の六に規定する軽費老人ホーム又は同法第二十九条第一項に規定する有料老人ホーム

ロ 介護保険法第八条第二十八項に規定する介護老人保健施設又は同条第二十九項に規定する介護医療院

ハ 高齢者の居住の安定確保に関する法律第五条第一項に規定するサービス付き高齢者向け住宅（イに規定する有料老人ホームを除く。）

二 障害者の日常生活及び社会生活を総合的に支援するための法律第二十一条第一項に規定する障害支援区分の認定を受けていた被相続人が同法第五条第十一項に規定する障害者支援施設（同条第十項に規定する施設入所支援が行われるものに限る。）又は同条第十七項に規定する共同生活援助を行う住居に入所又は入居をしていたこと。

③ 法第六十九条の四第一項に規定する政令で定める用途は、同項に規定する事業の用又は同項に規定する被相続人等（被相続人と前項各号の入居又は入所の直前において生計を一にし、かつ、同条第一項の建物に引き続き居住している当該被相続人の親族を含む。）以外の者の居住の用とする。

【上記の括弧書きは平成25年12月6日に公表された通達69の4-7⑵に合わせるため、平成26年3月31日に追加挿入されたものと思われる。】

【筆者解説】

老人ホーム等入所等前 （同居≒生計一） 元の自宅に 甲・乙又はＡ同居	老人ホーム等入所等後 （別居≒生計別） ・甲は老人ホーム等入所等 ・乙又はＡは元の自宅に居住	☜甲が死亡

※被相続人等＝本来は被相続人又は被相続人と生計を一にする被相続人の親族
　しかし③の被相続人等は「被相続人と生計を一にする被相続人の親族」のみ
※…被相続人等（この中は（の外の名詞又は名詞句（今回は被相続人等）を普段と違う意味で使用している。①プラス拡大の意味・②マイナス縮小の意味・③他の使用方法がありますが、今回は①プラス拡大の意味。原則は生計別だが、この規定のときだけ生計一とみるよという意味）

---

④　法第六十九条の四第一項に規定する被相続人等の事業の用又は居住の用に供されていた宅地等のうち政令で定めるものは、相続の開始の直前において、当該被相続人等の同項に規定する事業の用又は居住の用（同項に規定する居住の用をいう。以下この条において同じ。）に供されていた宅地等（土地又は土地の上に存する権利をいう。以下この条において同じ。）のうち所得税法第二条第一項第十六号に規定する棚卸資産（これに準ずるものとして財務省令【措規23条の2③】で定めるものを含む。）に該当しない宅地等とし、これらの宅地等のうちに当該被相続人等の法第六十九条の四第一項に規定する事業の用及び居住の用以外の用に供されていた部分があるときは、当該被相続人等の同項に規定する事業の用又は居住の用に供されていた部分（当該居住の用に供されていた部分が被相続人の居住の用に供されていた一棟の建物（建物の区分所有等に関する法律第一条の規定に該当する建物を除く。）に係るものである場合には、当該一棟の建物の敷地の用に供されていた宅地等のうち当該被相続人の親族【当然配偶者を含みます。】の居住の用に供されていた部分を含む。）に限るものとする。

---

⑤　法第六十九条の四第一項に規定する個人が相続又は遺贈（贈与をした者の死亡により効力を生ずる贈与を含む。以下この条及び次条において同じ。）により取得した同項に規定する特例対象宅地等（以下この項、次項及び第二十四項において「特例対象宅地等」という。）のうち、法第六十九条の四第一項の規定の適用を受けるものの選択は、次に掲げる書類の全てを同条第七項に規定する相続税の申告書に添付してするものとする。

　ただし、当該相続若しくは遺贈又は贈与（当該相続に係る被相続人からの贈与（贈与をした者の死亡により効力を生ずる贈与を除く。）であって当該贈与により取得した財産につき相続税法第二十一条の九第三項の規定の適用を受けるものに係る贈与に限る。第二十四項及び次条（第九項を除く。）において同じ。）により特例対象宅地等、法第六十九条の五第二項第四号に規定する特定計画山林のうち同号イに掲げるもの（以下この項及び第二十四項において「特例対象山林」という。）及び当該特定計画山林のうち同号ロに掲げるもの（以下この項において「特例対象受贈山林」という。）並びに法第七十条の六の十第二項第一号に規定する特定事業用資産のうち同号イに掲げるもの（以下この項において「猶予対象宅地等」という。）及び法第七十条の六の九第一項（同条第二項の規定により読み替えて適用する場合を含む。）の規定により相続又は遺贈により取得したものとみなされた法第七十条の六の八第一項に規定する特例受贈事業用資産（以下この項において「特例受贈事業用資産」という。）のうち同条第二項第一号イに掲げるもの（同条第一項の規定の適用に係る贈与により取得をした同号イに規定する宅地等（以下この項において「受贈宅地等」という。）の譲渡につき同条第五項の承認があった場合における同項第三号の規定により同条第一項の規定の適用を受ける特例受贈事業用資産とみなされた資産及び受贈宅地等又は当該特例受贈事業用資産とみなされた資産の現物出資による移転につき同条第六項の承認があった場合における同項の規定により特例受贈事業用資産とみなされた株式又は持分を含む。以下この項において「猶予対象受贈宅地等」という。）の全てを取得した個人が一人である場合には、第一号及び第二号に掲げる書類とする。

一　当該特例対象宅地等を取得した個人がそれぞれ法第六十九条の四第一項の規定の適用を受けるものとして選択をしようとする当該特例対象宅地等又はその一部について同項各号に掲げる小規模宅地等の区分その他の明細を記載した書類

二　当該特例対象宅地等を取得した全ての個人に係る前号の選択をしようとする当該特例対象宅地等又はその一部の全てが法第六十九条の四第二項に規定する限度面積要件を満たすものである旨を記載した書類

三　当該特例対象宅地等、当該特例対象山林若しくは当該特例対象受贈山林又は当該猶予対象宅地等若しくは当該猶予対象受贈宅地等を取得した全ての個人の第一号の選択についての同意を証する書類【実施命令】

---

⑥　法第六十九条の四第一項の規定の適用を受けるものとしてその全部又は一部の選択をしようとする特例対象宅地等が配偶者居住権の目的となっている建物の敷地の用に供される宅地等又は当該宅地等を配偶者居住権に基づき使用する権利の全部又は一部である場合には、当該特例対象宅地等の面積は、当該面積に、それぞれ当該敷地の用に供される宅地等の価額又は当該権利の価額がこれらの価額の合計額のうちに占める割合を乗じて得た面積であるものとみなして、同項の規定を適用する。【実施命令】【施行時期　2020年4月1日～】

【筆者命名「みなし限度面積計算」】

---

⑦ 法第六十九条の四第三項第一号及び第四号に規定する政令で定める事業は、駐車場業、自転車駐車場業及び準事業とする。

---

⑧ 法第六十九条の四第三項第一号に規定する政令で定める規模以上の事業は、同号に規定する新たに事業の用に供された宅地等の相続の開始の時における価額に対する当該事業の用に供されていた次に掲げる資産（当該資産のうちに当該事業の用以外の用に供されていた部分がある場合には、当該事業の用に供されていた部分に限る。）のうち同条第一項に規定する被相続人等が有していたものの当該相続の開始の時における価額の合計額の割合が百分の十五以上である場合における当該事業とする。

一 当該宅地等の上に存する建物（その附属設備を含む。）又は構築物

二 所得税法第二条第一項第十九号に規定する減価償却資産で当該宅地等の上で行われる当該事業に係る業務の用に供されていたもの（前号に掲げるものを除く。）

---

⑨ 被相続人が相続開始前三年以内に開始した相続又はその相続に係る遺贈により法第六十九条の四第三項第一号に規定する事業の用に供されていた宅地等を取得し、かつ、その取得の日以後当該宅地等を引き続き同号に規定する事業の用に供していた場合における当該宅地等は、同号の新たに事業の用に供された宅地等に該当しないものとする。【実施命令】

---

⑩ 法第六十九条の四第三項第一号に規定する政令で定める部分は、同号に規定する被相続人等の事業の用に供されていた宅地等のうち同号に定める要件に該当する部分（同号イ又はロに掲げる要件に該当する同号に規定する被相続人の親族が相続又は遺贈により取得した持分の割合に応ずる部分に限る。）とする。

---

⑪ 法第六十九条の四第三項第二号に規定する政令で定める宅地等は、次の各号に掲げる場合の区分に応じ当該各号に定める宅地等とする。

一 被相続人の居住の用に供されていた宅地等が二以上ある場合（第三号に掲げる場合を除く。） 当該被相続人が主としてその居住の用に供していた一の宅地等

二 被相続人と生計を一にしていた当該被相続人の親族の居住の用に供されていた宅地等が二以上ある場合（次号に掲げる場合を除く。） 当該親族が主としてその居住の用に供していた一の宅地等（当該親族が二人以上ある場合には、当該親族ごとにそれぞれ主としてその居住の用に供していた一の宅地等。同号に

おいて同じ。)

三　被相続人及び当該被相続人と生計を一にしていた当該被相続人の親族の居住の用に供されていた宅地等が二以上ある場合　次に掲げる場合の区分に応じそれぞれ次に定める宅地等

イ　当該被相続人が主としてその居住の用に供していた一の宅地等と当該親族が主としてその居住の用に供していた一の宅地等とが同一である場合　当該一の宅地等

ロ　イに掲げる場合以外の場合　当該被相続人が主としてその居住の用に供していた一の宅地等及び当該親族が主としてその居住の用に供していた一の宅地等

---

⑫　法第六十九条の四第三項第二号に規定する政令で定める部分は、同号に規定する被相続人等の居住の用に供されていた宅地等のうち、同号の被相続人の配偶者が相続若しくは遺贈により取得した持分の割合に応ずる部分又は同号に定める要件に該当する部分(同号イからハまでに掲げる要件に該当する同号に規定する被相続人の親族が相続又は遺贈により取得した持分の割合に応ずる部分に限る。)とする。

---

⑬　法第六十九条の四第三項第二号イに規定する政令で定める部分は、次の各号に掲げる場合の区分に応じ当該各号に定める部分とする。

一　被相続人の居住の用に供されていた一棟の建物が建物の区分所有等に関する法律第1条の規定に該当する建物である場合　当該被相続人の居住の用に供されていた部分

二　前号に掲げる場合以外の場合　被相続人又は当該被相続人の親族の居住の用に供されていた部分

---

⑭　法第六十九条の四第三項第二号ロに規定する政令で定める者は、当該被相続人の民法第五編第二章の規定による相続人(相続の放棄があった場合には、その放棄がなかったものとした場合における相続人)とする。

---

⑮　法第六十九条の四第三項第二号ロ(1)に規定する政令で定める法人は、次に掲げる法人とする。

一　法第六十九条の四第三項第二号ロに規定する親族及び次に掲げる者(以下この項において「親族等」という。)が法人の発行済株式又は出資(当該法人が有する自己の株式又は出資を除く。)の総数又は総額(以下この項及び次項第五号において「発行済株式総数等」という。)の十分の五を超える数又は金額の株式又は出資を有する場合における当該法人

イ　当該親族の配偶者
ロ　当該親族の三親等内の親族
ハ　当該親族と婚姻の届出をしていないが事実上婚姻関係と同様の事情にある者
ニ　当該親族の使用人
ホ　イからニまでに掲げる者以外の者で当該親族から受けた金銭その他の資産によって生計を維持しているもの
ヘ　ハからホまでに掲げる者と生計を一にするこれらの者の配偶者又は三親等内の親族
二　親族等及びこれと前号の関係がある法人が他の法人の発行済株式総数等の十分の五を超える数又は金額の株式又は出資を有する場合における当該他の法人
三　親族等及びこれと前二号の関係がある法人が他の法人の発行済株式総数等の十分の五を超える数又は金額の株式又は出資を有する場合における当該他の法人
四　親族等が理事、監事、評議員その他これらの者に準ずるものとなっている持分の定めのない法人

---

⑯　法第六十九条の四第三項第三号に規定する政令で定める特別の関係がある者は、次に掲げる者とする。
一　被相続人と婚姻の届出をしていないが事実上婚姻関係と同様の事情にある者
二　被相続人の使用人
三　被相続人の親族及び前二号に掲げる者以外の者で被相続人から受けた金銭その他の資産によって生計を維持しているもの
四　前三号に掲げる者と生計を一にするこれらの者の親族
五　次に掲げる法人
イ　被相続人（当該被相続人の親族及び当該被相続人に係る前各号に掲げる者を含む。以下この号において同じ。）が法人の発行済株式総数等の十分の五を超える数又は金額の株式又は出資を有する場合における当該法人
ロ　被相続人及びこれとイの関係がある法人が他の法人の発行済株式総数等の十分の五を超える数又は金額の株式又は出資を有する場合における当該他の法人
ハ　被相続人及びこれとイ又はロの関係がある法人が他の法人の発行済株式総数等の十分の五を超える数又は金額の株式又は出資を有する場合における当該他の法人

---

⑰　法第六十九条の四第三項第三号の規定の適用に当たっては、同号の株式若しくは出資又は発行済株式には、議決権に制限のある株式又は出資として財務省令【措

規23条の2⑥⑦】で定めるものは含まないものとする。【実施命令】

---

⑱　法第六十九条の四第三項第三号に規定する政令で定める部分は、同号に規定する法人（同項第一号イに規定する申告期限において清算中の法人を除く。）の事業の用に供されていた宅地等のうち同項第三号に定める要件に該当する部分（同号に定める要件に該当する同号に規定する被相続人の親族が相続又は遺贈により取得した持分の割合に応ずる部分に限る。）とする。

---

⑲　法第六十九条の四第三項第四号に規定する政令で定める貸付事業は、同号に規定する貸付事業（次項において「貸付事業」という。）のうち準事業以外のもの（第二十一項において「特定貸付事業」という。）とする。

---

⑳　第九項の規定は、被相続人の貸付事業の用に供されていた宅地等について準用する。
　この場合において、同項中「第六十九条の四第三項第一号」とあるのは、「第六十九条の四第三項第四号」と読み替えるものとする。【実施命令】

㉑　特定貸付事業を行っていた被相続人【第二次被相続人Ａ】（以下この項において「第一次相続人」【Ａ】という。）が、当該第一次相続人【Ａ】の死亡に係る相続開始前三年以内に相続又は遺贈（以下この項において「第一次相続」という。）により当該第一次相続に係る被相続人【甲】の特定貸付事業の用に供されていた宅地等を取得していた場合には、当該第一次相続人【Ａ】の特定貸付事業の用に供されていた宅地等に係る法第六十九条の四第三項第四号の規定の適用については、当該第一次相続に係る被相続人【甲】が当該第一次相続があった日まで引き続き特定貸付事業を行っていた期間は、当該第一次相続人【Ａ】が特定貸付事業を行っていた期間に該当するものとみなす。

【筆者解説】　甲（第一次相続）☞Ａ（第二次相続）☞Ｂ

甲＝第一次被相続人　Ａ＝第一次相続人＝第二次被相続人＝甲の子

Ｂ＝第二次相続人＝Ａの子（今回法第三項第四号の規定の適用を受ける者）

①甲◀―この間３年以内―▶②Ａ

甲は特定貸付事業（2年間）	Ａは特定貸付事業（例2.5年）	通算4.5年間

①第一次相続（第一次被相続人甲・第一次相続人Ａ）

②第二次相続（第二次被相続人Ａ）

㉒　第十項の規定は、法第六十九条の四第三項第四号に規定する政令で定める部分について準用する。

㉓　相続税法施行令（昭和二十五年政令第七十一号）第四条の二第一項の規定は、法第六十九条の四第四項ただし書に規定する政令で定めるやむを得ない事情がある場合及び同項ただし書に規定する分割ができることとなった日として政令で定める日について準用し、相続税法施行令第四条の二第二項から第四項までの規定は、法第六十九条の四第四項ただし書に規定する政令で定めるところによる納税地の所轄税務署長の承認について準用する。

　この場合において、相続税法施行令第四条の二第一項第一号中「法第十九条の二第二項」とあるのは、「租税特別措置法（昭和三十二年法律第二十六号）第六十九条の四第四項（小規模宅地等についての相続税の課税価格の計算の特例）」と読み替えるものとする。

㉔　法第六十九条の四第五項に規定する政令で定める場合は、既に分割された特例対象宅地等について、同条第一項の相続又は遺贈に係る同条第四項に規定する申告期限までに特例対象山林の全部又は一部が分割されなかったことにより同条第一項の選択がされず同項の規定の適用を受けなかった場合において、当該申告期限から三年以内（当該期間が経過するまでに当該特例対象山林が分割されなかったことにつき、やむを得ない事情がある場合において、納税地の所轄税務署長の承認を受けたときは、当該特例対象山林の分割ができることとなった日の翌日から四月以内）に当該特例対象山林の全部又は一部が分割されたことにより当該選択ができることとなったとき（当該相続若しくは遺贈又は贈与により財産を取得した個人が同項又は法第六十九条の五第一項の規定の適用を受けている場合を除く。）とする。

㉕　相続税法施行令第四条の二第一項の規定は、前項のやむを得ない事情がある場合及び同項の分割ができることとなった日について準用し、同条第二項から第四項までの規定は、前項の納税地の所轄税務署長の承認について準用する。

　この場合において、同条第一項第一号中「法第十九条の二第二項」とあるのは、「租税特別措置法施行令（昭和三十二年政令第四十三号）第四十条の二第二十四項（小規模宅地等についての相続税の課税価格の計算の特例）」と読み替えるものとする。【実施命令】

㉖　法第六十九条の四第五項において相続税法第三十二条第一項の規定を準用する場合には、同項第八号中「第十九条の二第二項ただし書」とあるのは「租税特別措置法（昭和三十二年法律第二十六号）第六十九条の四第四項ただし書（小規模宅地等についての相続税の課税価格の計算の特例）又は租税特別措置法施行令（昭和三十二年政令第四十三号）第四十条の二第二十四項（小規模宅地等についての

相続税の課税価格の計算の特例）」と、「同項の分割」とあるのは「これらの規定に規定する分割」と、「同条第一項」とあるのは「同法第六十九条の四第一項」と読み替えるものとする。

㉗　法第六十九条の四の規定の適用については、相続税法第九条の二第六項【みなし遺贈信託】の規定を準用する。この場合において、相続税法施行令第一条の十第四項の規定の適用については、同項中「第二十六条の規定の」とあるのは「第二十六条並びに租税特別措置法第六十九条の四（小規模宅地等についての相続税の課税価格の計算の特例）の規定の」と、同項第三号中「第二十六条」とあるのは「第二十六条並びに租税特別措置法第六十九条の四」と読み替えるものとする。
【実施命令】【措通（信託に関する権利）69の4–2】

租税特別措置法施行規則(抄)　第23条の2

(昭和32.3.31大蔵省令15号)(施行日　2022年5月1日)

① 法第六十九条の四第一項に規定する財務省令で定める建物又は構築物は、次に掲げる建物又は構築物以外の建物又は構築物とする。

一　温室その他の建物で、その敷地が耕作(農地法第四十三条第一項の規定により耕作に該当するものとみなされる農作物の栽培を含む。次号において同じ。)の用に供されるもの

二　暗渠その他の構築物で、その敷地が耕作の用又は耕作若しくは養畜のための採草若しくは家畜の放牧の用に供されるもの

② 施行令第四十条の二第二項に規定する財務省令で定める被相続人は、相続の開始の直前において、介護保険法施行規則第百四十条の六十二の四第二号に該当していた者とする。

③ 施行令第四十条の二第四項に規定する財務省令で定める棚卸資産に準ずるものは、所得税法第三十五条第一項に規定する雑所得の基因となる土地又は土地の上に存する権利とする。

④ 法第六十九条の四第三項第二号ロに規定する財務省令で定める者は、相続税法(昭和二十五年法律第七十三号)第一条の三第一項第一号若しくは第二号の規定に該当する者又は同項第四号の規定に該当する者のうち日本国籍を有する者とする。【第三号の削除は2018.5.14官報7261号で公表】

⑤ 法第六十九条の四第三項第三号に規定する財務省令で定める者は、同号に規定する申告期限において同号に規定する法人の法人税法第二条第十五号に規定する役員(清算人を除く。)である者とする。

⑥ 施行令第四十条の二第十七項に規定する議決権に制限のある株式として財務省令で定めるものは、相続の開始の時において、会社法第百八条第一項第三号に掲げる事項の全部について制限のある株式、同法第百五条第一項第三号に掲げる議決権の全部について制限のある株主が有する株式、同法第三百八条第一項又は第二項の規定により議決権を有しないものとされる者が有する株式その他議決権のない株式とする。

⑦ 前項の規定は、施行令第四十条の二第十七項に規定する議決権に制限のある出

資として財務省令で定めるものについて準用する。

---

⑧　法第六十九条の四第七項に規定する財務省令で定める書類は、次の各号に掲げる場合の区分に応じ当該各号に定める書類とする。

一　法第六十九条の四第一項第一号に規定する特定事業用宅地等である小規模宅地等について同項の規定の適用を受けようとする場合　次に掲げる書類

イ　法第六十九条の四第一項に規定する小規模宅地等に係る同項の規定による相続税法第十一条の二に規定する相続税の課税価格に算入すべき価額の計算に関する明細書

ロ　施行令第四十条の二第五項各号に掲げる書類（同項ただし書の場合に該当するときは、同項第一号及び第二号に掲げる書類）

ハ　遺言書の写し、財産の分割の協議に関する書類（当該書類に当該相続に係る全ての共同相続人及び包括受遺者が自署し、自己の印を押しているものに限る。）の写し（当該自己の印に係る印鑑証明書が添付されているものに限る。）その他の財産の取得の状況を証する書類

ニ　当該小規模宅地等が相続開始前三年以内に新たに被相続人等（法第六十九条の四第一項に規定する被相続人等をいう。第五号ロにおいて同じ。）の事業（同条第三項第一号に規定する事業をいう。）の用に供されたものである場合には、当該事業の用に供されていた施行令第四十条の二第八項各号に掲げる資産の当該相続開始の時における種類、数量、価額及びその所在場所その他の明細を記載した書類で当該事業が同項に規定する規模以上のものであることを明らかにするもの

二　法第六十九条の四第一項第一号に規定する特定居住用宅地等である小規模宅地等（以下この号及び次号において「特定居住用宅地等である小規模宅地等」という。）について同項の規定の適用を受けようとする場合（次号に掲げる場合を除く。）次に掲げる書類（当該被相続人の配偶者が同項の規定の適用を受けようとするときはイに掲げる書類とし、同条第三項第二号イ又はハに掲げる要件を満たす同号に規定する被相続人の親族（以下この号及び次号において「親族」という。）が同条第一項の規定の適用を受けようとするときはイ及びロに掲げる書類とし、同条第三項第二号ロに掲げる要件を満たす親族が同条第一項の規定の適用を受けようとするときはイ及びハからホまでに掲げる書類とする。）

イ　前号イからハまでに掲げる書類

ロ　当該親族が個人番号（行政手続における特定の個人を識別するための番号の利用等に関する法律第二条第五項に規定する個人番号をいう。以下この章において同じ。）を有しない場合にあっては、当該親族が当該特定居住用宅地等で

ある小規模宅地等を自己の居住の用に供していることを明らかにする書類

ハ　法第六十九条の四第三項第二号ロに規定する親族が個人番号を有しない場合にあっては、相続の開始の日の三年前の日から当該相続の開始の日までの間における当該親族の住所又は居所を明らかにする書類

ニ　相続の開始の日の三年前の日から当該相続の開始の直前までの間にハの親族が居住の用に供していた家屋が法第六十九条の四第三項第二号ロ(1)に規定する家屋以外の家屋である旨を証する書類

ホ　相続の開始の時においてハの親族が居住している家屋を当該親族が相続開始前のいずれの時においても所有していたことがないことを証する書類

三　特定居住用宅地等である小規模宅地等（施行令第四十条の二第二項各号に掲げる事由により相続の開始の直前において当該相続に係る被相続人の居住の用に供されていなかった場合における当該事由により居住の用に供されなくなる直前の当該被相続人の居住の用に供されていた宅地等（土地又は土地の上に存する権利をいう。）に限る。）について法第六十九条の四第一項の規定の適用を受けようとする場合　次に掲げる書類

イ　前号イからホまでに掲げる書類（当該被相続人の配偶者が法第六十九条の四第一項の規定の適用を受けようとするときは前号イに掲げる書類とし、同条第三項第二号イ又はハに掲げる要件を満たす親族が同条第一項の規定の適用を受けようとするときは前号イ及びロに掲げる書類とし、同条第三項第二号ロに掲げる要件を満たす親族が同条第一項の規定の適用を受けようとするときは前号イ及びハからホまでに掲げる書類とする。）

ロ　当該相続の開始の日以後に作成された当該被相続人の戸籍の附票の写し

ハ　介護保険の被保険者証の写し又は障害者の日常生活及び社会生活を総合的に支援するための法律第二十二条第八項に規定する障害福祉サービス受給者証の写しその他の書類で、当該被相続人が当該相続の開始の直前において介護保険法（平成九年法律第百二十三号）第十九条第一項に規定する要介護認定若しくは同条第二項に規定する要支援認定を受けていたこと若しくは介護保険法施行規則第百四十条の六十二の四第二号に該当していたこと又は障害者の日常生活及び社会生活を総合的に支援するための法律第二十一条第一項に規定する障害支援区分の認定を受けていたことを明らかにするもの

ニ　当該被相続人が当該相続の開始の直前において入居又は入所していた施行令第四十条の二第二項第一号イからハまでに掲げる住居若しくは施設又は同項第二号の施設若しくは住居の名称及び所在地並びにこれらの住居又は施設がこれらの規定のいずれの住居又は施設に該当するかを明らかにする書類

四　法第六十九条の四第一項第一号に規定する特定同族会社事業用宅地等である小規模宅地等について同項の規定の適用を受けようとする場合　次に掲げる書類

イ　第一号イからハまでに掲げる書類

ロ　法第六十九条の四第三項第三号に規定する法人の定款（相続の開始の時に効力を有するものに限る。）の写し

ハ　相続の開始の直前において、ロに規定する法人の発行済株式の総数又は出資の総額並びに法第六十九条の四第三項第三号の被相続人及び当該被相続人の親族その他当該被相続人と政令で定める特別の関係がある者が有する当該法人の株式の総数又は出資の総額を記した書類（当該法人が証明したものに限る。）

五　法第六十九条の四第一項第二号に規定する貸付事業用宅地等である小規模宅地等について同項の規定の適用を受けようとする場合　次に掲げる書類

イ　第一号イからハまでに掲げる書類

ロ　当該貸付事業用宅地等である小規模宅地等が相続開始前三年以内に新たに被相続人等の貸付事業（法第六十九条の四第三項第四号に規定する貸付事業をいう。）の用に供されたものである場合には、当該被相続人等（施行令第四十条の二第二十一項に規定する第一次相続に係る被相続人を含む。）が当該相続開始の日まで三年を超えて同条第十九項に規定する特定貸付事業を行っていたことを明らかにする書類

六　法第六十九条の四第四項に規定する申告期限（次号において「申告期限」という。）までに同条第一項に規定する特例対象宅地等（次号において「特例対象宅地等」という。）の全部又は一部が共同相続人又は包括受遺者によって分割されていない当該特例対象宅地等について当該申告期限後に当該特例対象宅地等の全部又は一部が分割されることにより同項の規定の適用を受けようとする場合　その旨並びに分割されていない事情及び分割の見込みの詳細を明らかにした書類

七　申告期限までに施行令第四十条の二第五項に規定する特例対象山林の全部又は一部が共同相続人又は包括受遺者によって分割されなかったことにより法第六十九条の四第一項の選択がされず同項の規定の適用を受けなかった場合で当該申告期限後に当該特例対象山林の全部又は一部が分割されることにより当該申告期限において既に分割された特例対象宅地等について同項の規定の適用を受けようとするとき　その旨並びに分割されていない事情及び分割の見込みの詳細を明らかにした書類

⑨　施行令第四十条の二第二十三項又は第二十五項の規定により相続税法施行令（昭和二十五年政令第七十一号）第四条の二の規定を準用する場合における相続税法施行規則（昭和二十五年大蔵省令第十七号）第一条の六第一項及び第二項の規定の適用については、同条第一項第三号中「法第十九条の二第三項」とあるのは「租税特別措置法（昭和三十二年法律第二十六号）第六十九条の四第七項（小規模宅地等についての相続税の課税価格の計算の特例）」と、同条第二項中「同項」とあるのは「租税特別措置法第六十九条の四第四項又は租税特別措置法施行令（昭和三十二年政令第四十三号）第四十条の二第二十四項（小規模宅地等についての相続税の課税価格の計算の特例）」とする。

措置法第69条の4《小規模宅地等についての相続税の課税価格の計算の特例》関係

（令和6年6月21日付通達まで掲載）

〔目　次〕

69の4-19　申告期限までに事業用建物等を建て替えた場合
69の4-20　宅地等を取得した親族が事業主となっていない場合
69の4-20の2　新たに事業の用に供されたか否かの判定
69の4-20の3　政令で定める規模以上の事業の意義等
69の4-20の4　相続開始前3年を超えて引き続き事業の用に供されていた宅地等の取扱い
69の4-20の5　平成31年改正法附則による特定事業用宅地等に係る経過措置について
69の4-21　被相続人の居住用家屋に居住していた親族の範囲
69の4-22　「当該親族の配偶者」等の意義
69の4-22の2　平成30年改正法附則による特定居住用宅地等に係る経過措置について
69の4-23　**法人の事業の用に供されていた宅地等の範囲**
69の4-24　法人の社宅等の敷地
69の4-24の2　**被相続人等の貸付事業の用に供されていた宅地等**
69の4-24の3　新たに貸付事業の用に供されたか否かの判定
69の4-24の4　特定貸付事業の意義
69の4-24の5　特定貸付事業が引き続き行われていない場合
69の4-24の6　特定貸付事業を行っていた「被相続人等の当該貸付事業の用に供された」の意義
69の4-24の7　相続開始前3年を超えて引き続き貸付事業の用に供されていた宅地等の取扱い
69の4-24の8　平成30年改正法附則による貸付事業用宅地等に係る経過措置について
69の4-25　共同相続人等が特例対象宅地等の分割前に死亡している場合
69の4-26　申告書の提出期限後に分割された特例対象宅地等について特例の適用を受ける場合
69の4-26の2　個人の事業用資産についての納税猶予及び免除の適用がある場合
69の4-27　郵便局舎の敷地の用に供されている宅地等に係る相続税の課税の特例
69の4-28　郵便局舎の敷地の用に供されている宅地等について相続税に係る課税の特例の適用を受けている場合
69の4-29　「相続人」の意義
69の4-30　特定宅地等の範囲
69の4-31　建物の所有者の範囲
69の4-32　特定宅地等とならない部分の範囲

669の4-33　郵便局舎の敷地を被相続人から無償により借り受けている場合
69の4-34　賃貸借契約の変更に該当しない事項
69の4-35　相続の開始以後の日本郵便株式会社への郵便局舎の貸付
69の4-36　災害のため業務が休業された場合
69の4-37　宅地等の一部の譲渡又は日本郵便株式会社との賃貸借契約の解除等があった場合
69の4-38　平成21年改正前措置法第69条の4の取扱い
69の4-39　平成21年改正前措置法第70条の3の3又は第70条の3の4の規定の適用を受けた特定同族株式等について措置法第70条の7の2第1項の規定の適用を受けた場合の小規模宅地等の特例の不適用

(相続開始前3年以内の贈与財産及び相続時精算課税の適用を受ける財産)
69の4−1

措置法第69条の4第1項に規定する特例対象宅地等（以下69の5−11までにおいて「特例対象宅地等」という。）には、被相続人から贈与（贈与をした者の死亡により効力を生ずべき贈与（以下「死因贈与」という。）を除く。以下同じ。）により取得したものは含まれないため、相続税法（昭和25年法律第73号）第19条《相続開始前3年以内に贈与があった場合の相続税額》の規定の適用を受ける財産及び相続時精算課税（同法第21条の9第3項《相続時精算課税の選択》の規定（措置法第70条の2の6第1項、第70条の2の7第1項（第70条の2の8において準用する場合を含む。）又は第70条の3第1項において準用する場合を含む。）をいう。以下70の7の2−3までにおいて同じ。）の適用を受ける財産については、措置法第69条の4第1項の規定の適用はないことに留意する。

【筆者解説】

①相続・②遺贈・③死因贈与、で取得した宅地等　⬅適用あり
④贈与（③を除く）（暦年贈与・相続時精算課税）　⬅適用なし

(配偶者居住権等) 69の4−1の2

特例対象宅地等には、配偶者居住権は含まれないが、個人が相続又は遺贈（死因贈与を含む。以下同じ。）により取得した、配偶者居住権に基づく敷地利用権（配偶者居住権の目的となっている建物等（措置法規則第23条の2第1項《小規模宅地等についての相続税の課税価格の計算の特例》に規定する建物又は構築物をいう。以下69の4−24の3までにおいて同じ。）の敷地の用に供される宅地等（土地又は土地の上に存する権利で、建物等の敷地の用に供されているものに限る。以下69の4−24の8までにおいて同じ。）を当該配偶者居住権に基づき使用する権利をいう。以下69の4−24の2までにおいて同じ。）及び配偶者居住権の目的となっている建

物等の敷地の用に供される宅地等が含まれることに留意する。 なお、措置法第69条の4第1項の規定の適用を受けるものとしてその全部又は一部の選択をしようとする特例対象宅地等が配偶者居住権に基づく敷地利用権又は当該敷地の用に供される宅地等の全部又は一部である場合の当該特例対象宅地等の面積は、措置法令第40条の2第6項の規定により、それぞれ次の算式により計算された面積であるものとみなして措置法第69条の4第1項の規定が適用されることに留意する。したがって、同条第2項の限度面積要件については、当該算式に基づき計算された面積により判定を行うことに留意する。

この場合において、配偶者居住権の設定に係る相続又は遺贈により、当該相続に係る被相続人の配偶者が配偶者居住権及び当該敷地の用に供される宅地等（当該被相続人の所有していた宅地等が当該相続又は遺贈により数人の共有に属することとなった場合のその共有持分を除く。）のいずれも取得したときの当該敷地の用に供される宅地等については、措置法令第40条の2第6項の規定の適用はないことに留意する。【みなし限度面積計算は不要という意味です。】

(算式)

1　配偶者居住権に基づく敷地利用権の面積

特例対象宅地等の面積×当該敷地利用権の価額/当該敷地利用権の価額及び当該敷地の用に供される宅地等の価額の合計額

2 当該敷地の用に供される宅地等の面積

特例対象宅地等の面積×当該敷地の用に供される宅地等の価額/当該敷地利用権の価額及び当該敷地の用に供される宅地等の価額の合計額

【筆者解説】 小規模宅地等の特例が適用できないのではなく、配偶者が敷地を取得した場合はみなし限度面積計算は不要という意味です。

(信託に関する権利) 69の4-2

特例対象宅地等には、個人が相続又は遺贈により取得した信託に関する権利（相続税法第9条の2第6項ただし書に規定する信託に関する権利及び同法第9条の4第1項又は第2項の信託の受託者が、これらの規定により遺贈により取得したものとみなされる信託に関する権利を除く。）で、当該信託の目的となっている信託財産に属する宅地等が、当該相続の開始の直前において当該相続又は遺贈に係る被相続人又は被相続人と生計を一にしていたその被相続人の親族（以下69の4-24の8までにおいて「被相続人等」という。）の措置法第69条の4第1項に規定する事業の用又は居住の用に供されていた宅地等であるものが含まれることに留意する。

【筆者解説】 下記の①&②に措法69の4の適用はない。③には適用ある。

①特別縁故者が相続財産法人から財産を分与➡相法4①で『みなし遺贈』

②共有持分者が死亡し、相続人がいない場合➡相基通9−12で『みなし遺贈』
③信託に関する権利を取得した者は『みなし遺贈信託』➡（措令40の2㉗）

	小規模宅地等の特例 措置法69の4	所法60適用関係		根拠法令等 質疑応答事例＝庁質疑応答事例 **（取得費・取得時期）**
		取得期間	取得価額	
①	適用なし	引継がない	取得時の時価	質疑応答事例12
②	適用なし	引継がない	ゼロ	資産税審理研修資料 平成29年7月
③	適用あり	引継ぐ	引継ぐ	質疑応答事例14

（公共事業の施行により従前地及び仮換地について使用収益が禁止されている場合）69の4−3

特例対象宅地等には、個人が被相続人から相続又は遺贈により取得した被相続人等の居住用等（事業（措置法令第40条の2第1項に規定する準事業を含む。以下69の4−5までにおいて同じ。）の用又は居住の用をいう。以下69の4−3において同じ。）に供されていた宅地等（以下69の4−3において「従前地」という。）で、公共事業の施行による土地区画整理法（昭和29年法律第119号）第3章第3節《仮換地の指定》に規定する仮換地の指定に伴い、当該相続の開始の直前において従前地及び仮換地の使用収益が共に禁止されている場合で、当該相続の開始の時から相続税の申告書の提出期限（以下69の4−36までにおいて「申告期限」という。）までの間に当該被相続人等が仮換地を居住用等に供する予定がなかったと認めるに足りる特段の事情がなかったものが含まれることに留意する。

（注）　被相続人等が仮換地を居住用等に供する予定がなかったと認めるに足りる特段の事情とは、例えば、次に掲げる事情がある場合をいうことに留意する。
⑴　従前地について売買契約を締結していた場合
⑵　被相続人等の居住用等に供されていた宅地等に代わる宅地等を取得（売買契約中のものを含む。）していた場合
⑶　従前地又は仮換地について相続税法第6章《延納又は物納》に規定する物納の申請をし又は物納の許可を受けていた場合

（被相続人等の事業の用に供されていた宅地等の範囲）69の4−4

措置法第69条の4第1項に規定する被相続人等の事業の用に供されていた宅地等（以下69の4−18までにおいて「事業用宅地等」という。）とは、次に掲げる宅地等（相続の開始の直前において配偶者居住権に基づき使用又は収益されていた建物等の敷地の用に供されていたものを除く（当該宅地等については69の4−4の2参照）。）をいうものとする。
⑴　他に貸し付けられていた宅地等（当該貸付けが事業に該当する場合に限る。）

⑵　⑴に掲げる宅地等を除き、被相続人等の事業の用に供されていた建物等で、被相続人等が所有していたもの又は被相続人の親族（被相続人と生計を一にしていたその被相続人の親族を除く。69の4–4の2において「その他親族」という。）が所有していたもの（被相続人等が当該建物等を当該その他親族から無償（相当の対価に至らない程度の対価の授受がある場合を含む。以下69の4–33までにおいて同じ。）で借り受けていた場合における当該建物等に限る。）の敷地の用に供されていたもの

（宅地等が配偶者居住権の目的となっている建物等の敷地である場合の被相続人等の事業の用に供されていた宅地等の範囲）69の4–4の2

相続又は遺贈により取得した宅地等が、当該相続の開始の直前において配偶者居住権に基づき使用又は収益されていた建物等の敷地の用に供されていたものである場合には、当該宅地等のうち、次に掲げる宅地等が事業用宅地等に該当するものとする。

⑴　他に貸し付けられていた宅地等（当該貸付けが事業に該当する場合に限る。）

⑵　⑴に掲げる宅地等を除き、被相続人等の事業の用に供されていた建物等（被相続人等又はその他親族が所有していた建物等をいう。以下⑵において同じ。）で、被相続人等が配偶者居住権者（当該配偶者居住権を有する者をいう。以下69の4–23までにおいて同じ。）であるもの又はその他親族が配偶者居住権者であるもの（被相続人等が当該建物等を配偶者居住権者である当該その他親族から無償で借り受けていた場合における当該建物等に限る。）の敷地の用に供されていたもの

【筆者解説】 建物及び宅地等の所有者である子供などに相続が開始した場合のみならず配偶者に相続が開始した場合も想定している。乙＝配偶者

前提条件

甲＝被相続人　乙＝甲と生計一の親族　丙＝その他親族（乙以外）

ケース１　甲＝配偶者居住権者　ケース２　乙＝配偶者居住権者

ケース３　丙＝配偶者居住権者

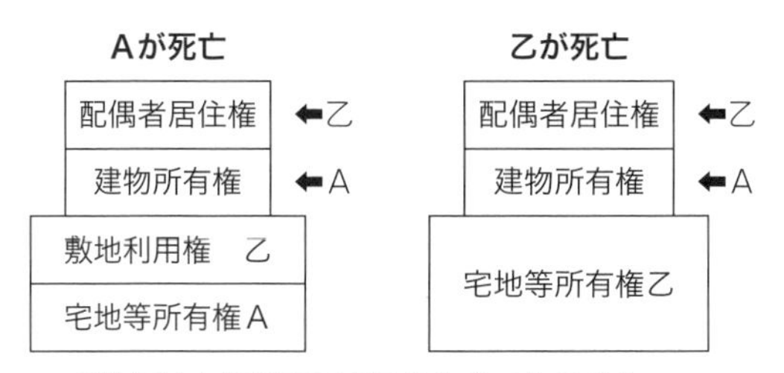

①被相続人等が配偶者居住権者である場合
②その他親族が配偶者居住権者である場合

ケース ----> 無償	1	2	3	4	5	6
事業者	甲	甲 ↓	乙 ↓	乙 ↓	乙	甲 ↓
建物等の所有者	甲	丙 ↓	甲	丙 ↓	乙 ↓	乙 ↓
宅地等の所有者・甲（地代あれば(1)）						

例　甲＝被相続人

乙＝被相続人と生計を一の親族
丙＝その他親族（乙以外）

家賃＆地代は無償

（事業用建物等の建築中等に相続が開始した場合）69の4−5

被相続人等の事業の用に供されている建物等の移転又は建替えのため当該建物等を取り壊し、又は譲渡し、これらの建物等に代わるべき建物等（被相続人又は被相続人の親族の所有に係るものに限る。）の建築中に、又は当該建物等の取得後被相続人等が事業の用に供する前に被相続人について相続が開始した場合で、当該相続開始直前において当該被相続人等の当該建物等に係る事業の準備行為の状況からみて当該建物等を速やかにその事業の用に供することが確実であったと認められるときは、当該建物等の敷地の用に供されていた宅地等は、事業用宅地等に該当するものとして取り扱う。

なお、当該被相続人と生計を一にしていたその被相続人の親族又は当該建物等若しくは当該建物等の敷地の用に供されていた宅地等を相続若しくは遺贈により取得した当該被相続人の親族が、当該建物等を相続税の申告期限までに事業の用に供しているとき（申告期限において当該建物等を事業の用に供していない場合であっても、それが当該建物等の規模等からみて建築に相当の期間を要することによるものであるときは、当該建物等の完成後速やかに事業の用に供することが確実であると認められるときを含む。）は、当該相続開始直前において当該被相続人等が当該建物等を速やかにその事業の用に供することが確実であったものとして差し支えない。

（注）　当該建築中又は取得に係る建物等のうちに被相続人等の事業の用に供されると認められる部分以外の部分があるときは、事業用宅地等の部分は、当該建物等の敷地のうち被相続人等の事業の用に供されると認められる当該建物等の部分に対応する部分に限られる。

【筆者解説】69の4−5　事業用建物等の建築中等に相続が開始した場合

●＝相続開始時　★申告期限

❶建築中＝被相続人等の【従前】事業用建物等（建物又は構築物）Aの移転・建替えのため、そのAを取り壊し、譲渡し、Aに代わるべき建物等B（被相続人・親族の所有限定）の建築中に被相続人に相続が開始した場合

❷建築中等＝上記Bの取得後事業の用に供する前に被相続人に相続が開始した場合

質疑＝国税庁ＨＰ☞質疑応答事例☞相続税・贈与税☞（小規模宅地等の特例）☞

	事業用建物等	●	★	★後	判定　措通69の4−
①	A　☞B（建築中）		完成☞事業	措通69の4−5該当　質疑16参照	
②	A　☞B（建築中）		事業遅延☞	完成☞事業…規模等からみて判断 措通69の4−5該当　質疑16参照	
③	A☞B取得（建築中等） （事業前）		☞事業	措通69の4−5該当	
④	従来からの事業用建物等A		B建替工事着手	完成☞事業　措通69の4−19該当 質疑15（同族会社への貸付）参照	

建築中等❶❷の建物等の所有者	事業を行っていた者	●	建築中等の建物等を事業の用に供する者
被相続人	被相続人		1 建物等又は敷地を取得した被相続人の親族 2 生計を一にしていた親族
	生計一親族		事業を営んでいる生計を一にしていた親族
被相続人の親族	被相続人		1 建物等の敷地を取得した被相続人の親族 2 生計を一にしていた親族
	生計一親族		事業を営んでいる生計を一にしていた親族

（使用人の寄宿舎等の敷地）69の4−6

被相続人等の営む事業に従事する使用人の寄宿舎等（被相続人等の親族のみが使用していたものを除く。）の敷地の用に供されていた宅地等は、被相続人等の当該事業に係る事業用宅地等に当たるものとする。

【筆者解説】甲＝被相続人　A長男＝甲と生計一（基本同居）　B二男＝甲と生計別（基本別居）

① 被相続人等（甲又はA）が事業（一般事業（法③一号）又は貸付事業（法③四号））を経営

② ①に従事する使用人の寄宿舎等の敷地の用に供されていた宅地等あり。

③ 相続開始時に（寄宿舎等に居住の）使用人に1人でも※3被相続人等の親族以外あり。

※1　家賃が無償か、有償（借地借家法の保護があるほど高額は除く）かは関係ない。

※2　事業が不動産貸付等である場合には、不動産貸付等の用に供されていた

宅地等になる。

※３　被相続人等の親族は×、被相続人と生計別のＢの親族はＯＫ（例　Ｂ二男の妻の両親）

登場人物　甲・A・B・Aの妻の親C・Bの妻の親D

・Aの家族は甲の自宅に甲と同居し、
・Bは寄宿舎に居住（他の人も居住）

			寄宿舎に居住の親族等	判　定
被相続人等	被相続人	甲	例 B	被相続人の親族
	被相続人と生計一の親族	A	例 Aの妻の親C	生計一の親族の親族
被相続人等以外の親族		B	例 Bの妻の親D	被相続人等の親族以外
赤の他人		Z	例 Z	被相続人等の親族以外

家族経営で事業をしていたが、寄宿舎等に居住していた使用人は…

④　①～③に該当すると②の宅地等は、被相続人等の事業用宅地等に当たる（書類審査の話）。

※　入学試験をパスした後、卒業試験の段階で③の要件を具備しなくなってもＯＫと考える。

（図解）

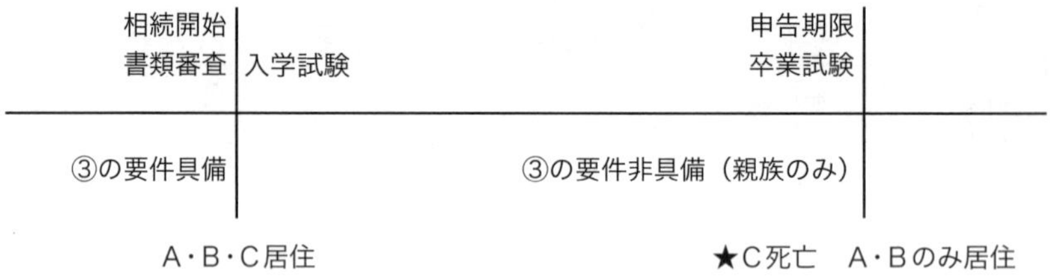

相続開始
書類審査　入学試験

申告期限
卒業試験

③の要件具備

③の要件非具備（親族のみ）

A・B・C居住

★C死亡　A・Bのみ居住

★空き家にしていればOK
他人に貸し付けるとその分は一号の事業継続要件を満たさない。

家賃の有無	賃料	評価		被相続人等の従業員寄宿舎等の措法69の4の考え方(措法69の4③…)
		家屋	土地	
なし	0	自用家屋	自用地	従業員の福利厚生の一環として、その寄宿舎等は被相続人等の営む「事業」の事業用施設とみるのが合理的 ①一般事業（一号・三号）☞同左 ②貸付事業（四号）　☞同左
あり	使用貸借の範囲	自用家屋	自用地	
	相場より相当低い	自用家屋	自用地	
	相場以上（希有）	貸家	貸家建付地	貸付事業（法③四号）そのもの

(被相続人等の居住の用に供されていた宅地等の範囲) 69の4−7

措置法第69条の4第1項に規定する被相続人等の居住の用に供されていた宅地等(以下69の4−8までにおいて「居住用宅地等」という。)とは、次に掲げる宅地等(相続の開始の直前において配偶者居住権に基づき使用又は収益されていた建物等の敷地の用に供されていたものを除く(当該宅地等については69の4−7の2参照)。)をいうものとする。

(1) 相続の開始の直前において、被相続人等の居住の用に供されていた家屋で、被相続人が所有していたもの(被相続人と生計を一にしていたその被相続人の親族が居住の用に供していたものである場合には、当該親族が被相続人から無償で借り受けていたものに限る。)又は被相続人の親族が所有していたもの(当該家屋を所有していた被相続人の親族が当該家屋の敷地を被相続人から無償で借り受けており、かつ、被相続人等が当該家屋を当該親族から借り受けていた場合には、無償で借り受けていたときにおける当該家屋に限る。)の敷地の用に供されていた宅地等

(2) 措置法令第40条の2第2項に定める事由により被相続人の居住の用に供されなくなる直前まで、被相続人の居住の用に供されていた家屋で、被相続人が所有していたもの又は被相続人の親族が所有していたもの(当該家屋を所有していた被相続人の親族が当該家屋の敷地を被相続人から無償で借り受けており、かつ、被相続人が当該家屋を当該親族から借り受けていた場合には、無償で借り受けていたときにおける当該家屋に限る。)の敷地の用に供されていた宅地等(被相続人の居住の用に供されなくなった後、措置法第69条の4第1項に規定する事業の用又は新たに被相続人等以外の者の居住の用に供された宅地等を除く。)

(注) 上記(1)及び(2)の宅地等のうちに被相続人等の居住の用以外の用に供されていた部分があるときは、当該被相続人等の居住の用に供されていた部分に限られるのであるが、当該居住の用に供されていた部分が、被相続人の居住の用に供されていた1棟の建物(建物の区分所有等に関する法律(昭和37年法律第69号)第1条の規定に該当する建物を除く。)に係るものである場合には、当該1棟の建物の敷地の用に供されていた宅地等のうち当該被相続人の親族の居住の用に供されていた部分が含まれることに留意する(69の4−7の2(1)及び(2)に掲げる宅地等についても同じ。)。

(宅地等が配偶者居住権の目的となっている家屋の敷地である場合の被相続人等の居住の用に供されていた宅地等の範囲) 69の4−7の2

相続又は遺贈により取得した宅地等が、当該相続の開始の直前において配偶者居住権に基づき使用又は収益されていた家屋の敷地の用に供されていたものである場合に

は、当該宅地等のうち、次に掲げる宅地等が居住用宅地等に該当するものとする。

⑴　相続の開始の直前において、被相続人等の居住の用に供されていた家屋（被相続人又は被相続人の親族が配偶者居住権者である場合のその配偶者居住権の目的となっている家屋をいう。以下⑴において同じ。）で、被相続人が所有していたもの（当該被相続人等が当該家屋を当該配偶者居住権者から借り受けていた場合には、無償で借り受けていたときにおける当該家屋に限る。）又は被相続人の親族が所有していたもの（当該家屋を所有していた被相続人の親族が当該家屋の敷地を被相続人から無償で借り受けており、かつ、当該被相続人等が当該家屋を当該配偶者居住権者から借り受けていた場合には、無償で借り受けていたときにおける当該家屋に限る。）の敷地の用に供されていた宅地等

⑵　措置法令第40条の2第2項に定める事由により被相続人の居住の用に供されなくなる直前まで、被相続人の居住の用に供されていた家屋（被相続人又は被相続人の親族が配偶者居住権者である場合のその配偶者居住権の目的となっている家屋をいう。以下⑵において同じ。）で、被相続人が所有していたもの（当該被相続人が当該家屋を当該配偶者居住権者から借り受けていた場合には、無償で借り受けていたときにおける当該家屋に限る。）又は被相続人の親族が所有していたもの（当該家屋を所有していた被相続人の親族が当該家屋の敷地を被相続人から無償で借り受けており、かつ、当該被相続人が当該家屋を当該配偶者居住権者から借り受けていた場合には、無償で借り受けていたときにおける当該家屋に限る。）の敷地の用に供されていた宅地等（被相続人の居住の用に供されなくなった後、措置法第69条の4第1項に規定する事業の用又は新たに被相続人等以外の者の居住の用に供された宅地等を除く。）

【筆者解説】二次相続等

ケース	1	2	3	4
居住者	甲	甲	乙	乙
配偶者居住権の目的家屋の所有者	甲	↓ 丙	↓ 甲	↓ 丙
宅地等の所有者・甲		↓		↓

⑴
甲＝被相続人
乙＝被相続人と生計一の親族
丙＝甲の親族（生計一か否かは関係ない）
家屋＝配偶者居住権の目的となっているもの
家賃＆地代は無償

ケース	❶	❷
居住者	甲	甲
配偶者居住権の目的家屋の所有者	甲	↓ 丙
宅地等の所有者・甲		↓

ケース1　甲＝配偶者居住権者
ケース2　丙＝配偶者居住権者

⑵　老人ホーム等に入所等
甲＝被相続人
丙＝甲の親族（生計一か否かは関係ない）
家賃＆地代は無償
ケース1　甲＝配偶者居住権者
ケース2　丙＝配偶者居住権者

（要介護認定等の判定時期）69の4−7の3

被相続人が、措置法令第40条の2第2項1号に規定する要介護認定若しくは要支援認定又は同項第2号に規定する障害支援区分の認定を受けていたかどうかは、当該被相続人が、当該被相続人の相続の開始の直前において当該認定を受けていたかにより判定するのであるから留意する。

（建物の区分所有等に関する法律第1条の規定に該当する建物）69の4−7の4

措置法令第40条の2第4項及び第13項に規定する「建物の区分所有等に関する法律第1条の規定に該当する建物」とは、区分所有建物である旨の登記がされている建物をいうことに留意する。

（注）　上記の区分所有建物とは、被災区分所有建物の再建等に関する特別措置法（平成7年法律第43号）第2条に規定する区分所有建物をいうことに留意する。

（居住用建物の建築中等に相続が開始した場合）69の4−8

被相続人等の居住の用に供されると認められる建物（被相続人又は被相続人の親族の所有に係るものに限る。）の建築中に、又は当該建物の取得後被相続人等が居住の用に供する前に被相続人について相続が開始した場合には、当該建物の敷地の用に供されていた宅地等が居住用宅地等に当たるかどうか及び居住用宅地等の部分については、69の4−5《事業用建物等の建築中等に相続が開始した場合》に準じて取り扱う。

（注）　上記の取扱いは、相続の開始の直前において被相続人等が自己の居住の用に供している建物（被相続人等の居住の用に供されると認められる建物の建築中等に限り一時的に居住の用に供していたにすぎないと認められる建物を除く。）を所有していなかった場合に限り適用があるのであるから留意する。

【筆者解説】 69の4-8　居住用建物の建築中等に相続が開始した場合

●＝相続開始時　　　★申告期限

❶建築中（A建築又はB建替でもよい。）＝被相続人等の居住の用に供されると

認められる建物（被相続人又は被相続人の親族の所有に係るものに限る。）の建築中に、相続が開始した場合

❷建築中等＝建物の取得後被相続人等が居住の用に供する前に相続が開始した場合

※　相続の開始の直前において被相続人等が自己の居住の用に供している建物（被相続人等の居住の用に供されると認められる建物の建築中等に限り一時的に居住の用に供していたにすぎないと認められる建物を除く。仮住居）を所有していなかった場合に限り適用がある。

	居住用家屋　相続開始●	申告期限★	準用はイコールではない
①	A建築中又はB建替中（建築中）	完成☞居住用	措通69の4－5準用　＋A
②	A建築中又はB建替中（建築中）	特別な事情で遅延	完成☞居住　同上
③	A又はB取得（建築中等）（居住前）	☞居住	措通69の4－5準用　＋A
④	Aに居住用	B建替工事着手	☞居住 措通69の4－19（注）

建築中等の建物等の所有者	居住を行っていた者	建築中等の建物等を居住の用に供する者
被相続人	被相続人	❶ 建物等又は敷地を取得した被相続人の親族 ❷ 生計を一にしていた親族
	生計一親族	居住を営んでいる生計を一にしていた親族
被相続人の親族	被相続人	❶ 建物等の敷地を取得した被相続人の親族 ❷ 生計を一にしていた親族
	生計一親族	生計を一にしていた親族

（店舗兼住宅等の敷地の持分の贈与について贈与税の配偶者控除等の適用を受けたものの居住の用に供されていた部分の範囲）69の4-9

措置法第69条の4第1項の規定の適用がある店舗兼住宅等の敷地の用に供されていた宅地等で相続の開始の年の前年以前に被相続人からのその持分の贈与につき相続税法第21条の6第1項《贈与税の配偶者控除》の規定による贈与税の配偶者控除の適用を受けたもの（昭和34年1月28日付直資10「相続税法基本通達の全部改正について」（以下「相続税法基本通達」という。）21の6-3《店舗兼住宅等の持分の贈与があった場合の居住用部分の判定》のただし書の取扱いを適用して贈与税の申告があったものに限る。）又は相続の開始の年に被相続人からのその持分の贈与につき相続税法第19条第2項第2号の規定により特定贈与財産に該当することとなったもの（相続税法基本通達19-10《店舗兼住宅等の持分の贈与を受けた場合の特定贈与財産の判定》の後段の取扱いを適用して相続税の申告があったものに限る。）であっても、措置法令第40条の2第4項《小規模宅地等についての相続税の課税価格の計算の特例》に規定する被相続人等の居住の用に供されていた部分の判定は、

当該相続の開始の直前における現況によって行うのであるから留意する。

(選択特例対象宅地等のうちに貸付事業用宅地等がある場合の限度面積要件)
69の4−10
　措置法第69条の4第2項第3号の要件に該当する場合を算式で示せば、次のとおりである。
　A×200／400＋B×200／330＋C≦200㎡
(注)　算式中の符号は、次のとおりである。
　　Aは、当該相続又は遺贈により財産を取得した者に係るすべての措置法第69条の4第1項に規定する選択特例対象宅地等（以下69の4−11までにおいて「選択特例対象宅地等」という。）である同条第2項第1号に規定する特定事業用等宅地等の面積の合計
　　Bは、当該相続又は遺贈により財産を取得した者に係るすべての選択特例対象宅地等である同条第3項第2号に規定する特定居住用宅地等の面積の合計
　　Cは、当該相続又は遺贈により財産を取得した者に係るすべての選択特例対象宅地等である同条第3項第4号に規定する貸付事業用宅地等の面積の合計

【筆者解説】
Cに適用しなければ左記の計算は不要　A最大400㎡　B最大330㎡　最大730㎡
A×200/400＋B×200/330＋C≦200㎡

<table>
<tr><td colspan="2">A特定事業用等宅地等</td><td rowspan="2">B特定居住用宅地等</td><td rowspan="2">C貸付事業用宅地等</td><td rowspan="2">合計
A＋B＋C</td></tr>
<tr><td>特定事業用等</td><td>特定同族
会社事業用</td></tr>
<tr><td colspan="2">A×200/400（縮み計算）</td><td>B×200/330（同左）</td><td>C</td><td>200以下</td></tr>
</table>

(注)　算式中の符号は、次のとおりである。
A＝特定事業用等宅地等の面積の合計
　は、当該相続又は遺贈により財産を取得した者に係るすべての措置法第69条の4第1項に規定する選択特例対象宅地等（以下69の4−11までにおいて「選択特例対象宅地等」という。）である同条第2項第1号に規定する
Bは、当該相続又は遺贈により財産を取得した者に係るすべての選択特例対象宅地等である同条第3項第2号に規定する特定居住用宅地等の面積の合計
Cは、当該相続又は遺贈により財産を取得した者に係るすべての選択特例対象宅地等である同条第3項第4号に規定する貸付事業用宅地等の面積の合計

(限度面積要件を満たさない場合) 69の4−11
　選択特例対象宅地等が措置法第69条の4第2項に規定する限度面積要件を満たしていない場合は、その選択特例対象宅地等のすべてについて同条第1項の適用がな

いことに留意する。

なお、この場合、その後の国税通則法（昭和37年法律第66号）第18条第2項《期限後申告》に規定する期限後申告書及び同法第19条第3項《修正申告》に規定する修正申告書において、その選択特例対象宅地等が限度面積要件を満たすこととなったときは、その選択特例対象宅地等について措置法第69条の4第1項の適用がある（69の4−12に規定する場合を除く。）ことに留意する。

（小規模宅地等の特例、特定計画山林の特例又は個人の事業用資産についての納税猶予及び免除を重複適用する場合に限度額要件等を満たさないとき）69の4−12

措置法第69条の4第1項に規定する小規模宅地等（以下69の5−13までにおいて「小規模宅地等」という。）、措置法第69条の5第1項《特定計画山林についての相続税の課税価格の計算の特例》に規定する選択特定計画山林（以下69の5−13までにおいて「選択特定計画山林」という。）又は措置法第70条の6の10第1項《個人の事業用資産についての相続税の納税猶予及び免除》に規定する特例事業用資産のうち同条第2項第1号イに掲げるもの（以下69の5−13までにおいて「猶予対象宅地等」という。）について、措置法第69条の4第1項、第69条の5第1項又は第70条の6の10第1項の規定の適用を重複して受けようとする場合において、その選択特定計画山林の価額が措置法第69条の5第5項（措置法令第40条の2の2第9項の規定の適用がある場合を含む。）に規定する限度額（69の5−12参照）を超えるとき又はその猶予対象宅地等の面積が同号イに規定する限度面積（70の6の10−17参照）を超えるときは、その小規模宅地等の全てについて措置法第69条の4第1項の規定の適用はないことに留意する。

なお、この場合、その後の国税通則法第18条第2項に規定する期限後申告書及び同法第19条第3項に規定する修正申告書において、当該限度額又は当該限度面積を超えないこととなったときは、その小規模宅地等について措置法第69条の4第1項の規定の適用があることに留意する。

（注）1　上記の限度額を超える場合における当該選択特定計画山林及び上記の限度面積を超える場合における当該猶予対象宅地等は、その全てについて措置法第69条の5第1項及び第70条の6の10第1項の規定の適用もないことに留意する（69の5−13及び70の6の10−18参照）。

2　上記の「猶予対象宅地等」には、措置法令第40条の2第5項に規定する猶予対象受贈宅地等を含むことに留意する。

（不動産貸付業等の範囲）69の4−13

被相続人等の不動産貸付業、駐車場業又は自転車駐車場業については、その規模、設備の状況及び営業形態等を問わず全て措置法第69条の4第3項第1号及び第4号に規定する不動産貸付業又は措置法令第40条の2第7項に規定する駐車場業若しくは自転車駐車場業に当たるのであるから留意する。

(注) 措置法令第40条の2第1項に規定する準事業は、上記の不動産貸付業、駐車場業又は自転車駐車場業に当たらないことに留意する。

【筆者解説】【2018.07.09新通達解説】不動産貸付業等＝不動産貸付業＋駐車場業＋自転車駐車場業＋準事業

(参考) 貸付事業の区分

貸付けの態様		事業的規模	規模事業と称するに至らないもの
不動産の貸付け		不動産貸付業	準事業
駐車場 ・ 自転車駐車場	(下記以外) 自己の責任において 他人の物を保管	駐車場業 自転車駐車場業	準事業

(下宿等) 69の4−14

下宿等のように部屋を使用させるとともに食事を供する事業は、措置法第69条の4第3項第1号及び第4号に規定する「不動産貸付業その他政令で定めるもの」に当たらないものとする。

(宅地等を取得した親族が申告期限までに死亡した場合) 69の4−15

被相続人の事業用宅地等を相続又は遺贈により取得した被相続人の親族が当該相続に係る相続税の申告期限までに死亡した場合には、当該親族から相続又は遺贈により当該宅地等を取得した当該親族の相続人が、措置法第69条の4第3項第1号イ又は第4号イの要件を満たせば、当該宅地等は同項第1号に規定する特定事業用宅地等又は同項第4号に規定する貸付事業用宅地等に当たるのであるから留意する。

(注) 当該相続人について措置法第69条の4第3項第1号イ又は第4号イの要件に該当するかどうかを判定する場合において、同項第1号又は第4号の申告期限は、相続税法第27条第2項《相続税の申告書》の規定による申告期限をいい、また、被相続人の事業（措置令第40条の2第1項に規定する事業を含む。以下69の4−15において同じ。）を引き継ぐとは、当該相続人が被相続人の事業を直接引き継ぐ場合も含まれるのであるから留意する。

(申告期限までに転業又は廃業があった場合) 69の4−16

措置法第69条の4第3項第1号イの要件の判定については、同号イの申告期限までに、同号イに規定する親族が当該宅地等の上で営まれていた被相続人の事業の一部を他の事業（同号に規定する事業に限る。）に転業しているときであっても、当該親族は当該被相続人の事業を営んでいるものとして取り扱う。

なお、当該宅地等が被相続人の営む2以上の事業の用に供されていた場合において、当該宅地等を取得した同号イに規定する親族が同号イの申告期限までにそれらの事業の一部を廃止したときにおけるその廃止に係る事業以外の事業の用に供されていた当該宅地等の部分については、当該宅地等の部分を取得した当該親族について同号イの要件を満たす限り、同号に規定する特定事業用宅地等に当たるものとする。

(注)

1　措置法第69条の4第3項第4号イの要件の判定については、上記に準じて取り扱う。

2　措置法第69条の4第3項第1号ロ、同項第3号及び同項第4号ロの要件の判定については、上記のなお書に準じて取り扱う。

(災害のため事業が休止された場合) 69の4−17

措置法第69条の4第3項第1号イ又はロの要件の判定において、被相続人等の事業の用に供されていた施設が災害により損害を受けたため、同号イ又はロの申告期限において当該事業が休業中である場合には、同号に規定する親族(同号イの場合にあっては、その親族の相続人を含む。)により当該事業の再開のための準備が進められていると認められるときに限り、当該施設の敷地は、当該申告期限においても当該親族の当該事業の用に供されているものとして取り扱う。

(注)　措置法第69条の4第3項第2号イ及びハ、同項第3号並びに同項第4号イ及びロの要件の判定については、上記に準じて取り扱う。

(申告期限までに宅地等の一部の譲渡又は貸付けがあった場合) 69の4−18

措置法第69条の4第3項第1号イ又はロの要件の判定については、被相続人等の事業用宅地等の一部が同号イ又はロの申告期限までに譲渡され、又は他に貸し付けられ、同号の親族(同号イの場合にあっては、その親族の相続人を含む。)の同号イ又はロに規定する事業の用に供されなくなったときであっても、当該譲渡され、又は貸し付けられた宅地等の部分以外の宅地等の部分については、当該親族について同号イ又はロの要件を満たす限り、同号に規定する特定事業用宅地等に当たるものとして取り扱う。

(注)　措置法第69条の4第3項第3号の要件の判定については、上記に準じて取り扱う。

【筆者解説】

「第3項第**2号(特定居住用宅地等)イ及びロ並びにハ,並びに4号(貸付事業用宅地等)**の要件の判定については」言及していないためオールオアナッシングと誤解している税理士がいるが、平成22年4月より全部が部分概念となったため、譲渡又は他に使用した部分以外の部分には当然に適用はあります。

2号柱書（配偶者取得分は）は譲渡等（貸付分含む。）した部分も含めて適用があります。尾崎三郎先生の貴重な見解です。

（申告期限までに事業用建物等を建て替えた場合）69の4−19

措置法第69条の4第3項第1号イ又はロの要件の判定において、同号に規定する親族（同号イの場合にあっては、その親族の相続人を含む。）の事業の用に供されている建物等が同号イ又はロの申告期限までに建替え工事に着手された場合に、当該宅地等のうち当該親族により当該事業の用に供されると認められる部分については、当該申告期限においても当該親族の当該事業の用に供されているものとして取り扱う。

（注）措置法第69条の4第3項第2号イ及びハ、同項第3号並びに同項第4号イ及びロの要件の判定については、上記に準じて取り扱う。

【筆者解説】●＝相続開始　　★＝申告期限

●	★	★後	判定　措通69の4－19　準用はイコールではない
従来からの事業用建物等A	該当宅地等を取得した※親族が建替工事着手　※③一号イ・③四号イの場合は、その親族の相続人を含む。	完成☞措通69の4－19該当 ・法③一号イ又はロ（特定事業用宅地等） ・法③二号イ及びハ（特定居住用宅地等）上記　4-19準用 ・法③三号（特定同族会社事業用宅地等）上記　4-19準用 ・法③四号イ及びロ（貸付事業用宅地等）上記　4-19準用	

（宅地等を取得した親族が事業主となっていない場合）69の4−20

措置法第69条の4第3項第1号イに規定する事業を営んでいるかどうかは、事業主として当該事業を行っているかどうかにより判定するのであるが、同号イに規定する親族が就学中であることその他当面事業主となれないことについてやむを得ない事情があるため、当該親族の親族が事業主となっている場合には、同号イに規定する親族が当該事業を営んでいるものとして取り扱う。

（注）事業を営んでいるかどうかは、会社等に勤務するなど他に職を有し、又は当該事業の他に主たる事業を有している場合であっても、その事業の事業主となっている限りこれに当たるのであるから留意する。

（新たに事業の用に供されたか否かの判定）69の4−20の2

措置法第69条の4第3項第1号の「新たに事業の用に供された宅地等」とは、事業（貸付事業（同項第4号に規定する貸付事業をいう。以下69の4−20の2において同じ。）を除く。以下69の4−20の5までにおいて同じ。）の用以外の用に供されていた宅地等が事業の用に供された場合の当該宅地等又は宅地等若しくはその上にある建物等につき「何らの利用がされていない場合」の宅地等が事業の用に供された場合の当該宅地等をいうことに留意する。

したがって、例えば、居住の用又は貸付事業の用に供されていた宅地等が事業の用に供された場合の当該事業の用に供された部分については、「新たに事業の用に供された宅地等」に該当するが、事業の用に供されていた宅地等が他の事業の用に供された場合の当該他の事業の用に供された部分については、これに該当しないことに留意する。

また、次に掲げる場合のように、事業に係る建物等が一時的に事業の用に供されていなかったと認められるときには、当該建物等に係る宅地等は、上記の「何らの利用がされていない場合」の宅地等に該当しないことに留意する。

(1) 継続的に事業の用に供されていた建物等につき建替えが行われた場合において、建物等の建替え後速やかに事業の用に供されていたとき（当該建替え後の建物等を事業の用以外の用に供していないときに限る。）

(2) 継続的に事業の用に供されていた建物等が災害により損害を受けたため、当該建物等に係る事業を休業した場合において、事業の再開のための当該建物等の修繕その他の準備が行われ、事業が再開されていたとき（休業中に当該建物等を事業の用以外の用に供していないときに限る。）

(注)

1 建替えのための建物等の建築中に相続が開始した場合には69の4–5の取扱いが、また、災害による損害のための休業中に相続が開始した場合には69の4–17の取扱いが、それぞれあることに留意する。

2 (1)又は(2)に該当する場合には、当該宅地等に係る「新たに事業の用に供された」時は、(1)の建替え前又は(2)の休業前の事業に係る事業の用に供された時となることに留意する。

3 (1)に該当する場合において、建替え後の建物等の敷地の用に供された宅地等のうちに、建替え前の建物等の敷地の用に供されていなかった宅地等が含まれるときは、当該供されていなかった宅地等については、新たに事業の用に供された宅地等に該当することに留意する。

【筆者解説】

❶事業の用以外の用に供されていた宅地等⇨事業の用に供された場合のその宅地等

❷宅地等若しくはその上にある建物等につき「何らの利用がされていない場合」の宅地等⇨同上

❸継続事業用建物等の建替えが行われ、建替え後速やかに⇨同上
（当該建替え後の建物等を事業の用以外の用に供していないときに限る。）

❹継続事業用建物等が災害により損害を受け、事業を休業し修繕その他の準備が行われ、事業が再開されていたとき（休業中に当該建物等を事業の用以外の用に供していないときに限る。）

判定　○＝新規ではない　×＝新規となる

<table>
<tr><td>具体例</td><td colspan="2">事業＝一般事業　個人単位で考える</td><td></td></tr>
<tr><td rowspan="13">同一宅地等</td><td colspan="2">❶居住の用に供されていた宅地等が事業の用に供された場合</td><td>×</td></tr>
<tr><td colspan="2">❶貸付事業の用に供されていた宅地等が事業の用に供された場合</td><td>×</td></tr>
<tr><td colspan="2">❶その他の用に供されていた宅地等が事業の用に供された場合</td><td>×</td></tr>
<tr><td colspan="2">❷宅地等につき「何らの利用がされていない場合」のその宅地等が事業の用に供された場合の当該宅地等【空地】</td><td>×</td></tr>
<tr><td colspan="2">❷建物等につき「何らの利用がされていない場合」のその宅地等が事業の用に供された場合の当該宅地等【空き家】</td><td>×</td></tr>
<tr><td colspan="2">（同一被相続人等の）一般事業から別の一般事業に転業</td><td>○</td></tr>
<tr><td colspan="2">借りていた宅地等を取得し継続し（同一被相続人等の）事業の用に供したとき</td><td>○</td></tr>
<tr><td rowspan="2">❸事業用建物等につき建替えが行われた場合で、建物等の建替え後速やかに事業の用に供されていたとき（非事業の用に供していないこと）100⇨140</td><td>建替前の敷地部分100㎡</td><td>○</td></tr>
<tr><td>新規事業の新敷地部分40㎡</td><td>×</td></tr>
<tr><td rowspan="2">❹事業用建物等が災害により損害を受け休業し建物等の修繕等が行われ、事業が再開されていたとき　（休業中非事業用なし）100㎡⇨140㎡40㎡増床）</td><td>修繕前の敷地部分100㎡</td><td>○</td></tr>
<tr><td>増床事業分の新敷地部分40㎡</td><td>×</td></tr>
<tr><td colspan="2">❶（A）の事業用宅地等を（B）が取得（相続等除く）してその事業継続した場合</td><td>×</td></tr>
<tr><td colspan="2">被相続人（第２次相続の被相続人で第１次相続の相続人）が相続開始前３年以内に開始した相続等（第一次相続）により事業用宅地等を取得し、かつ、その宅地等を引き続き事業の用に供していた場合（措令40の２⑨）。2019.9書籍Ｐ154</td><td>○</td></tr>
<tr><td colspan="3">別宅地等での支店の開設</td><td>×</td></tr>
<tr><td colspan="3">移転先の宅地等　【引っ越し】</td><td>×</td></tr>
</table>

（政令で定める規模以上の事業の意義等）69の4-20の3

措置法令第40条の2第8項で定める規模以上の事業は、次に掲げる算式を満たす場合における当該事業（以下69の4-20の3において「特定事業」という。）であることに留意する。

なお、特定事業に該当するか否かの判定は、下記の特定宅地等ごとに行うことに留意する。

（算式）

事業の用に供されていた減価償却資産（注1）のうち被相続人等が有していたもの（注2）の相続の開始の時における価額の合計額／新たに事業の用に供された宅地等（以下69の4-20の3において「特定宅地等」という。）（注3）の相続の開始

の時における価額≧15/100

(注)

1 「減価償却資産」とは、特定宅地等に係る被相続人等の事業の用に供されていた次に掲げる資産をいい、当該資産のうちに当該事業の用以外の用に供されていた部分がある場合には、当該事業の用に供されていた部分に限ることに留意する。

① 特定宅地等の上に存する建物（その附属設備を含む。）又は構築物

② 所得税法第2条第1項第19号《定義》に規定する減価償却資産で特定宅地等の上で行われる当該事業に係る業務の用に供されていたもの（①に掲げるものを除く。）

なお、当該事業が特定宅地等を含む一の宅地等の上で行われていた場合には、特定宅地等を含む一の宅地等の上に存する建物（その附属設備を含む。）又は構築物のうち当該事業の用に供されていた部分並びに上記②の減価償却資産のうち特定宅地等を含む一の宅地等の上で行われる当該事業に係る業務の用に供されていた部分（当該建物及び当該構築物を除く。）は、上記①又は②に掲げる資産にそれぞれ含まれることに留意する。

また、上記②に掲げる資産が、共通して当該業務及び当該業務以外の業務の用に供されていた場合であっても、当該資産の全部が上記②に掲げる資産に該当することに留意する。

おって、「事業の用に供されていた減価償却資産」に該当するか否かの判定は、特定宅地等を新たに事業の用に供した時ではなく、相続開始の直前における現況によって行うことに留意する。したがって、例えば、特定宅地等を新たに事業の用に供した後に被相続人等が取得した上記②に掲げる資産も上記算式の分子に含まれることに留意する。

2 「被相続人等が有していたもの」は、事業を行っていた被相続人又は事業を行っていた生計一親族（被相続人と生計を一にしていたその被相続人の親族をいう。）が、自己の事業の用に供し、所有していた減価償却資産であることに留意する。

3 「特定宅地等」は、相続開始の直前において被相続人が所有していた宅地等であり、当該宅地等が数人の共有に属していた場合には当該被相続人の有していた持分の割合に応ずる部分であることに留意する。

(相続開始前3年を超えて引き続き事業の用に供されていた宅地等の取扱い)

69の4-20の4

相続開始前3年を超えて引き続き被相続人等の事業の用に供されていた宅地等については、「措置法令第40条の2第8項に定める規模以上の事業を行っていた被相続人等の事業」以外の事業に係るものであっても、措置法第69条の4第3項第1号

イ又はロに掲げる要件を満たす当該被相続人の親族が取得した場合には、同号に規定する特定事業用宅地等に該当することに留意する。

(注) 被相続人等の事業の用に供されていた宅地等が69の4−20の2に掲げる場合に該当する場合には、当該宅地等は引き続き事業の用に供されていた宅地等に該当することに留意する。

(平成31年改正法附則による特定事業用宅地等に係る経過措置について)
69の4−20の5 【省略】

(被相続人の居住用家屋に居住していた親族の範囲) 69の4−21

措置法第69条の4第3項第2号ロに規定する当該被相続人の居住の用に供されていた家屋に居住していた親族とは、当該被相続人に係る相続の開始の直前において当該家屋で被相続人と共に起居していたものをいうのであるから留意する。この場合において、当該被相続人の居住の用に供されていた家屋については、当該被相続人が1棟の建物でその構造上区分された数個の部分の各部分（以下69の4−21において「独立部分」という。）を独立して住居その他の用途に供することができるものの独立部分の一に居住していたときは、当該独立部分をいうものとする。

(「当該親族の配偶者」等の意義) 69の4−22

措置法第69条の4第3項第2号ロ(1)に規定する「当該親族の配偶者、当該親族の三親等内の親族又は当該親族と特別の関係がある法人」とは、相続の開始の直前において同号に規定する親族の配偶者、当該親族の三親等内の親族又は当該親族と特別の関係がある法人である者をいうものとする。

(平成30年改正法附則による特定居住用宅地等に係る経過措置について)
69の4−22の2 【省略】

(法人の事業の用に供されていた宅地等の範囲) 69の4−23

措置法第69条の4第3項第3号に規定する法人の事業の用に供されていた宅地等とは、次に掲げる宅地等のうち同号に規定する法人（同号に規定する申告期限において清算中の法人を除く。以下69の4−24までにおいて同じ。）の事業の用に供されていたもの をいうものとする。

(1) 当該法人に貸し付けられていた宅地等（当該貸付けが同条第1項に規定する事業に該当する場合に限る。）

(2) 当該法人の事業の用に供されていた建物等で、被相続人が所有していたもの又は被相続人と生計を一にしていたその被相続人の親族が所有していたもの（当該親族が当該建物等の敷地を被相続人から無償で借り受けていた場合における当該建物等に限る。）で、当該法人に貸し付けられていたもの（当該貸付けが同項に規定する事業に該当する場合に限る。）の敷地の用に供されていたもの

（注）1　措置法第69条の4第3項第3号に規定する法人の事業には、不動産貸付業その他措置法令第40条の2第7項に規定する駐車場、自転車駐車場及び準事業が含まれないことに留意する。

2　相続又は遺贈により取得した宅地等が、当該相続の開始の直前において配偶者居住権に基づき使用又は収益されていた建物等の敷地の用に供されていたものである場合には、上記(2)の「被相続人と生計を一にしていたその被相続人の親族」とあるのは「被相続人の親族」と、「で、当該法人に」とあるのは「のうち、配偶者居住権者である被相続人等により当該法人へ」と読み替えるものとする。

【筆者解説】【(2)の読み替え】意訳

同族法人の（一般）事業供用建物等で、被相続人又は被相続人の親族が所有していたもの（親族が建物等の敷地を被相続人から無償で借り受けていた場合に限る。）のうち、配偶者居住権者である被相続人等により当該法人に貸付事業の敷地の用に供されていたもの

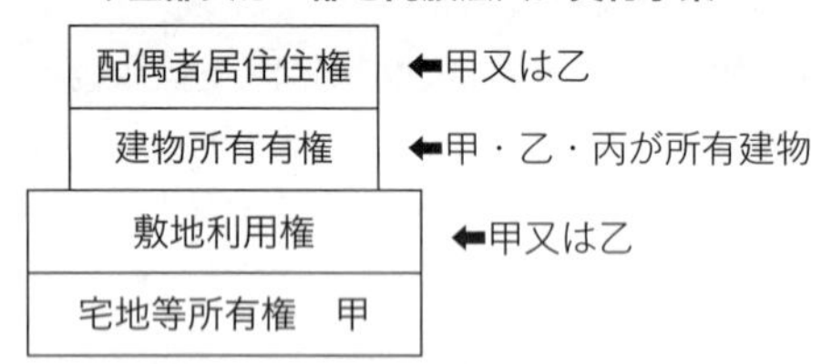

配偶者居住権者＝被相続人甲又は乙（甲と生計を一の甲の親族）
甲＝被相続人　　乙＝被相続人と生計を一の親族　　丙＝その他親族（乙以外）

（法人の社宅等の敷地）69の4−24

措置法第69条の4第3項第3号の要件の判定において、同号に規定する法人の社宅等（被相続人等の親族のみが使用していたものを除く。）の敷地の用に供されていた宅地等は、当該法人の事業の用に供されていた宅地等に当たるものとする。

【筆者解説】甲＝被相続人・A長男＝甲と生計一（基本同居）・B二男＝甲と生計別（基本別居）

①　同族法人（法③三号）が事業（一般事業（法③一号）又は貸付事業（法③四号））を経営

②　①に従事する社員の社宅等（被相続人等の親族のみが使用していたものを除

く。)。

③　相続開始時に（社宅等に居住していた）社員に１人でも※３被相続人等の親族以外あり。

※１　家賃が無償か、有償（借地借家法の保護があるほど高額は除く）かは関係ない。

※２　事業が不動産貸付等である場合には、不動産貸付等の用に供されていた宅地等になる。

※３　被相続人等の親族は×、被相続人と生計別のＢの親族はＯＫ（例　Ｂ二男の妻の両親）

登場人物　甲・A・B・Aの妻の親C・Bの妻の親D

・Aの家族は甲の自宅に甲と同居し、
・Bは社宅等に居住（他の人も居住）

			社宅等に居住の親族等	判　定
被相続人等	被相続人	甲	例 B	被相続人の親族
	被相続人と生計一の親族	A	例 Aの妻の親C	生計一の親族の親族
被相続人等以外の親族		B	例 Bの妻の親D	被相続人等の親族以外
赤の他人		Z	例 Z	被相続人等の親族以外

家族経営で事業をしていたが、社宅等に居住していた使用人は…

④　①～③に該当すると②の宅地等は、被相続人等の事業用宅地等に当たる（書類審査の話)。※　入学試験をパスした後、卒業試験の段階で③の要件を具備しなくなってもＯＫと考える。

(図解)

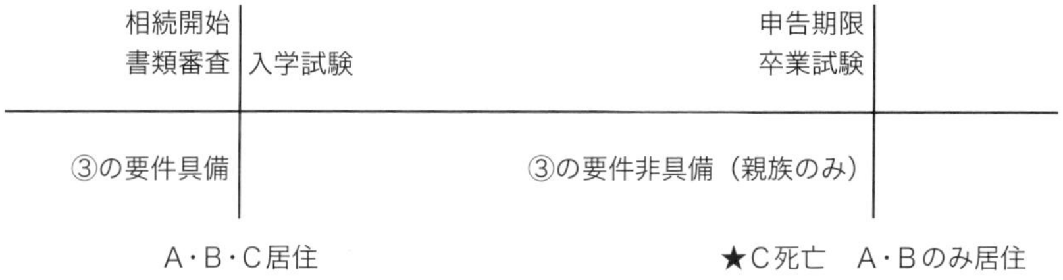

相続開始
書類審査　入学試験　　　　申告期限
　　　　　　　　　　　　　卒業試験

③の要件具備　　　　③の要件非具備（親族のみ）

A・B・C居住　　　　★C死亡　A・Bのみ居住

★空き家にしていればＯＫ
他人に貸し付けるとその分は一号の事業継続要件を満たさない。

★空き家にしていればＯＫ　他人に貸し付けるとその分は三号の事業継続要件を満たさない。

家賃の有無	賃料	評価		社宅等の措法69の4の考え方 (措法69の4③…)
		家屋	土地	
なし	0	自用家屋	自用地	社員の福利厚生の一環として、その社宅等は同族法人の営む「事業」の事業用施設とみるのが合理的 ①同族法人が一般事業（三号）☞同左 ②同族法人が貸付事業（四号）☞同左
あり	使用貸借の範囲	自用家屋	自用地	
	相場より相当低い	自用家屋	自用地	
	相場以上（希有）	貸家	貸家建付地	貸付事業（法③四号）そのもの

(被相続人等の貸付事業の用に供されていた宅地等) 69の4−24の2

宅地等が措置法第69条の4第3項第4号に規定する被相続人等の貸付事業（以下69 の4−24の8までにおいて「貸付事業」と いう。）の用に供されていた宅地等に該当するかどうかは、当該宅地等が相続開始の時において現実に貸付事業の用に供されていたかどうかで判定するのであるが、貸付事業の用に供されていた宅地等には、当該貸付事業に係る建物等のうちに相続開始の時において一時的に賃貸されていなかったと認められる部分がある場合における当該部分に係る宅地等の部分が含まれることに留意する。

(注) 1　69の4−5の取扱いがある場合を除き、新たに貸付事業の用に供する建物等を建築中である場合や、新たに建築した建物等に係る賃借人の募集その他の貸付事業の準備行為が行われているに過ぎない場合には、当該建物等に係る宅地等は貸付事業の用に供されていた宅地等に該当しないことに留意する。

2　配偶者居住権の設定に係る相続又は遺贈により当該貸付事業に係る建物等(当該配偶者居住権の目的とされたものに限る。）の敷地の用に供されていた宅地等を取得した場合には、当該宅地等のうち当該配偶者居住権に基づく敷地利用権に相当する部分については、当該貸付事業の用に供されていた宅地等に該当しないことに留意する。

【筆者解説】【⑵の読み替え】意訳

①配偶者居住権	②賃貸
③建物等所有権	
④敷地利用権 60%	⑤40%
⑥宅地等所有権　例 面積 100	

⑥の内 100 ㎡ ×④／④+⑤=60 ㎡
貸付事業の用に該当しない。

（新たに貸付事業の用に供されたか否かの判定）69の4−24の3

措置法第69条の4第3項第4号の「新たに貸付事業の用に供された」とは、貸付事業の用以外の用に供されていた宅地等が貸付事業の用に供された場合又は宅地等若しくはその上にある建物等につき「何らの利用がされていない場合」の当該宅地等が貸付事業の用に供された場合をいうことに留意する。

したがって、賃貸借契約等につき更新がされた場合は、新たに貸付事業の用に供された場合に該当しないことに留意する。

また、次に掲げる場合のように、貸付事業に係る建物等が一時的に賃貸されていなかったと認められるときには、当該建物等に係る宅地等は、上記の「何らの利用がされていない場合」に該当しないことに留意する。

⑴ 継続的に賃貸されていた建物等につき賃借人が退去をした場合において、その退去後速やかに新たな賃借人の募集が行われ、賃貸されていたとき（新たな賃借人が入居するまでの間、当該建物等を貸付事業の用以外の用に供していないときに限る。）

⑵ 継続的に賃貸されていた建物等につき建替えが行われた場合において、建物等の建替え後速やかに新たな賃借人の募集が行われ、賃貸されていたとき（当該建替え後の建物等を貸付事業の用以外の用に供していないときに限る。）

⑶ 継続的に賃貸されていた建物等が災害により損害を受けたため、当該建物等に係る貸付事業を休業した場合において、当該貸付事業の再開のための当該建物等の修繕その他の準備が行われ、当該貸付事業が再開されていたとき（休業中に当該建物等を貸付事業の用以外の用に供していないときに限る。）

（注）

1 建替えのための建物等の建築中に相続が開始した場合には69の4−5の取扱いが、また、災害による損害のための休業中に相続が開始した場合には69の4−17の取扱いが、それぞれあることに留意する。

2 ⑴、⑵又は⑶に該当する場合には、当該宅地等に係る「新たに貸付事業の用に供された」時は、⑴の退去前、⑵の建替え前又は⑶の休業前の賃貸に係る貸付事業の用に供された時となることに留意する。

3 ⑵に該当する場合において、建替え後の建物等の敷地の用に供された宅地等のうちに、建替え前の建物等の敷地の用に供されていなかった宅地等が含まれるときは、当該供されていなかった宅地等については、新たに貸付事業の用に供された宅地等に該当することに留意する。

(特定貸付事業の意義) 69の4−24の4

措置法令第40条の2第19項に規定する特定貸付事業（以下69の4−24の8までにおいて「特定貸付事業」という。）は、貸付事業のうち準事業以外のものをいうのであるが、被相続人等の貸付事業が準事業以外の貸付事業に当たるかどうかについては、社会通念上事業と称するに至る程度の規模で当該貸付事業が行われていたかどうかにより判定することに留意する。

なお、この判定に当たっては、次によることに留意する。

(1) 被相続人等が行う貸付事業が不動産の貸付けである場合において、当該不動産の貸付けが不動産所得（所得税法（昭和40年法律第33号）第26条第1項《不動産所得》に規定する不動産所得をいう。以下(1)において同じ。）を生ずべき事業として行われているときは、当該貸付事業は特定貸付事業に該当し、当該不動産の貸付けが不動産所得を生ずべき事業以外のものとして行われているときは、当該貸付事業は準事業に該当すること。

(2) 被相続人等が行う貸付事業の対象が駐車場又は自転車駐車場であって自己の責任において他人の物を保管するものである場合において、当該貸付事業が同法第27条第1項《事業所得》に規定する事業所得を生ずべきものとして行われているときは、当該貸付事業は特定貸付事業に該当し、当該貸付事業が同法第35条第1項《雑所得》に規定する雑所得を生ずべきものとして行われているときは、当該貸付事業は準事業に該当すること。

(注) (1)又は(2)の判定を行う場合においては、昭和45年7月1日付直審（所）30「所得税基本通達の制定について」（法令解釈通達）26−9《建物の貸付けが事業として行われているかどうかの判定》及び27−2《有料駐車場等の所得》の取扱いがあることに留意する。

(特定貸付事業が引き続き行われていない場合) 69の4−24の5

相続開始前3年以内に宅地等が新たに被相続人等が行う特定貸付事業の用に供された場合において、その供された時から相続開始の日までの間に当該被相続人等が行う貸付事業が特定貸付事業に該当しないこととなったときは、当該宅地等は、相続開始の日まで3年を超えて引き続き特定貸付事業を行っていた被相続人等の貸付事業の用に供されたものに該当せず、措置法第69条の4第3項第4号に規定する貸付事業用宅地等の対象となる宅地等から除かれることに留意する。

(注) 被相続人等が行っていた特定貸付事業が69の4−24の3に掲げる場合に該当する場合には、当該特定貸付事業は、引き続き行われているものに該当することに留意する。

（特定貸付事業を行っていた「被相続人等の当該貸付事業の用に供された」の意義）69の4-24の6

措置法第69条の4第3項第4号の特定貸付事業を行っていた「被相続人等の当該貸付事業の用に供された」とは、特定貸付事業を行っていた被相続人等が、宅地等をその自己が行っていた特定貸付事業の用に供した場合をいうのであって、次に掲げる場合はこれに該当しないことに留意する。

(1) 被相続人が特定貸付事業を行っていた場合に、被相続人と生計を一にする親族が宅地等を自己の貸付事業の用に供したとき

(2) 被相続人と生計を一にする親族が特定貸付事業を行っていた場合に、被相続人又は当該親族以外の被相続人と生計を一にする親族が宅地等を自己の貸付事業の用に供したとき

（相続開始前3年を超えて引き続き貸付事業の用に供されていた宅地等の取扱い）69の4-24の7

相続開始前3年を超えて引き続き被相続人等の貸付事業の用に供されていた宅地等については、措置法令第40条の2第19項に規定する特定貸付事業以外の貸付事業に係るものであっても、措置法第69条の4第3項第4号イ又はロに掲げる要件を満たす当該被相続人の親族が取得した場合には、同号に規定する貸付事業用宅地等に該当することに留意する。

（注） 被相続人等の貸付事業の用に供されていた宅地等が69の4-24の3に掲げる場合に該当する場合には、当該宅地等は引き続き貸付事業の用に供されていた宅地等に該当することに留意する。

（平成30年改正法附則による貸付事業用宅地等に係る経過措置について）
69の4-24の8 【省略】

（共同相続人等が特例対象宅地等の分割前に死亡している場合）69の4-25

相続又は遺贈により取得した特例対象宅地等の全部又は一部が共同相続人又は包括受遺者（以下69の5-11までにおいて「共同相続人等」という。）によって分割される前に、当該相続（以下69の4-25において「第一次相続」という。）に係る共同相続人等のうちいずれかが死亡した場合において、第一次相続により取得した特例対象宅地等の全部又は一部が、当該死亡した者の共同相続人等及び第一次相続に係る当該死亡した者以外の共同相続人等によって分割され、その分割により当該死亡した者の取得した特例対象宅地等として確定させたものがあるときは、措置法第69条の4第1項の規定の適用に当たっては、その特例対象宅地等は分割により当

該死亡した者が取得したものとして取り扱うことができる。

(注)　第一次相続に係る共同相続人等のうちいずれかが死亡した後、第一次相続により取得した財産の全部又は一部が家庭裁判所における調停又は審判（以下69の5-9までにおいて「審判等」という。）に基づいて分割されている場合において、当該審判等の中で、当該死亡した者の具体的相続分（民法第900条《法定相続分》から第904条の2《寄与分》まで（第902条の2《相続分の指定がある場合の債権者の権利の行使》を除く。）に規定する相続分をいう。以下69の5-9までにおいて同じ。）のみが金額又は割合によって示されているにすぎないときであっても、当該死亡した者の共同相続人等の全員の合意により、当該死亡した者の具体的相続分に対応する財産として特定させたもののうちに特例対象宅地等があるときは上記の取扱いができることに留意する。

(申告書の提出期限後に分割された特例対象宅地等について特例の適用を受ける場合) 69の4-26

相続税法第27条の規定による申告書の提出期限後に特例対象宅地等の全部又は一部が分割された場合には、当該分割された日において他に分割されていない特例対象宅地等又は措置法令第40条の2第3項に規定する特例対象株式等若しくは特例対象山林があるときであっても、当該分割された特例対象宅地等の全部又は一部について、措置法第69条の4第1項の規定の適用を受けるために同条第5項において準用する相続税法第32条の規定による更正の請求を行うことができるのは、当該分割された日の翌日から4月以内に限られており、当該期間経過後において当該分割された特例対象宅地等について同条の規定による更正の請求をすることはできないことに留意する。

(個人の事業用資産についての納税猶予及び免除の適用がある場合)
69の4-26の2

被相続人が次に掲げる者のいずれかに該当する場合には、措置法第69条の4第6項の規定により、当該被相続人から相続又は遺贈により取得をした全ての同条第3項第1号に規定する特定事業用宅地等について、同条第1項の規定の適用がないことに留意する。

1　措置法第70条の6の8第1項の規定の適用を受けた同条第2項第2号に規定する特例事業受贈者に係る同条第1項に規定する贈与者

2　措置法第70条の6の10第1項の規定の適用を受ける同条第2項第2号に規定する特例事業相続人等に係る同条第1項に規定する被相続人

(注)

1　上記の「取得」には、措置法第70条の6の9第1項（同条第2項の規定により読み替えて適用する場合を含む。）の規定により相続又は遺贈により取得をしたものとみなされる場合における当該取得が含まれることに留意する。

2　当該被相続人から相続又は遺贈により取得をした措置法第69条の4第3項第2号に規定する特定居住用宅地等、同項第3号に規定する特定同族会社事業用宅地等及び同項第4号に規定する貸付事業用宅地等については、同条第6項の規定の適用はないことに留意する。

【以下は事例が僅少と思われますので省略しています。】

出版協力者（第３土曜会会員）

アイウエオ順

氏　名	〒	事務所所在地	電話番号/FAX番号	
税理士 高橋安志	**115-0045**	**東京都北区赤羽1−52−10 NS2ビル５階 税理士法人安心資産税会計**	**電話 FAX**	**03-5249-0580 03-5249-0586**
税理士 小池桂治	144-0053	大田区蒲田本町2−4−2 アクシード蒲田本町５階	電話 FAX	03-3736-8706 03-3736-8707
税理士 大橋義弘	174-0051	板橋区小豆沢3−6−7 NK志村坂上ビル７階	電話 FAX	03-3966-0826 03-3967-8433
税理士 越智文夫	170-0013	豊島区東池袋1−25−9 タカセビル別館７階	電話 FAX	03-3987-5301 03-3987-7889
税理士 小野聰司	174-0071	板橋区常盤台4−31−4 篠ビル２階	電話 FAX	03-6906-4565 03-3934-0436
税理士・鑑定士 下﨑寛	160-0023	新宿区西新宿8−14−17 アルテール新宿1211	電話 FAX	03-5348-4631 03-5348-6865
税理士 富澤雅治	333-0811	川口市戸塚4−27−25 歩　税理士法人	電話 FAX	048-297-8200 048-290-2511
税理士 仁科忠二郎	144-0053	大田区蒲田本町2−4−2 アクシード蒲田本町５階	電話 FAX	03-3736-8706 03-3736-8707
税理士 野口洋司	307-0053	茨城県結城市新福寺4-8-16 駅南ミヤタビル201	電話 FAX	0296-48-8002 0296-48-8004
税理士 福島光男	115-0045	北区赤羽1−16−1 KSYビル８階	電話 FAX	03-5249-0389 03-5249-0716
税理士 松田茂	114-0001	北区東十条4−5−14 キャピタルライフ東十条104	電話 FAX	03-3919-8847 03-3919-6148
税理士 道下敏光	170-0013	豊島区東池袋1−44−10 タイガースビル1007	電話 FAX	03-6907-7050 03-6907-7051
税理士 吉田耕一	160-0023	新宿区西新宿7−18−18 新宿税理士ビル401	電話 FAX	03-3365-2019 03-3361-0431

第３土曜会では、不動産税務関係の企業内研修等を実施しています。
銀行・不動産会社・建設会社等の方お気軽に連絡ください。

〈著者　プロフィール〉

高橋　安志（たかはし　やすし）　　　監修者
著者紹介：山形県大石田町（おおいしだまち）
　　　　昭和51年3月中央大学卒業
現在　税理士法人　安心資産税会計　代表社員　会長
　　㈲相続110番協議会　代表取締役
　　（一般社団法人）安心相続相談センター　理事

相続税・贈与税・譲渡税（資産税）の専門税理士として1983年創業時から多数のノウハウ（**特に小規模宅地特例・土地評価**　他）を所有し同業者からも相談される会計事務所を経営。

銀行・不動産会社・証券会社・税理士等で相続税等の実務的な講演多数。

日本経済新聞の本社で全国向けWEB講演収録数回

資産税の各種研究会会員（TKC資産対策研究会、税理士懇話会）

平成5年10月から毎月第3土曜日に（税理士・不動産鑑定士の資産税研究会）＝第3土曜会を毎月主宰している。

著書　『よくわかる小規模宅地特例のすべて』平成7年9月・初版
　　『事例にみる相続時の土地評価と減価要因』（共著）平成17年8月
　　『実例から学ぶ配偶者居住権のすべて』令和3年6月
　　『空き家譲渡特例のすべて／令和5年11月』
　　『相続トラブル解決事例30』**・他　合計38冊（2025年3月現在）**

取材　『日本経済新聞』『ガイアの夜明け』『週刊新潮』『サンデー毎日』
　　『週刊現代』『プレジデント』『週刊ダイヤモンド』『経済界』『全国賃貸住宅新聞』
　　『家主と地主』その他　多数

新聞掲載
　朝日新聞（相続専門30選）・日経新聞・読売新聞（相続専門税理士50選）として紹介される。

TV出演
　平成27年8月31日TV朝日　モーニングバードに23分間　生出演　他多数
　テレビ埼玉・千葉・神奈川の「マチコミ」という番組で準レギュラー生出演

テレビのCM放映
　月曜日　TBS　　　05：15～05：59
　木曜日　テレビ埼玉　22：00～22：30
　日曜日　テレビ埼玉　06：00～06：30

税理士法人　安心資産税会計

（本部事務所の所在地）〒115-0045　東京都北区赤羽1−52−10　NS2ビル5階

TEL　フリーダイヤル　0120-430-506　　FAX03-5249-0586

（地下鉄南北線赤羽岩淵駅　1番出口　真上のビル　徒歩0分）

JR赤羽駅　東口　徒歩7分

難問解決 小規模宅地特例 Q&A 360

令和７年４月11日　第１刷発行

著　者　高橋　安志（たかはし　やすし）

発　行　株式会社ぎょうせい

〒136-8575　東京都江東区新木場1-18-11
URL：https://gyosei.jp

フリーコール　0120-953-431
ぎょうせい　お問い合わせ　検索　https://gyosei.jp/inquiry/

〈検印省略〉

印刷　ぎょうせいデジタル株式会社

ISBN978-4-324-11514-5
(5108999-00-000)
〔略号：難問小宅地特例〕